Direito Antidiscriminatório Brasileiro:

A Gordofobia nas Relações de Trabalho

Isabella Filgueiras Gomes

Procuradora do Trabalho. Mestre em Direito do Trabalho pela Universidade Federal de Minas Gerais (UFMG). Especialista em Direito Aplicado ao Ministério Público do Trabalho pela Escola Superior do Ministério Público da União (ESMPU). Especialista em Direito do Trabalho pela UFMG e pela *Università degli Studi di Roma Tor Vergata*. Bacharela em Direito pela UFMG.

Direito Antidiscriminatório Brasileiro:

A Gordofobia nas Relações de Trabalho

LACIER

LACIER
Lacier Livraria e Editora
www.livrarialacier.com.br

Rua Doutor Quirino, 808 – Centro
CEP 13015-081 – Campinas, SP – Brasil

Fevereiro, 2025

Diretor: *Lacier José de Rezende*
Coordenação editorial: *Peter Fritz Strotbek*
Projeto de capa: *Fabio Giglio*
Ilustração da capa: *Gabriella de Morais*
Projeto gráfico e editoração eletrônica: *The Best Page*

Ficha Catalográfica

Dados Internacionais de Catalogação na Publicação (CIP)
(Câmara Brasileira do Livro, SP, Brasil)

G633d Gomes, Isabella Filgueiras.
Direito antidiscriminatório brasileiro : a gordofobia nas relações de trabalho / Isabella Filgueiras Gomes. — 1. ed. — Campinas, SP : Lacier Editora, 2025
394 p. ; 17 x 24 cm.

ISBN 978-85-64412-76-7

1. Direito do Trabalho — Brasil. 2. Relações trabalhistas — Brasil. 3. Discriminação no emprego — Brasil. I. Título.

CDU 34:331(81)

Índices para catálogo sistemático:
Discriminação no emprego
Angela Schmidt da Rosa – Bibliotecária – CRB-14/1171

*À minha mãe, Maria Emilia, ao meu pai, Ubaldo (*in memoriam*),*
e ao meu irmão, Leonardo, minhas origens e referências primárias de afeto.
A Taísa, Marcela e Carol, amigas queridas que comigo percorreram, na intimidade,
o caminho de muitas reflexões que hoje culminam na escrita. A Italvar, meu amor.

Agradecimentos

"A coisa mais fina do mundo é o sentimento" (Adélia Prado). A conclusão do Mestrado em Direito pela Universidade Federal de Minas Gerais, que culmina no presente livro e coloca minha racionalidade a serviço da pesquisa acadêmica, é primordialmente o resultado de um irrefreável sentimento originário: o desejo de expor e analisar a injustiça social contra as pessoas gordas.

Na Faculdade de Direito da UFMG, ainda na graduação, descobri meu pertencimento ao Direito do Trabalho, que habita o formalismo do mundo jurídico sem deixar de carregar em seu âmago, como finalidade de suas próprias normas, a proteção aos vulneráveis. Em paralelo à estrada acadêmica na Vetusta Casa de Afonso Pena, a trajetória profissional me conduziu ao Ministério Público do Trabalho, instituição voltada à proteção do interesse público e dos direitos sociais e coletivos, na área trabalhista. Tendo iniciado minhas atividades no MPT como estagiária, tornei-me posteriormente servidora e, hoje, tenho a honra de servir à sociedade como Procuradora do Trabalho.

Na trajetória pessoal, acadêmica e profissional, tenho muito a agradecer às pessoas que, na esfera da família, das amizades, dos relacionamentos, dos estudos, do trabalho e do ativismo social, participaram da conquista do Mestrado.

Em primeiro lugar, agradeço aos meus grandes amores, que enchem meus dias de acolhimento, influenciam meus ideais e me amparam na caminhada da vida. À minha mãe, Maria Emilia Filgueiras Gomes, e ao meu pai, Ubaldo Ferreira Gomes (*in memoriam*), sou grata pelo amor incondicional, pelo investimento na minha educação, pelos exemplos de vida e honestidade. Ao meu irmão, Leonardo Filgueiras Gomes, agradeço o companheirismo, o amor fraterno, a certeza de que sempre terei ao meu lado um grande amigo.

Ao meu parceiro de vida, Italvar Filipe de Paiva Medina, sou grata pela nossa linda história de amor, por incentivar a realização dos meus sonhos, pelo apoio, compreensão e interesse demonstrado durante o processo de escrita deste trabalho.

Às minhas amigas, especialmente às queridas Taísa Massimo de Souza Drumond, Carolina Silva Fernandes Melo, Marcela de Castro Reis, Adriana Lamounier, Nathália Lima de Souza Duarte, Giselly Araújo, Luísa Morais e Raphaela Teles, agradeço pelo amparo, pela força e pela troca íntima e acolhedora que apenas a amizade profunda entre mulheres pode proporcionar.

Na caminhada acadêmica, agradeço primeiramente à minha orientadora do Mestrado, Professora Dra. Daniela Muradas Antunes, pelo apoio, gentileza, aconselhamento e confiança no meu trabalho. A todos os professores que marcaram meu caminho, especialmente à Professora Dra. Lívia Miraglia e ao Professor Dr. Márcio Túlio Viana, externo também minha gratidão pelos conhecimentos, pela motivação e por estimularem minha paixão pelo Direito do Trabalho.

Aos amigos e amigas do Mestrado, sobretudo a Daniel Avelar, Fernanda Melo, Natália Queiroz e Maria Carolina Tocci, sou grata pelo compartilhamento das alegrias e desafios da pós-graduação. Suas boas companhias tornaram a experiência muito mais enriquecedora e especial.

Na trajetória profissional, agradeço profundamente à Dra. Ana Cláudia Nascimento Gomes, Procuradora Regional do Trabalho, minha primeira e grande inspiração no MPT, pela amizade, pelos ensinamentos e por ter influenciado, de forma tão intensa e positiva, os rumos da minha vida. Expresso minha gratidão, ainda, à Dra. Yamara Viana de Figueiredo, outra importante mentora, que me ofereceu acolhimento, afeto e muito aprendizado na esfera do trabalho.

Aos meus colegas e amigos de MPT, dentre os quais destaco Adriana Augusta de Moura Souza, Sônia Toledo Gonçalves e Andreia Cristina Custódio, companheiras de intensa atuação em grupo de trabalho institucional, agradeço a parceria e as oportunidades de amadurecimento e aperfeiçoamento profissional.

Aos colegas e funcionários da UFMG, sou grata pela convivência harmoniosa, pelos bons momentos e pelas memórias que levarei sempre comigo.

Não posso deixar de agradecer, por fim, às pessoas que, todos os dias, desbravam territórios e protagonizam a árdua luta contra a gordofobia no Brasil. Expresso minha gratidão e reverência às admiráveis pioneiras do gordoativismo brasileiro, especialmente à Professora Dra. Malu Jimenez, à Dra. Agnes Arruda, à jornalista Jéssica Balbino, à jornalista Naiana Ribeiro, à jurista Rayane Souza e à atleta Ellen Valias, que muito me tocaram com seu idealismo e poderoso discurso. É inestimável a contribuição de cada pessoa que se dispõe a denunciar e combater uma forma de discriminação tão arraigada quanto a gordofobia, em prol da construção de uma sociedade mais justa e igualitária.

A todos os que, de alguma forma, me inspiraram ou contribuíram para a realização deste trabalho, meus mais sinceros agradecimentos.

Sumário

Lista de Abreviaturas e Siglas

Abeso........ Associação Brasileira para o Estudo da Obesidade e Síndrome Metabólica
ACP .... Ação Civil Pública
ADA......... *American Disabilities Act*
CID .... Classificação Internacional de Doenças
CLT.......... Consolidação das Leis do Trabalho
CPC .... Código de Processo Civil
CR............ Constituição da República Federativa do Brasil de 1988
DUDH..... Declaração Universal dos Direitos Humanos
Flaso .... *Federación Latinoamericana de Sociedades de Obesidad*
Iaso .... *International Association for the Study of Obesity*
IMC .... Índice de Massa Corporal
IOTF........ *International Obesity Taskforce*
MPDFT... Ministério Público do Distrito Federal e Territórios
MPE......... Ministério Público Estadual
MPM .... Ministério Público Militar
MPT .... Ministério Público do Trabalho
MPU .... Ministério Público da União
Naafa .... *National Association for Advance of Fat Acceptance*
NIH.......... *National Institutes of Health*
OIT .... Organização Internacional do Trabalho
ONU .... Organização das Nações Unidas
OMS .... Organização Mundial da Saúde
Pidesc .... Pacto Internacional dos Direitos Econômicos, Sociais e Culturais
PRT.......... Procuradoria Regional do Trabalho

SBEM ...... Sociedade Brasileira de Endocrinologia e Metabologia
STF .... Supremo Tribunal Federal
SUS .... Sistema Único de Saúde
TAC.......... Termo de Ajuste de Conduta
TRT .... Tribunal Regional do Trabalho
TST .... Tribunal Superior do Trabalho

Lista de Gráficos

"Mas será mesmo atroz o peso e bela a leveza?"
Milan Kundera

*"Em tudo, em tudo você terá a seu favor o corpo.
O corpo está sempre ao lado da gente.
É o único que, até o fim, não nos abandona."*
Clarice Lispector

*"GORDA
e no final do dia isso
é só — e tudo que sou importa?"*
Jéssica Balbino

Prefácio

Por Um Direito Antigordofóbico

Malu Jimenez[1]

Na organização social capitalista, o trabalho assume um papel central na estruturação de nossa sociedade, sendo frequentemente percebido como um meio de conferir dignidade e inclusão às pessoas. Contudo, essa organização também exclui determinados grupos, como indivíduos gordos, que enfrentam sérios obstáculos para entrar no mercado de trabalho e, quando entram, para se manterem nele, principalmente no que se refere a um tratamento com respeito e dignidade.

Quando as pessoas gordas superam essas barreiras iniciais e conseguem ser contratadas, não raro lidam com diferentes tipos de discriminação e abusos que transgridem seus direitos laborais e humanos. Essa exclusão sistêmica não só fere a dignidade dessas pessoas, mas também alimenta estereótipos e preconceitos que sustentam a desigualdade, violências e a perpetuação de injustiças sociais. Essa discussão é conhecida dentro dos estudos transdisciplinares das corporalidades gordas, na Pesquisa Gorda no Brasil e no ativismo gordo de gordofobia no mercado de trabalho.

Dados reunidos pela mídia, a partir de consulta a especialistas em discriminação de cunho gordofóbico, indicam que sete em cada dez empresários preferem não contratar pessoas gordas e que, em processos de seleção de vagas de emprego, entre 80% e 90% dos participantes gordos são eliminados devidos a essa característica. Esses números

(1) Malu Jimenez @malujimenez_ é referência no debate sobre gordofobia no Brasil. Pessoa não binária, filósofa, gorda, ativista e acadêmica, possui doutorado em Estudos de Cultura Contemporânea e realiza pós-doutorado em Psicossociologia pela UFRJ, com pesquisa financiada pelo CNPq sobre saúde e corpos gordos. Atua como professora pesquisadora na PUC Minas, na pós-graduação em Diversidade e Inclusão em Gestão, e na UEL, dentro da linha de Decolonialidades e Comunicação. Líder do Grupo de Estudos Transdisciplinares das Corporalidades Gordas no Brasil (Pesquisa Gorda), Malu combina filosofia e arte com pesquisa acadêmica para questionar normas sociais e propor visões decoloniais sobre corporalidades. Contato: malujjimenez@gmail.com.

destacam a urgência de fomentar discussões e implementar medidas práticas contra o preconceito com base no tamanho corporal no mercado de trabalho, garantindo maior igualdade e inclusão para todos.

Há ainda vários relatos e processos judiciais movidos por pessoas gordas aprovadas em concursos, mas impedidas de assumir seus cargos por terem sido consideradas doentes só por seu peso, mesmo que os exames não apontassem nenhuma doença.

Recentemente, o Brasil tem observado um aumento significativo na quantidade de ações judiciais envolvendo a discriminação contra pessoas gordas, por gordofobia. De acordo com levantamento da *Data Lawyer*, o número de processos desse tipo cresceu notáveis 314% entre 2019 e 2022. Esse cenário reflete uma corrida crescente na percepção social acerca da importância de combater condutas discriminatórias e proteger os direitos fundamentais de todos, independentemente do tamanho do corpo.

Estudo da *Deep Legal* aponta como as ações envolvendo gordofobia são conduzidas no Judiciário e em quais ambientes a discriminação é mais comum. Entre 2014 e fevereiro de 2023, foram registrados 721 processos na área trabalhista relacionados à discriminação contra pessoas gordas. Esses números apontam para uma problemática no ambiente de trabalho, onde características físicas ainda podem servir de base para práticas excludentes. Além de violar direitos humanos, a gordofobia afeta negativamente o bem-estar psicológico e emocional de suas vítimas, perpetuando estigmas prejudiciais na sociedade.

Uma pesquisa realizada pela *lawtech Deep Legal* analisou os resultados de processos judiciais em primeira instância associados à temática. As estatísticas revelaram que 37% dos casos foram considerados parcialmente procedentes, enquanto somente 5% obtiveram veredicto de procedência integral. Por outro lado, 14% das ações foram julgadas improcedentes, e outros 14% resultaram em acordos. Além disso, 3% dos processos foram arquivados, e 27% ainda aguardam decisão final. Esses dados revelam a complexidade e a variedade de abordagens jurídicas aplicadas aos casos de gordofobia.

A ampliação da judicialização desse debate exprime um movimento social voltado para a busca de igualdade e respeito às diferenças. Embora a legislação brasileira, especialmente o art. 373-A da Consolidação das Leis do Trabalho (CLT), já estipule a proibição de discriminação por questões estéticas ou condições físicas, a realidade dos dados mostra que desafios ainda precisam ser vencidos para a plena efetivação desses direitos.

A promoção da inclusão e o combate à discriminação devem ser responsabilidade compartilhada entre empresas, organizações e toda a sociedade. Para isso, é crucial investir em educação e sensibilização, aspectos essenciais para modificar comportamentos e construir um ambiente mais equitativo e acolhedor. Paralelamente, o papel do Poder Judiciário deve se destacar como o de guardião dos direitos fundamentais, tratando com a devida seriedade casos de discriminação e assegurando justiça às vítimas.

Apesar de todos os empecilhos na luta antigordofobia, o expressivo crescimento nas judicializações aponta que as vítimas têm reivindicado seus direitos e denunciado práticas discriminatórias, marcando um avanço significativo na luta contra a gordofobia. Esse movimento contínuo representa um passo importante em direção a uma sociedade menos gordofóbica.

A obra de Isabella Filgueiras Gomes representa uma valiosa contribuição ao debate sobre a gordofobia no ambiente de trabalho, abordando uma questão urgente e, frequentemente, negligenciada nas discussões sobre igualdade, inclusão e direitos humanos. Baseada em uma combinação de rigor teórico e vivências práticas, a autora realiza uma análise aprofundada e crítica das barreiras enfrentadas por pessoas gordas tanto no acesso quanto na permanência em espaços laborais.

A autora destaca como a discriminação sistemática e os estigmas associados às corporalidades gordas fortalecem desigualdades estruturais. Ao longo da obra, são denunciadas não só as dificuldades enfrentadas por essas pessoas para se inserirem no mercado, mas também os inúmeros desafios, desde preconceitos e microagressões até exclusões, sejam elas dissimuladas ou explícitas, dentro do ambiente profissional.

Isabella consegue ir além das denúncias, porque coloca no debate, com muita propriedade, quais são os fundamentos, as normas de Direito do Trabalho, leis antidiscriminatórias e o papel do Ministério Público do Trabalho na atuação antigordofobia no ambiente judiciário. Dessa forma, o livro surge como um recurso fundamental para impulsionar a conscientização e promover mudanças nas práticas institucionais, constituindo uma referência imprescindível para a comunidade jurídica, gestores, empresas e todos os profissionais empenhados em construir um mercado de trabalho mais inclusivo, equitativo e antigordofóbico.

Capítulo 1

Introdução

O corpo humano, na contemporaneidade, vem assumindo na história um lugar anteriormente ocupado pela alma: um núcleo inafastável de formação e concentração da identidade.(1) A noção de saúde, associada a um ideal socialmente construído de corpo perfeito, desponta como sucedâneo da antiga salvação religiosa,(2) impondo a busca incessante do dinamismo, da juventude, da superação da mortalidade e de quaisquer limites materiais impostos pela carne.

Em um mundo assim delineado, são de especial complexidade as vivências concretas das pessoas com corpos dissidentes. As pessoas gordas, em especial, como expoentes da transgressão, ostentam corpos que se tornam objeto de numerosas áreas do conhecimento, despertando também interesses múltiplos e conflitantes dos mais diversos segmentos sociais e econômicos.

Na sociedade que cultua profundamente a magreza, associada à saúde, o discurso amplamente predominante sobre o corpo gordo é o tradicional do campo da medicina — que institui a "obesidade"(3) como doença e indica métodos de prevenção e de tratamento. Uma contracorrente cultural, todavia, emerge gradualmente: o corpo é hoje identidade, e as pessoas gordas se identificam, como todo indivíduo contemporâneo, ao próprio invólucro corporal. Identidades, por sua vez, inspiram o autoconhecimento dos sujeitos, a formação de consciência coletiva, os movimentos sociais e as lutas por direitos.

Ao mesmo tempo em que entidades da área da saúde, diversos segmentos sociais e todo o senso comum lançam diversos alertas sobre uma "epidemia global de obesidade",

---

(1) VIGARELLO, Georges. *O Sentimento de Si:* História da Percepção do Corpo. Petrópolis: Vozes, 2016. p. 287.

(2) SANT'ANNA, Denise Bernuzzi de. *Corpos de Passagem:* Ensaios sobre a Subjetividade Contemporânea. São Paulo: Estação Liberdade, 2001. p. 24.

(3) O presente trabalho pode ser classificado dentre os denominados "Estudos do Corpo Gordo" (*Fat Studies*), problematizando o contexto social que envolve os discursos tradicionais da área da saúde sobre "obesidade". Conforme se verá, a partir de análises históricas e sociológicas, entende-se que o sujeito nas ciências humanas ou sociais, dentre as quais o Direito, enquanto ciência social aplicada, deve ser a pessoa gorda, compreendida em termos de sua condição social, e não a pessoa "obesa", compreendida enquanto doente ou paciente. Consequentemente, as palavras "obesidade" e similares serão utilizadas entre aspas, ao longo de toda a pesquisa, quando necessário mencionar ou problematizar o vocabulário médico-patológico associado às pessoas gordas.

buscando incessantemente o emagrecimento em massa de uma crescente população reputada "obesa", um movimento ativista incipiente organiza-se para reivindicar respeito, reconhecimento social e direitos para pessoas gordas, no presente e independentemente de um emagrecimento socialmente imposto.

Uma nova palavra ecoa: gordofobia. Para além do discurso da saúde, as pessoas gordas, estruturando-se em movimento social (o ativismo gordo ou gordoativismo),(4) buscam trazer luz para o estigma e para as intensas e negligenciadas discriminações que sofrem nos mais variados aspectos de suas vidas, em diversas relações humanas, em múltiplos espaços físicos e sociais. Pretendem, ainda, problematizar a própria concepção de saúde, considerando-se que o respeito social é pressuposto para o bem-estar do ser humano.(5)

No âmbito jurídico, embora ainda iniciais as análises e pesquisas, a estigmatização das pessoas gordas indica a urgência de estudos em termos de Direito Antidiscriminatório, notadamente no campo do trabalho. A luta pelo reconhecimento social de um grupo vulnerável culmina, inevitavelmente, na reivindicação por direitos. O trabalho, por sua vez, é também campo estratégico no que se refere ao enfrentamento às discriminações sociais.

Pretendendo contribuir para o avanço dos conhecimentos sobre gordofobia, especificamente no campo do Direito do Trabalho, o presente estudo debruça-se sobre a seguinte questão: em termos de normatização pelo Poder Legislativo, provocação e atuação do Ministério Público do Trabalho (MPT) e do Poder Judiciário Trabalhista, de que forma a estigmatização social impacta, no Brasil, a abordagem jurídica da gordofobia no ambiente de trabalho? A hipótese aventada, para balizar a condução do trabalho, foi a de que a estigmatização das pessoas gordas impactaria o tratamento jurídico que recebem em termos de proteção contra discriminação no ambiente de trabalho, especificamente pela ausência de legislação expressa, abordagem ainda incipiente e casuística pelo Poder Judiciário Trabalhista e pelo MPT.

O objetivo geral consiste em analisar o fenômeno da estigmatização das pessoas gordas, em suas repercussões sociais e culturais, e seus impactos na abordagem jurídico-trabalhista da discriminação contra esse grupo social no ambiente de trabalho, em termos de legislação, atuação do MPT e do Poder Judiciário Trabalhista. Torna-se possível, a partir do panorama traçado, a formulação de propostas de enfrentamento jurídico-trabalhista da discriminação contra as pessoas gordas no Brasil.

Para tanto, organiza-se a pesquisa em torno dos seguintes objetivos específicos: (i) estudo da evolução histórica sobre a pessoa gorda, com destaque para a trajetória

---

(4) A análise da trajetória do gordoativismo, movimento social responsável pela gradual construção de um novo olhar sobre as pessoas gordas, será analisada detidamente no item 2.3 do Capítulo 2.

(5) JIMENEZ, Malu. *Lute como uma Gorda*. São Paulo: Jandaíra, 2022.

dos conceitos médicos de "sobrepeso" e de "obesidade", a história do ativismo gordo e a conceituação da pessoa gorda para fins das Ciências Sociais e Ciências Sociais Aplicadas, notadamente o Direito; (ii) análise conceitual e concreta das noções de estigma, discriminação e gordofobia, compreendendo-se o papel da patologização no contexto das práticas discriminatórias e a difusão do estigma contra as pessoas gordas por campos sociais múltiplos; (iii) análise conceitual e concreta da gordofobia no trabalho, nas fases pré-admissional, contratual e na ruptura do contrato laboral; (iv) posicionamento da pessoa gorda empregada, do empregador e do fenômeno da gordofobia no contexto do Direito Antidiscriminatório, a partir do estudo dos fundamentos jurídicos e políticos nas normas jurídicas antidiscriminatórias, de sua estrutura e sujeitos de direitos e obrigações; e (v) abordagem jurídico-trabalhista da gordofobia no trabalho, analisando-se as normas jurídicas pertinentes, no plano internacional e no plano nacional, a jurisprudência trabalhista brasileira e a atuação do MPT.

A investigação proposta é eminentemente jurídico-compreensiva ou jurídico-interpretativa, utilizando procedimento analítico para "decomposição de um problema jurídico em seus diversos aspectos, relações e níveis".(6) Enfoca-se o problema da estigmatização e discriminação das pessoas gordas no âmbito do trabalho e seu impacto na abordagem jurídico-trabalhista da temática. Através da análise dos variados aspectos envolvidos, do ponto de vista jurídico e social, intenta-se traçar um panorama sobre a matéria.

Quanto aos setores do conhecimento envolvidos na pesquisa, a riqueza do tema abordado demanda abordagem fortemente interdisciplinar. Questões envolvendo a concepção social das pessoas gordas, a "obesidade", o estigma e a discriminação são passíveis de estudo por diversas áreas do conhecimento. Portanto, além das contribuições do Direito (em especial do Direito Internacional do Trabalho, do Direito do Trabalho e do Direito Constitucional), torna-se necessária a abordagem de aspectos sociológicos, históricos, da área da saúde, de estudos de cultura contemporânea e de estudos transdisciplinares das corporalidades gordas, de um modo geral.

A metodologia adotada abrange revisão bibliográfica de pesquisas clássicas e contemporâneas referentes ao tema estudado. A bibliografia perpassa estudos de cultura contemporânea; estudos sociológicos relacionados à noção de estigma; estudos históricos e sociológicos relativos à específica estigmatização e discriminação das pessoas gordas; dados estatísticos relacionados à "obesidade"; pesquisas pontuais da área da saúde; teorias, fundamentos e princípios de Direito Antidiscriminatório; estudos jurídicos sobre discriminação no trabalho.

Compreende o trabalho, ainda, a análise de normas internacionais, da Constituição da República Federativa do Brasil de 1988 (CR), da legislação federal, estadual

---

(6) DIAS, Maria Tereza Fonseca; GUSTIN, Miracy Barbosa de Sousa. *(Re)pensando a Pesquisa Jurídica:* Teoria e Prática. 3. ed. Belo Horizonte: Del Rey, 2010. p. 28.

e municipal; a pesquisa de jurisprudência, especialmente do Tribunal Superior do Trabalho (TST) e de Tribunais Regionais do Trabalho (TRTs); e a pesquisa de processos judiciais e procedimentos extrajudiciais do MPT.

Seguindo-se ao presente e introdutório Capítulo 1, o Capítulo 2 dedica-se a uma incursão na história do tratamento social dispensado às pessoas gordas, apresentando diversas transformações sociais pelas quais passou, ao longo dos séculos, a imagem do gordo. Analisa-se, ainda, o contexto contemporâneo em que culmina a evolução histórica, caracterizado por uma relação complexa e frequentemente conflituosa entre duas visões: o discurso tradicional do campo da saúde, de um lado, e a construção de uma identidade social própria e reivindicadora de direitos pelo grupo social das pessoas gordas, a partir do gordoativismo, de outro. Finalmente, à luz do contexto histórico, delineiam-se reflexões e proposições sobre o tratamento efetivamente dispensado às pessoas gordas nas ciências sociais aplicadas, no Direito de um modo geral e no Direito de Trabalho em especial.

A partir do reconhecimento de que, contemporaneamente, pessoas gordas são estigmatizadas, sofrendo discriminações em diversas áreas e vivências sociais, o Capítulo 3 volta-se à análise conceitual e concreta, no que tange à peculiar situação das pessoas gordas, dos fenômenos do estigma, da discriminação e da gordofobia. Trabalhados os conceitos abstratos, passa-se ao exame de alguns dos múltiplos campos de expressão da gordofobia, dado o entendimento de que, embora enfatize a pesquisa o campo do trabalho, as diversas facetas da vida social são interligadas e se retroalimentam.

No Capítulo 4, examinam-se pesquisas e dados estatísticos existentes, no Brasil e em âmbito internacional, sobre a gordofobia no trabalho. Além disso, considerando-se que a análise da jurisprudência trabalhista nacional fornece amostragem considerável de diversas modalidades concretas da discriminação contra pessoas gordas no ambiente de trabalho, são categorizadas e exemplificadas, por meio das descrições fáticas constantes dos acórdãos dos tribunais trabalhistas, as principais formas identificadas de gordofobia trabalhista no Brasil, nas etapas pré-contratual, contratual e no momento da dispensa.

O Capítulo 5, adentrando a teorização jurídica propriamente dita, introduz a concepção de Direito Antidiscriminatório, expõe suas características e relação com o fenômeno da gordofobia. Especificamente, estuda os fundamentos jurídicos e políticos do Direito Antidiscriminatório, a estrutura e os sujeitos de suas normas, o empregador enquanto sujeito da obrigação de não discriminar e as pessoas gordas enquanto sujeitos do direito à não discriminação.

Culmina o estudo no Capítulo 6, que versa sobre a abordagem jurídico-trabalhista da gordofobia. Em primeiro lugar, analisa-se o quadro normativo no plano internacional, com destaque para a Convenção n. 100 da Organização Internacional do Trabalho (OIT), sobre a igualdade de remuneração entre homens e mulheres por trabalho de igual valor (1951); a Convenção n. 111 da OIT, sobre a discriminação em matéria de emprego ou profissão (1958); e a Convenção n. 117 da OIT, sobre objetivos e normas básicas da política social (1962). Em seguida, passa-se ao plano nacional, enfatizando-se a Constituição de 1988; a Consolidação das Leis do Trabalho (CLT); a Lei n. 9.029/1995; as leis federais sobre "Obesidade" (Lei n. 10.048/2000, Lei n. 10.098/2000 e Lei n. 11.721/2008); a Lei n. 14.611/2023 (sobre igualdade salarial e de critérios remuneratórios entre mulheres e homens); a Lei n. 13.146/2015 (digressões sobre a aplicabilidade do Estatuto da Pessoa com Deficiência); as medidas protetivas relacionadas aos grupos de risco da Covid-19; e as fartas e complexas normas estaduais e municipais pertinentes ao tema. Na sequência, examinam-se as tendências da jurisprudência trabalhista, especificamente do TST e de TRTs selecionados. Para finalizar, estuda-se a atuação do MPT em matéria de gordofobia no mercado de trabalho.

Ao longo do trabalho, cujas conclusões são sintetizadas no Capítulo 7, pretende-se traçar e detalhar um panorama dos progressos e desafios referentes ao combate à gordofobia na esfera justrabalhista. Além disso, uma finalidade propositiva é conferida ao estudo, pela formulação de propostas antidiscriminatórias entendidas eficazes para a garantia de direitos e dignidade trabalhista às pessoas gordas.

Capítulo 2

A Pessoa Gorda: História, Saúde, Identidade e Direito

Falar sobre a pessoa gorda e seu lugar, na esfera do trabalho e do Direito, pressupõe compreender previamente a evolução histórica do tratamento social dispensado às pessoas gordas. Ao longo dos séculos, nesse sentido, a imagem do gordo é construída e passa por importantes transformações. E, contemporaneamente, o processo histórico evolutivo culmina, em especial, em contexto de complexa e conflituosa relação entre o discurso tradicional do campo da saúde, de um lado, e a construção de uma identidade social própria e reivindicadora de direitos pelo grupo social das pessoas gordas, de outro.

Trata-se de cenário que, combinando um estigma solidamente construído e um movimento crescente de resistência, pauta toda a trajetória social das pessoas gordas e, consequentemente, suas condições laborais e diversas questões que permeiam sua inclusão, permanência ou exclusão do mercado de trabalho. Da mesma forma, delineia e permite reflexões e proposições sobre o tratamento efetivamente dispensado às pessoas gordas nas ciências sociais aplicadas, como o Direito.

Para uma pretendida análise sobre a pessoa gorda, o trabalho e o Direito do Trabalho, portanto, promove-se inicialmente uma digressão histórica,(7) seguida pela exposição da visão ortodoxa da saúde e da construção de identidade social das pessoas gordas. Trilhado esse caminho, será possível adentrar com mais propriedade e embasamento o campo do Direito.

2.1. A Pessoa Gorda na História: Os sentidos do corpo ao longo dos séculos

Georges Vigarello, em sua obra "As Metamorfoses do Gordo: História da Obesidade", esclarece que a figura do gordo, na intuição antiga, impressionava e sugeria uma

---

(7) Considerando-se o enfoque essencialmente jurídico do trabalho, registra-se que a síntese histórica é simplificada, ilustrativa, concentrando-se a bibliografia, preponderantemente, na esfera da história europeia da Idade Média à contemporaneidade. Incorporam-se, no entanto, também algumas considerações disponíveis sobre a história do corpo gordo no Brasil, com informações do final do século XIX em diante, e a valiosa contribuição de Sabrina Strings, pontuando interseções entre a história da gordofobia e o racismo.

encarnação da abundância, denotando riqueza e simbolizando saúde. Em universo de precariedade ou mesmo fome, cuidados com a saúde e combate às doenças associavam-se a uma alimentação farta. Uma dúvida, no entanto, se instala no curso da Idade Média acerca da virtude da gordura: embora persista o prestígio do gordo, um novo universo moral está mais alerta aos riscos dos "excessos", recriminando especificamente o glutão. Trata-se de uma emergente crítica de comportamento, mais do que em termos de estética ou morbidade.(8)

O prestígio do gordo esteve associado ao mundo da fome e de restrições, que erigiram a ideal na Idade Média a acumulação de alimentos. Em um universo em que saúde pressupõe barriga cheia, a mulher bela das narrativas medievais é descrita como "gorda e tenra", "bem gorda" ou "gorda e opulenta", embora tais palavras possam, com certa ambiguidade, indicar a ideia de ausência de magreza, ao invés de gordura propriamente dita. As palavras também se aplicavam e tinham conotações afirmativas em relação aos homens, como demonstram as menções elogiosas aos clérigos, no século XIII, como "bem grandes e gordos". Mitos medievais exaltam gigantes com formas imensas, enquanto romances dos séculos XII e XIII retratam cavaleiros que se alimentam fartamente, em demonstração de ascendência e força. Emblema da grandeza em narrativas antigas, o urso, referência real na lenda de Arthur, confirma também o prestígio do gordo, simbolizando peso, habilidade e força.(9)

Na Idade Média, o gordo raramente é alvo de insultos. Repreende-se a gula, apenas, mas a crítica é direcionada ao excesso do desejo, não ao peso ou à corporeidade. Exceção ao prestígio do gordo se faz, porém, à figura do "muito gordo", assim tido o considerado enorme ou disforme, que remeteria ao excesso. A gordura depreciada, assim, seria aquela a tal ponto que prejudicaria a mobilidade. É o que denotam relatos sobre o estado de incapacidade e as mortes dos reis Guilherme, o Conquistador, em 1087, e Luís, o Gordo, em 1135, bem como o repúdio expressado a Berta, rainha da França, em 1092, por sua "extrema gordura".(10)

Duas visões do gordo, portanto, podem ser identificadas nos registros antigos: "uma, a de quem era dotado de formas, de forças e mesmo de vivacidade, providas por carnes densas; outra, a do gordo extremo, mas não definido em quilos, cujo 'calor vital' era sufocado por excessos irremediáveis".(11) Ambiguidades passam a acompanhar a história do gordo, associada à confusa noção de limites da corpulência.

Coexistem, no universo medieval, uma gordura considerada doença por suas "frouxidões líquidas", chamada de hidropisia, uma gordura de extremos, associada aos

(8) VIGARELLO, Georges. *As Metamorfoses do Gordo:* História da Obesidade. Petrópolis, RJ: Vozes, 2012. p. 19-20.

(9) *Ibidem*, p. 22-26.

(10) *Ibidem*, p. 28-29.

(11) *Ibidem*, p. 30.

"muito gordos", e a gordura de saúde, mais importante e ligada à ascendência, prestígio, poder e segurança. Uma mudança, no entanto, ocorre nos séculos centrais da Idade Média, favorecendo a intensificação da crítica à gula ou aos glutões a partir de um discurso clerical de autocontrole e contenção, difundido nas cidades nos séculos XII e XIII.(12)

A consolidação do cristianismo na Idade Média é marcada, claramente, por um discurso que oscila entre o enobrecimento e o menosprezo ao corpo. O corpo de Cristo é central na mensagem cristã, inscrevendo-se Deus na história por meio da encarnação de seu filho Jesus Cristo, o qual oferece o próprio corpo à perseguição, tortura e morte para salvar os pecadores. É pelo corpo, por outro lado, que supostamente se perde o homem – o que inspira medo e repúdio às vulnerabilidades e pulsões da carne. Medo do corpo e suas fraquezas, temendo-se, especialmente, o corpo das mulheres.(13)

Para os que pretendem se aproximar de Cristo e partilhar de seus sofrimentos, o corpo passa a ser, a um só tempo, obstáculo e instrumento: é preciso vencer e sacrificar a carne. Nesse contexto, emergem exemplos de "anorexia santa", atingindo especialmente as mulheres beatas. A privação alimentar emerge como punição mais imediata passível de imposição ao corpo. Relatos historiográficos demonstram abstinências alimentícias em quantidade e qualidade de alimentos, como forma de dominação da carne pelo espírito.(14)

Afirma-se também a cultura dos médicos nos séculos centrais da Idade Média, opondo-se à prática de excessos. Os textos médicos a partir do século XIII, no entanto, não promovem uma condenação do gordo em geral. Apontam, ao contrário, sinais de alerta relacionados à maneira e quantidade no comer. O gordo permanece, em princípio, sem definição. Quando, no século XIV, tenta-se uma conceituação médica mais clara, o tratado de Guy de Chauliac (1356), cirurgião dos papas de Avinhão, identifica o gordo no indivíduo que "se torna um monte tão grande de carne e gordura que não pode andar sem contrariedade, nem tocar sua base ou calçar os sapatos, por causa do ventre intumescido, nem mesmo respirar sem impedimento".(15) Apenas o "muito gordo", marcado pela invalidez, portanto, recebe a atenção dos médicos, de modo que o "gordo médio" continua ignorado, passíveis de serem socialmente concebidos seus atributos, inclusive, como vantajosos.(16)

Pressão cultural importante foi exercida, ainda, pelas cortes medievais e seus padrões de sociabilidade, associados a comportamentos, danças e maneiras à mesa. O modelo cortesão promete maior finura das aparências, seja pela exigência de leveza corpórea aos

(12) VIGARELLO, Georges. *As Metamorfoses do Gordo:* História da Obesidade. Petrópolis, RJ: Vozes, 2012. p. 43.

(13) CORBIN, Alain; COURTINE, Jean-Jacques; VIGARELLO, Georges (Coords.). *História do Corpo:* da Renascença às Luzes. 5. ed. Petrópolis: Vozes, 2012. p. 19-23.

(14) *Ibidem*, p. 56-60.

(15) VIGARELLO, Georges. *As Metamorfoses do Gordo:* História da Obesidade. *Op. cit.*, p. 47-48.

(16) *Ibidem*, p. 49.

cavaleiros em combate, seja pela imposição da finura das cinturas das donzelas, ainda que em um corpo feminino carnudo.(17)

A crítica a uma gordura "comum" vai se firmando a partir do século XV, embora não sem fortes resistências. A motivação continua, especialmente, de caráter moral, apontando antes a culpa do que a estética, embora o julgamento estético já não esteja completamente ausente. Assim, por exemplo, há registros de zombarias acerca do rei Eduardo da Inglaterra, o qual teria morrido, em 1483, em razão de excessos e sufocado pelo peso. Ilustrações, ademais, passariam a associar a gordura a certas profissões populares, como cozinheiros, padeiros e açougueiros, promovendo uma distinção de classes entre o baixo popular, ligado ao gordo, e o distinto superior, atrelado à leveza. Mesmo entre os privilegiados, no entanto, o prestígio da acumulação faz persistirem as tensões acerca dos juízos da gordura, que marcam o fim do século XIV e o século XV. Permanece, ainda, a nebulosidade das fronteiras entre o gordo e o inaceitável.(18)

Fortalece-se, no entanto, a prática de aplicação de constrições físicas sobre os corpos das mulheres, por meio das vestimentas, cintas e espartilhos. Tratava-se de "evitar a gordura pela presença de constritores diretos e físicos aplicados sobre a carne".(19) Homens corpulentos podem sugerir ascendência, enquanto as mulheres passam a ser, como regra, estranguladas pelas vestes.

Em aprofundada investigação sobre a história do corpo, Alain Corbin, Jean-Jacques Courtine e Georges Vigarello apontam no período da Renascença uma primeira emergência "moderna" do corpo, que deixa, então, cada vez mais, de ser confundido e fusionado a todas as forças do mundo, notadamente às referências sagradas, sob inspiração da nova visão da física e da lei das causas e efeitos. Embora não desaparecendo a importância e influência das crenças, ocorre progressivamente uma singularização do corpo, com funcionamentos explicados por sua própria força vital.(20)

O Renascimento é período de uma certa invenção do corpo, de ganho de consistência da beleza, de acentuação do realismo das formas humanas. Há uma diferença considerável, por exemplo, entre os personagens das cenas da Paixão de Cristo retratados pelo pintor italiano Simone Martini, em 1340 (com suas figuras envoltas em roupagens), e os personagens da Crucificação do também italiano Andrea Mantegna, em 1456 (com silhuetas bem definidas e relevos modelados). A modernidade impacta, ainda, as pulsões, desejos e fronteiras baseados na retenção e autocontrole, associados à esfera religiosa.

(17) VIGARELLO, Georges. *As Metamorfoses do Gordo:* História da Obesidade. Petrópolis, RJ: Vozes, 2012. p. 49-51.

(18) *Ibidem*, p. 55-60.

(19) *Ibidem*, p. 62.

(20) CORBIN, Alain; COURTINE, Jean-Jacques; VIGARELLO, Georges (Coords.). *História do Corpo:* da Renascença às Luzes. 5. ed. Petrópolis: Vozes, 2012. p. 16-17.

Uma dupla tensão marcaria o investimento no corpo, da Renascença às Luzes, configurando um prelúdio às visões contemporâneas: a acentuação das imposições coletivas e, em contraste, a acentuação da liberdade individual.(21)

Justamente na Renascença, a crítica ao gordo sofre uma alteração, passando a enfatizar e associar a gordura à preguiça, à lentidão, à incapacidade de compreensão das coisas e pessoas. Acentuam-se, também, "cuidados" com o gordo, surgindo regimes e contenções físicas por cintas e corpetes. Enquanto a vigilância medieval condenava a gulodice ou glutonaria, associando-se aos pecados capitais, a Modernidade exalta a eficácia e reprime a lerdeza ou moleza, associadas à gordura. Nos séculos XVI e XVII, há uma maior atenção aos traços ou linhas corporais, surgindo alguns termos para referência a estágios diversos da gordura. No entanto, a tendência é ainda a imagem do gordo como o "muito gordo", permanecendo nebulosas as gradações.(22)

Há registros no século XVI, por exemplo, de críticas a mulheres gordas em condições de mendicância e a membros da nobreza obrigados a utilizar carruagens, porque sua corpulência não lhes permitiria montar a cavalo. No campo das ofensas, o gordo passa a ser tomado por estúpido, pouco sábio, ignorante. É o que revelam inovações linguísticas, como desdobramentos da palavra *lourd* (pesado, em francês), que se multiplica em diversas outras com sentido negativo, associadas ao aspecto mental e a um modo de ser desajeitado. No final do século XVI, inúmeras expressões pejorativas, de "Tonelada" a "Velho Porco", são utilizadas para referência ao personagem Falstaff, criado por William Shakespeare. A canção popular, da mesma forma, põe-se a rebaixar a gordura desagradável. Até mesmo a polêmica religiosa se vale do demérito da gordura, de modo que as ilustrações na iconografia católica retratam Lutero com uma grande barriga esmagando bíblias, enquanto na iconografia protestante retratam um papa extremamente inflado.(23)

À repulsa da gordura, de todo modo, correspondia uma igual ou maior aversão também à magreza, por outro lado. O idealizado era um equilíbrio. Isso porque magreza evocava peste, fome, fraqueza, condições opostas à vitalidade. Era também associada à impotência e dificuldades reprodutivas. Assim, gordura e magreza eram realidades concretas e ameaçadoras, porém bastante imprecisas.(24)

Ao longo dos séculos XVI e XVII, os médicos passam a tecer observações mais numerosas acerca da gordura, de seus estágios e escalonamentos. Embora ausentes transformações profundas, mantendo-se saberes mais intuitivos, surgem preocupações crescentes

---

(21) CORBIN, Alain; COURTINE, Jean-Jacques; VIGARELLO, Georges (Coords.). *História do Corpo:* da Renascença às Luzes. 5. ed. Petrópolis: Vozes, 2012. p. 16-17.

(22) VIGARELLO, Georges. *As Metamorfoses do Gordo:* História da Obesidade. Petrópolis, RJ: Vozes, 2012. p. 65-66.

(23) *Ibidem*, p. 67-75.

(24) *Ibidem*, p. 80-84.

com termos como adiposidade, hidropisia, apoplexia e outros, associados à gordura. Enriquecem-se também o campo das iconografias e das palavras sobre as figuras do gordo e do magro. Os pintores e gravuristas da Renascença são mobilizados pelos traços dos corpos reais, buscando mais do que antes retratar detalhes de pescoços, queixos, bochechas e membros de homens pesados. Rubens, retratando em pintura os corpos voluptuosos no século XVII, explora anatomicamente a gordura na arte de forma notável. São também mais numerosas as palavras para designar a gordura, havendo tímidas tentativas de esboçar gradações através de menções a "muito", "um pouco" ou "mais" gordo. As evoluções, no entanto, de um modo geral, direcionam-se essencialmente ao "muito gordo", fazendo persistir a indefinição para as fases situadas entre o "normal" e o "enorme".(25)

Originalidades marcam também as práticas relacionadas à gordura e ao emagrecimento, nos séculos XVI e XVII. Proliferam-se os registros de sensações ou sentimento de gordura, bem como da utilização de cintas, corpetes e outros instrumentos destinados a afinar as silhuetas.(26) Especialmente, merece destaque o papel cada vez mais importante conferido ao emagrecimento e à estética das mulheres:

> De forma mais profunda, uma mudança imperceptível da condição da mulher conduz a uma nova vigilância no Ocidente moderno. De início a "dama da corte", votada pelo desenvolvimento do ambiente cortesão a um papel estético mais estruturado (...). O processo é simbólico, sublinhando o papel cada vez mais específico de uma beleza feminina "decorativa", assim como o igualmente específico das sanções que ela pode provocar, enfim a orientação da aparência feminina no sentido do acolhimento, do "interior", da "ornamentação" da residência e dos aposentos, ao passo que a aparência masculina estaria voltada para o "exterior", para o enfrentamento das coisas e das gentes. As diferenças são realçadas sem ambiguidade nos tratados de beleza do Renascimento: a força para o homem, a beleza para a mulher (...).
>
> O estrangulamento das roupas, o jogo constante com as vestimentas torna-se, aliás, central nos séculos XVI e XVII: não mais a mera cinta de tecido, por exemplo, que no século XV exibiam as mulheres nos torneios do rei René, mas um aperto intenso em caso de gordura excessiva. Faixas de linho, segundo André Le Fournier, faixas de couro "com tiras" ou cadarços, diz Jean Liébault: em outras palavras, é a força constritiva em resposta à abundância do ventre.(27)

---

(25) VIGARELLO, Georges. *As Metamorfoses do Gordo:* História da Obesidade. Petrópolis, RJ: Vozes, 2012. p. 85-115.

(26) *Ibidem*, p. 133-135.

(27) CORBIN, Alain; COURTINE, Jean-Jacques; VIGARELLO, Georges (Coords.). *História do Corpo:* da Renascença às Luzes. 5. ed. Petrópolis: Vozes, 2012. p. 17-18.

Analisando processos de ordem e disciplina ao longo da história, Michel Foucault, em "Vigiar e Punir", descreve, em termos de imposições sociais, um processo crescente de docilização e descoberta do corpo como objeto e alvo de poder a partir do século XVIII, que se intensifica desde então:

> O que há de novo nestes esquemas de docilidade a que o século XVIII deu tanta importância? Não é certamente a primeira vez que o corpo é objeto de investimentos tão imperiosos e prementes; em qualquer sociedade, o corpo é alvo de poderes muito estritos, que lhe impõem condicionalismos, interdições ou obrigações. No entanto, há várias coisas novas nessas tecnologias. Em primeiro lugar, a escala do controlo: não se trata de cuidar do corpo, em massa, por atacado, como se fosse uma unidade indissociável, mas de o trabalhar em pormenor; trata-se de exercer sobre ele uma coerção subtil, de assegurar controlo ao próprio nível da mecânica — movimentos, gestos, atitudes, rapidez: poder infinitesimal sobre o corpo ativo. Segundo, o objeto do controlo: já não os elementos significantes do comportamento ou a linguagem do corpo, mas a economia, a eficácia dos movimentos, a sua organização interna; a coerção incide mais nas forças do que nos signos; a única cerimónia que importa realmente é a do exercício. Por último, a modalidade: implica uma coerção ininterrupta, constante, que vela mais pelos processos de atividade do que pelo seu resultado, e exerce-se segundo uma codificação que controla o mais apertadamente possível o tempo, o espaço e os movimentos. Estes métodos que permitem o controlo minucioso das operações do corpo, que asseguram a sujeição constante das suas forças e que lhes impõem uma relação de docilidade, podem ser designados por "disciplinas".[(28)]

No Iluminismo, há uma individualização dos volumes, com o surgimento de procedimentos de medição, ainda que modestos. Muda a apreciação dos contornos corporais, com o aparecimento esporádico de um "número" para o peso e de escalonamento de volumes. Em especial, o surgimento de uma média se divulga mais amplamente a partir de aferição do tamanho das cinturas por meio de "cordões", com acompanhamento médico da expansão da circunferência do corpo. Gradativamente, assim, desenvolve-se uma percepção mais clara de níveis de gordura. A representação do excesso, além disso, passa a guardar relação com perda de reatividade, tornando a crítica ao gordo um apontamento repreensivo do supérfluo, da impotência, da esterilidade e da carência vital.[(29)]

---

(28) FOUCAULT, Michel. *Vigiar e Punir:* Nascimento da Prisão. Portugal: Almedina, 2014. p. 207.

(29) VIGARELLO, Georges. *As Metamorfoses do Gordo:* História da Obesidade. Petrópolis, RJ: Vozes, 2012. p. 141-156.

Gravuras iluministas passam a retratar a progressividade da gordura dos corpos, do engrossar dos pescoços ou queixos, do volume das bochechas, dos vários tipos de pessoas gordas. Outra nuance, já existente, é acentuada: a maior tolerância da gordura em homens do que em mulheres. A silhueta feminina é empertigada, ao passo que a masculina é mais livre. Com essas percepções e gradações, eventuais prestígios a certos níveis de espessura coexistem com uma aguda estigmatização dos "excessos".(30)

Embora não sejam numerosos os estudos sobre a temática, Sabrina Strings lança luzes também sobre a relação entre a repulsa aos corpos gordos e a questão racial. Registra que, no século XVIII, franceses e britânicos teriam estado à frente do discurso científico racial, que passou a classificar os negros como "glutões". Os "hotentotes", designação dada pelos colonizadores holandeses ao povo colonizado khoikhoi, do Cabo da Boa Esperança, eram há muito qualificados como comedores em excesso, desenvolvendo-se a categorização das pessoas negras como comedoras gananciosas, destacadamente, no contexto de aceleração do comércio de escravos entre França e Inglaterra. No Iluminismo, contudo, a preocupação com os males do excesso de alimentação teria sido incorporada ao discurso racial. O comer demais, atribuído aos negros, passou a significar barbárie, portanto inferioridade.(31)

O mais relevante fator para a alteração dessa imagem dos "hotentotes" e das pessoas negras, especialmente mulheres, que passaram a ser associadas à imagem do gordo, teria sido o encontro e a subsequente exibição pelos ingleses, como monstruosidade, de um suposto arquétipo da beleza feminina negra. Saartjie "Sara" Baartman, mulher negra e gorda, nascida em final do século XVIII, teria sido exposta em Londres, realizando atividades de dançarina exótica, como uma curiosidade erótica e científica. Em suma, a associação das pessoas negras, e destacadamente das mulheres negras, à gordura e ao excesso, teria sido reforçada historicamente como marcador de superioridade racial branca.(32)

O olhar orgânico do século XVIII inaugura também a utilização da palavra "obesidade", em substituição a "corpulência". Insiste-se, agora, em uma abordagem médica ou patológica, embora a medicina se ocupe, quase de maneira exclusiva, de uma gordura gigantesca. No plano moral, a crítica à gordura repreende os abastados, reputados improdutivos ou inúteis. Surgem tônicos, estimulantes e regimes ou "dietas". A revolução química ao final do século XVIII, com Lavoisier, confere à balança importância na compreensão de equilíbrios materiais, associados à potência da combustão ou queima de alimentos. Uma curiosa reminiscência da valorização do gordo, no entanto, merece destaque: o homem burguês, a exemplo do negociante e do financista, conseguiu transformar em

---

(30) VIGARELLO, Georges. *As Metamorfoses do Gordo:* História da Obesidade. Petrópolis, RJ: Vozes, 2012. p. 148-162.

(31) STRINGS, Sabrina. *Fearing the Black Body:* The Racial Origins of Fat Phobia. Nova Iorque: NYU Press, 2019. p. 84-89.

(32) *Ibidem*, p. 89-98.

prestígio uma barriga proeminente, embora para a mulher imperasse a regra da magreza irrestrita.(33)

A partir do século XIX, impõe-se finalmente uma gestão social do corpo, de uma perspectiva culturalista segundo a qual o corpo será resultado de uma construção, de um equilíbrio entre interno e externo, consubstanciado em um conjunto de regras, em trabalho cotidiano de aparências, em rituais de interação e liberdade de cada um para lidar com estilos, posturas, atitudes, modos de olhar, se portar e se mover. A época é marcada por inovações como o predomínio da medicina anatomoclínica e da frenologia, o surgimento da anestesia, a sexologia, a elevação dos esportes e da ginástica, o aparecimento de novos tipos de fábricas desde a Revolução Industrial, a taxionomia social do corpo, rupturas radicais na representação do eu, dentre diversos exemplos.(34)

Em se tratando do gordo, o século XIX é marcado pela instalação do número. Banalizam-se os tratados sobre a "obesidade", embora ainda focados intensamente sobre casos especiais, com a proliferação de informações estatísticas. Inicialmente, medem-se as circunferências, as espessuras de banha e, embora ainda sem predominância, surgem comparações entre estatura e peso. A grande mudança, no entanto, ocorre com a consagração do cálculo estatístico.(35)

Auguste Quételet, em 1832, monta, de forma inédita, quadros e tabelas com estaturas e pesos considerados "normais", por gênero e idade. Os números, no entanto, não parecem ter sido pensados para desenvolvimento de técnicas individuais de emagrecimento, tendo servido, por exemplo, para averiguação de cargas que poderiam ser suportadas por determinadas construções. De todo modo, forjaram percepções inéditas do corpo e suas gradações. Descrições literárias, regramentos de alfaiataria e comédias, por exemplo, passam a fazer referência a números associados ao peso corporal. Na esfera dos costumes, ao contrário do que ocorre com as mulheres, às quais se impunha fragilidade e magreza, os homens gozavam de tolerância em relação a certo nível de gordura, embora também se valorizasse algum afinamento das cinturas. Para o homem burguês, especificamente, o ventre oval denotava respeitabilidade, com consequências ambíguas que variavam desde o reconhecimento de poder até a crítica irônica.(36)

Os números estabelecem categorias, visibilizam nuances e passam, no âmbito das patologias, a embasar exploração de materiais, estudo de mutações químicas, construção de um saber sobre a gordura distante do popular e corrente. O corpo vira uma máquina

---

(33) VIGARELLO, Georges. *As Metamorfoses do Gordo:* História da Obesidade. Petrópolis, RJ: Vozes, 2012. p. 161-194.

(34) CORBIN, Alain; COURTINE, Jean-Jacques; VIGARELLO, Georges (Coords.). *História do Corpo:* Da Revolução à Grande Guerra. 4. ed. Petrópolis: Vozes, 2012. p. 8-10.

(35) VIGARELLO, Georges. *As Metamorfoses do Gordo:* História da Obesidade. *Op. cit.*, p. 195-202.

(36) *Ibidem*, p. 195-219.

de queimar matéria, e a gordura uma matéria não devidamente queimada.(37) Conforme registra Denise Bernuzzi de Sant'Anna, nas sociedades industriais do século XIX, os estudos sobre combustão e o desenvolvimento de empresas de seguro contribuíram para a mudança da imagem do gordo e da gordura. Na visão de empresários e cientistas, associado o alimento para o corpo ao combustível para as máquinas industriais, "os gordos começaram a sugerir uma falha orgânica que os incapacitava para o trabalho".(38)

Surgem, nessa época, os primeiros conflitos de escalas, com a proliferação de tabelas de equivalência ideal entre estatura e peso. Saint-Germain, Adrien Proust e Albert Mathieu, de maneiras distintas, promovem revisões da escala pioneira de Quételet. Na segunda metade do século XIX, intensificam-se também as pressões pelo emagrecimento, exercidas, de forma mais intensa e em primeiro lugar, em relação aos corpos femininos. A exposição dos corpos, pelos trajes de banho, publicidade e estímulo aos olhares vigilantes nos espelhos, incentiva a identificação de "deformidades" antes não existentes. Em nutrição, fala-se em redução de calorias, açúcares e gordura, controle de bebidas, correção de excessos na alimentação. Os exercícios físicos também se definem em termos de números e precisão, para fins de emagrecimento. Com a consagração de indicadores e medidas mínimas, a estética passa a dominar a história dos corpos.(39)

Ao passo que emerge uma "obesidade mundana", com a influência do lazer, da moda e do vestuário sobre uma crescente vigilância relativa ao tamanho e aspecto das diversas partes dos corpos, enuncia-se também um ingresso do tema em seu período científico, marcado pelo cálculo, pela química e pela fisiologia. Não por acaso, o século XIX é também palco de uma gradativa transformação da gordura em martírio individual externalizado. As humilhações e a infelicidade do gordo, acentuadas pelas tentativas frustradas de emagrecimento, tornam-se objeto de relatos mais íntimos das vítimas.(40)

Nos dizeres de Corbin, Courtine e Vigarello, no entanto, foi o século XX que "inventou teoricamente o corpo".(41) A porosidade das fronteiras entre corpo-sujeito e corpo-objeto torna-se mais refinada e complexa, nesse momento, notadamente com o surgimento da psicanálise. Se ao corpo ainda se pretendia atribuir um papel secundário até final do século XIX, na virada do século XX apaga-se, de certa forma, a linha divisória entre corpo e espírito.(42)

---

(37) VIGARELLO, Georges. *As Metamorfoses do Gordo:* História da Obesidade. Petrópolis, RJ: Vozes, 2012. p. 220.

(38) SANT'ANNA, Denise Bernuzzi de. *Gordos, Magros e Obesos:* uma História do Peso no Brasil. São Paulo: Estação Liberdade, 2016. p. 40.

(39) VIGARELLO, Georges. *As Metamorfoses do Gordo:* História da Obesidade. *Op. cit.*, p. 248-286.

(40) *Ibidem*, p. 238-267.

(41) CORBIN, Alain; COURTINE, Jean-Jacques; VIGARELLO, Georges (Coords.). *História do Corpo:* as Mutações do Olhar — o Século XX. Petrópolis: Vozes, 2008, p. 7.

(42) *Ibidem*, p. 7-8.

A psicanálise de Freud preconiza que o inconsciente fala através do corpo. Ademais, a concepção de Edmund Husserl do corpo como "berço de toda a significação" influenciaria a condução, da fenomenologia ao existencialismo, ao entendimento de Merleau-Ponty do corpo como "encarnação da consciência".[43]

Finalmente, conectado intrinsecamente ao inconsciente, imerso nas formas sociais de cultura, o corpo acaba por protagonizar, desde o final da década de 1960, papel importante na emergência de movimentos igualitários de protesto contra hierarquias sociais, políticas e sociais conservadoras. Sintetizam Corbin, Courtine e Vigarello:

> (...) ainda se vê como as lutas políticas, as aspirações individuais colocaram o corpo no coração dos debates culturais, transformaram profundamente a sua existência como objeto de pensamento. Ele carrega, desde então, as marcas de gênero, de classe ou de origem, e estas não podem ser mais apagadas. Terá sido, enfim, necessário passar, no plano teórico, por uma inversão nietzschiana do vínculo entre corpo e sujeito, que recebeu seu tratamento mais radical no Anti-Édipo e ganhou seu título de nobreza no trabalho de Michel Foucault (...).[44]

Essa evolução ganha contornos particulares em se tratando dos corpos gordos. Especialmente a partir da década de 1920, uma mudança essencial dos costumes impacta os olhares da gordura e da magreza. A transformação da condição feminina, especialmente, impõe uma nova magreza, eliminando referências rechonchudas, exigindo o esbelto e fazendo crescer nos indivíduos as pretensões de controle e afirmação do próprio corpo. Pela moda, cinema e publicidade, as mulheres são bombardeadas pelo triunfante ideal magro. Também em relação aos homens, expressa-se tal ideal na moda masculina. Em anatomia, as curvas e gradações da gordura passam a ser objeto de estudo científico, deixando o campo do humor. Sistematizam-se as fases da "obesidade", o que impacta também a visão de uma "obesidade última" ou "monstruosidade". Os sinais da gordura são apontados de forma mais precoce, enquanto casos "extremos" são tomados por inomináveis e deixados ao campo da ciência.[45]

A mensuração da "obesidade", por muito tempo imprecisa, padroniza-se na contemporaneidade. O Índice de Massa Corporal (IMC) sucede as primeiras tabelas de peso e altura, identificando estágios de "sobrepeso" e "obesidade" a partir de um cálculo da relação entre o peso em quilogramas e o quadrado da altura em metros. A balança e

---

(43) CORBIN, Alain; COURTINE, Jean-Jacques; VIGARELLO, Georges (Coords.). *História do Corpo:* as Mutações do Olhar — o Século XX. Petrópolis: Vozes, 2008, p. 7-8.

(44) *Ibidem*, p. 9.

(45) VIGARELLO, Georges. *As Metamorfoses do Gordo:* História da Obesidade. Petrópolis, RJ: Vozes, 2012. p. 287-299.

sua aparelhagem individual, no século XX, invadem de vez os espaços privados. Aumentando cada vez mais o número de pessoas gordas, da mesma forma que a repulsa social e médica à gordura, fala-se em "epidemia", "flagelo social", "ameaça sanitária". Intensificam-se também transtornos alimentares e consequências psicológicas da luta contra a gordura e imposição rigorosa da magreza.(46)

Nos Estados Unidos, os *Weight Watchers*, ou Vigilantes do Peso, surgem em 1963, simbolizando o crescimento da importância de produtos e serviços voltados ao emagrecimento, que vão dos produtos da *Herbalife* ao shake *Slim-Fast*, em 1977. O emagrecimento associa-se de forma intensa ao bem-estar, à longevidade e à saúde, em razão de um novel imperativo cultural.(47)

No Brasil, é também no século XX que a cultura muda radicalmente no tocante à gordura e à magreza. No entanto, demorou um pouco mais para que a imagem negativa e industrial dos corpos gordos fosse incorporada nacionalmente. Não se ignoravam os novos ventos que, na ciência, elevavam a temática da combustão e convertiam o corpo-armazém, com sua estocagem de alimentos e energia, em corpo-máquina energético, queimador de alimentos. No entanto, era ainda dotada de força a suposição antiga de que a saúde estaria associada a uma considerável dose de corpulência.(48)

Lembra Denise Sant'Anna que, em 1886, três anos antes da Proclamação da República, uma quermesse promovida pela princesa imperial, no Cassino Fluminense e em benefício de crianças desamparadas, durou dias e contou com um notável *buffet*, licores e vinhos. Segundo crônicas da imprensa carioca, no próprio local da festa, as altezas pesaram-se, chegando à conclusão de que os Braganças, Bourbons e Orleans poderiam se gabar por pesarem bastante.(49)

Assim é que, até a década de 1950, o receio de um corpo destituído de forças e que produzisse "filhos mirrados" não permitiu um total desprestígio do gordo. Registra Sant'Anna que, na primeira metade do século XX, a imprensa brasileira colecionava comentários jocosos sobre corpos femininos, porém dos mais variados tipos: "autores, em geral homens, chamavam as mulheres de magricelas, redondas, mignons, gorduchas, palitos, fragatas, vistosas, colossos, bacalhau, varapau, entre outros nomes comuns na época".(50) Ocorria de as mais "cheinhas" de corpo ilustrarem fotografias e receberem também descrições elogiosas. Os quadris e "ancas" largas prometiam partos facilitados

(46) VIGARELLO, Georges. *As Metamorfoses do Gordo:* História da Obesidade. Petrópolis, RJ: Vozes, 2012. p. 318-332.

(47) SANT'ANNA, Denise Bernuzzi de. *Gordos, Magros e Obesos:* uma História do Peso no Brasil. São Paulo: Estação Liberdade, 2016. p. 124.

(48) *Ibidem*, p. 40.

(49) *Ibidem*, p. 11.

(50) *Ibidem*, p. 49.

e filhos saudáveis, o comércio oferecia vestuários com enchimentos de variados tipos e havia, até mesmo, quem fizesse regimes para engordar. De um modo geral, embora se enfatizasse a vigilância sobre o corpo feminino, "o gordo não era muito diferente do magro, seja na quantidade de defeitos, seja no número de qualidades".(51)

Entre os anos 1930 e 1940, uma específica valorização da gordura passou a existir em relação aos corpos das crianças. Surgiram no Brasil concursos de robustez infantil, sendo claramente a criança gorda a que representava a imagem da saúde. Em 1930, funda-se a Cruzada Pró-Infância, com o objetivo de combater a mortalidade infantil e promover a robustez das crianças brasileiras. Crianças gorduchas protagonizavam propagandas de alimentos já na década de 1940 e, a partir de 1960, faz marcante sucesso a propaganda do bebê Johnson, popularizando-se os concursos infantis no país.(52)

Por outro lado, na mesma época, a partir de 1930, ganha também espaço na imprensa a abordagem médica da "obesidade" e propagandas de remédios e produtos de beleza emagrecedores, como cintas e artefatos para adelgar partes do corpo. Os "muito gordos", então, passam a ser associados a um maior número de defeitos do que no passado, especialmente em se tratando de mulheres. Os estímulos para emagrecer, notadamente direcionados ao público feminino, ganharam fôlego nos anos de 1930 e 1940, chegando a ser mais intenso o apelo estético, associando esbeltez à elegância, do que os riscos de adoecimento pela gordura.(53)

O prestígio associado à barriga proeminente de um homem poderoso foi uma valorização à gordura resistente à implantação da cultura da magreza. Por muitos anos, políticos com "bela pança" mereciam admiração. O ganho de uma barriga avantajada pelos homens casados era também prova da qualidade dos dotes culinários de suas esposas. Em suma, homens barrigudos eram presumidamente bem-nascidos e afortunados. Eventualmente, no entanto, tanto barriguinhas femininas quanto panças masculinas passaram a ser repudiadas, o que já se percebia, claramente, em publicações da imprensa nacional dos anos 1970.(54)

Nos anos 1950, a balança já é tomada como instrumento aliado à saúde, presente em numerosas reportagens sobre moda, beleza, saúde e esporte. Pesar-se regularmente torna-se hábito incentivado, especialmente para as mulheres. Empresas de seguro contribuem para a vigilância do peso corporal ao substituírem a noção de "peso médio" por "peso ideal".(55)

---

(51) SANT'ANNA, Denise Bernuzzi de. *Gordos, Magros e Obesos:* uma História do Peso no Brasil. São Paulo: Estação Liberdade, 2016. p. 54.

(52) *Ibidem*, p. 59-66.

(53) *Ibidem*, p. 67-75.

(54) *Ibidem*, p. 85-92.

(55) *Ibidem*, p. 80-82.

A partir da década de 1950, a publicidade informa às mulheres donas de casa, inspiradas no *american way of life*, que deveriam "manter a linha" corporal mesmo após gestações, posando longilíneas e esbeltas ao lado de geladeiras e eletrodomésticos. Ao mesmo tempo, porém, deveriam ofertar às suas famílias alimentos industrializados, ultraprocessados e bastante calóricos, recheando as mesmas geladeiras nas propagandas. Para as crianças, enquanto aumentam os alardes sobre "obesidade infantil", são comuns também lancheiras e cantinas escolares com alimentos industrializados e frituras. Com a intensificação do medo de engordar, a indústria alimentícia logo passa a oferecer também adoçantes, alimentos *diets* e *lights*.(56)

Finalmente, pode-se dizer que, a partir do final do século XIX, a medicina e a área da saúde convergem, de modo geral, com a cultura de intenso repúdio à gordura. Seguem-se um processo de medicalização profundo, a categorização da "obesidade" como doença, a institucionalização da temática na área da saúde e, mais do que isso, o reconhecimento da gordura como uma "epidemia" global. Todo esse processo é mobilizado e atravessado pela cultura e por diversos atores importantes.

Cada vez mais, no Brasil e no mundo, proliferam-se abordagens da "obesidade" no campo da saúde, o número de pessoas gordas, transtornos alimentares, imperativos culturais e estéticos de emagrecimento. Em meio a setores de interesse extremamente diversos, a gordura e suas consequências consubstanciam temática tão vasta quanto complexa. Culturalmente, o gordo contemporâneo é tomado por negligente, fracassado em modificar, por esforço próprio, seu corpo socialmente inaceitável. O emagrecimento torna-se, pela imposição social, seu objetivo de luta constante. A preocupação médica também mudou o tom, no início do século XX. Abraçando intensamente a cultura do magro, ampliam-se os aspectos patológicos, com aprofundamento das avaliações medicalizadas dos graus de gordura e de métodos de emagrecimento.(57)

A análise histórica demonstra que, ao longo dos séculos, transforma-se intensamente o modo de perceber o gordo, que pode denotar, conforme o espaço e a época, riqueza e prestígio, de um lado, ou doença, repulsa e sofrimento, de outro. A história das pessoas gordas está relacionada ao desenvolvimento da avaliação das formas corporais, dos indicadores de medidas e critérios numéricos. Associa-se profundamente, também, à questão do sexo ou gênero, sendo para as mulheres exacerbadamente mais profundas a vigilância e a constrição social sobre o corpo. Permite vislumbrar, ainda, atravessamentos raciais e sociais diversos, que indicam a necessidade de reforço a investigações históricas interseccionais.

---

(56) SANT'ANNA, Denise Bernuzzi de. *Gordos, Magros e Obesos:* uma História do Peso no Brasil. São Paulo: Estação Liberdade, 2016. p. 99-132.

(57) VIGARELLO, Georges. *As Metamorfoses do Gordo:* História da Obesidade. Petrópolis, RJ: Vozes, 2012. p. 287-317.

Por fim, a partir do final do século XIX e até o século XXI, é imperioso reconhecer que o percurso histórico fez com que a condição das pessoas gordas e sua estigmatização estejam intimamente relacionadas à medicalização e à patologização da gordura.(58) Erupções sociais e forças de resistência a uma realidade opressora em relação às pessoas gordas, por outro lado e conforme se verá, despontam como uma incipiente reivindicação de suas identidades individuais e coletivas atreladas ao corpo, por meio do ativismo.

Medicalização e ativismo gordo: aspectos fundamentais para a compreensão e delineamento do contexto contemporâneo das pessoas gordas e de uma crescente mobilização de interesses que, potencializando transformações sociais, tende a questionar injustiças e, consequentemente, alcançar o Direito.

2.2. A pessoa gorda e a saúde: Trajetória médica recente do "sobrepeso" e da "obesidade"

Pela perspectiva médica dominante na contemporaneidade, a pessoa gorda é concebida como o indivíduo com "sobrepeso" ou "obesidade", entendidos pela Organização Mundial da Saúde (OMS), conforme informação constante de sua página oficial na *internet*, como "acúmulo anormal ou excessivo de gordura que pode prejudicar a saúde".(59)

Tal condição poderia ser aferida pelo IMC, um índice de peso por altura definido como o peso de uma pessoa em quilogramas dividido pelo quadrado de sua altura em metros. Para adultos, a OMS define "sobrepeso" como um IMC maior ou igual a 25, enquanto a "obesidade" corresponderia a um IMC maior ou igual a 30.(60) O indivíduo é considerado, com resultado 25 a 29,9, em estado de "sobrepeso"; de 30 a 34,9, com "obesidade grau I"; de 35 a 39,9, com "obesidade grau II"; e, acima de 40, com "obesidade grau III",(61) também chamada de "obesidade mórbida".(62) Para crianças e adolescentes

(58) Ressalva-se, mesmo na contemporaneidade, a existência de alguns grupos sociais que, escapando à visão dominante, exaltam o corpo gordo como característica desejável e valorizada. É o caso, por exemplo, dos integrantes da comunidade africana Efik, na Nigéria. *Vide*: *BBC BRASIL*. Ricos na Nigéria pagam *'spa'* para ficar obesos. Disponível em: https://www.bbc.com/portuguese/reporterbbc/story/2007/07/070721_nigeriaengorda_pu. Acesso em: 03 mar. 2024.

(59) ORGANIZAÇÃO MUNDIAL DE SAÚDE (OMS). *Obesity and Overweight*. Disponível em: https://www.who.int/news-room/fact-sheets/detail/obesity-and-overweight. Acesso em: 12 jun. 2023. Tradução livre. No original: *"Overweight and obesity are defined as abnormal or excessive fat accumulation that may impair health."*

(60) *Idem*.

(61) ASSOCIAÇÃO BRASILEIRA PARA O ESTUDO DA OBESIDADE E SÍNDROME METABÓLICA (ABESO). *Calculadora de IMC*. Disponível em: https://abeso.org.br/obesidade-e-sindrome-metabolica/calculadora-imc/. Acesso em: 12 jun. 2023.

(62) ASSOCIAÇÃO BRASILEIRA PARA O ESTUDO DA OBESIDADE E SÍNDROME METABÓLICA (ABESO). *Obesidade mórbida:* todo cuidado ainda é pouco. Disponível em: https://abeso.org.br/obesidade-morbida-todo-cuidado-ainda-e-pouco/. Acesso em: 12 jun. 2023.

até os 19 anos, por sua vez, são estabelecidos parâmetros consistentes em desvios de médias de peso por faixa etária, constantes de tabelas de crescimento.(63)

Todavia, a própria OMS evidencia a ambiguidade nos conceitos de "sobrepeso" e "obesidade", bem como o tortuoso caminho epidemiológico percorrido por tais condições no âmbito da medicina, ao reconhecer a insuficiência ou dubiedade do próprio critério do IMC (mais adequado a análises populacionais) para uma segura definição de uma pessoa como indivíduo em estado de "sobrepeso" ou "obesidade":

> O IMC fornece a medida populacional mais útil de sobrepeso e obesidade, pois é o mesmo para ambos os sexos e para todas as idades dos adultos. No entanto, deve ser considerado um guia aproximado porque pode não corresponder ao mesmo grau de gordura em indivíduos diferentes.(64)

Analisando-se a evolução da "obesidade" no campo da saúde de uma perspectiva sociológica, verifica-se que a gordura, em um sentido negativo, é inicialmente tomada como problema ético e moral, passando posteriormente a uma causa de doenças e, finalmente, com o avanço da medicalização, a uma doença em si e a uma epidemia mundial. Conforme registra Jean-Pierre Poulain, historicamente, na esfera da medicina do século XX, transita a "obesidade" de uma avaliação qualitativa para uma avaliação quantitativa, acompanhada da noção de fator de risco, com o posterior deslocamento do estatuto de fator de risco para o de doença — o que ocorreu apenas em 1990, como resultado de defesa promovida por segmentos internos à área da saúde.(65)

Para melhor compreensão da trajetória da "obesidade" e do contexto de patologização de diversas outras condições humanas na contemporaneidade, impõe-se abordar o fenômeno da medicalização na sociedade. Na conceituação de Peter Conrad, "medicalização" designa "um processo pelo qual problemas não médicos são definidos e tratados como problemas médicos, geralmente em termos de doenças e transtornos".(66) A partir desse processo, um tema específico passa a ser definido em termos médicos, abordado em linguagem médica, entendido por intermédio de um arcabouço médico ou tratado por intervenções médicas. A questão é o reconhecimento de que uma determinada condição

(63) ORGANIZAÇÃO MUNDIAL DE SAÚDE (OMS). *Obesity and Overweight*. Disponível em: https://www.who.int/news-room/fact-sheets/detail/obesity-and-overweight. Acesso em: 12 jun. 2023.

(64) *Idem*. Tradução livre. No original: *"BMI provides the most useful population-level measure of overweight and obesity as it is the same for both sexes and for all ages of adults. However, it should be considered a rough guide because it may not correspond to the same degree of fatness in different individuals".*

(65) POULAIN, Jean-Pierre. *Sociologia da Obesidade*. São Paulo: Senac São Paulo, 2013. p. 158 e 172.

(66) CONRAD, Peter. *The Medicalization of Society:* On the Transformation of Human Conditions into Treatable Disorders. Baltimore: Johns Hopkins University Press, 2007. p. 14. Tradução livre. No original: *"a process by which nonmedical problems become defined and treated as medical problems, usually in terms of illness and disorders".*

humana não é considerada como doença ou patologia *ipso facto*: ela precisa ser definida nesses termos.(67)

Na década de 1970, traçava-se um panorama do campo da saúde bem distinto daquele observado na aurora do século XXI. A "obesidade", como diversas outras condições, não era ainda vista pelos médicos em geral como uma doença em si, embora já fosse problematizada e associada a danos à saúde.(68) Nas últimas décadas, no entanto, proliferam novas doenças, tratamentos ou abordagens medicalizadas de questões anteriormente ignoradas ou tratadas com menos profundidade no campo médico, com motivações e consequências sociais diversas.

Segundo Conrad, nas décadas de 1970 e 1980, predominavam várias justificativas sociais para o fenômeno da medicalização. Dentre elas, poderiam ser fundamentalmente destacadas a consolidação da autoridade e poder dos médicos (vinculada nitidamente à medicalização de temas como hiperatividade, menopausa, abuso infantil e parto, por exemplo); a atuação de movimentos sociais e grupos de interesse (sendo clássico exemplo o alcoolismo, pelo ativismo dos Alcoólatras Anônimos, além de casos como o estresse pós-traumático e Alzheimer); e as atividades organizacionais inter ou intraprofissionais, com disputas entre profissões pelo domínio de determinados temas (como no caso do desaparecimento das parteiras e predomínio dos médicos obstetras).(69)

Passam a influir também no processo de medicalização ou desmedicalização dos fenômenos a indústria biotecnológica (influenciando diversos tratamentos ou melhoramentos possíveis, como em termos de envelhecimento e estética), os consumidores e os seguros de saúde (a pressionarem, por exemplo, pela medicalização ou desmedicalização, custeio ou não de determinados procedimentos médicos, como a cirurgia bariátrica).(70) A medicalização é, portanto, um processo contínuo e influenciado por diversos atores, perpassando temáticas sociais, históricas e morais.

No que tange à gordura, foi objeto de atenção da medicina ao longo dos séculos, entrelaçando aspectos científicos e sociais em cada época. Marcando especificamente a construção do pensamento médico contemporâneo, no entanto, Poulain distingue três etapas: a consideração de uma condição como anomalia ou enfermidade; a aplicação ao

(67) CONRAD, Peter. *The Medicalization of Society:* On the Transformation of Human Conditions into Treatable Disorders. Baltimore: Johns Hopkins University Press, 2007. p. 16. Tradução livre. No original: *"a process by which nonmedical problems become defined and treated as medical problems, usually in terms of illness and disorders".*

(68) *Ibidem*, p. 13.

(69) *Ibidem*, p. 20-21.

(70) *Idem*.

problema de um esquema causal; e, finalmente, a difusão da "obesidade" como potencial objeto de número crescente de setores da medicina.[71]

No início do século XIX, obras médicas específicas surgiram versando sobre a "polisarcia", termo utilizado para designar o que posteriormente viria a ser considerado a "obesidade mórbida", e reconhecendo o tecido adiposo como a essência do problema, o que inaugura um verdadeiro estágio "patológico". Sucedem-se escritos sobre métodos de prevenção e combate à "obesidade", a qual, com o progresso da psiquiatria entre os séculos XIX e XX, passa a ser associada também a perturbações nervosas e questões psicológicas. Ao início do século XX, a "obesidade" já era considerada uma questão médica significativa, com o desenvolvimento de diferentes abordagens e formas de tratamento, por exemplo, pela cirurgia, farmácia, psiquiatria e psicologia.[72]

A institucionalização e mudança do estatuto epidemiológico da "obesidade", no entanto, com seu reconhecimento oficial por instituições de saúde em todo o mundo e categorização como uma doença em si, para além de uma questão médica, ocorreria em momento posterior e relativamente recente.

Nos Estados Unidos, país de origem de grande parte do conhecimento mais aprofundado em matéria de "obesidade" e estudos do corpo gordo, Jeffery Sobal identifica grandes fases da institucionalização da "obesidade", sendo marco inicial a emergência da Medicina Bariátrica como especialidade, através da fundação e atuação da *National Obesity Society*, posteriormente denominada *American Society of Bariatric Physicians*. Um efetivo processo de reconhecimento, no entanto, iniciou-se com a criação da *Association for Study of Obesity*, em 1966, que possui como afiliadas diversas associações norte-americanas e europeias, em mais de 15 países. Para promover seus posicionamentos sobre a "obesidade" para uma comunidade médica mais ampla, passaram a publicar revistas sobre o tema, incluindo *Bariatric Medicine*, *Internacional Journal of Obesity*, *Obesity Research* e *Obesity and Metabolism*.[73]

O primeiro "Congresso Internacional sobre Obesidade" data de 1974, tendo por objetivo chamar a atenção para a "obesidade" como problema médico, incentivando sua abordagem por meio de modelos medicalizados. Ainda persistindo resistências e divergências importantes acerca da medicalização, uma maior legitimidade das organizações ocorre a partir de sua vinculação a órgãos governamentais, como mecanismo de sancionamento de suas reivindicações.[74] Assim, em 1985, a *National Institutes of Health*

---

(71) POULAIN, Jean-Pierre. *Sociologia da Obesidade*. São Paulo: Senac São Paulo, 2013. p. 161.

(72) *Ibidem*, p. 159-165.

(73) SOBAL, Jeffery. The Medicalization and Demedicalization of Obesity. In: MAURER, Donna; SOBAL, Jeffery (Coords.). *Eating Agendas:* Food And Nutrition as Social Problems. Nova York: Aldine de Gruyter, 1995, p. 67-90.

(74) *Idem*.

(NIH), primeira autoridade em pesquisa médica dos Estados Unidos, oferece uma conferência de consenso acerca da "obesidade", resultando em uma generalização das reivindicações de reconhecimento da temática no campo da saúde.(75) Cria-se, no mesmo ano, a *International Association for the Study of Obesity* (Iaso), atualmente denominada *World Obesity Federation.* (76)

No Brasil, em 1986, foi fundada a Associação Brasileira para o Estudo da Obesidade e Síndrome Metabólica (Abeso), sendo seu primeiro secretário Alfredo Halpern e o presidente Geraldo Medeiros Neto. Por ocasião da fundação, o presidente e demais sócios enfatizaram o intento de reunir, conforme ocorria em países como Estados Unidos, Alemanha, Inglaterra, Irlanda, França, Itália, Argentina e outros, "profissionais ligados de alguma forma ao estudo, à pesquisa terapêutica e à orientação de pacientes com obesidade e doenças afins, como diabetes e hiperlipidemia".(77) Também foi criada a Comissão de Prevenção e Tratamento da Obesidade.(78)

Em termos de estatuto epidemiológico, no entanto, a "obesidade" foi até então tratada na condição de fator de risco associado a diversas doenças, apenas, e não como uma doença em si. Certos "militantes" na área médica passaram a defender a elevação da condição à classificação de doença. Isso ocorreu, de fato, apenas em 1990, quando a "obesidade" foi integrada à nosografia da Classificação Internacional de Doenças (CID), tornando-se então oficialmente uma doença — embora, até os dias atuais, a moralização envolvendo a temática não viabilize aos considerados "obesos" tratamento social equivalente ao dos que sofrem de doenças de um modo geral.(79)

Ilustrando os diversos interesses subjacentes à categorização da "obesidade" como doença, salienta-se o papel central desempenhado pelas companhias de seguro médico nos Estados Unidos, as quais não custeavam cirurgias bariátricas anteriormente à alteração do estatuto epidemiológico. Trata-se de situação capaz de incentivar o incremento da medicalização na sociedade, conforme sintetiza Peter Conrad:

> O exemplo da obesidade é instrutivo. Durante décadas, a cirurgia bariátrica para obesidade não foi coberta pelas seguradoras, mas nos últimos anos tem sido cada vez mais coberta. Intervenções como a cirurgia de bypass gástrico

(75) NATIONAL INSTITUTES OF HEALTH (NIH). *Health Implications of Obesity.* Bethesda: Nation Institutes of Health, 1985.

(76) WORLD OBESITY FEDERATION. *History.* Disponível em: https://www.worldobesity.org/about/about-us/history. Acesso em: 15 jun. 2023.

(77) ASSOCIAÇÃO BRASILEIRA PARA O ESTUDO DA OBESIDADE E SÍNDROME METABÓLICA (ABESO). *Sobre a Abeso.* Disponível em: https://abeso.org.br/sobre-a-abeso/. Acesso em: 15 jun. 2023.

(78) SANT'ANNA, Denise Bernuzzi de. *Gordos, Magros e Obesos:* uma História do Peso no Brasil. São Paulo: Estação Liberdade, 2016. p. 131.

(79) POULAIN, Jean-Pierre. *Sociologia da Obesidade.* São Paulo: Senac São Paulo, 2013. p. 173.

> tornaram-se uma indústria em crescimento no mundo médico (Salant e Santry, 2006). Que eu saiba, ninguém ainda pesquisou o impacto do seguro de saúde em categorias medicalizadas específicas, mas parece claro que o seguro pode promover e limitar a medicalização. Vale reafirmar que um dos motivos da medicalização em nossa sociedade está relacionado à forma como financiamos os serviços humanos. A única maneira de os indivíduos obterem os serviços que desejam ou precisam ser pagos é defini-los como problemas médicos. Assim, há um incentivo para definir problemas como médicos para que seu tratamento possa ser reembolsado pelo plano de saúde. Isso obviamente encoraja o aumento da medicalização.[80]

No âmbito da América Latina, em 1990, em Santiago, no Chile, é constituída a *Federación Latinoamericana de Sociedades de Obesidad* (Flaso), instituição que agrupa, com representação por países, associações ou sociedades médicas destinadas ao estudo da gestão científica e ortodoxa da "obesidade".[81] A associação brasileira Abeso integra a Flaso desde sua fundação.[82]

Em 1995, em etapa decisiva de internacionalização, forma-se a *International Obesity Taskforce* (IOTF), vertente de trabalho da antiga Iaso e atual *World Obesity*, com o objetivo de "alertar o mundo para a crescente crise de saúde ameaçada pelos níveis crescentes de obesidade".[83] Desde 1996, por ocasião de reunião ocorrida durante o "Congresso Internacional de Obesidade" realizado em Jerusalém, a brasileira Abeso afiliou-se também à Iaso.[84]

Ao final da década de 1990, houve uma aceleração da institucionalização da "obesidade" por meio de diversos relatórios da OMS, amplamente divulgados pela mídia.

---

(80) CONRAD, Peter. *The Medicalization of Society:* On the Transformation of Human Conditions into Treatable Disorders. Baltimore: Johns Hopkins University Press, 2007. p. 216-217. Tradução livre. No original: *"The example of obesity is instructive. For decades bariatric surgery for obesity was not covered by insurers, but in recent years it has increasingly been covered. Interventions such as gastric bypass surgery have become a growth industry in the medical world (Salant and Santry, 2006). To my knowledge, no one has yet researched the impact of health insurance on specific medicalized categories, but it seems clear that insurance can both promote and limit medicalization. It is worth restating that one reason for medicalization in our society is related to the way in which we finance human services. The only way individuals can get the services they want or need to be paid for is to define them as medical problems. Thus, there is an incentive to define problems as medical so that their treatment can be reimbursed by health insurance. This obviously encourages increased medicalization".*

(81) FEDERACIÓN LATINOAMERICANA DE SOCIEDADES DE OBESIDAD (FLASO). *Quienes Somos*. Disponível em: https://flaso.org/quienes-somos/. Acesso em: 15 jun. 2023.

(82) ASSOCIAÇÃO BRASILEIRA PARA O ESTUDO DA OBESIDADE E SÍNDROME METABÓLICA (ABESO). *Sobre a Abeso*. Disponível em: https://abeso.org.br/sobre-a-abeso/. Acesso em: 15 jun. 2023.

(83) WORLD OBESITY FEDERATION. *History*. Disponível em: https://www.worldobesity.org/about/about-us/history. Acesso em: 15 jun. 2023.

(84) ASSOCIAÇÃO BRASILEIRA PARA O ESTUDO DA OBESIDADE E SÍNDROME METABÓLICA (ABESO). *Sobre a Abeso. Op. cit.*

Também em 1995, a OMS acolhe proposição de comitê de especialistas para escolher o IMC como método de avaliação da obesidade.(85) A OMS passa, ainda, a utilizar o termo "epidemia" para designar a expansão da "obesidade" no mundo, conforme se infere de relatório publicado em 1998 e intitulado "*Obesity: Preventing and Managing the Global Epidemic*".(86) Conforme o mencionado relatório, a "obesidade", assolando todo o mundo, seria consequência de um desequilíbrio energético, ou seja, de situação em que a ingestão de energia excederia o gasto, durante um período considerável. Relativamente às suas causas, muitos fatores complexos e diversos poderiam dar origem ao desequilíbrio, entrevendo-se um caráter multifatorial do problema. Assim, a OMS elencava diversas possíveis causas enquadradas como fatores dietéticos e padrões de atividade física, influências ambientais e sociais e suscetibilidades individuais/biológicas.(87)

Segundo estatísticas mais recentes da OMS, a prevalência da condição médica categorizada como "obesidade" quase triplicou mundialmente, no período compreendido entre 1975 e 2016, ocasião em que se contabilizavam 1,9 bilh*ão* de adultos com "sobrepeso" e 650 milhões de "obesos", correspondendo, respectivamente, a 39% e a 13% da população acima de 18 anos.(88) Nos Estados Unidos, segundo o *Centers for Disease Control and Prevention*, de 1999/2000 até 2017/2020, a prevalência de "obesidade" aumentou de 30,5% para 41,9%.(89) No Brasil, a proporção de "obesos" na população com idade igual ou superior a 20 anos mais que dobrou no país entre 2003 e 2019, passando de 12,2% para 26,8%.(90)

O discurso predominante acerca da gordura, ao final do século XX e no século XXI, a partir de um processo intenso de medicalização, *é nitidamente* o da saúde.(91) Categorizada a "obesidade" como doença e tomada como "epidemia" global, reforça-se a noção da gordura como um problema social. Contudo, é preciso reconhecer a permeabilidade e suscetibilidade de uso da própria ciência conforme os valores de sua época,

---

(85) POULAIN, Jean-Pierre. *Sociologia da Obesidade*. São Paulo: Senac São Paulo, 2013. p. 169.

(86) ORGANIZAÇÃO MUNDIAL DE SAÚDE (OMS). *Obesity:* Preventing and Managing the Global Epidemic. Report of a WHO Consultation on Obesity. Genebra: WHO/NUT/NCD, 1998.

(87) *Idem.*

(88) ORGANIZAÇÃO MUNDIAL DE SAÚDE (OMS). *Obesity and Overweight.* Disponível em: https://www.who.int/news-room/fact-sheets/detail/obesity-and-overweight. Acesso em: 12 jun. 2023.

(89) CENTERS FOR DISEASE CONTROL AND PREVENTION (CDC). *Adult Obesity Facts.* Disponível em: https://www.cdc.gov/obesity/data/adult.html. Acesso em: 17 jun. 2023.

(90) ASSOCIAÇÃO BRASILEIRA PARA O ESTUDO DA OBESIDADE E SÍNDROME METABÓLICA (ABESO). *Mapa da Obesidade.* Disponível em: https://abeso.org.br/obesidade-e-sindrome-metabolica/mapa-da-obesidade. Acesso em: 17 jun. 2023.

(91) Sobre a emergência do discurso patologizante da "obesidade", *vide* também: SANTOLIN, Cezar Barbosa; RIGO, Luiz Carlos. O Nascimento do Discurso Patologizante da Obesidade. *Movimento — Revista da Escola de Educação Física da UFRGS*, Porto Alegre, v. 21, p. 81-94, jan./mar. 2015.

podendo-se identificar, a partir da abordagem das pessoas gordas na área da saúde, controvérsias científicas importantes e negligenciadas na propagação social dos conhecimentos médicos sobre a "obesidade". O discurso médico, além disso, passa a ser apropriado socialmente para reforço e validação da estigmatização e discriminação das pessoas gordas, em diversos âmbitos.

Embora, por muito tempo, não se tenha observado em escala coletiva uma mobilização de pessoas gordas no combate à discriminação que sofrem, um movimento ativista gordo, ou gordoativismo, encontra-se atualmente em franco desenvolvimento, como se pode observar com pioneirismo nos Estados Unidos e, de forma mais incipiente, também no Brasil. Na contemporaneidade, portanto, o exame da condição social do gordo e das discriminações por motivo de peso, para além da compreensão do discurso médico ortodoxo e predominante, impõe o estudo da reivindicação de identidade pelas pessoas gordas.

2.3. Identidade(92) e ativismo gordo

Na perspectiva de uma nova relação entre corpo e identidade, verifica-se a paulatina formação de um ativismo gordo ou gordoativismo: insurgências contra tratamentos reputados injustos e articulação de demandas relacionadas às vivências das pessoas gordas. Segundo Vigarello, numa sociedade que repudia veementemente a gordura e exalta a magreza, mesclam-se na pessoa gorda aceitação e negação: "a 'infelicidade' de se reconhecer num corpo depreciado e, em compensação, a evidência de ser nele o que se é e de reivindicar tal identidade".(93)

O corpo passa a ocupar, na contemporaneidade, lugar central na formação da identidade de indivíduos e grupos sociais, abrigando nos seres humanos o "sentimento de si". Conforme leciona Vigarello:

> Não há dúvidas de que o corpo, hoje, não é mais o mesmo que o do início do século XX. Suas aparências são modificadas, suas qualidades são tornadas sutis, seus recursos mais massivos, suas defesas mais seguras. Ocorre que sua total pertença ao universo psicológico prolonga uma dinâmica nascida

(92) O conceito de identidade é utilizado neste trabalho para designar o "sentimento de si", conforme terminologia adotada por Georges Vigarello, a partir do corpo. Entende-se que tal identidade é impactada pelas imposições e construções da sociedade sobre o corpo, mas também pela apropriação e atribuição de significados ao corpo pelos sujeitos. Assim, não se trata de um conceito estanque, considerando-se as múltiplas formas de construção identitária e enfrentamento de regras e opressões sociais pelos sujeitos e ativismos gordos.

(93) VIGARELLO, Georges. *As Metamorfoses do Gordo:* História da Obesidade. Petrópolis, RJ: Vozes, 2012. p. 338.

> há muito tempo, surgida com a modernidade das Luzes (...) Ocorre, mais ainda, que o início do século XX faz emergir de um longo percurso uma ideia decisiva e durável segundo a qual "a sensação de nossa personalidade", ou "o sentimento de si", encontra fundamentalmente sua origem na representação do corpo.(94)

Em consonância com os valores correntes, percebe-se, em diversos grupos sociais, uma associação da identidade ao corpo ocupado pelo indivíduo. Maiores ou menores capacidades, compreendidas em contextos sociais circundantes, são ofertadas a corpos de homens e mulheres, gordos e magros, pessoas com e sem deficiência, pessoas negras e brancas, jovens e idosos, dentre diversas conformações corporais que passam a abrigar no indivíduo um "sentimento de si". Nesse sentido, ao tratar da tendência contemporânea em tornar o corpo um ente de progressiva profundidade, Georges Vigarello defende que a consciência do corpo, a partir do início do século XX, passa a ser explorada "como a alma o fora outrora: lugar central, ou pelo menos incontornável, da identidade".(95)

Conforme registra Sant'Anna, há uma tendência contemporânea em "transformar o corpo numa entidade cada vez mais profunda, complexa e sensível, enquanto a importância das transcendências religiosas e dos grandes projetos ideológicos é reduzida".(96) O corpo assume o lugar antes ocupado pela alma, e a "saúde toma o mesmo rumo ao substituir a salvação religiosa". (97)

Compreendido contemporaneamente o corpo gordo como uma doença, expressão de uma epidemia global, em um mundo em que a virtude é magra e o corpo ganha ares de alma, a pessoa gorda experimenta um martírio ao ser convocada socialmente a abandonar um corpo que, ao mesmo tempo, encarna sua identidade construída, sua vida, seus valores e experiências. Trata-se de levar ao extremo um paradoxo da identidade contemporânea, que pode ser descrito como uma imposição de sucessivos sofrimentos:

> Afirmação contraída do sujeito: o corpo como lugar primeiro de identidade. (...) A consequência é decisiva para o obeso, levado a abandonar um perfil traidor que ao mesmo tempo, numa lógica mais profunda do que parece, é igualmente o perfil com o qual ele se identifica. O "martírio" pode se tornar mais complexo (...). A primeira sensação de traição vem ao ser designado: "O simples fato de declararem seu sobrepeso aumenta a depressão e diminui a autoestima". O obeso, como já mostrava Béraud, é confrontado com a

(94) VIGARELLO, Georges. *O Sentimento de Si:* História da Percepção do Corpo. Petrópolis: Vozes, 2016. p. 299.

(95) *Ibidem*, p. 287.

(96) SANT'ANNA, Denise Bernuzzi de. *Corpos de Passagem:* Ensaios sobre a Subjetividade Contemporânea. São Paulo: Estação Liberdade, 2001. p. 28.

(97) *Ibidem*, p. 24.

> impossibilidade de "habitar" a própria imagem. É levado à autodepreciação, quando não à perda de si próprio. Ele é "deslocado". Ao passo que emagrecer seria, ao contrário, adaptar-se, suportar a provação social, "realizar-se" (...). A segunda sensação de traição vem com a resistência orgânica: a mudança desejada não ocorre, apesar do esforço visando o emagrecimento. É uma situação conhecida, certamente mais explicitada hoje (...). Situação mais dolorosa também, acentuada por essa identidade inédita em que "cada um é responsável pelo seu estado". A estigmatização apega-se à "falta de vone tade", ao "frágil autocontrole". A falha do obeso é não conseguir mudar, sofrendo cada vez mais por deixar visível essa incapacidade. A terceira sensação de traição, por fim, é mais complexa, senão mais profunda: este corpo é exatamente aquele com que se identificou o obeso, apesar do desejo de mudá-lo. Com essa resistência quase que contraditória em deixar um corpo que virou identidade, vão se somando as experiências "dilacerantes". Além disso, agora há rejeição e revolta, numa tentativa de se opor a essa "injustiça"(...). Criaram-se instituições de "luta contra as discriminações".(98)

A identidade do ser humano decorre e se vincula de modo crescente ao corpo, ao mesmo tempo em que o corpo gordo se torna cada vez mais repudiado em âmbito social, inclusive opondo-se no imaginário ao discurso imperativo da saúde. Nesse contexto, são frequentes, conforme se infere da literatura e de depoimentos pessoais, registros de pessoas gordas que passam longos períodos, ou mesmo toda uma vida, em tentativas de emagrecimento, ao mesmo tempo em que denunciam injustiças e atrelam sua identidade e construção de personalidade ao corpo gordo.

Roxane Gay, mulher gorda, escritora, professora e comentarista social norte-americana, narra com riqueza de detalhes diversos aspectos da vivência cotidiana de uma pessoa considerada "muito gorda" na sociedade contemporânea, em seu livro de memórias "Fome: uma autobiografia do (meu) corpo".(99) Acerca do atrelar da identidade ao corpo, do sentimento de julgamento social negativo e da permanente tensão entre o desejo de enquadramento social, de um lado, e de combate às estruturas de opressão, de outro, escreve:

> Hoje sou uma mulher gorda. Não me acho feia. Não me odeio do jeito que a sociedade gostaria que eu me odiasse, mas vivo, sim, no mundo. Vivo nesse corpo, nesse mundo, e detesto a forma como o mundo com frequência reage a esse corpo. Intelectualmente, reconheço que não sou o problema. Esse mundo e sua má vontade de me aceitar e me acomodar são o problema.

---

(98) VIGARELLO, Georges. *As Metamorfoses do Gordo:* História da Obesidade. Petrópolis, RJ: Vozes, 2012. p. 335-336.

(99) GAY, Roxane. *Fome:* uma autobiografia do (meu) corpo. São Paulo: Globo, 2017.

> Mas desconfio de que seja mais provável que eu consiga mudar antes que mudem essa cultura e essas posturas em relação às pessoas gordas.
>
> (...)
>
> Eu não quero mudar quem sou. Quero mudar minha aparência. Nos meus dias bons, quando me sinto preparada para a luta, tenho vontade de mudar a forma como o mundo reage à minha aparência, porque sei, intelectualmente, que meu corpo não é o verdadeiro problema.
>
> Em meus dias ruins, porém, eu me esqueço de como separar minha personalidade, a essência do meu ser, do meu corpo. Esqueço-me de me proteger das crueldades do mundo.
>
> (...)
>
> Sei que não é meramente a perda de peso que irá me ajudar a me sentir confortável em meu corpo. Racionalmente, não consigo equacionar magreza com felicidade. Eu poderia acordar magra amanhã e ainda carregaria a mesma bagagem que tenho arrastado por quase trinta anos. Eu ainda exibiria a cicatriz de muitos daqueles anos como uma pessoa gorda em um mundo cruel.
>
> Um dos meus maiores medos é que eu jamais elimine totalmente essa cicatriz. Uma das minhas maiores esperanças é que um dia eu tenha eliminado a maior parte dessa cicatriz.(100)

Na literatura, a ambiguidade corporal e a crise identitária que cercam a existência e o imperioso emagrecimento da pessoa gorda, em contexto de perda de peso socialmente imposta com violência, são retratadas com delicadeza por Carmen Maria Machado no livro "O Corpo Dela e Outras Farras", que reúne crônicas relacionadas ao corpo das mulheres e suas vivências, violências e instabilidades em um mundo hostil.(101) Na história "Oito Bocados", conto com elementos fantásticos, a protagonista é uma mulher gorda que, submetida a uma cirurgia bariátrica, reencontra a parcela de seu corpo extirpada em forma de uma criatura sobrenatural e fantasmagórica, que passa a lhe acompanhar pela vida e a ocupar sorrateiramente os cantos de sua casa:

> Me ajoelho ao seu lado. É um corpo sem nada do que precisa: sem estômago ou ossos ou boca. Apenas leves reentrâncias. Me agacho e esfrego o seu ombro, ou o que acho ser o seu ombro.

---

(100) GAY, Roxane. *Fome:* uma autobiografia do (meu) corpo. São Paulo: Globo, 2017. p. 27, 130 e 266.

(101) MACHADO, Carmen Maria. *O corpo dela e outras farras*. São Paulo: Planeta Minotauro, 2018. p. 179-187.

A coisa se vira e olha para mim. Não possui olhos, mas ainda assim olha para mim. Ela olha pra mim. Ela é horrível, mas honesta. É grotesca, mas é real.

Sacudo a cabeça. "Não sei por que eu queria encontrar você", digo. "Eu deveria saber."

Ela se encolhe ainda mais. Me inclino sobre ela e sussurro onde pode haver um ouvido. "Você é indesejável", digo. Um tremor percorre a forma dela. Não percebo que a estou chutando até a estar chutando. Ela não tem nada e não sinto nada, exceto que ela parece se solidificar antes de meu pé tocar nela, de modo que cada chute é mais satisfatório do que o anterior. Pego uma vassoura e sinto um puxão num músculo ao golpeá-la várias vezes e o cabo se quebra nela e me ajoelho e arranco punhados macios de seu corpo e os jogo na parede e não percebo que estou gritando até que enfim paro.

Me pego desejando que ela revidasse, mas não revida. Ela soa como se estivesse esvaziando. Um silvo, um chiado ensurdecedor. Me levanto e vou embora. Fecho a porta do porão. Eu a deixo lá até não conseguir mais ouvi-la.

(...) Às vezes, se fico sentada sem fazer nenhum barulho, posso ouvi-la murl-murando debaixo do assoalho. Ela dorme na minha cama quando vou ao mercado e, quando volto e bato a porta, com força, escuto passos leves lá em cima. Sei que ela está por perto, mas ela nunca cruza o meu caminho. Ela deixa oferendas na mesa de centro: alfinetes de segurança, rolhas de garrafas de champanhe, balas enroladas em celofane com desenhos de morangos. Ela revira as minhas roupas sujas e deixa um rastro de meias e sutiãs até a janela aberta. As gavetas são vasculhadas. Ela vira todas as latas de sopa para deixar os rótulos para a frente e limpa as constelações de respingos de café nos azulejos da cozinha. O seu perfume fica nos lençóis. Ela está por perto, mesmo quando não está.

Eu a verei só mais uma vez depois disso.

(...) Irei morrer no dia em que eu fizer setenta e nove anos.

Braços vão me levantar da minha cama — os braços dela. Vão ser macios como os de uma mãe, como massa de pão e limo. Vou reconhecer o cheiro. Vou me encher de tristeza e vergonha.

Vou olhar para onde os olhos dela estariam. Vou abrir a boca para perguntar, mas então vou perceber que a pergunta já se respondeu sozinha: ao me amar quando não a amei, ao ser abandonada por mim, ela se tornou imortal. Ela vai viver mais do que eu cem milhões de anos; até mais. Vai viver mais do que a minha filha e a filha da minha filha, e o mundo vai ser tomado por ela e a sua espécie, suas formas inescrutáveis e seus destinos incompreensíveis (...).

> Vou chorar quando ela me arrastar para longe de mim mesma, na direção de uma porta aberta para a manhã salgada. Vou me encolher no seu corpo, que já foi o meu corpo, mas fui uma péssima cuidadora e ela foi tirada dos meus cuidados.
>
> "Me desculpa", vou sussurrar enquanto ela me leva até a porta da frente.
>
> "Me desculpa", vou repetir.
>
> "Eu não sabia".(102)

No livro "A Gorda", de autoria de Isabela Figueiredo, a construção de identidade indelével associada à vivência em um corpo gordo, com uma sensação de não pertencimento ao mundo dos magros, mesmo após eventual perda exacerbada de peso, é também descrita pela personagem principal, depois de uma cirurgia bariátrica:

> Quarenta quilos é muito peso. Foram os que perdi após a gastrectomia: era um segundo corpo que transportava comigo. Ou seja, que arrastava. Foi como se os médicos me tivessem separado de um gémeo siamês que se suicidara de desgosto e me dissessem, no final, "fizemos o nosso trabalho, faça agora o seu e aguente-se. Aprenda a viver sozinha".
>
> Com a gastrectomia deixei de conseguir comer. Bebia caldos, leite e sumos. Sentia doer o corpo e a mente. Sentia fome profunda, mas tinham-me cortado metade do estômago e o que restava era uma ferida. Nos primeiros meses perdi força e cabelo, e caminhava lentamente, adaptando-me. O meu corpo diminuía à razão de duzentos e cinquenta gramas por dia, e comecei a ficar leve, quase a levantar voo, como não me sentia desde a infância. Subia oito andares sem ficar a arfar e podia continuar mais oito, os que fossem necessários, porque nada me detinha. Testava-me através de diversos esforços. "Vamos lá ver se consigo caminhar vinte quilómetros", e conseguia.
>
> Não me tornei invencível. Ainda penso como gorda. Serei sempre uma gorda. Sei que o mundo das pessoas normais não é para mim. Continuo a ter o defeito, mas não se vê tanto; tornou-se menos grave. Há momentos em que me parece ter ganhado uma nova vida, como os que passaram por experiências de quase morte, viram o túnel para o outro lado, com a atraente luz branca no final, chamando-os, mas escolheram voltar. Eu também tenho escolhido, e mesmo que já ninguém me exclua, excluo-me eu, à partida. Conheço muito

(102) MACHADO, Carmen Maria. *O corpo dela e outras farras*. São Paulo: Planeta Minotauro, 2018. p. 184-187.

bem os meus limites. Aquilo a que posso aceder e o que me está vedado para sempre. Os aleijados são, como se diz dos diamantes, eternos.(103)

Como expressões de uma existência atormentada por um imperativo social implacável, as experiências de vida das pessoas gordas são, muitas vezes, marcadas por regimes, dietas, cirurgias, dentre diversas tentativas de emagrecimento, para fins de acolhimento social a partir do alcance de corpos reputados belos e presumidamente saudáveis. A patologização moralizada da gordura, possivelmente, ocasionou um retardamento de uma apropriação, por parte das pessoas gordas, de seus próprios corpos como expressões de identidade.

Nas últimas décadas, no entanto, delineia-se um promissor movimento ativista gordo, ou gordoativismo. O indivíduo contemporâneo "é" seu próprio corpo, encarna nele suas lutas e identidades, e a evolução indica que essa tomada do corpo pelo sujeito romperá também a fronteira marginalizante do repúdio e patologização da gordura. A organização coletiva, uma revolução social e reivindicações de direitos, por conseguinte, mostram-se não apenas possíveis, como também iminentes.

O movimento *fat pride* surge em meados da década de 1960 nos Estados Unidos, com manifestações públicas contra a discriminação e pela aceitação social das pessoas gordas,(104) em conexão com outros movimentos de mudança social que vinham se fortalecendo, como o feminismo.

Conforme leciona Charlotte Cooper, em 1967, Steve Post, um radialista de Nova York, convocou um evento próximo ao *Central Park*, possivelmente o primeiro evento reivindicativo público do ativismo gordo, com objetivo de protestar contra a discriminação de pessoas gordas. Cerca de 500 pessoas carregavam *banners* com dizeres como "*Fat Power*" ("Poder Gordo") ou "*Buddha Was Fat*" ("Buda era Gordo"), sendo utilizados também *bottoms* com as mensagens "*Take a Fat Girl to Dinner*" ("Leve uma Garota Gorda para Jantar") ou "*Help Cure Emaciation*" ("Ajude a Curar o Emagrecimento").(105)

Llewellyn (Lew) Louderback, um escritor de *Staten Island*, alguns meses depois, publicou um artigo, intitulado "*More People Should be Fat*" ("Mais Pessoas Deveriam ser Gordas"), no *The Saturday Evening Post*. No texto, Louderback informava que a motivação de sua escrita era demonstrar indignação pela vida que sua esposa Ann fora forçada a viver como uma mulher gorda. Ela teria morrido de câncer de pulmão, consequência de

(103) FIGUEIREDO, Isabela. *A Gorda*. Lisboa: Editorial Caminho, 2016. p. 10.

(104) MENDONÇA, André Luís de Oliveira; NEVES, Alden dos Santos. Alterações na Identidade Social do Obeso: do Estigma ao Fat Pride. *Demetra: Alimentação, Nutrição & Saúde*, Rio de Janeiro, v. 9, n. 3, p. 619-631, 2014.

(105) COOPER, Charlotte. *What's Fat Activism?* Working Paper WP2008-02, Department of Sociology Working Paper Series. Limerick: University of Limerick, set. 2018.

ter aderido à prática de fumar cigarros para conter o impulso de comer doces, dada a cultura de vigilância de peso nos Estados Unidos.(106)

Em 1969, Bill Fabrey, um engenheiro de Nova York, inspirou-se na leitura do artigo de Louderback, expressando também revolta pela maneira como o mundo tratava sua esposa gorda, Joyce. Bill fez diversas cópias do artigo e as distribuiu a todos que conhecia. Com a ajuda de Lew, posteriormente, reuniu um pequeno grupo de pessoas e criou a *National Association to Advance of Fat Acceptance* (Naafa), um dos grandes expoentes do gordoativismo.(107)

Na Califórnia, um grupo de mulheres feministas gordas também se organizava, no mesmo período, para protestar contra discriminações contra pessoas gordas. Algumas delas aderiram à Naafa, porém se desligaram posteriormente por não considerarem a associação suficientemente disruptiva. Criaram, então, o *Fat Undergound*, produzindo um manifesto e documentos tratando sobre ineficácia de dietas, discriminação no trabalho, alimentação, saúde, psiquiatria, sexismo, alimentação, distúrbios, estruturas públicas, autoridade médica, estereótipos e humor.(108) Em 1973, publicaram o "*Fat Liberation Manifesto*", que clamava, inclusive, pela observância de direitos para as pessoas gordas:

> 1. NÓS acreditamos que as pessoas gordas têm pleno direito ao respeito e reconhecimento humano.
>
> 2. NÓS estamos zangados com os maus-tratos por interesses comerciais e sexistas. Eles exploraram nossos corpos como objetos de ridículo, criando assim um mercado imensamente lucrativo vendendo a falsa promessa de evitar ou aliviar este ridículo.
>
> 3. NÓS vemos nossa luta aliada às lutas de outros grupos oprimidos contra o classismo, o racismo, o sexismo, o etarismo, a exploração financeira, o imperialismo e afins.
>
> 4. NÓS exigimos direitos iguais para as pessoas gordas em todos os aspectos da vida, conforme prometido na Constituição dos Estados Unidos. Exigimos igualdade de acesso a bens e serviços na esfera pública e o fim da discrie minação contra nós nas áreas de emprego, educação, instalações públicas e serviços de saúde.

(106) COOPER, Charlotte. *What's Fat Activism?* Working Paper WP2008-02, Department of Sociology Working Paper Series. Limerick: University of Limerick, set. 2018.

(107) NATIONAL ASSOCIATION TO ADVANCE OF FAT ACCEPTANCE – NAAFA. *History*. Disponível em: https://naafa.org/history. Acesso em: 20 jun. 2023.

(108) *Idem*.

5. Nós destacamos como nossos inimigos especiais as chamadas indústrias "redutoras". Estas incluem clubes de dieta, salões de redução, acampamentos de perda de peso, médicos de dieta, livros de dieta, alimentos dietéticos e suplementos alimentares, procedimentos cirúrgicos, inibidores de apetite, drogas e engenhocas, como envoltórios e "máquinas de redução".

NÓS exigimos que eles assumam a responsabilidade por suas falsas alegações, reconheçam que seus produtos são prejudiciais à saúde pública e publiquem estudos de longo prazo comprovando qualquer eficácia estatística de seus produtos. Fazemos essa exigência sabendo que mais de 99% de todos os programas de perda de peso, quando avaliados em um período de cinco anos, falham totalmente, e também sabendo da extrema nocividade comprovada de grandes mudanças frequentes de peso.

6. Repudiamos a mistificada "ciência" que afirma falsamente que somos inaptos. Ela causou e manteve a discriminação contra nós, em conluio com os interesses financeiros das seguradoras, indústrias de moda e vestuário, indústrias de redução, indústrias de alimentos e medicamentos e estabelecimentos médicos e psiquiátricos.

7. NÓS nos recusamos a ser subjugados aos interesses de nossos inimigos. Pretendemos recuperar o poder sobre nossos corpos e nossas vidas. Comprometemo-nos a perseguir esses objetivos juntos.

PESSOAS GORDAS DO MUNDO, UNI-VOS! VOCÊS NÃO TÊM <u>NADA</u> A PERDER...(109)

(109) FREESPIRIT, Judy e Aldebaran. Fat Liberation Manifesto. *Off Our Backs*, v. 9, n. 4, 1979, p. 18-18. JSTOR. Disponível em: http://www.jstor.org/stable/25773035. Acesso em: 20 jun. 2023. Tradução livre. No original:

"1. WE believe that fat people are fully entitled to human respect and recognition.

2. WE are angry at mistreatment by commercial and sexist interests. These have exploited our bodies as objects of ridicule, thereby creating an immensely profitable market selling the false promise of avoidance of, or relief from, that ridicule.

3. WE see our struggle as allied with the struggles of other oppreressed groups against classism, racism, sexism, ageism, financial exploitation, imperialism and the like.

4. WE demand equal rights for fat people in all aspects of life, as promised in the Constitution of the United States. We demand equal access to goods and services in the public domain, and an end to discrimination against us in the areas of employment, education, public facilities and health services.

5. WE single out as our special enemies the so-called "reducing" industries. These include diet clubs, reducing salons, fat farms, diet doctors, diet books, diet foods and food supplements, surgical procedures, appetite suppressants, drugs and gadgetry such as wraps and "reducing machines".

WE demand that they take responsibility for their false claims, acknowledge that their products are harmful to the public health, and publish long-term studies proving any statistical efficacy of their products. We make this demand knowing that over 99% of all weight loss programs, when evaluated over a five-year period, fail utterly, and also knowing the extreme proven harmfulness of frequent large changes in weight.

Em 1978, Susie Orbach, cofundadora do *Women's Center Institute*, em Nova York, e do *Women's Therapy Center*, em Londres, especialista em compulsão alimentar, publica um livro intitulado "*Fat is a Feminist Issue*" ("Gordura é uma Questão Feminista").(110) O livro incentivava as mulheres à aceitação corporal e eliminação de culpa relacionada ao peso, embora fosse problemático em termos de ativismo gordo, por relacionar o ganho de peso às condições sociais sexistas e preconizar que a perda da obsessão pela magreza na sociedade resultaria, naturalmente, em maiores índices de emagrecimento.

Em seguida a essas manifestações esparsas, em contexto de literatura escassa e com recepção tímida, seguiu-se um segundo momento de avanços na década de 1990, com proliferação de ideias, eventos, grupos e abordagens. Ideias de liberação gorda surgem inicialmente na cultura midiatizada, circundando especialmente os discursos sobre beleza e moda. O movimento descrito como *Size Acceptance*, no entanto, traduzia um sentimento mais individualista e resignado, sendo comum a utilização, por pessoas anti-dieta que temiam se associar a pessoas gordas, de termos como *large* ou *big* (grande).(111)

Surgem também, no entanto, estudos mais aprofundados sobre questões médicas, além de organizações como o *Council on Size and Weight Discrimination*, a *Healthy Weight Network* e o *Healthy Weight Journal*, a *Association for the Health Enrichment of Large People* e *The Body Image Taskforce*, todas ampliando a abordagem tática da *Naafa* e da *Fat Underground*. O ativismo aproximou-se de estruturas investidas do poder biomédico ligadas à "obesidade". A ativista Lynn McAfee, por exemplo, participou de reuniões na *Federal Trade Commission* nos Estados Unidos e testemunhou, como lobista, em audiências perante a *Federal Drug Administration* sobre medicamentos para perda de peso. A advogada especialista em diversidade Sondra Solovay, outra figura de importância para o movimento gordo, foi fundamental para a conquista de uma legislação antidiscriminação de altura e peso aprovada em São Francisco, no ano 2000. Na moda, aumentam os produtos especializados para pessoas gordas ou mercado *plus size*, discursos sobre representatividade positiva na mídia e ativismo nos espaços virtuais.(112)

No Brasil, conforme esclarecem Mendonça e Neves, o ativismo gordo é mais recente, coincidindo com o período de expansão do movimento nos Estados Unidos e datando as primeiras manifestações da década de 1990. Em princípio, apresenta um

---

6. WE repudiate the mystified "science" which falsely claims that we are unfit. It has both caused and upheld discrimination against us, in collusion with the financial interests of insurance companies, the fashion and garment industries, reducing industries, the food and drug industries, and the medical and psychiatric establishment.

7. WE refuse to be subjugated to the interests of our enemies. We fully intend to reclaim power over our bodies and our lives. We commit ourselves to pursue these goals together.

FAT PEOPLE OF THE WORLD, UNITE! YOU HAVE NOTHING TO LOSE..."

(110) ORBACH, Susie. *Gordura é uma questão feminista*. Rio de Janeiro: Record, 1978.

(111) COOPER, Charlotte. *What's Fat Activism?* Working Paper WP2008-02, Department of Sociology Working Paper Series. Limerick: University of Limerick, set. 2018.

(112) *Idem*.

perfil mais midiático, em relação ao movimento social norte-americano já mais estruturado, associando-se à moda e a movimentos comerciais, sobretudo à captação de novo público para o consumo de produtos de moda, tradicionalmente excludentes de corpos não adequados ao padrão.(113)

Nas últimas décadas, como ocorre com diversas expressões e movimentos sociais, em especial a partir de meados de 2010, o movimento gordoativista e o combate à discriminação contra pessoas gordas vêm crescendo por meio de manifestações virtuais, no universo da cibercultura. Tendo em vista a íntima associação entre o repúdio social à gordura e o corpo das mulheres, como demonstram a análise histórica sobre os corpos gordos e a própria história do surgimento do ativismo gordo, não por acaso predomina o ciberativismo de mulheres gordas. As manifestações virtuais associam-se a vivências individuais e coletivas concretas, que passam a incorporar elementos de resistência a opressões.

Malu Jimenez, uma das pioneiras do ativismo gordo no Brasil e na academia, em seu livro "Lute Como uma Gorda", fruto de tese de doutorado em Estudos da Cultura Contemporânea na Universidade Federal de Mato Grosso, registra e analisa em sua obra, para além de depoimentos pessoais de diversas mulheres gordas com relação às suas vivências concretas, manifestações de mulheres autodenominadas ou não ativistas "em blogs, redes sociais, grupos, eventos, conversas e páginas na internet".(114) Por meio do universo virtual, percebeu o desenvolvimento crescente de "estratégias de empoderamento gordo feminino, que defendem um corpo dissidente como uma nova forma de estar no mundo, ao mesmo tempo em que denunciam opressões sofridas".(115)

Concebendo o ativismo como conjunto de ações voltadas à transformação da ordem social em vigor, Jimenez constata que a *internet* serve atualmente de ferramenta importante e articuladora para reivindicações sociais, em geral, e combate à discriminação contra pessoas gordas ou gordofobia, em especial.(116) O ativismo gordo, no entanto, seria realidade múltipla e diversificada, não algo fixo e com regras rígidas. No Brasil, assim, não existe um único ativismo gordo, mas "muitos ativismos gordos, e eles não são unificados nem levantam somente uma bandeira".(117)

Bruna Salles Braconi de Moura, em dissertação de mestrado em História pela Pontifícia Universidade Católica de São Paulo, intitulada "Para além do osso: o corpo gordo no Brasil contemporâneo", esclarece que a disseminação, nos espaços virtuais, de

(113) MENDONÇA, André Luís de Oliveira; NEVES, Alden dos Santos. Alterações na Identidade Social do Obeso: do Estigma ao Fat Pride. *Demetra: Alimentação, Nutrição & Saúde*, Rio de Janeiro, v. 9, n. 3, p. 619-631, 2014.

(114) JIMENEZ, Malu. *Lute como uma Gorda*. São Paulo: Jandaíra, 2022. p. 224.

(115) *Idem*.

(116) *Idem*.

(117) *Ibidem*, p. 232.

discussões sobre o corpo levou à popularização de alguns movimentos em redes sociais, especialmente os denominados *body positive*, *body image* e *body neutrality*.[118]

O *body positive* defenderia o amor-próprio, a aceitação corporal independente de padrões de beleza impostos, a ampliação da concepção de beleza, a autoproteção contra informações negativas sobre o corpo e o atendimento aos cuidados com o corpo de um modo geral. O *body image* teria também a intenção de eliminar o ódio ao corpo, incentivando as pessoas a acolherem seus corpos através de documentários, livros, programas *online*, palestras e recursos educacionais. Por fim, o *body neutrality* defenderia o reconhecimento das funções do corpo e das possibilidades que ele oferece às pessoas, embora nem sempre se entenda possível o amor ao próprio corpo.[119]

Destaca Moura, ainda, a ascensão da moda *plus size*, voltada ao oferecimento de roupas de tamanhos maiores, especialmente por meio do *e-commerce*, à produção de livros afirmativos acerca do corpo gordo, produções musicais e audiovisuais e espaços de socialização. Com relação aos eventos de socialização voltados às pessoas gordas, registrou a ocorrência de festas, feiras e desfiles de moda, destacando a "Festa Toda Grandona", organizada por um coletivo LGBTQIA+ *body positive*, o *Pop Plus*, feira de moda e espaço de acolhimento e socialização *plus size*, e a *Fashion Weekend Plus Size*, também evento de moda *plus size*, acrescido de *workshops* e palestras temáticas.[120]

Malu Jimenez esclarece, no entanto, que o movimento *body positive* não é a mesma coisa que ativismo gordo, embora seja com este confundido, muitas vezes, por promover um autoconhecimento por parte das pessoas em relação ao corpo e uma valorização da própria história.[121] É que o ativismo gordo ultrapassa a temática do autoamor e da aceitação pela pessoa de seu próprio corpo. Enquanto o *body positive* "foca todos os corpos e a quebra do padrão único de beleza",[122] associando-se à temática da moda, à autoestima e à diversificação das belezas, o ativismo gordo concentra-se "em contrapor a estigmatização dos corpos gordos socialmente, na despatologização desses corpos e na acessibilidade quase inexistente".[123]

Esclarece Jimenez que a observação das experiências de mulheres gordas demonstra que muitas procuram soluções e abordagens para seus sofrimentos e questões relativas ao próprio corpo, porém o caráter estrutural e institucional da gordofobia impõe o enfrentamento de diversas fases para que haja uma declaração de ativismo e participação

(118) MOURA, Bruna Salles Braconi de. *Para além do osso:* o corpo gordo no Brasil contemporâneo. Dissertação de Mestrado em História. São Paulo: Programa de Pós-Graduação em História da Pontifícia Universidade Católica de São Paulo, 2021.

(119) *Idem.*

(120) *Idem.*

(121) JIMENEZ, Malu. *Lute como uma Gorda.* São Paulo: Jandaíra, 2022. p. 233.

(122) *Ibidem*, p. 234.

(123) *Idem.*

de uma luta. Muitas, assim, ingressam em processos de questionamento de injustiças invocando as temáticas relacionadas à beleza, chegando posteriormente à discussão de temáticas mais profundas e urgentes, como as da patologização e da acessibilidade dos corpos gordos.(124)

Natália Rangel, em sua dissertação de mestrado em Sociologia Política pela Universidade Federal de Santa Catarina, intitulada "O ativismo gordo em campo: política, identidade e construção de significados", destaca como principais pautas do ativismo gordo a problematização da patologização do corpo gordo, a questão da acessibilidade e a representatividade. Com relação à patologização, o discurso associado à saúde reverberaria em culpabilização individual, vigilância e imposição social de modificações corporais às pessoas gordas, emergindo então um combate ao uso da autoridade médica para fins de inferiorização e desumanização do gordo. No que tange à acessibilidade, as barreiras sociais à livre locomoção das pessoas gordas, a falta de acesso a espaços públicos e o não caber em diversos locais seriam também frequentes objetos de luta. Finalmente, a representatividade das pessoas gordas, especialmente na mídia, desponta também como importante questão para o avanço do reconhecimento social das pessoas gordas como pessoas "normais".(125)

Destaca Rangel que o ativismo gordo se entrelaça ao feminismo, a partir da concepção de que o pessoal é político e de que as relações de dominação entre os sexos, com reflexos na sexualidade e liberdade corporal, devem ser questionadas. Da mesma forma, os *fat studies* seriam impactados pelo conceito de biopolítica de Foucault, a partir da ideia da dissipação de poder e da forma como este é incorporado e externalizado pelos indivíduos nas ações cotidianas, inclusive de autovigilância e de vigilância dos pares.(126) Desvenda-se, com esses intercâmbios, o processo de vigilância e autovigilância do peso corporal, em violento controle dos indivíduos e corpos, especialmente dos corpos e vidas das mulheres.

Como práticas ativistas, destacam-se, notadamente, a organização e as manifestações do gordoativismo por meio da *internet*, sendo os *sites*, *blogs* e redes sociais, como *Instagram*, *Facebook* e *Youtube*, os espaços mais proeminentes de expressão.(127) Ressaltam-se, ilustrativamente, as páginas da rede social *Instagram* da própria professora Malu Jimenez, já mencionada; das jornalistas Jéssica Balbino e Naiana Ribeiro, que denunciam expressões de discriminação em diversos aspectos da trajetória social de pessoas gordas; da comunicadora Agnes Arruda, tratando destacadamente da gordofobia na mídia; da

(124) JIMENEZ, Malu. *Lute como uma Gorda*. São Paulo: Jandaíra, 2022. p. 233.

(125) RANGEL, Natália Fonseca de Abreu. *O ativismo gordo em campo:* política, identidade e construção de significados. Dissertação de Mestrado em Sociologia Política. Florianópolis: Universidade Federal de Santa Catarina, 2018.

(126) *Ibidem*, p. 48.

(127) *Idem*.

atleta Ellen Valias, que aborda práticas gordofóbicas na seara dos esportes e da educação física; da empreendedora Flávia Durante e da influenciadora de moda Juliana Romano, que endereçam temáticas de moda e acessibilidade; dentre diversas outras.

Há também, contudo, expressões diversas por meio da comunicação e arte, por exemplo, como a criação de músicas, eventos musicais, espetáculos de dança, ilustrações, livros, filmes, fotografias, peças de teatro, eventos de moda e programas de rádio exaltando pessoas e corpos gordos. A disponibilização de roupas para pessoas gordas, ainda, é também questão associada ao ativismo e vinculada à própria acessibilidade.[(128)]

O ativismo gordo busca, ademais, a legitimação de suas pautas na incipiente produção acadêmica sobre pessoas e corpos gordos com perspectivas históricas e sociais, que não se limitam ao discurso tradicional da saúde e medicalização da "obesidade", reconhecendo concepções de gordofobia, discriminação e historicidade na compreensão de corpos e das próprias ciências.

Em 2017, Malu Jimenez criou o "Pesquisa Gorda — Grupo de Estudos Transdisciplinares do Corpo Gordo no Brasil", um grupo de pesquisa voltado a congregar pessoas que estudassem o corpo gordo no Brasil, em diversas áreas do conhecimento. O grupo, inicialmente criado por meio da rede social *Facebook*, desenvolveu-se gradualmente, com participação em eventos como uma mesa de debates no *Pop Plus*, em 2018; um minicurso no 19º Congresso Brasileiro de Sociologia na Universidade Federal de Santa Catarina, em 2019; a criação de um programa no *YouTube* e um *podcast*; dentre outras iniciativas relevantes.[(129)]

Em 2022, foi realizado o "I Congresso Pesquisa Gorda: Ativismo, Estudo e Arte", com o objetivo de "produzir conhecimento, sensibilização e mobilização acadêmica e social com relação à temática das Corporalidades Gordas".[(130)] O evento destinou-se à consolidação de uma rede nacional de pesquisa sobre o tema, unindo investigações acadêmicas e artísticas, conectadas essencialmente ao ativismo, aos diálogos com a sociedade e ao enfrentamento à naturalização da gordofobia no Brasil e no mundo.[(131)]

O despertar de um movimento social gordoativista, portanto, é uma realidade social cada vez mais palpável, com o progressivo reconhecimento pelas pessoas gordas da identidade atrelada ao seu corpo, a percepção de injustiças sociais calcadas em uma

(128) RANGEL, Natália Fonseca de Abreu. *O ativismo gordo em campo:* política, identidade e construção de significados. Dissertação de Mestrado em Sociologia Política. Florianópolis: Universidade Federal de Santa Catarina, 2018.

(129) PESQUISA GORDA. *Nossa História*. Disponível em: https://pesquisagordegp.wixsite.com/ gordes/nossa-hist%C3%B3ria. Acesso em: 02 mar. 2024.

(130) PESQUISA GORDA. *I Congresso Pesquisa Gorda acontece de 8 a 10 de setembro de 2022*. Disponível em: https://pesquisagordegp.wixsite.com/gordes/congresso. Acesso em: 02 mar. 2024.

(131) *Idem*.

opressão estrutural (gordofobia) e a formulação de reivindicações sociais, que caminham irrefreavelmente para o campo do Direito.

2.4. A Pessoa Gorda nas Ciências Sociais e Ciências Sociais Aplicadas: a Pessoa Gorda e o Direito

Uma análise histórica e social permite a conclusão de que os corpos gordos, na atualidade, são enxergados e estudados por perspectivas múltiplas, embora ainda prevalente o discurso ortodoxo da saúde. Despontam, em contraposição à abordagem medicalizada que se consolidou no final do século XX, também análises de cunho sociológico, de sociologia das ciências, de natureza histórica, dentre outras, além de concepções desenvolvidas por um emergente movimento social gordoativista.

Natália Rangel, com base nos ensinamentos da socióloga australiana Deborah Lupton, esclarece que os atuais estudos sobre o corpo gordo podem ser classificados em, no mínimo, cinco abordagens:

> • Anti-obesidade: por meio desse discurso entende-se que a gordura corporal em excesso relativa ao Índice de Massa Corporal (IMC) é nociva e um assunto de saúde pública em que deve-se prevenir os/as cidadãos/ãs contra o sobrepeso e a obesidade, entendida enquanto doença e combatê-la.
>
> • Biomédico-crítico: não aceita a ideia de "epidemia da obesidade", entende que ser gordo/a não necessariamente significa estar doente, estando em risco apenas as pessoas com obesidade mórbida pelo IMC, atividades físicas regulares são mais importantes para a saúde do que a massa corporal, gordura corporal é um sintoma e não uma doença, dietas podem ser prejudiciais à saúde. Dentro dessa perspectiva há estudiosos que acreditam que o discurso anti-obesidade faz parte de estratégias propositais para fomentar a indústria farmacêutica e outras indústrias relacionadas ao emagrecimento.
>
> • Libertários céticos: entendem que deve haver liberdade de escolha dos indivíduos em relação à alimentação e atividade física, não devendo o Estado assumir uma postura paternalista em relação à gordura corporal. Utilizam o discurso biomédico-crítico para endossar a ideia de liberdade de mercado, em especial de conglomerados de fast food. Dentro dessa perspectiva o discurso anti-obesidade restringiria a liberdade, sendo esse discurso por vezes referido pelos libertários céticos como socialista.
>
> • Estudos críticos do peso/estudos gordos (fat studies): dentro dessa perspectiva, pesquisadores sociais levam em consideração o contexto que envolve os estudos médicos, entendendo que o discurso anti-obesidade não é construído deliberadamente para "enganar" a população, mas faz parte de um

conjunto de interesses e ideias sobre saúde condicionadas por seu momento sócio-histórico. Dentro desses estudos críticos existem análises psicológicas, históricas, antropológicas, sociológicas, entre outras.

Um conceito importante dentro dessa perspectiva é o conceito de biopoder.

• Ativismo gordo: os/as ativistas gordos/as buscam desafiar as ideias negativas e estigmatizadoras voltadas às pessoas como a associação de gordura com feiúra e doença, bem como melhorar a acessibilidade a espaços físicos para pessoas gordas buscando melhorar a qualidade de vida das dessas pessoas, acabar com o preconceito e incentivar a convivência com as diferenças das pessoas.(132)

De um ponto de vista sociológico, as políticas relativas à "obesidade", calcadas no discurso médico patologizante, até agora fracassaram – o que se demonstra, inclusive, pelo incremento crescente do percentual da população considerada em situação de "sobrepeso" e "obesidade". O fenômeno é inquietante "pelo fato de que as ações até hoje empreendidas para lutar contra o seu desenvolvimento, ou, mais modestamente, para contê-lo, revelaram-se quase sempre ineficazes e, muitas vezes, até mesmo contraprodutivas".(133)

Em termos sociais, enquanto frustradas as tentativas de fazer desaparecer os "obesos" por técnicas de emagrecimento medicalizado, as pessoas socialmente lidas como gordas, a partir de uma forte valorização cultural da magreza, inclusive associada frequentemente ao discurso médico, passam a ser cada vez mais estigmatizadas em suas trajetórias sociais. Do ponto de vista das ciências sociais e sociais aplicadas, portanto, entende-se que a pessoa gorda deve ser definida a partir de sua percepção social e do tratamento a ela dispensado socialmente, não obstante a relevância do conhecimento e problematização do conceito médico.

Nesse sentido, tratando-se de estudo na área do Direito, enquanto ciência social aplicada, entende-se como pessoa gorda aquela que, em razão de seu nível de corpulência ou gordura corporal, é socialmente percebida como dissidente em relação a um padrão físico magro e socialmente valorizado, o que lhe acarreta tratamento diferenciado e estigmatizante por parte do corpo social e possível enfrentamento de barreiras dificultadoras de participação social plena, efetiva e em igualdade de condições com os demais.

Entende-se que a compreensão da importância contemporânea do corpo-identidade pode favorecer, no âmbito jurídico, o fortalecimento de normas de Direito Antidiscriminatório, as quais "pretendem reduzir ou eliminar disparidades significativas entre

---

(132) RANGEL, Natália Fonseca de Abreu. *O ativismo gordo em campo:* política, identidade e construção de significados. Dissertação de Mestrado em Sociologia Política. Florianópolis: Universidade Federal de Santa Catarina, 2018. p. 47-48.

(133) POULAIN, Jean-Pierre. *Sociologia da Obesidade.* São Paulo: Senac São Paulo, 2013. p. 16.

grupos".(134) Uma adequada consideração das corporalidades, notadamente dos corpos gordos, quando da identificação dos sujeitos de direito, pode também levá-los a receberem suficientes proteções em face do contexto social correspondente à sua realidade física. Em sendo o corpo a razão de diversas disparidades de oportunidades entre indivíduos no seio social, a visibilização de tais motivações discriminatórias parece um interessante mecanismo de incentivo a medidas de proteção jurídica.

Diante do poder adquirido pelo corpo na formação das identidades das pessoas, seja em termos de "sentimento de si" pelo indivíduo ou de percepção e tratamento social condicionado às corporalidades, entende-se que a promoção da justiça e redução das injustiças impõe avaliações comparativas e soluções que considerem as capacidades ofertadas a diversos corpos. Tal proposta, apta a desvanecer relações de dominação entre corporeidades diversas, revela-se eticamente adequada diante do atual posicionamento do corpo na sociedade contemporânea. Corrobora o entendimento a análise promovida por Denise Bernuzzi de Sant'Anna:

> (...) entende-se por ética o estabelecimento de relações nas quais, no lugar da dominação, se exercem composições entre os seres; estas não são nem adequações harmoniosas entre diferenças, nem fusões totalitárias fadadas a tornar todos os seres similares. Trata-se de estabelecer uma composição na qual os seres envolvidos se mantêm singulares, diferentes, do começo ao fim da relação: a composição entre eles realça tais diferenças sem, contudo, degradar qualquer uma delas em proveito de outras. A avidez característica da vontade de controle do corpo tende, neste caso, a empalidecer perante estas relações nas quais os corpos não precisam dominar ou ser dominados para adquirirem importância e força.(135)

As ciências sociais e o gordoativismo apontam para a emergência e construção de identidades e lutas sociais associadas aos corpos gordos. As reivindicações por direitos, a partir de tal realidade, decorrem da compreensão das pessoas gordas em termos identitários, de sujeitos cujas vivências e realidades abrangem os mais diversos espaços sociais e que enfrentam uma opressão estrutural, a gordofobia, muitas vezes associada ao discurso da saúde. Entende-se, consequentemente, que o sujeito para o Direito deve ser a pessoa gorda, não a pessoa "obesa". O corpo gordo, no campo social, é identidade, vivência e posicionamento de indivíduos na sociedade, não a doença sobre a qual se debruçam a área da saúde e as abordagens fundadas na medicalização.

---

(134) MOREIRA, Adilson José. *Tratado de Direito Antidiscriminatório*. São Paulo: Contracorrente, 2020. p. 50.

(135) SANT'ANNA, Denise Bernuzzi de. *Corpos de Passagem:* Ensaios sobre a Subjetividade Contemporânea. São Paulo: Estação Liberdade, 2001. p. 95.

Alimentando o interesse sobre o tema e fortalecendo a temática do combate à gordofobia no campo do Direito, merecem destaque iniciativas como o projeto ativista "Gorda na Lei", criado pela jurista Rayane Souza, prestando-se a promover, sobretudo por meio das redes sociais, debates jurídicos sobre o combate à gordofobia e acolhimento a vítimas desse tipo de violência no Brasil. Além disso, ciberativistas, como a influenciadora e dançarina Thais Carla, têm divulgado nas redes sociais o ajuizamento e resultados de processos judiciais instaurados em face de perpetradores de atos gordofóbicos, instigando a mobilização e o conhecimento das pessoas sobre a temática. Em diversos canais, ativistas do movimento gordo debatem também acerca de pautas jurídicas relacionadas ao tema, como uma possível criminalização da gordofobia.[136]

Da mesma forma que o ativismo e a produção acadêmica sobre os corpos gordos, de uma perspectiva social, ainda se esboçam timidamente no Direito enfrentamentos diretos à gordofobia. O interesse pelo tema na área jurídica, todavia, ganha fôlego nos últimos anos, especialmente em razão da consolidação progressiva do ativismo gordo.

A área jurídica é campo farto de normas antidiscriminatórias, de um modo geral, e de normativas e práticas institucionais relevantes para o enfrentamento à opressão social das pessoas gordas. Algumas abordagens diretas, embora incipientes, já podem ser também identificadas e estudadas. Adiante, algumas dessas normas e práticas institucionais serão analisadas especificamente, enfocando-se o Direito Internacional e o Direito brasileiro — nas esferas federal, estadual e municipal.

(136) G1. *Gordofobia:* o que fazer após ser vítima. Disponível em: https://g1.globo.com/sp/sao-paulo/noticia/2021/10/07/gordofobia-o-que-fazer-apos-ser-vitima.ghtml. Acesso em: 03 mar. 2024.

Capítulo 3

Estigma, Discriminação e Gordofobia

Inseridas em um contexto social contemporâneo de valorização da magreza e de desvalorização da gordura, associado à patologização da "obesidade" e especialmente à culpabilização dos "obesos" por sua própria condição, pessoas gordas são estigmatizadas. Como consequência dessa estigmatização, despontam nas interações sociais discriminações contra a pessoa gorda em diversas áreas, incluindo o âmbito familiar, os relacionamentos em geral, a mídia, a esfera educacional, os ambientes médicos e de saúde e, no que será alvo de análise detida e especial, o ambiente de trabalho. Impõe-se, portanto, a análise conceitual e concreta dos fenômenos do estigma e da discriminação — correspondente, em se tratando das pessoas gordas, à gordofobia.

3.1. Estigma, discriminação e gordofobia: Aspectos conceituais

A pessoa gorda enfrenta, na contemporaneidade, de forma bastante evidente, um estigma. Na língua portuguesa, "estigma" é palavra que denota cicatriz ou marca; sinal infamante ou natural do corpo; aquilo que marca ou assinala; mancha infamante ou vergonhosa.(137) O termo, cunhado pelos gregos, designava originalmente sinais corporais que evidenciavam o caráter extraordinário ou mau sobre a condição moral de quem os ostentava, como cortes ou marcas de fogo denunciando que uma pessoa seria em verdade um escravo, criminoso ou traidor.(138)

Na conceituação de Erving Goffman, atualmente, o estigma pode ser concebido como "um atributo profundamente depreciativo", concebido em "uma linguagem de relações e não de atributos", capaz de fazer com que uma pessoa deixe de ser considerada pelos demais como "uma criatura comum e total", sendo, ao contrário, reduzida a "uma pessoa estragada e diminuída".(139) Em sua obra "Estigma: Notas sobre a Manipulação

(137) FERREIRA, Aurélio Buarque de Holanda. *Novo Dicionário da Língua Portuguesa*. 2. ed. Rio de Janeiro: Nova Fronteira, 1986. p. 721.

(138) GOFFMAN, Erving. *Estigma:* Notas sobre a Manipulação da Identidade Deteriorada. 4. ed. Rio de Janeiro: LTC, 2021. p. 11.

(139) *Ibidem*, p. 12-13.

da Identidade Deteriorada",(140) o sociólogo canadense promoveu um estudo da situação do indivíduo estigmatizado, ou seja, inabilitado para a aceitação social plena.

Conforme Goffman, os estigmas podem ser categorizados em três tipos diferentes. Em primeiro lugar, estão as "abominações do corpo", entendidas como deformidades físicas pelo conjunto social. Em segundo, as "culpas de caráter individual", compreendendo características associadas à fraqueza de vontade, paixões tirânicas ou antinaturais, crenças falsas e rígidas, desonestidade, tudo a partir de inferências de relatos conhecidos acerca de doenças mentais, prisão, homossexualidade, alcoolismo, desemprego, tentativas de suicídio e situações análogas. Por fim, existem os "estigmas tribais de raça, nação e religião", repassados por meio de linhagem e atingindo membros de famílias.(141) O estigmatizado pode ser, ainda, "desacreditado", quando "assume (...) que sua característica distintiva já é conhecida ou é imediatamente evidenciada", ou "desacreditável", quando "ela não é conhecida pelos presentes nem imediatamente perceptível por eles".(142)

Pela classificação apresentada, seria possível afirmar que as pessoas gordas são socialmente percebidas como detentoras de um estigma categorizado, a um só tempo, como "abominação do corpo" e "culpa de caráter individual". O corpo destoa de um padrão magro concebido pela sociedade contemporânea como belo, saudável e "normal", ao passo que o imaginário social atrela a gordura ao excesso de comida, à falta de vontade, ao desleixo, à preguiça e à ausência de cuidados com a saúde. O gordo é, ainda, socialmente "desacreditado", uma vez que a característica estigmatizante que apresenta, ao contrário de estigmas eventualmente ocultáveis, salta aos olhos e apresenta-se de imediato àqueles com quem interage, pela mera visão do corpo. Tomado o indivíduo como "gordo", tal estatuto estigmatizante sobrepõe todas as suas qualidades pessoais, passando a defini-lo de forma nitidamente prevalente nas interações sociais.

Conforme Jean-Pierre Poulain, o estigmatizado ingressa em um círculo vicioso, ainda, quando absorve como normal o julgamento feito pelos demais, passando a aceitá-lo e internalizá-lo. Nesse contexto, uma alteração e depreciação da autoimagem leva a pessoa estigmatizada a considerar legítimos os tratamentos discriminatórios dos quais é vítima. O processo de estigmatização, assim, abarcaria cinco etapas: a atribuição da etiqueta de "anormal" a um indivíduo por outros, na interação social; a redução do indivíduo ao seu estigma, prevalecendo sobre todas as suas demais qualidades sociais; a justificação de uma série de discriminações sociais pela etiqueta do estigma; a interiorização da inferiorização pelo estigmatizado; e, finalmente, a consideração pela vítima de que os julgamentos que lhe são feitos seriam justos.(143)

(140) GOFFMAN, Erving. *Estigma:* Notas sobre a Manipulação da Identidade Deteriorada. 4. ed. Rio de Janeiro: LTC, 2021. p. 12-13.

(141) *Ibidem*, p. 14.

(142) *Idem*.

(143) POULAIN, Jean-Pierre. *Sociologia da Obesidade*. São Paulo: Senac São Paulo, 2013. p. 116-117.

A consequência do estigma é uma crença social de que seu portador não é completamente humano, o que acarreta por parte do corpo social diversas discriminações que, independentemente de sua intencionalidade, reduzirão as chances de vida do estigmatizado.[144] O estigma culmina, portanto, em uma vida de discriminações para o indivíduo e os grupos estigmatizados socialmente.

Como leciona José Lourenço de Oliveira, "discriminar", da mesma forma que discernir, é vocábulo proveniente da raiz indo-europeia *krei*, que traduz a ideia de separar. Do termo *krei* derivaram, dentre outras, as palavras latinas *cernere*, *crimen* e *discrimen*. *Cernere*, do qual deriva *discernere* e o atual "discernir", traduziu-se originalmente pelo sentido de joeirar, cirandar, crivar, peneirar. Da noção de "separar coisas misturadas", *cernere* alcançou o mental "distinguir". *Crimen*, origem da palavra crime, primeiro designou o que serve para separar, evoluindo para os sentidos de decisão, acusação, inculpação, crime, deixada a *discrimen*, origem de "discriminação", a ideia de separar.[145]

"Discernir", portanto, significa conhecer distintamente; perceber claro por qualquer dos sentidos; distinguir.[146] Refere-se, pois, ao aspecto filosófico do conhecimento, traduzindo uma identificação mental, com percepção da realidade. "Discriminar", por sua vez, guarda um sentido neutro de separar as coisas com base num juízo, positivo ou negativo, significando especificar; estremar, estabelecer diferença.[147] Contudo, abrange também uma conotação negativa, no sentido de tratar desigualmente os iguais ou igualmente os desiguais; criar, favorecer ou perpetuar situação injusta e prejudicial a indivíduo ou grupo; dar tratamento diferente e menos favorável a determinadas pessoas em razão de determinadas características; ou, da perspectiva do Direito, negar à pessoa "tratamento compatível com o padrão jurídico assentado para a situação por ela vivenciada".[148] Em seu sentido negativo, mais frequentemente utilizado e adotado também no presente estudo, a discriminação tem em seu combate uma das mais importantes áreas de progresso do Direito nas sociedades ocidentais modernas.

Conforme leciona Ronaldo Lima dos Santos, a discriminação pode ocorrer de forma direta ou indireta. No primeiro caso, ocorre por "adoção de disposições gerais ou

---

(144) GOFFMAN, Erving. *Estigma:* Notas sobre a Manipulação da Identidade Deteriorada. 4. ed. Rio de Janeiro: LTC, 2021. p. 15.

(145) OLIVEIRA, José Lourenço de. Disquisição sobre o vocábulo "critério". In: OLIVEIRA, José Lourenço de. *Da vida à vivência:* Conceitos de Lingüística Fabular. Belo Horizonte: PUC Minas, 2002.

(146) FERREIRA, Aurélio Buarque de Holanda. *Novo Dicionário da Língua Portuguesa*. 2. ed. Rio de Janeiro: Nova Fronteira, 1986. p. 595.

(147) *Ibidem*, p. 596.

(148) DELGADO, Mauricio Godinho. Proteções Contra Discriminação na Relação de Emprego. In: CANTELLI, Paula Oliveira; RENAULT, Luiz Otávio Linhares; VIANA, Márcio Túlio (Coords.). *Discriminação*. 2. ed. São Paulo: LTr, 2010. p. 108.

atos expressos que estabeleçam distinções fundadas em critérios injustificáveis".[149] No segundo caso, "adquire a forma de situações, regulamentações ou práticas aparentemente neutras, mas que criam desigualdades em relação a certas pessoas com base em um determinado fator de discrímento".[150]

Em se tratando das pessoas gordas, a discriminação social fundada na gordura ou corpulência é denominada "gordofobia", termo cunhado e difundido pelos integrantes do crescente movimento ativista gordo. Na lição de Malu Jimenez:

A gordofobia é uma discriminação que leva à exclusão social e, consequentemente, nega acessibilidade às pessoas gordas. Essa estigmatização é estrutural e cultural, transmitida em diversos espaços e contextos no seio da sociedade contemporânea. Esse pré-julgamento acontece por meio da desvalorização, humilhação, inferiorização, ofensas e restrições aos corpos gordos de forma geral.

> A gordofobia está em vários lugares e aparece, muitas vezes, disfarçada de preocupação com a saúde, dificultando, dessa forma, seu entendimento e seu embate. Sustentada por discursos de poder, saúde e beleza — como geradores de exclusão —, é calcada em comportamentos diários que reforçam o preconceito e o estigma em relação às pessoas gordas, corroborando os estereótipos que estabelecem situações degradantes e constrangedoras, os quais marginalizam esses indivíduos e os excluem socialmente (...).[151]

Agnes Arruda, no mesmo sentido, conceitua a gordofobia como "um comportamento social, fundamentado no preconceito contra alguém que subjetivamente foi denominado como gordo".[152]

Portanto, pode-se compreender a gordofobia como toda distinção, exclusão ou preferência fundada no peso ou na corpulência, em desfavor de pessoa gorda, que tenha por efeito destruir ou prejudicar a igualdade de oportunidades ou de tratamento em sua trajetória social, nos mais diversos setores e aspectos da vida em sociedade.

3.2. Gordofobia na contemporaneidade

Como ocorre em relação aos estigmas de uma forma geral, a gordofobia faz com que o atributo estigmatizante, no caso o peso corporal ou corpulência, passe a ser considerado pela sociedade como característica prevalente da pessoa gorda, tornando secundárias suas

(149) SANTOS, Ronaldo Lima dos. *Sindicatos e Ações Coletivas:* Acesso à Justiça, Jurisdição Coletiva e Tutela dos Interesses Difusos, Coletivos e Individuais Homogêneos. 3. ed. São Paulo: LTr, 2012. p. 148.

(150) *Idem.*

(151) JIMENEZ, Malu. *Lute como uma Gorda.* São Paulo: Jandaíra, 2022. p. 22.

(152) ARRUDA, Agnes de Sousa. *O Peso e a Mídia:* uma Autoetnografia da Gordofobia sob o Olhar da Complexidade. Tese de Doutorado em Comunicação. São Paulo: Universidade Paulista – UNIP, 2019.

demais características pessoais. A partir de presunções e diversas atribuições de qualidades negativas ao indivíduo a partir desse "defeito" primário, proliferam-se discriminações contra pessoas gordas nas mais diversas esferas e aspectos da vida social.

Merece destaque, considerado o universo de estigmas e discriminações, uma peculiaridade relevante observada em relação à pessoa gorda: sua responsabilização moral ou culpabilização, geralmente associada a discursos de saúde, pelo atributo socialmente negativo que ostenta, culminando numa tolerância social ou mesmo defesa ostensiva de tratamentos discriminatórios ou prejudicados. O gordo é concebido como "aquele que 'se esquiva', que se recusa a emagrecer, negligente em trabalhar o próprio corpo", sendo "sua falha o desleixo, sua responsabilidade (...) uma falta íntima, (...) uma impossibilidade de se regrar ou se transformar".(153) Impedido socialmente de habitar o próprio corpo sem duras reprimendas, porém construindo com base nesse corpo sua identidade, o gordo vivencia um tormento social que oscila entre a internalização dos preconceitos e incessantes tentativas de enquadramento no padrão magro, de um lado, e denúncia de injustiças sociais e ativismo, de outro.

Conforme registra Goffman, a pessoa estigmatizada sofre com a falta de "aceitação" social, de uma maneira geral. Entende e percebe que os outros não conseguem lhe dar o respeito e a consideração que seriam pertinentes aos demais aspectos de sua identidade social, para além do estigma, podendo reagir a essa realidade de diversos modos. A consciência e percepção da inferioridade social, pelo estigmatizado, invoca um sentimento crônico de insegurança que leva à ansiedade nas interações com os outros.(154) No caso da pessoa gorda, essa sensação de inferioridade permanente é reforçada pela construção e propagação, no imaginário social, da reprovabilidade moral e do caráter patológico da gordura, associados aos discursos do campo da saúde.

Quando perceptível de plano seu estigma, a pessoa estigmatizada, nas interações com pessoas enquadradas no padrão, sente-se frequentemente exposta a invasões de privacidade. De observações feitas por crianças ao entabulamento de conversas por estranhos ou pessoas próximas sobre sua condição, passando por ofertas de ajuda desnecessárias ou não solicitadas, a pessoa estigmatizada experimenta constantes devassas de sua intimidade, podendo reagir por adoção de atitudes defensivas e retraimento social ou por respostas agressivas. As pessoas enquadradas no padrão vigente, por sua vez, poderão tentar equilibrar-se entre agir como se a pessoa estigmatizada correspondesse também ao padrão, correndo o risco de se mostrarem insensíveis à situação particular, ou considerar o fator estigmatizante nas interações, demonstrando provavelmente percepções estereotipadas e preconceituosas. No extremo, poderão também tratar a pessoa estigmatizada como se fosse uma "não pessoa", como se não existisse como um sujeito

---

(153) VIGARELLO, Georges. *As Metamorfoses do Gordo: História da Obesidade*. Petrópolis, RJ: Vozes, 2012. p. 300.

(154) GOFFMAN, Erving. *Estigma:* Notas sobre a Manipulação da Identidade Deteriorada. 4. ed. Rio de Janeiro: LTC, 2021. p. 18-22.

digno de atenção ritual. Cada potencial fonte de mal-estar é percebida nesses contatos mistos, produzindo uma permanente situação de ansiedade social.[(155)]

Para a pessoa gorda, olhares indiscretos, piedosos ou enojados, comentários depreciativos ou jocosos sobre sua gordura ou sobre a gordura de outros, incessantes ofertas de ajudas para emagrecimento, conversas sobre dietas e exercícios físicos em ambientes sociais e manifestações similares são exemplos de interações sociais tormentosas que permeiam diversos campos da existência. Roxane Gay, em relatos sobre sua vivência com o estigma, enquanto mulher gorda, esclarece:

> Quando você está acima do peso, seu corpo se transforma num registro público, em muitos sentidos. Seu corpo está constantemente em exposição. As pessoas projetam narrativas presumidas em seu corpo e não estão nem um pouco interessadas na verdade dele, qualquer que seja esta verdade (...). Você pode fazer o que tiver de fazer para sobreviver a um mundo que tem pouca paciência ou compaixão por um corpo como o seu. Independentemente do que você fizer, seu corpo está sujeito ao discurso público de família, amigos e estranhos também (...). Você é seu corpo, nada além disso, e é bom que seu corpo seja menos.
>
> (...)
>
> Tenho pavor de outras pessoas. Tenho pavor da maneira como elas tendem a me olhar, encarar, falar de mim ou de quando me dizem coisas cruéis. Fico apavorada com as crianças, sua inocência e honestidade brutal, sua disposição para me olharem boquiabertas, falando alto sobre mim, perguntando aos pais e, às vezes, me perguntando: "Por que você é tão grande?". Fico aterrorizada pela pausa desconcertante que os pais dessas crianças fazem ao tentar responder apropriadamente.
>
> Não tenho resposta para essa pergunta, ou tenho, mas simplesmente não há tempo suficiente, nem graça no mundo para oferecer essa resposta.
>
> E então morro de medo de outras pessoas. Ouço os comentários rudes e sussurrados. Vejo o modo como me encaram, as risadas, o deboche. Vejo o tênue véu de aversão ou até mesmo aversão exposta. Finjo que não vejo. Sempre que posso, simplesmente os ignoro para que possa viver e respirar com algo semelhante à paz. A lista de baboseiras com que tenho de lidar em virtude do meu corpo é longa e entediante, e eu, sinceramente, estou cansada disso. Esse é o mundo em que vivemos. As aparências importam e nós podemos dizer: "Mas, mas, mas...". Mas, não. As aparências importam. Corpos importam.

(155) GOFFMAN, Erving. *Estigma:* Notas sobre a Manipulação da Identidade Deteriorada. 4. ed. Rio de Janeiro: LTC, 2021. p. 25-27.

> Eu poderia facilmente me tornar reclusa, me esconder da crueldade do mundo. Na maior parte dos dias, preciso de toda a minha força e uma coragem nada pequena para me vestir e sair de casa. Se não tenho que lecionar ou viajar a trabalho, passo a maior parte do meu tempo me convencendo a não sair de casa. Eu posso pedir algo para comer. Posso me virar com o que tenho em casa. Amanhã, prometo a mim mesma. Amanhã enfrentarei o mundo. Se já for perto do fim de semana, há vários amanhãs até segunda. Há esperanças de construir defesas mais fortes para enfrentar o mundo que me encara com tanta crueldade.(156)

Virgie Tovar, mulher gorda e ativista norte-americana, no livro "Meu Corpo, Minhas Medidas", narra também seus persistentes esforços para enquadramento social ou compensação da característica estigmatizante, inicialmente, em vista da responsabilização que lhe era atribuída por seu corpo. Ao final, percebe enfim a existência de uma discriminação estrutural contra pessoas gordas:

> As lições que recebi sobre a inferioridade do meu corpo gordo foram brutais, se comparadas às que recebi em relação à inferioridade racial e de gênero, que eram mais sutis. Mas ambas as educações eram reais, e, de certa forma, a brutalidade da gordofobia tornou mais fácil, para mim, reconhecer sua existência mais tarde.
>
> Tudo que eu queria era que as pessoas me tratassem como uma pessoa. Eu achava que, se me esforçasse o bastante, integraria-me à humanidade. Cresci me esforçando ao extremo para só tirar notas máximas na escola e, assim, passar para as melhores faculdades e, então, trabalhar em um escritório e usar terninhos todos os dias (sucesso!). Não foi surpresa alguma quando o *bootstrapping*, para mim, apresentou-se na questão relacionada ao meu peso — eu tinha que me esforçar para tornar minhas medidas socialmente aceitáveis. A dieta se encaixava perfeitamente na narrativa americana preexistente de fracasso e sucesso como resultado de esforços individuais.
>
> Pelo que entendi, meu peso era claramente um problema — meu problema. Aprendi que era minha responsabilidade resolver os meus problemas. Nunca ninguém me disse que algumas pessoas não gostam de gente gorda porque são preconceituosas, e que é responsabilidade delas resolver esse preconceito. O que me ensinaram foi que todos no planeta odeiam pessoas gordas, porque é uma verdade universal e inegável que as pessoas gordas são ruins. Apresentado dessa forma, eu não tinha espaço para entender o tratamento que recebia como antiético ou até mesmo estranho. Aceitei como

(156) GAY, Roxane. *Fome:* uma autobiografia do (meu) corpo. São Paulo: Globo, 2017. p. 105 e 151-152.

> a verdade, que sempre existira e que continuaria existindo. Só entendi que nossa aversão a pessoas gordas é socialmente construída quando comecei a pesquisar a história e a sociologia da gordura. "Gorda" e "magra" são categorias de "faz de conta", assim como "gay" e "hétero". Elas foram trazidas à existência para controlar as pessoas — e só para isso, nada mais.(157)

A gordofobia permeia a trajetória social da pessoa gorda em todas as suas dimensões sociais. Pretende-se, neste trabalho, enfocar de maneira especial essa discriminação contra pessoas gordas no mercado de trabalho. De modo a demonstrar a generalização do tratamento prejudicial contra o gordo, no entanto, que atravessará toda a sua existência, incluindo o ambiente laboral, entende-se pertinente apontar algumas zonas pronunciadas de materialização da gordofobia.

Em especial, para além do exame do ambiente do trabalho, que merecerá análise pormenorizada, é conveniente a averiguação da gordofobia na esfera da medicina e da saúde, atrelada à medicalização e patologização da "obesidade", considerando-se a produção nesse campo dos discursos contemporaneamente prevalentes e com maior influência sobre todas as demais áreas da vida da pessoa gorda. Na sequência, exemplos de gordofobia e de sua reprodução em variados espaços sociais podem ser encontrados em relação à educação, mídia, relações interpessoais, moda e acessibilidade, nos espaços públicos e privados, em todos os casos repercutindo também na esfera do trabalho.

3.2.1. Medicina, Saúde e Patologização

O posicionamento francamente predominante na sociedade sobre os corpos gordos, na contemporaneidade, é o tradicional da área da saúde, calcado na categorização da "obesidade" como doença, desde a década de 1990, e no reconhecimento mais recente de uma "epidemia". Em um contexto no qual a "obesidade" passa a ser tratada como "epidemia mundial" e a figurar amplamente nas cenas midiáticas e políticas, as instâncias científicas são chamadas a se engajarem na "luta contra a obesidade". Os planos elaborados, normalmente, apontam a "obesidade" como resultado de transformações nos modos de vida das sociedades, indicando se tratar de fenômeno global de saúde pública e apontando como instrumentos de ação medidas em termos de alimentação e atividade física.(158)

Conforme nota Jean-Pierre Poulain, no entanto, embora formalmente classificada como uma doença, a "obesidade" não é de todo socialmente reconhecida como uma "verdadeira" doença. Assim, embora dita uma doença pelo corpo médico, reputada epidemia e flagelo por organismos de saúde nacionais e internacionais, "as pessoas que são atingidas

(157) TOVAR, Virgie. *Meu Corpo, Minhas Medidas*. São Paulo: Primavera Editorial, 2018. p. 27-28.

(158) POULAIN, Jean-Pierre. *Sociologia da Obesidade*. São Paulo: Senac São Paulo, 2013. p. 158.

por ela não se beneficiam de uma verdadeira conscientização social, como acontece com as outras doenças 'verdadeiras'".[159]

A medicalização da "obesidade" é promovida e consolidada à medida em que integrantes da área médica e atores sociais aliados promovem ou apoiam frequentes e poderosas reivindicações sobre o controle social da gordura na sociedade contemporânea, o que ocorre por meio de nomenclatura, categorização como doença, atividades organizacionais, desenvolvimento de tratamentos, publicações em revistas profissionais, relatórios oficiais, instituição de organizações, desenvolvimento de clínicas ou serviços, conferências e pronunciamentos em mídia com amplo alcance.[160]

Importantes contradições e divergências científicas, entretanto, caracterizaram não apenas a própria elevação da "obesidade" de fator de risco para doença, no meio médico, como também permeiam a produção de conhecimento acerca da matéria em diversos níveis.[161] Os limites entre o financiamento de pesquisas por atores do setor privado e os processos de influência são especialmente tênues,[162] havendo forte comunhão de interesses e financiamento de pesquisas relacionadas à "obesidade" pela indústria do emagrecimento e pela indústria agroalimentar nos Estados Unidos e na França, por exemplo.[163]

Considerada a permeabilidade relativa da ciência ao espírito e valores da época, a autoridade dos posicionamentos e das instituições médicas, a multifatorialidade evidente à questão da "obesidade" e o contexto cultural de repúdio à gordura, as instituições, os profissionais de saúde e o discurso médico-científico podem funcionar, de forma especialmente poderosa, como estigmatizadores. Erving Goffman, teorizando acerca do estigma, já indicava situações diversas em que entidades médicas figuravam como geradoras ou potencializadoras de discriminações sociais.[164] Jeffery Sobal, da mesma forma, esclarece que "a doença e a deficiência carregam seu próprio estigma e criam dependência da especialidade médica sob o papel de doente".[165]

Dentre as diversas faces da estigmatização da pessoa gorda a partir do campo da saúde e da medicina, podem-se destacar as controvérsias científicas associadas a uma

(159) POULAIN, Jean-Pierre. *Sociologia da Obesidade*. São Paulo: Senac São Paulo, 2013. p. 173.

(160) SOBAL, Jeffery. The Medicalization and Demedicalization of Obesity. In: MAURER, Donna; SOBAL, Jeffery (Coords.). *Eating Agendas:* Food And Nutrition as Social Problems. Nova York: Aldine de Gruyter, 1995. p. 69.

(161) POULAIN, Jean-Pierre. *Sociologia da Obesidade. Op. cit.*, p. 192.

(162) *Ibidem*, p. 192.

(163) *Ibidem*, p. 244.

(164) Erving Goffman menciona, exemplificativamente, a situação de encobrimento vivenciada por pacientes após estadia em instituições para tratamento de doenças mentais. *Vide*: GOFFMAN, Erving. *Estigma:* Notas sobre a Manipulação da Identidade Deteriorada. 4. ed. Rio de Janeiro: LTC, 2021. p. 105.

(165) SOBAL, Jeffery. The Medicalization and Demedicalization of Obesity. *Op. cit.*, p. 81.

imprecisão e tendência à dramatização de estatísticas sobre a "obesidade", calcadas no contexto cultural; a influência dos padrões morais sobre a gordura também na formação pessoal e trajetória dos profissionais de saúde; a ausência de estrutura e acessibilidade para pessoas gordas nos ambientes médico-hospitalares; e a ampla difusão de discursos pseudocientíficos embasados em dados médicos midiatizados e moralizados, que atingem o público leigo e permeiam os mais diversos setores e espaços sociais.

Em primeiro lugar, conforme registra Poulain, a midiatização das estatísticas da "obesidade" oculta controvérsias científicas importantes no campo da saúde sobre a matéria.(166) Tal circunstância é favorecida pela prevalência cultural da desvalorização dos corpos gordos, associada a um discurso médico atualmente prevalente e globalizado.

Assim, após a alteração do estatuto epidemiológico da "obesidade", de "fator de risco" para "doença", inicia-se a prática de atribuição de um imenso número de mortes à "obesidade", computando-se por probabilidade de risco proporção de mortes por doenças cardiovasculares, diabetes tipo 2, determinados tipos de câncer etc. Todavia, o método probabilístico, considerando-se que frequentemente várias patologias afetam de forma simultânea um mesmo indivíduo, acarreta um risco de superavaliação. Há registros de estudos de pesquisadores abalizados que indicam quinze vezes menos mortes atribuídas à "obesidade" do que outros, a depender dos modelos epidemiológicos utilizados, bem como de autores que denunciam citações incorretas e deturpações de seus estudos no campo da saúde, para embasamento de relações entre morbidade e peso ou corpulência.(167)

Situação similar, segundo Poulain, ocorre com os cálculos dos custos sociais da "obesidade", cuja aferição iniciou-se com forte impulso das companhias de seguro americanas. Tal cálculo, que deve compreender custos diretos, referentes ao tratamento da doença e suas consequências sanitárias, e custos indiretos, com perdas de produtividade e dias de trabalho, passa a incluir em sua metodologia o cômputo de custos de saúde já identificados como oriundos de outras doenças associadas. Como ocorre na mortalidade, complicam-se as estatísticas pelo fato de que um mesmo indivíduo pode possuir diversas patologias associadas à "obesidade". Ignora-se completamente, por fim, o custo da busca desenfreada pela magreza, que poderia, caso se pretendesse de fato uma compreensão e

(166) POULAIN, Jean-Pierre. *Sociologia da Obesidade*. São Paulo: Senac São Paulo, 2013. p. 209-216.

(167) Poulain menciona a disparidade de métodos utilizados por David Allison e outros, em estudo publicado no *Journal of the American Medical Association*, em 1999, atribuindo 280.000 mortes por ano ao "sobrepeso" e "obesidade", retomados por Al Mokdad, em 2004, com o cálculo de 400.000 mortes nos Estados Unidos, posteriormente contrapostos pelo estudo de Katherine Flegal, em 2005, com metodologia distinta, diminuindo o número para apenas 25.814. Cita, também, a denúncia por Michael McGinnis e William Foege de citação incorreta de seu trabalho para atribuição de mortes à corpulência ou "obesidade", quando, em verdade, tratavam de sedentarismo e maus hábitos alimentares, apenas. *Vide*: POULAIN, Jean-Pierre. *Sociologia da Obesidade*. São Paulo: Senac São Paulo, 2013. p. 209-216.

resposta social abrangente, ser aferido[168] a partir dos custos dos regimes, tratamentos cirúrgicos e farmacológicos para "obesidade", emagrecimento e complicações ou efeitos colaterais, utilização equivocada de medicamentos, abuso de substâncias, flutuações de peso ocasionadas por dietas, transtornos alimentares, distúrbios psiquiátricos, excesso de atividades físicas para perda rápida de peso e perdas de produtividade de todos os que sofrem com tais situações, por exemplo.

Para além das controvérsias científicas, a globalização do discurso médico da epidemia de "obesidade" traz como consequências, no contexto cultural vigente, uma supermidiatização, retórica de dramatização e mesmo supervalorização da questão. Assim, difunde-se amplamente, por exemplo, a utilização do IMC fora do campo da medicina, ignorando-se com frequência o fato de que sua credibilidade e limites de utilização sempre estiveram e seguem em debate.

Tal circunstância viabiliza, conforme constata Jean-Pierre Poulain, uma transformação da "norma médica" em "norma social", com a proliferação e intensificação de discursos pseudocientíficos, nas mais diversas áreas, empregados na busca cultural excessiva pela magreza.[169] Desconsideram-se, por exemplo, ganho de peso esperado com o processo de envelhecimento e as diferenças de composição corporal entre indivíduos de diversas etnias ou entre homens e mulheres. Para o público leigo, a introjeção do cálculo estrito pode incentivar a sensação de desvio e adoção de medidas dietéticas inadequadas, levando inclusive a transtornos alimentares diversos.[170]

Em segundo lugar, os profissionais de saúde, como quaisquer pessoas inseridas em um contexto social, sofrem influências e incorporam em seus comportamentos e trajetórias aspectos da moral vigente em determinado tempo e espaço. Ninguém está imune ao contexto cultural que dramatiza dados sobre a "obesidade" e, ao mesmo tempo, associa a gordura a qualidades morais negativas, como ausência de força de vontade, tendência a excessos, preguiça, lerdeza e indisciplina. Sobal registra que, em meados da década de 1970, os próprios "médicos bariátricos" eram considerados um grupo marginalizado, sujeito a questionamentos e desautorizados como "médicos de gordos", tanto pelo público quanto por seus colegas.[171]

A medicalização da "obesidade" não se faz acompanhar, em absoluto, da desconstrução da concepção da gordura como maldade ou falha moral. Assim, pessoas gordas relatam, com frequência, experiências de tratamentos moralizantes, preconceituosos, ríspidos, invasivos ou violentos por parte de profissionais ou instituições de saúde.

(168) POULAIN, Jean-Pierre. *Sociologia da Obesidade*. São Paulo: Senac São Paulo, 2013. p. 216-220.

(169) *Ibidem*, p. 183-198.

(170) *Idem*.

(171) SOBAL, Jeffery. The Medicalization and Demedicalization of Obesity. In: MAURER, Donna; SOBAL, Jeffery (Coords.). *Eating Agendas:* Food And Nutrition as Social Problems. Nova York: Aldine de Gruyter, 1995. p. 78.

Roxane Gay relata, com detalhes, a experiência pessoal de uma pessoa gorda, considerada como portadora de "obesidade grau III", diante do alardear das estatísticas dramatizadas sobre a "epidemia de obesidade" e do tratamento recebido por parte de profissionais da área da saúde:

> Uma epidemia é a disseminação de um contágio. É uma marcha incontrolável de uma doença infecciosa que se espalha pela humanidade. Ao longo da história, existiram muitas epidemias — sarampo, gripe, varíola, peste bubônica, febre amarela, malária, cólera —, mas, segundo incontáveis relatos de noticiários, nenhuma é tão mortal e disseminada quanto a epidemia da obesidade. Em lugar de febre, pústulas que vazam, glândulas inchadas ou lesões, seus sintomas são a circunferência da cintura e a mudança de rumo da massa corpórea. O corpo obeso é um local de infecção maciça. É a perda de terreno na batalha, numa guerra entre a força de vontade, a comida e o metabolismo, na qual você é o maior perdedor.
>
> Raramente um dia se passa, especialmente nos Estados Unidos, sem algum novo artigo discutindo a epidemia, a crise da obesidade. Esses artigos normalmente são cruéis, alarmistas, repletos de falsa preocupação com pessoas afligidas por essa epidemia e de uma genuína preocupação de que algo mude. Ah, o fardo do setor de saúde, esses artigos lamentam. A obesidade, esses artigos dizem, está matando a nós todos, e custando uma fortuna inaceitável.
>
> Certamente, há um pequeno grão de verdade nesses artigos, em seu pânico frenético. E também há medo, porque ninguém quer ser infectado pela obesidade, em grande parte porque as pessoas sabem como veem e tratam as pessoas gordas, o que pensam sobre elas, e não querem ficar fadadas a tal destino.
>
> (...)
>
> Eu vou ao médico tão raramente quanto possível porque, quando vou, seja para uma unha encravada ou um resfriado, eles só conseguem diagnosticar meu corpo. Fui a uma clínica de emergência para ver minha dor de garganta e observei o médico escrevendo no campo do diagnóstico primeiro "obesidade mórbida" e depois, "faringite".
>
> Os médicos geralmente aderem ao Juramento de Hipócrates, em que juram seguir um código ético, atuando pelo melhor interesse de seus pacientes. A menos que o paciente tenha sobrepeso. Detesto ir ao médico porque eles parecem totalmente indispostos a seguir o Juramento de Hipócrates

ao tratarem pacientes obesos. As palavras "não causar nenhum dano" não se aplicam a corpos indisciplinados.

(...)

Quando uma enfermeira me pede para subir na balança, geralmente declino e digo a ela que sei quanto peso. Digo que estou feliz em compartilhar esse número com ela. Porque quando de fato subo na balança, poucas enfermeiras conseguem esconder seu desdém ou sua aversão no momento em que meu peso aparece no leitor digital. Ou então elas olham para mim com pena, o que é quase pior, pois meu corpo é simplesmente meu corpo, não algo que exige pena.

Na sala de exame, mantenho os punhos bem fechados. Estou de guarda, pronta para a briga e, realmente, tenho que brigar pela minha dignidade, pelo direito ao tratamento médico básico.

Pelo fato de os médicos conhecerem os desafios que um corpo obeso pode enfrentar, eles ficam surpresos por eu não ser diabética. Ficam surpresos em saber que não tomo uma centena de medicações. Ou não ficam surpresos em saber que tenho pressão alta. Eles olham o número e fazem uma séria recomendação sobre a importância de perder peso e voltar a ter controle sobre os números. É quando eles ficam mais felizes, quando podem usar sua experiência para me forçar a disciplinar meu corpo.

Como resultado, não vou ao médico, exceto quando é absolutamente necessário, embora eu tenha um bom plano de saúde e sempre tenha tido o direito de ser tratada de forma justa e gentil. Não vou ao médico, apesar de ter tido um diagnóstico de doença estomacal crônica há mais de dez anos que, às vezes, se torna debilitante. Os médicos deveriam primeiro evitar causar dano, mas, no caso de corpos gordos, a maioria dos médicos parece fundamentalmente incapaz de seguir seu juramento.(172)

Malu Jimenez, da mesma forma, relata experiência pessoal de tratamento dramatizador e moralizante por parte de profissional de saúde:

No ano seguinte, fui a um médico gastroenterologista, indicado por uma amiga, e fiquei muito assustada quando ele me disse que eu era uma pessoa doente, apenas pelo IMC (Índice de Massa Corporal), um cálculo matemático da proporção entre altura e peso na balança. Saí de lá horrivelmente

(172) GAY, Roxane. *Fome:* uma autobiografia do (meu) corpo. São Paulo: Globo, 2017. p. 107 e 243-244.

> assustada com a fala: "Você é uma obesa mórbida e precisa emagrecer 50 quilos, senão vai morrer".
>
> (...)
>
> Esse trauma ficou gravado no meu corpo, na minha mente e na minha alma. Fiquei sem ir a médicos por uns dois anos, por medo, por raiva e porque não queria mais lidar com todo aquele sentimento diante da gordofobia médica que se apresentava toda vez que entrava num consultório: "Você vai ter que fazer a bariátrica, não tem nenhum problema de saúde, vamos prevenir, você vai morrer, você é obesa mórbida, você é uma bomba-relógio".[173]

Virgie Tovar, no mesmo sentido, relata atendimento médico que obteve, na pré-adolescência, por profissional despreocupado com os métodos adotados para sua rápida perda de peso, fazendo também brincadeiras que associavam o emagrecimento a presumidas maiores chances de relacionamentos afetivos pela paciente:

> Eu tinha onze anos quando fiz minha primeira dieta "radical". Por mais que já restringisse o que comia há vários anos, essa experiência foi diferente. Embora eu me referisse a ela como uma dieta, na realidade, era inanição. Fiz isso durante o verão porque queria aparecer, no retorno às aulas, com um corpo totalmente transformado, como tinha visto em um filme estrelado por Tony Danza, Não mexa com a minha filha.
>
> (...) Esse verão foi muito importante para mim, pois simbolizou a possibilidade de uma transformação radical. Em vez de frequentar piscinas ou comer picolés, minha ideia de diversão era aproveitar o calor do Sol e a liberdade de não frequentar a escola para me dedicar inteiramente a emagrecer. Passei três meses comendo torradas e alface. Duas vezes por dia, botava a fita VHS de sessenta minutos de aeróbica no videocassete. Como não tinha um *step* de aeróbica, tentava mover o corpo da forma mais fiel possível e me agachava para que as coxas trabalhassem mais. Não perdi muito peso, mas mudei de tamanho muito rapidamente.
>
> Fui ao médico da minha família para mostrar meu novo corpo. Dr. McCole sempre tentou incentivar minha perda de peso, dizendo-me que, quando eu emagrecesse, ele me deixaria namorar um de seus filhos. Eu costumava rir quando ele dizia isso, um pouco humilhada, mas ainda desejando o direito de fazer com que seus filhos me amassem. Quando me sentei na mesa de exame, ele me parabenizou pela perda de peso. Ele não me perguntou o que eu tinha feito para perder aquele peso. Ele não me perguntou o que eu

(173) JIMENEZ, Malu. *Lute como uma Gorda*. São Paulo: Jandaíra, 2022. p. 55.

estava ou não estava comendo. Não importava. Ninguém parecia se importar. Ele acreditava, como a maioria das pessoas, que quando uma mulher — ou menina — gorda perde peso, isso é sempre algo positivo, e que a forma como a perda acontece não importa.(174)

Agnes Arruda, em narrativa de experiência pessoal, registra situação de atendimento médico em que ofensas relacionadas à sua aparência física lhe eram dirigidas, com o objetivo moralizante de incentivar "força de vontade" para emagrecimento:

> Ali, aos 15 anos, foi quando eu comecei a ganhar muito peso.
>
> Lembro que foi a primeira vez em que meus pais demonstraram real preocupação com meu peso e resolveram me levar ao médico, um endocrinologista famoso na cidade onde morávamos. Uma consulta com ele demorava meses para ser agendada e, quando chegou o dia, eu não sabia nem o que fazer, tamanha humilhação que ele me fez passar. Aparentemente, esse era o método dele, chamar a pessoa de feia, horrorosa, para talvez, assim levá-la a ter força de vontade suficiente para decidir emagrecer com o choque (...). Força de vontade, aliás, foi a expressão-chave dessa fase da minha vida, quando todas as amigas também estavam na onda das dietas. Uma delas passava dias tomando apenas suco de laranja, outra, sopa. Quando a terceira me perguntou qual remédio o médico tinha me receitado e eu disse que nenhum — porque eu não queria correr os riscos dos efeitos colaterais — ela respondeu: "Sua boba, pegava e dava para mim!". Eu me senti idiota na época, hoje, eu sinto pela minha amiga, que continua se entupindo de medicamentos tarja preta para se sentir aceita em sociedade.(175)

Conforme registram Rebecca M. Puhl e Chelsea A. Heuer, nos Estados Unidos e em diversos países, avolumam-se pesquisas demonstrando que os profissionais de saúde, em múltiplas áreas e especialidades, endossam estereótipos sobre pacientes gordos e atribuem a "obesidade" a causas passíveis de culpabilização dos pacientes. Estudo com mais de 620 médicos de cuidados primários, por exemplo, publicado no ano de 2003, demonstrou que mais de 50% viam os pacientes "obesos" como desajeitados, pouco atraentes, feios e rebeldes. Um terço, além disso, caracterizou os pacientes "obesos" como obstinados, desleixados e preguiçosos. Os médicos também viam a "obesidade" como um problema comportamental causado pela inatividade física e alimentação excessiva.(176)

---

(174) TOVAR, Virgie. *Meu Corpo, Minhas Medidas*. São Paulo: Primavera Editorial, 2018. p. 30-32.

(175) ARRUDA, Agnes de Sousa. *O Peso e a Mídia:* uma Autoetnografia da Gordofobia sob o Olhar da Complexidade. Tese de Doutorado em Comunicação. São Paulo: Universidade Paulista – UNIP, 2019. p. 63.

(176) PUHL, Rebecca M.; HEUER, Chelsea A. The stigma of obesity: a review and update. *Obesity*, Rockville, v. 17, n. 5, jan. 2009, p. 944.

Estudo de Puhl e Brownell publicado em 2006, dentre diversas outras pesquisas, indicou também que 53% de um grupo de 2.449 mulheres com "sobrepeso" e "obesas" relatou ter recebido comentários inapropriados de médicos sobre seu peso. Além disso, 69% do grupo relatou ter sofrido estigmatização em razão do peso por um médico em alguma ocasião, ao passo que 52% já passou por isso mais de uma vez ou várias vezes. Os médicos foram apontados como a segunda fonte mais comum de estigmatização em uma lista de vinte opções, atrás apenas dos membros da família.(177)

Puhl e Heuer registraram, ainda, estigmatização de pessoas gordas por profissionais e atores da saúde de outras categorias, como enfermeiros, estudantes de medicina e profissionais da área de educação física e nutrição. Segundo o estudo de Puhl e Brownell publicado em 2006, para além dos dados referentes aos médicos, percentuais consideráveis da amostra de 2.449 mulheres com "sobrepeso" e "obesas" relataram ser alvo de preconceito de outros profissionais de saúde, incluindo enfermeiros (46%), nutricionistas (37%) e profissionais de saúde mental (21%).(178) Uma revisão de dados publicada no mesmo ano, ademais, demonstrou que enfermeiros consistentemente expressavam atitudes preconceituosas em relação a pacientes "obesos", fazendo ecoar os estereótipos de que tais pacientes seriam preguiçosos, sem autocontrole e indisciplinados. Pesquisas indicavam, também, que estudantes de medicina expressavam muitas das mesmas atitudes negativas.(179)

Estudo norte-americano conduzido por Wear e outros, concernente às atitudes de estudantes de medicina em relação a uma variedade de pacientes, concluiu que os alunos reportaram, com concordância quase total, que os pacientes gravemente "obesos" foram os alvos mais comuns de humor depreciativo por médicos assistentes, residentes e alunos, com mais frequência nos campos da cirurgia e da ginecologia-obstetrícia. A depreciação dos "pacientes obesos", segundo os alunos, decorria da suposição de que essas pessoas seriam culpadas por sua condição e porque a "obesidade" dos pacientes era trabalhosa para os profissionais.(180)

Puhl e colegas, em estudo publicado em 2014, envolvendo 107 alunos matriculados em disciplina de pós-graduação em saúde, os quais preencheram questionários anônimos, constataram também que pacientes com "obesidade" são um alvo comum de atitudes negativas e humor depreciativo de colegas (63%), profissionais de saúde (65%) e instrutores (40%). Além disso, embora 80% dos estudantes tenham se sentido confiantes

(177) BROWNELL, Kelly D.; PUHL, Rebecca M. Confronting and Coping with Weight Stigma: an Investigation of Overweight and Obese Adults. *Obesity*, Rockville, v. 14, n. 10, p. 1802-1815, out. 2006.

(178) *Idem*.

(179) PUHL, Rebecca M.; HEUER, Chelsea A. The stigma of obesity: a review and update. *Obesity*, Rockville, v. 17, n. 5, jan. 2009, p. 945.

(180) WEAR, Delese *et. al.* Making Fun of Patients: Medical Students' Perceptions and Use of Derogatory and Cynical Humor in Clinical Settings. *Academic Medicine*, Washington, v. 81, n. 5, p. 454-462, maio 2006.

para tratar a "obesidade", muitos relataram que os pacientes com "obesidade" não teriam motivação (33%), acarretariam sentimentos de frustração (36%) e não adeririam ao tratamento (36%).[(181)]

Estudo conduzido por Sabin e outros, publicado em 2012, no mesmo sentido, indicou a ocorrência de preconceitos implícitos e explícitos contra pessoas gordas entre profissionais da área médica, sendo entre estes tão difundidos quanto na população em geral. Assim, mesmo médicos poderiam achar socialmente aceitável expressar atitudes negativas sobre pessoas com "sobrepeso".[(182)]

Para vislumbrar, na prática, a influência dos preconceitos contra pessoas gordas na Medicina, basta folhear algum livro médico versando sobre "obesidade" ou cirurgia bariátrica. Encontram-se associações de "obesos" a características morais negativas como preguiça e gula, entendimentos de que a cirurgia bariátrica seria a solução para as discriminações sociais, dentre outras colocações francamente preconceituosas. Colhem-se, como exemplos, os seguintes trechos de livro intitulado "Cirurgia da Obesidade",[(183)] com artigos de diversos profissionais da área médica:

> A progressiva retirada do obeso do rol dos condenados a pelo menos dois pecados capitais — a gula e a preguiça — tem sido laboriosamente feita pelos profissionais de diversas áreas que o assistem.[(184)]
>
> Pessoas obesas são alvo de preconceito e discriminação importantes em países industrializados. Isto pode ser observado nas mais variadas e corriqueiras situações, como programas de televisão, revistas e piadas.
>
> (...) Vários autores descrevem a presença de atitudes e estereótipos negativos por parte de médicos e demais profissionais de saúde em relação à obesidade.
>
> (...) Estes preconceitos são potencializados quando se trata de obesidade grau III.
>
> Por outro lado, a perda de peso, a manutenção desta perda a longo prazo, a redução ou eliminação de doenças associadas à obesidade grau III e a

---

(181) PUHL, Rebecca M. *et. al.* Obesity Bias in Training: Attitudes, Beliefs, and Observations Among Advanced Trainees in Professional Health Disciplines. *Obesity*, Rockville, v. 22, n. 4, p. 1.008-1.015, abr. 2014.

(182) SABIN, Janice A.; MARINI, Maddalena; NOSEK, Brian A. Implicit and explicit anti-fat bias among a large sample of medical doctors by BMI, race/ethnicity and gender. *PloS one*, v. 7, n. 11, 2012, p. e48448.

(183) GARRIDO, Arthur B. *et. al.* (Coords.). *Cirurgia da Obesidade*. São Paulo: Atheneu, 2002.

(184) CORDÁS, Táki Athanássios. Participação do Psiquiatra e do Psicólogo na Fase Perioperatória A — Participação do Psiquiatra. In: GARRIDO, Arthur B. *et. al.* (Coords.). *Cirurgia da Obesidade*. São Paulo: Atheneu, 2002. p. 71.

melhora da qualidade de vida obtida com os procedimentos cirúrgicos parecem, de modo cada vez mais contundente, reverter também esta situação.[185]

No que tange a profissionais da área *fitness*, Puhl e Heuer destacam, dentre outros, estudo segundo o qual 62% concordaram ser a "obesidade" uma causa significativa de rejeição pessoal. Mais participantes acreditavam, ainda, que fatores pessoais como estilo de vida sedentário, maus comportamentos alimentares e problemas psicológicos seriam as causas mais importantes da "obesidade". Quanto aos profissionais da nutrição, mencionam, a título de exemplo, estudo que indicou, entre grupos de estudantes, níveis moderados de gordofobia como um todo, além de 16% de altos níveis de gordofobia. A maior parte dos alunos, variando de 71 a 91%, concordaram ou concordam fortemente com os estereótipos de que as pessoas com "sobrepeso" comeriam demais, seriam inativas, lentas, inseguras, disformes e sem resistência, teriam baixa autoestima e pouco autocontrole. Mais da metade concordou ou concorda fortemente com a afirmativa de que o excesso de peso torna as pessoas não atraentes, sem força de vontade e preguiçosas. Os currículos da área, além disso, não abordariam de forma adequada a estigmatização por motivo de peso.[186]

Em estudo publicado em 2018, Panza e outros dedicaram-se à revisão de literatura quanto à estigmatização por motivo de peso entre profissionais de educação física e da nutrição. Dos 31 estudos examinados, 20 teriam abordado o viés de peso entre os profissionais da educação física, e 17 (85%) encontrado evidências de estigmatização entre os profissionais da fisioterapia, educação física e treinamento físico pessoal ou em grupo. Dos 11 estudos versando sobre viés de peso entre os profissionais de nutrição, oito (73%) teriam encontrado evidências de estigmatização.[187]

No Brasil, Marina Bastos Paim, em sua tese de doutorado em Saúde Coletiva pela Universidade Federal de Santa Catarina, analisou detalhadamente numerosos relatos de gordofobia nos serviços de saúde, em pesquisa envolvendo 515 pessoas gordas e ex-gordas. Como resultado, identificou padrões de precarização no atendimento de pessoas gordas que abrangem situações de ausência ou dificuldade de acesso à saúde; superficialidade de diagnóstico e preconceito clínico; culpabilização e advertências fundadas no medo; abordagem violenta; desprezo das queixas dos pacientes e foco exclusivo no peso;

(185) SEGAL, Adriano. In: GARRIDO, Arthur B. *et. al.* (Coord.). *Cirurgia da Obesidade*. São Paulo: Atheneu, 2002. p. 289-290.

(186) PUHL, Rebecca M.; HEUER, Chelsea A. The stigma of obesity: a review and update. *Obesity*, Rockville, v. 17, n. 5, jan. 2009, p. 945.

(187) PANZA, G. A. *et al.* Weight bias among exercise and nutrition professionals: a systematic review. *Obesity Reviews*, Londres, v. 19, n. 11, p. 1.492-1.503, nov. 2018.

prescrição indiscriminada e obrigatória de medicamentos; prescrição indiscriminada e compulsória de cirurgia bariátrica; e negligência no atendimento das pessoas gordas.(188)

É tanta a estigmatização das pessoas gordas, que profissionais da saúde podem chegar a admitir e procurar justificar a própria aversão aos corpos gordos, com repercussões sobre o tratamento dispensado aos pacientes, entendendo-se redimidos por eventual busca ou resultado de emagrecimento. É o que se pode constatar pelo relato de Irvin D. Yalom, psiquiatra e escritor norte-americano, que narra casos emblemáticos de sua carreira no livro "O Carrasco do Amor".(189)

Fazendo modificações para preservar a identidade de seus pacientes, Yalom narra o tratamento psicoterapêutico que conduziu em relação a dez pacientes, os quais aprovaram e autorizaram a publicação das histórias reais. Enquanto a generalidade das histórias enfatiza as dores, angústias e dilemas dos pacientes, tratados e narrados com empatia e delicadeza pelo autor, uma em especial realça com crueza, ao contrário, a aversão experimentada pelo psicoterapeuta em relação à pessoa que buscou sua ajuda. Trata-se da história "A Mulher Gorda", que apresenta a paciente Betty, com 115kg e 1,55m de altura, cujo corpo provoca em seu médico emoções e pensamentos negativos intensos, a ponto de interferirem no tratamento. Pela sinceridade das autorrevelações de Yalom, bem como pela utilidade do relato no entendimento dos mecanismos da gordofobia no campo da saúde, convém reproduzir alguns trechos da história:

> Cada profissão abriga um mundo de possibilidades, em que o praticante pode buscar a perfeição. Para o psicoterapeuta, esse mundo, esse inesgotável currículo de autoaperfeiçoamento em que ninguém jamais se gradua, é conhecido como contratransferência. Enquanto a transferência se refere aos sentimentos que o paciente erroneamente vincula ("transfere") ao terapeuta, mas que na verdade se originam de relacionamentos anteriores, a contratransferência é o reverso — sentimentos irracionais semelhantes que o terapeuta tem em relação ao paciente. Algumas vezes a contratransferência é dramática e torna impossível uma terapia profunda: imaginem um judeu tratando um nazista, ou uma mulher que foi sexualmente agredida tratando um estuprador. Porém, em situações mais amenas, a contratransferência se insinua ao longo de toda psicoterapia.
>
> No dia em que Betty entrou em meu consultório, no instante em que a vi conduzindo seus 115 quilos e sua figura de 1,55 metro na direção da minha

(188) PAIM, Marina Bastos. *Gordofobia faz mal à saúde:* relatos de gordofobia nos serviços de saúde e precarização do cuidado em saúde das pessoas gordas. Tese de Doutorado em Saúde Coletiva. Florianópolis: Universidade Federal de Santa Catarina – UFSC, 2022.

(189) YALOM, Irvin D. *O carrasco do amor e outras histórias de psicoterapia*. 2. ed. Rio de Janeiro: HarperCollins Brasil, 2016.

mesa e da moderna cadeira do consultório, eu me dei conta de que uma grande prova contratransferencial me aguardava.

Sempre me senti repelido por mulheres gordas. Eu as acho repulsivas: o absurdo andar bamboleante, a ausência de contornos corporais — seios, colo, nádegas, ombros, maxilar, ossos do rosto —, tudo, tudo aquilo que gosto de ver numa mulher oculto por uma avalanche de carne. E eu odeio suas roupas – os vestidos disformes, folgados ou, pior, os jeans apertados, com as coxas em forma de barril. Como elas ousam impor seus corpos a todos nós?

As origens desses lamentáveis sentimentos? Eu jamais tentei descobrir. Eles são tão profundos que nunca os considerei preconceituosos. Mas, se me fosse exigida uma explicação, suponho que poderia apontar a família de mulheres gordas, controladoras, incluindo — apresentando-a — minha mãe, que povoaram os primórdios da minha vida. A obesidade, endêmica na minha família, foi parte daquilo que abandonei quando eu, um americano de primeira geração, impulsivo, ambicioso, decidi sacudir para sempre de meus pés a poeira da shtetl russa.

Posso oferecer outras hipóteses. Sempre admirei, talvez mais do que muitos homens, o corpo feminino. Não, não apenas o admirei: eu o elevei, idealizei, extasiei-me com ele em um nível a um ponto que excede toda a razão. Será que me ressinto das mulheres gordas por profanarem meu desejo, por macularem todas as adoráveis características que aprecio? Por me tirarem a minha doce ilusão e revelarem sua base de carne – carne em rebuliço?

(...)

Claro, não estou só com meu preconceito. O reforço cultural está por toda parte. Quem tem uma palavra gentil para a senhora gorda? Mas o meu desprezo supera todas as normas culturais. No início da minha carreira, trabalhei numa prisão de segurança máxima em que o crime menos horrendo cometido por qualquer um de meus pacientes era um assassinato simples, único. No entanto, tive pouca dificuldade para aceitar aqueles pacientes, tentar compreendê-los e encontrar maneiras de ampará-los.

Mas quando vejo uma senhora gorda comendo, desço alguns degraus na escada da compreensão humana. Tenho vontade de arrancar a comida dela. De empurrar seu rosto para dentro do sorvete. "Pare de se estufar! Você já não tem o suficiente, pelo amor de Deus?" Eu gostaria de amarrar suas mandíbulas com um arame!

A pobre Betty — graças a Deus, graças a Deus — não sabia de nada disso, enquanto prosseguiu em seu caminho, inocentemente, na direção da minha cadeira, e baixou, lentamente, seu corpo, arrumou suas dobras e, com os pés mal tocando o chão, olhou para mim, expectante.

(...)

Ela deve ter rido umas vinte vezes durante a sessão, e sua animação aparentemente não diminuía nem um pouco ante a minha firme recusa em rir com ela.

Sempre levo muito a sério a proposta de estabelecer um contrato de tratamento com um paciente. Uma vez aceito alguém para tratamento, me comprometo a estar disponível para ele: a gastar todo o tempo e toda a energia necessários para que o paciente melhore e, acima de tudo, eu me disponho a me relacionar com o paciente de uma maneira íntima, verdadeira.

Mas eu poderia me relacionar com Betty? Para ser franco, ela me revoltava. Ver seu rosto mergulhado em carne se constituía para mim um esforço. Seus comentários tolos eram igualmente desagradáveis. No final da nossa primeira sessão, eu estava irritado e aborrecido. Poderia me tornar íntimo dela? Eu mal podia pensar em uma pessoa de quem eu quisesse ser menos íntimo.

(...)

Todas as minhas notas dessas sessões iniciais contêm frases como: "Outra sessão enfadonha"; "Olhei para o relógio a cada três minutos, hoje"; "Quase adormeci hoje — tive de sentar aprumado na cadeira para permanecer acordado"; "Quase caí da cadeira hoje."

(...)

No final, eu teria de ajudá-la a assumir a responsabilidade por sua aparência – mas não via nenhuma vantagem em conseguir isso naquele momento. Eu tinha de começar com alguma coisa mais imediata.

(...)

Betty começava toda sessão com um relatório sobre seu progresso: cinco quilos perdidos, depois 10, 12, 15. Ela baixou para 108 quilos, depois para 104, e para 99 quilos. Parecia supreendentemente rápido e fácil. Eu estava encantado por ela e a elogiava muito toda semana por seus esforços. Mas nas primeiras semanas eu também tinha consciência de uma voz pouco caridosa dentro de mim, uma voz que dizia: "Bom Deus, se ela está emagrecendo tão rápido, imagina quanto ela comia!" As semanas passavam, a campanha continuava. Depois de três meses, ela pesava 95 quilos. Em seguida, 90 quilos, uma perda de 35 quilos! Depois 85. A dificuldade aumentou. Às vezes, ela entrava em meu consultório aos prantos, depois de uma semana sem comida e sem uma perda de peso compensadora. Cada quilo significava uma batalha, mas Betty continuou com a dieta.

Foram meses terríveis. Ela odiava tudo. Sua vida era um tormento — a horrível comida líquida, a bicicleta ergométrica, as pontadas de fome, os diabólicos comerciais de hambúrguer do McDonald's na televisão e os cheiros, os eternos cheiros: pipoca de cinema, pizza na pista de boliche, croissants no shopping center, caranguejo no Fisherman's Warf. Será que não havia um lugar no mundo sem cheiros?

(...)

Setenta e cinco quilos. Um outro tipo de coisa emergia. Um dia, em meu consultório, olhei para Betty e notei, pela primeira vez, que ela tinha um colo. Olhei novamente, será que ele sempre estivera lá? Talvez eu estivesse prestando mais atenção a ela agora. Porém, eu não achava que fosse isso: seu contorno corporal, do queixo aos dedos dos pés, sempre fora liso e globoso. Algumas semanas mais tarde, eu vi sinais definidos de um seio, dois seios. Uma semana depois, uma linha de queixo, depois um queixo, um cotovelo. Estava tudo lá — havia uma pessoa, uma mulher bonita, enterrada lá todo o tempo.

(...)

Concordamos em nos centrar na manutenção de seu novo peso de 72 quilos e, para esse fim, Betty comprou um guarda-roupa inteiramente novo.

(...)

Conforme nos aproximávamos de nossa sessão final, eu sentia um imenso alívio e alegria — como se tivesse escapado impune de alguma coisa. Um dos axiomas da psicoterapia é que os sentimentos importantes que um tem pelo outro sempre são comunicados por algum canal — se não verbalmente, então de forma não verbal.

(...)

– O que eu quero dizer é que a minha atitude em relação à obesidade mudou muito. Quando nós começamos, eu não me sentia à vontade com pessoas obesas...

Em termos de uma belicosidade incomum, Betty me interrompeu.

— Rá, rá, rá! "Não me sentia à vontade." Isso é simplificar muito a coisa. Você sabe que nos primeiros seis meses você quase nunca olhou para mim? E que em um ano e meio jamais, nem uma vez, tocou em mim? Nem mesmo para um aperto de mão?

Meu coração se contraiu. Meu Deus, ela está certa! Eu realmente nunca tocara nela. Eu simplesmente não tinha percebido isso. E imagino que também não olhava para ela com muita frequência. Eu não esperava que ela tivesse percebido!

Gaguejei:

— Você sabe, os psiquiatras normalmente não tocam em seus pacientes...

— Deixe-me interrompê-lo antes que você conte mais lorotas e seu nariz fique mais comprido, como o do Pinóquio. — Betty parecia estar se divertindo com o meu sofrimento. — Vou lhe dar uma chance. Lembre-se, estou no mesmo grupo de Carlos e nós muitas vezes conversamos sobre você depois dos encontros.

Ah, agora eu estava encurralado. Não tinha previsto isso. Carlos, com seu câncer incurável, estava tão isolado e se sentia tão desprezado que eu decidira apoiá-lo mudando meu jeito e tocando-o. Eu apertava a sua mão antes e depois de cada sessão e geralmente punha minha mão em seu ombro quando ele estava saindo do consultório. Uma vez, quando ele ficara sabendo que seu câncer atingira o cérebro, eu o segurei em meus braços enquanto ele chorava.

Eu não sabia o que dizer. Não podia dizer a Betty que Carlos era um caso especial, que ele precisava daquilo. Deus sabe que ela também precisava. Eu senti que corava. Vi que não tinha outra saída a não ser reconhecer.

— Bem, você está apontando um dos meus pontos fracos! É verdade, a melhor, era verdade, que, quando começamos a nos encontrar, eu me senti repelido pelo seu corpo.

— Eu sei. Eu sei. Não foi muito sutil.

— Diga-me, Betty, sabendo disso, percebendo que eu não olhava para você ou que ficava pouco à vontade na sua presença, por que você ficou? Há muitos outros psiquiatras por aí.

(Nada como uma pergunta para cair fora de um aperto!)

— Bem, posso pensar em duas razões. Primeiro, lembre-se que eu estava acostumada com isso. Não esperava outra coisa. Todas as pessoas me tratam

> dessa maneira. Elas odeiam a minha aparência. Ninguém jamais me toca. (...) E mesmo que você não olhasse para mim, pelo menos parecia interessado naquilo que eu tinha a dizer... não, não, não é isso... você estava interessado no que eu podia ou poderia dizer se parasse de ser tão engraçada. Na verdade, isso ajudou. Outra coisa: você não dormiu. Isso foi um avanço em relação ao dr. Farber.
>
> (...)
>
> Quando nos abraçamos, fiquei surpreso por descobrir que podia envolvê-la completamente em meus braços.(190)

Ao contrário do que afirma Yalom, seu preconceito não excede as normas culturais, exprimindo-as perfeitamente, tanto nos termos quanto na intensidade. Trata-se de uma aversão social imensa, construída historicamente, ao corpo gordo e à pessoa que o habita, sobretudo em se tratando de uma mulher — consagrada à beleza, identificada com a magreza na contemporaneidade. O tratamento reconhecidamente prejudicado da mulher gorda em relação a todos os demais pacientes, em razão da gordofobia do psiquiatra, é também justificado e reputado bem-sucedido tendo em vista o resultado do emagrecimento, independentemente dos métodos utilizados para tanto, ou mesmo da sustentabilidade, a longo prazo, da condição alcançada.

Ao final de seu livro, o autor registra que diversas mulheres gordas lhe escreveram para externar o quanto suas palavras as feriam. O médico, no entanto, embora admita se arrepender em alguma medida da insensibilidade das palavras, segue se orgulhando do resultado de sua abordagem, consistente no emagrecimento da paciente:

> Embora eu sinta orgulho deste livro, de certa forma me arrependo de uma história: "A mulher gorda". Várias mulheres obesas me enviaram e-mails dizendo que as minhas palavras as ofendiam seriamente. Hoje, eu provavelmente não seria tão insensível. No entanto, embora eu tenha me julgado e condenado inúmeras vezes, quero aproveitar essa oportunidade para me defender. O personagem principal dessa história sou eu, não a paciente. É uma história de contratransferência, ou seja, de sentimentos irracionais, muitas vezes vergonhosos, que um terapeuta enfrenta frente a um paciente e que constitui um incrível obstáculo à terapia. Os meus sentimentos negativos frente às pessoas obesas impediram que eu atingisse o profundo compromisso que acredito ser necessário à terapia efetiva. Enquanto eu lutava internamente contra tais sentimentos, nunca imaginei

(190) YALOM, Irvin D. *O carrasco do amor e outras histórias de psicoterapia*. 2. ed. Rio de Janeiro: HarperCollins Brasil, 2016. p. 109-144.

> que minha paciente os perceberia. No entanto, como nos relata no final da história, ela percebeu precisamente o que eu sentia. A história descreve minha luta para trabalhar esses sentimentos ingovernáveis e ser capaz de me relacionar com a paciente em um nível humano. Porém, embora deplore tais sentimentos, eu tenho orgulho das minhas palavras finais: "Eu poderia envolver os meus braços completamente ao redor dela".(191)

O impacto da introjeção do preconceito social da gordofobia por profissionais da saúde, assim, pode conduzir a tratamentos hostis e prejudicados em relação a pessoas gordas. Imiscuídos na atuação profissional, infiltram-se preconceitos e estereótipos no atendimento médico ou de qualquer serviço de saúde a pessoas gordas, justificados ou mascarados por supostas preocupações com a saúde dos pacientes.

Em terceiro lugar, a própria estrutura de ambientes médico-hospitalares ignora os corpos gordos e suas necessidades, falhando em termos de acessibilidade para pessoas gordas. Nesse sentido, macas, balanças, instrumentos médicos e equipamentos para exames não são projetados para suportar ou se adaptar a corpos de pesos ou tamanhos maiores, ocasionando situações que vão desde constrangimentos e humilhações até danos graves à saúde ou mesmo morte dos pacientes. Embora alardeados amplamente os riscos da "obesidade", assim, não há uma adequada preocupação com a adaptação dos espaços de saúde aos corpos das pessoas gordas. Conforme narra Roxane Gay:

> Existe a humilhação de simplesmente estar no consultório médico que, em geral, é mal equipado para o corpo obeso, apesar de toda a histeria pública sobre obesidade e saúde. Muitas balanças não suportam pacientes com mais de 150 kg. Os aparelhos de medição de pressão geralmente são pequenos demais, assim como as camisolas hospitalares. É difícil subir na mesa de exame. É difícil deitar, ficar vulnerável, escancarada.
>
> Existe a humilhação da balança, de confrontar aquele número ou confrontar uma balança que não pode suportar meu tamanho.(192)

Márcio C. Mancini, discorrendo sobre obstáculos diagnósticos e desafios terapêuticos do paciente "obeso", registra, por exemplo, que as salas de reanimação e salas de cirurgia convencionais, em sua maioria, são projetadas para pacientes de até 120 a 140kg; que o exame de ultrassom sem limitações importantes comporta até 90kg, havendo dificuldades técnicas para pesos maiores; que os densitômetros são designados para avaliação

(191) YALOM, Irvin D. *O carrasco do amor e outras histórias de psicoterapia*. 2. ed. Rio de Janeiro: HarperCollins Brasil, 2016. p. 330-331.

(192) GAY, Roxane. *Fome:* uma autobiografia do (meu) corpo. São Paulo: Globo, 2017. p. 243.

de pacientes com até 125kg; que aparelhos utilizados em Medicina Nuclear, especialmente gama-câmaras, são designados para pacientes com peso não excedente a 150kg; que aparelhos de tomografia apresentam limites de operação a partir de determinado peso, sendo ainda mais restritos em aparelhos de ressonância nuclear magnética.(193)

Cristina do Carmo Lucio e Luis Carlos Paschoarelli, em estudo de caso sobre a usabilidade e acessibilidade de equipamentos médico-hospitalares por pacientes "obesos", concluem que existem, em relação a equipamentos determinados, falhas ergonômicas em termos de princípios de acessibilidade, usabilidade e *design* universal. Destacam-se as cadeiras de rodas e as cadeiras de banho, as quais, dentre outros problemas, não atendem a grande parte dos usuários satisfatoriamente, viabilizam a ocorrência de acidentes pelo estado de conservação e não possuem espaço adequado para pessoas acima do considerado "padrão". Merecem atenção, ainda, colchão e maca de transporte, com espaço inadequado para pessoas também acima do considerado "padrão".(194)

Em 2023, no Brasil, foi amplamente divulgado na mídia o caso de Vitor Augusto Marcos de Oliveira, homem gordo, de 25 anos de idade, morto enquanto aguardava atendimento médico em frente a um hospital em São Paulo. O jovem estava dentro de uma ambulância, após ser recusado em dois outros hospitais por falta de equipamentos, especificamente de uma simples maca hospitalar para atender pessoas "obesas":

> Vitor pesava 190 kg e precisava de uma maca especial, o que dificultou a transferência. A família relata que, antes dele chegar no Hospital Geral de Taipas, ele passou por outras duas unidades de saúde e em todas elas teve o atendimento negado.
>
> No Hospital, ele aguardou por mais de três horas dentro da ambulância uma maca pra obeso.
>
> A mãe contou que por conta da demora, o jovem sofreu três paradas cardíacas e foi atendido pelos socorristas do Samu dentro da ambulância.
>
> A família alega que houve negligência no atendimento e falta de estrutura médica.
>
> "Foi negligenciado, meu filho foi. Meu filho não tem o direito de ter uma maca, meu filho ficou em um assoalho, isso eu nunca vou esquecer. Meu filho morreu em cima de um assoalho, ele não teve direito de morrer em cima de um colchão."

(193) MANCINI, Marcio C. Obstáculos diagnósticos e desafios terapêuticos no paciente obeso. *Arquivos Brasileiros de Endocrinologia & Metabologia*, São Paulo, v. 45, n. 6, p. 584-608, 2001.

(194) LUCIO, Cristina do Carmo; PASCHOARELLI, Luis Carlos. Usabilidade e Acessibilidade de Equipamentos Médico-Hospitalares: um Estudo de Caso com Pacientes Obesos. In: PASCHOARELLI, Luis Carlos; MENEZES, Marizilda dos Santos (Coords.). *Design e Ergonomia:* Aspectos Tecnológicos. São Paulo: Unesp, Cultura Acadêmica, 2009.

> "O sentimento da perda nunca vai ser bom, não importa se é filho, irmão, pai, mãe, não importa. A dor do luto é muito difícil. Mas o que eu quero deixar bem claro para as redes públicas, é que dê suporte a obesos, para que outras mães não venham passar o que eu passei".(195)

Diversas situações similares, resultando em mortes de pessoas gordas por ausência de estruturas mínimas compatíveis com seus corpos, em hospitais e ambientes médico-hospitalares, podem ser encontradas nos noticiários brasileiros. Relacionando alguns casos concretos, a pesquisadora e ativista Maria Thereza Chehab de Carvalho Melo, integrante do grupo "Pesquisa Gorda", chegou a cunhar o termo "gordocídio" para designar a política sistêmica de mortes de pessoas gordas por omissão estatal na área da saúde, em violação a direitos fundamentais.(196)

Finalmente, em quarto lugar, o discurso da patologização da "obesidade", generalizado e globalizado, em contexto social de moralização e desvalorização da gordura, passa a ser adotado não apenas por autoridades médicas, mas por leigos de toda sorte, espraiando-se pelo cotidiano, por diversos ambientes e setores sociais. Se os preconceitos sociais acabam por se infiltrar no campo da saúde, na mesma medida os discursos e narrativas medicalizados da "obesidade" passam a ser utilizados como justificativas legitimadoras de discriminações e violências sociais contra pessoas gordas. Conforme narra Roxane Gay:

> Existe um número chocante de pessoas que acreditam que podem simplesmente atormentar pessoas gordas para perderem peso e disciplinarem seu corpo, ou desaparecerem com seu corpo da esfera pública. Elas acreditam que são médicos especialistas, listando uma ladainha de problemas de saúde associados à gordura como afrontas pessoais. Esses algozes se prendem à retidão ao apontarem o óbvio — que nosso corpo é indisciplinado, desafiador, gordo. É uma estranha crueldade da mente cívica. Quando as pessoas tentam me humilhar por ser gorda, eu sinto ira. Fico obstinada. Quero me fazer mais gorda, só para ferir os depreciadores (...).(197)

---

(195) G1. *Jovem de 25 anos morre na porta de hospital estadual de SP após ter atendimento negado por falta de maca para pessoas obesas*. Disponível em: https://g1.globo.com/sp/sao-paulo/noticia/ 2023/01/06/jovem-de-25-anos-morre-na-porta-de-hospital-estadual-de-sp-apos-ter-atendimento-negado-por-falta-de-maca-para-pessoas-obesas.ghtml. Acesso em: 25 jun. 2023.

(196) MELO, Maria Thereza Chehab de Carvalho. "Gordocídio": uma Análise da Política Sistêmica de Morte de Pessoas Gordas no Brasil. *In*: NUNES, César Augusto R. *et. al.* (Coords.) *Anais de Artigos Completos do VII CIDH Coimbra 2022*, v. 6, Jundiaí: Brasílica/Edições Brasil, 2023.

(197) GAY, Roxane. *Fome:* uma autobiografia do (meu) corpo. São Paulo: Globo, 2017, p. 164.

A utilização das ciências biológicas para legitimação de preconceitos, especialmente da Medicina, consiste em frequente argumento de autoridade baseado em uma concepção mítica da neutralidade científica. Compreender a permeabilidade da ciência e do discurso científico a valores da época e do pesquisador, a configuração da ciência como espaço de coexistência e jogo de forças entre interesses múltiplos, impõe a desconstrução da neutralidade científica enquanto mito.

Em que pese se enquadrar a Medicina entre as ciências naturais, a questão da gordura e da "obesidade" é amplamente relacionada a fatores e contextos sociais, de modo que, nesse particular, acaba por adentrar bastante o estudo do comportamento humano e revela-se, em muito, como uma ciência social. Escapando ao estudo estrito de aspectos físicos, químicos e biológicos do corpo humano, no entanto, a Medicina invade o estudo de comportamentos sociais com ares de neutralidade absoluta, o que não ocorre com as demais abordagens minoritárias, provenientes de diversas áreas das ciências sociais ou do ativismo, acerca da realidade das pessoas gordas.

Michael Löwy, analisando o surgimento e evolução do positivismo, registra que se forjou sob sua égide o postulado da neutralidade científica das ciências sociais, que rejeita ou ignora o condicionamento histórico-social do conhecimento.(198) Todavia, a própria gênese e transformação histórica do positivismo demonstram, ao contrário do que defende tal vertente intelectual, o nítido caráter tendencioso e pouco transparente de vozes científicas totalizantes.

Conforme esclarece Löwy, o positivismo surge, em fins do século XVIII e princípio do século XIX, "como uma utopia crítico-revolucionária da burguesia absolutista".(199) O cientificismo positivista, representado em momento inicial por pensadores como Cordorcet e Saint-Simon, preconiza uma ciência social livre de "paixões", submetida às leis das ciências naturais, num contexto de combate intelectual da burguesia em ascensão contra a ordem feudal-absolutista. O positivismo é, assim, um desdobramento da filosofia Iluminista, em seus primórdios.(200)

Posteriormente, no entanto, no decorrer do século XIX até a contemporaneidade, o positivismo converte-se em ideologia conservadora, identificada com a ordem industrial-burguesa estabelecida.(201) O princípio metodológico de uma ciência natural da sociedade passa, então, a instrumento para "afastar as ideias negativas, críticas, anárquicas, dissolventes e subversivas da filosofia do Iluminismo e do socialismo utópico".(202)

---

(198) LÖWY, Michael. *As aventuras de Karl Marx e o Barão de Münchhausen:* marxismo e positivismo na sociologia do conhecimento. 2. ed. São Paulo: Busca Vida, 1988. p. 18.

(199) *Idem.*

(200) *Ibidem*, p. 18-20.

(201) *Ibidem*, p. 18.

(202) *Ibidem*, p. 23.

As reviravoltas do positivismo fornecem um perfeito exemplo histórico, conforme leciona Maria Lúcia Duriguetto, da definição do papel dos intelectuais pela conservação ou construção de projetos hegemônicos de classe.(203) Sintetiza Michael Löwy:

> É apaixonante observar como o conceito que havia servido de instrumento revolucionário por excelência no século XVIII, que esteve no coração da doutrina política dos insurretos de 1789, altera o seu sentido no século XIX, para se tornar, com o positivismo, uma justificação científica da ordem social estabelecida.(204)

Com o reconhecimento dos interesses de classe e localização dos saberes subjacentes à própria construção e desenvolvimento do postulado da neutralidade científica, pode-se identificar historicamente, conforme leciona Jonnas Vasconcelos, o surgimento de várias vertentes tratando sobre a neutralidade e objetividade nas ciências sociais.(205)

Pela vertente positivista, já abordada em seus meandros históricos pela gênese do princípio da neutralidade na ciência, Auguste Comte defenderia a existência de uma ordem natural na sociedade a ser desvendada pela ciência: a sociedade estaria subordinada a leis de organização, em termos de causa e efeito, da mesma qualidade que as leis da natureza. Para identificação destas leis, o pesquisador necessitaria se isolar de seus valores morais, políticos e religiosos. Émile Durkheim seguiria tal princípio de unidade metodológica entre ciências naturais e sociais no desenvolvimento de sua sociologia, ao defender que as relações sociais seriam "coisas" ou "fatos sociais", sob regência de "leis sociais naturais". A neutralidade, portanto, seria para o positivista uma postura metodológica necessária ao pesquisador para que não contaminasse sua pesquisa com seus valores, de modo a produzir conteúdo científico.(206)

O historicismo, em contraponto, passaria a defender a impossibilidade de aplicação de idênticos métodos para as ciências naturais e sociais, pois, em se tratando de fatos humanos, ao contrário do que ocorre com fatos naturais, haveria sempre um condicionamento social intrínseco, impossibilitando concretamente a neutralidade. Considerando-se que cada ponto de vista corresponderia a um ângulo da realidade, a perspectiva do historicismo seria a da relatividade do saber. Tal premissa comporta como variantes o ceticismo, que nega a

---

(203) DURIGUETTO, Maria Lúcia. A questão dos intelectuais em Gramsci. *Serv. Soc. Soc.*, São Paulo, n. 118, p. 265-293, 2014.

(204) LÖWY, Michael. *As aventuras de Karl Marx e o Barão de Münchhausen:* marxismo e positivismo na sociologia do conhecimento. 2. ed. São Paulo: Busca Vida, 1988. p. 27.

(205) VASCONCELOS, Jonnas. Apontamentos sobre Neutralidade e Objetividade na Pesquisa Jurídica. In: OLIVEIRA, Murilo Carvalho Sampaio; OLIVEIRA, Isabela Fadul de; FREITAS, Carlos Eduardo Soares de. (Coords.) *Pandemia, Trabalho e Educação:* Ensaios Jurídicos Críticos. Salvador: Faculdade de Direito da Universidade Federal da Bahia, 2021.

(206) *Ibidem*, p. 170-171.

possibilidade de conhecimento da realidade, e o ecletismo, que sugere a composição entre diversos pontos de vista como meio adequado para a compreensão do real em termos científicos.(207)

O marxismo desconstrói a dicotomia sujeito-objeto, sustentando o conhecimento como um processo dialético e reconhecendo o condicionamento do ser social tanto em ciências naturais quanto sociais. Impossível falar em verdade absoluta, em qualquer caso, pois todo conhecimento produzido se relacionaria aos conflitos materiais na sociedade, ao final atrelados à divisão de classes. Tal condicionamento, no entanto, não impediria a produção de conhecimento científico, mas apenas modularia o alcance de suas respostas, conforme o horizonte abarcado.(208)

As diversas vertentes de abordagem da neutralidade e da objetividade das ciências sociais e do método científico foram dinamicamente trabalhadas e reinterpretadas por autores importantes. Karl Popper, refutando o postulado clássico da neutralidade, desenvolveria a teoria da objetividade no método. A cientificidade derivaria do caráter social do método: a intersubjetividade entre instituições científicas, com a construção de consensos em ambientes de plena liberdade de crítica. Max Weber, por sua vez, embora reconhecendo um campo de condicionamento social na pesquisa, postularia também a neutralidade axiológica no método das ciências sociais. Admitindo a importância dos valores subjetivos na eleição do problema de pesquisa, sustentaria a neutralidade dos resultados da investigação, no entanto, uma vez definido seu objeto.(209)

Analisando-se a evolução dos debates, em toda a sua riqueza, esta parece apontar, sem prejuízo da preocupação com questões relacionadas aos métodos científicos e aos crivos acadêmicos, para o abandono da neutralidade enquanto mito, a disfarçar discursos de poder sob máscaras de cientificidade. Conforme sintetiza Marilena Chauí:

> (...) a mudança epistemológica fundamental entre a ciência clássica e a contemporânea, século XX, encontra-se, de um lado, no fato de que a primeira julgava alcançar as coisas tais como são em si mesmas enquanto a segunda não titubeia em tomar seus objetos como constructos, e, de outro, no fato de que a ciência clássica julgava operar com as ideias de ordem e conexão causais necessárias enquanto a ciência contemporânea tende a abandonar a

---

(207) VASCONCELOS, Jonnas. Apontamentos sobre Neutralidade e Objetividade na Pesquisa Jurídica. In: OLIVEIRA, Murilo Carvalho Sampaio; OLIVEIRA, Isabela Fadul de; FREITAS, Carlos Eduardo Soares de. (Coords.) *Pandemia, Trabalho e Educação:* Ensaios Jurídicos Críticos. Salvador: Faculdade de Direito da Universidade Federal da Bahia, 2021. p. 171-173.

(208) *Ibidem*, p. 173-175.

(209) *Ibidem*, p. 175-177.

ideia de leis causais e a elaborar noções como as de probabilidade, regularidade, frequência, simetria etc.(210)

A realidade social é infinita e toda ciência requer delimitação. Assim, como afirma Donna Haraway, "o conhecimento racional não tem a pretensão do descompromisso: de pertencer a todos os lugares e, portanto, a nenhum".(211) Ao contrário, é um "processo de interpretação crítica contínuo entre 'campos' de intérpretes e decodificadores".(212)

Georges Canguilhem, na esfera da Medicina, analisando a fundo as origens da distinção entre o normal e o patológico, esclarece que nenhum critério objetivo pode explicá-la sem recurso a um critério axiológico.(213) A doença e a saúde são um contínuo, como a vida e a morte, a fisiologia e a patologia. A constância de uma perfeita saúde é, se tomarmos como normal o frequente, uma verdadeira anormalidade. É esperado que o corpo se transforme, que suas funções falhem gradualmente até o encerramento de uma existência humana, sem que quantidades ou qualidades de fenômenos físicos possam ser, objetivamente, definidas como normais ou anormais.

Demonstrando como a clínica e a queixa do paciente precedem a configuração das patologias, Canguilhem conclui, acertadamente, que a doença é fundamentalmente definida por uma questão de valores:

> Qualquer conceito empírico de doença conserva uma relação com o conceito axiológico da doença. Não é, portanto, um método objetivo que qualifica como patológico um determinado fenômeno biológico. É sempre a relação com o indivíduo doente, por intermédio da clínica, que justifica a qualificação de patológico. Embora admitindo a importância dos métodos objetivos de observação e de análise na patologia, não parece possível que se possa — com absoluta correção lógica — falar em "patologia objetiva". É claro que a patologia pode ser metódica, crítica, armada de meios experimentais. Essa patologia pode ser considerada objetiva, em relação ao médico que a pratica. Mas a intenção do patologista não faz com que seu objeto seja uma matéria desprovida de subjetividade. Pode-se praticar objetivamente, isto é, imparcialmente, uma pesquisa cujo objeto não pode ser concebido e construído sem referência a uma qualificação positiva e negativa; cujo objeto, portanto, não é tanto um fato mas, sobretudo, um valor.(214)

(210) CHAUÍ, Marilena. A Universidade Pública sob Nova Perspectiva. *Revista Brasileira de Educação*, Rio de Janeiro, n. 24, p. 5-15, dez. 2003.

(211) HARAWAY, Donna. Saberes localizados: a questão da ciência para o feminismo e o privilégio da perspectiva patriarcal. *Cadernos Pagu*, Campinas, n. 5, p. 7-41, 1995.

(212) *Idem*.

(213) CANGUILHEM, Georges. *O Normal e o Patológico*. 7. ed. Rio de Janeiro: Forense Universitária, 2011.

(214) *Ibidem*, p. 172-173.

Os estudos contemporâneos sobre o grupo social das pessoas gordas ilustram, com perfeição, a condição da ciência enquanto arena para a qual convergem interesses múltiplos, convergentes e conflitantes. Os corpos gordos, ao mesmo tempo em que apropriados por uma visão médica predominante, calcada na patologização da "obesidade" e nos métodos de prevenção e tratamento da doença, vêm merecendo também abordagens variadas das ciências sociais, que destacam o tratamento dispensado pela sociedade, em diversos planos, às pessoas gordas.

Paulatinamente, os corpos gordos tornam-se foco de estudo de múltiplas áreas do conhecimento. Inspiram também os interesses de uma ampla gama de segmentos sociais e econômicos, embora os valores contemporâneos façam sobressair, discursivamente, a abordagem ortodoxa no campo da saúde.

Considerada a multifatorialidade do problema, bem como a própria permeabilidade relativa da ciência ao espírito e valores da época, debate-se na esfera sociológica o papel social desempenhado, tanto na manutenção e elevação dos índices de "obesidade" quanto na forma de sua abordagem, por empreendedores, ativistas e especialistas, industriais do setor agroalimentar e de *fast food*, industriais da farmácia e parafarmácia, consumidores e pais, mídia, pelas próprias pessoas gordas, dentre diversos atores sociais.(215) Em todo caso, as diversas dinâmicas sociais atreladas ao corpo gordo e à sua patologização demandam estudos por parte das ciências sociais.

Na esfera do incipiente ativismo gordo, passa-se a denunciar que a patologização no campo médico, tornando o corpo gordo em si uma doença — a "obesidade" —, faz-se acompanhar de uma estigmatização social e de discursos violentos que não são minimamente assim percebidos pelos que os proferem. O tempo e os esforços voltam-se, de forma desproporcional, à busca por maneiras de emagrecer as pessoas, de fisicamente eliminar sua gordura, enquanto ficam relegadas a último plano as temáticas da saúde mental e da ética humanizadora e antidiscriminatória.

Promove-se um combate ferrenho a uma doença que, misturando-se a um firme contexto cultural de valorização da magreza, preconceitos e grande complexidade social, acaba por perder de vista o propósito de melhoria das condições de vida das pessoas. A "obesidade" talvez se mostre a única doença que não enseja ao doente misericórdia, mas ódio social — a ponto de, ao longo de toda a vida, as pessoas gordas serem violentadas psicologicamente a pretexto de uma preocupação com a saúde que, em verdade, as culpabiliza pelo adoecimento.

Entendendo-se que o conhecimento científico não se resume ao seu contexto de produção, e enfatizando-se os métodos transparentes e a submissão do trabalho do pesquisador à avaliação dos pares, é possível admitir que os processos de influência

---

(215) POULAIN, Jean-Pierre. *Sociologia da Obesidade*. São Paulo: Senac São Paulo, 2013. p. 224-247.

transpassam o campo científico, embora não inviabilizem os debates. Para que haja uma adequada construção de justa e equânime arena científica dialética, no entanto, urge que as pessoas que experienciam ou experienciaram a vida em um corpo gordo, frequentemente desacreditadas por entendidas parciais, diretamente afetadas pelas temáticas de estudo do grupo social que integram ou integraram, não mais sejam silenciadas.

É preciso que as subjetividades dos pesquisadores dos grupos dominantes, seus financiamentos por grandes indústrias e internalização de preconceitos culturais sejam evidenciados para que também prestem contas dos contextos de produção de seus trabalhos. É necessário que as pessoas gordas, do presente ou do passado, possam se valer de suas experiências e visões privilegiadas de estigma, de modo a impulsionar a produção de conhecimentos científicos, porquanto a sensibilidade acentuada a um problema social não lhes retira a racionalidade.

A utilização do discurso científico da saúde como mecanismo de legitimação de preconceitos sociais, portanto, é uma realidade reforçada por uma visão mítica da neutralidade científica e pelo contexto cultural de desvalorização dos corpos gordos. Costuma permear, na trajetória das pessoas gordas, diversos espaços, instâncias de poder e relações sociais. Certamente, o Direito não é exceção, possuindo potencial de combate às discriminações por meio de instituições e normas jurídicas, mas podendo, por outro lado, incorporar e reproduzir, de forma implícita ou explícita, preconceitos sociais contra pessoas gordas, embasados em deturpações ou apreensões moralizantes de discursos relacionados à saúde. Da mesma forma, o ambiente de trabalho sofre impactos da gordofobia e do discurso exculpante embasado na medicalização da "obesidade".

3.2.2. Campos múltiplos de expressão da gordofobia: A difusão do estigma

Pessoas socialmente reputadas gordas, em um contexto que deprecia fortemente a gordura e exalta a magreza, associando-se os valores morais a um discurso de saúde amplamente utilizado para legitimação de discriminações, sofrem gordofobia nos mais diversos espaços e espécies de interações interpessoais. Em que pese direcionar-se o presente estudo ao aprofundamento da questão da gordofobia no trabalho, bem como de sua abordagem pelo Direito, as múltiplas facetas da vida social são interligadas e se retroalimentam. Assim, para compreensão das formas de construção social e concretização da gordofobia, geradoras do imbróglio fático e jurídico na esfera trabalhista, convém examinar brevemente a expressão do estigma em alguns dos diversos campos da trajetória social da pessoa gorda.

Em período muito recente, pesquisas com dados estatísticos sobre gordofobia passam a ser realizadas até mesmo por entidades da própria área de saúde. Nesse sentido, no Brasil, uma pesquisa publicada em 2022, realizada pela Abeso e pela Sociedade Brasileira de Endocrinologia e Metabologia (SBEM), reconhece que "o cuidado dispensado a pessoas acima do peso precisa ser revisto".(216)

Participaram do estudo, por meio de preenchimento de formulário virtual, 3.621 pessoas, entre 18 e 82 anos de idade anos, sendo 89% mulheres. Quanto às faixas de peso, 0,2% não informaram, 0,2% estavam abaixo do peso, 11,2% em situação de "eutrofia" (peso considerado adequado), 13,1% em situação de "sobrepeso", 17,2% com "obesidade grau 1", 20,8% com "obesidade grau 2" e 37,7% com "obesidade grau 3". Dentre os participantes, um total de 85,3% registrou ter sofrido constrangimento por causa do peso. Quanto maior o grau da "obesidade", maior foi a estatística de constrangimento. Além disso, quase 100% das pessoas com "obesidade grau 3" relatou algum tipo de constrangimento sofrido.(217)

Quanto aos locais de expressão da gordofobia, 72% dos participantes indicaram sofrer constrangimentos em casa, por familiares; 65,5% em estabelecimentos comerciais; 63% por amigos; 60,4% em consultas médicas; e 54,7% no ambiente de trabalho. Quanto maior o IMC dos participantes, maior também foi o número de locais de constrangimentos reportados. Quanto à periodicidade, 53,3% dos participantes afirmaram ter sofrido semanalmente com o estigma em razão do peso, enquanto 20,9% relataram sofrer constrangimentos diários. Constatou-se, ainda, que à elevação do IMC corresponderam também os maiores índices de constrangimentos diários.(218)

No mesmo sentido, pesquisa publicada em 2023 no Jornal Estado de Minas, denominada "Pesquisa Mapeamento da Gordofobia no Brasil", idealizada e promovida pela jornalista Thamiris Rezende, coletou respostas anônimas sobre percepção da gordofobia, por meio de formulário *online*, de um total de 603 pessoas, entre os dias 8 e 26 de agosto de 2022, declarando margem de erro de 4 pontos percentuais e intervalo de confiança de 95%.(219) A pesquisa, embora não tenha limitado a participação por gênero ou idade, atraiu uma maioria de pessoas que se identificaram como mulheres cisgênero (87,9%), com idades preponderantes na faixa entre 25 e 44 anos (84,1%), sendo 72% pessoas brancas, 17,7% pessoas pardas, 9% pessoas pretas, 65,2% do Sudeste e 34,8% das demais regiões do Brasil.(220)

---

(216) ASSOCIAÇÃO BRASILEIRA PARA O ESTUDO DA OBESIDADE E DA SÍNDROME METABÓLICA (ABESO); SOCIEDADE BRASILEIRA DE ENDOCRINOLOGIA E METABOLOGIA (SBEM). *Obesidade e a Gordofobia — Percepções 2022*. Disponível em: https://campanhaobesidade.abeso.org.br/ ebook_gordofobia.pdf. Acesso em: 30 jun. 2023.

(217) *Idem*.

(218) *Idem*.

(219) REZENDE, Thamiris. Pesquisa Mapeamento da Gordofobia no Brasil. In: Jornal *ESTADO DE MINAS*. 97,8% das pessoas gordas já sofreram gordofobia no Brasil. Disponível em: https://www.em.com.br/app/noticia/saude-e-bem-viver/2022/09/07/interna_bem_viver,1391930/97-8-das-pessoas-gordas-ja-sofreram-gordofobia-no-brasil.shtml. Acesso em: 15 set. 2023.

(220) *Idem*.

Sobre se identificar como uma pessoa gorda, 71,5% declararam ser incômodo e ter crescido ouvindo que era errado; 25,5% entendiam ser tranquilo por ser apenas uma característica física; e 3% afirmaram ser normal e nunca ter tido problema com isso. Entre os respondentes, 99,5% declararam entender o conceito de "gordofobia", ao passo que 0,5% registraram não entender. Sobre a primeira vez que experimentaram violência por causa do próprio corpo, 59,5% das pessoas mencionaram a fase da infância, 18,8% a adolescência, 12,6% a idade adulta e 9,6% não se recordaram. Sobre a identificação como "gordo maior" ou "gordo menor", associado ao nível de corpulência e consequências na intensidade do impacto da gordofobia, 50,7% se consideraram como "gordo menor", 29,4% como "gordo maior" e 19,9% não conseguiram diferenciar as classificações. Do total de respondentes, 97,8%, portanto quase a totalidade, registraram já ter sido vítimas de algum preconceito por serem gordos.(221)

No campo da saúde, 70,1% relataram atendimento médico negligente; 25,7% falta de macas, braçadeiras e equipamentos médicos comportando seu corpo em hospitais e centros de saúde; 39,5% receberam indicação de cirurgias bariátricas sem exames e uma análise prévia de saúde; 63% tiveram queixas de saúde ignoradas; 86,4% receberam recomendação para perda de peso sem análise prévia de exames; 56,9% reportaram atendimento médico desrespeitoso; 77,4% tiveram a qualidade de vida questionada por serem pessoas gordas.(222) No cotidiano, por sua vez, 42,5% declararam enfrentar catracas que impedem acesso livre aos locais e transporte público; 52,6% relataram problemas com bares, restaurantes, cinemas, teatros e espaços privados com cadeiras que não comportam o corpo gordo; 86,1% indicaram dificuldades de encontrar vestuário; 32,7% declararam situação de parceiros amorosos que insistem no emagrecimento; 70% registraram familiares e amigos que fazem piadas com seu corpo; 63,8% afirmaram ter suas habilidades questionadas por serem pessoas gordas.(223)

Como consequências individuais da gordofobia, 82,9% reportaram sofrer de sintomas de ansiedade; 54,2% sintomas de depressão; 60% transtornos alimentares; 40,3% transtorno dismórfico corporal e 16,3% transtornos de personalidade. Para enfrentamento da discriminação, 27,9% registraram consumir conteúdos na internet que apoiam no enfrentamento da gordofobia; 23,4% declararam terapia e acompanhamento psicológico com profissionais; 16,1% admitiram se culpar e tentar perder peso; 13,6% afirmaram conversar com pessoas em quem confiam; e 16,7% registraram internalizar e não conversar com ninguém a respeito.(224) A pesquisa adentra ainda a temática da gordofobia no

(221) REZENDE, Thamiris. Pesquisa Mapeamento da Gordofobia no Brasil. In: Jornal *ESTADO DE MINAS*. 97,8% das pessoas gordas já sofreram gordofobia no Brasil. Disponível em: https://www.em.com.br/app/noticia/saude-e-bem-viver/2022/09/07/interna_bem_viver,1391930/97-8-das-pessoas-gordas-ja-sofreram-gordofobia-no-brasil.shtml. Acesso em: 15 set. 2023.

(222) *Idem.*

(223) *Idem.*

(224) *Idem.*

campo profissional — a qual será aqui abordada oportunamente, no entanto, em tópico apartado.

Nos Estados Unidos, em 2009, Rebecca M. Puhl e Chelsea A. Heuer publicaram estudo de revisão de literatura e atualização de dados sobre "obesidade" e estigma, registrando que a prevalência de discriminação por motivo de peso naquele país aumentara em 66% na década anterior, proporção comparável às taxas de discriminação racial, especialmente entre as mulheres. A estigmatização se concretizaria por meio de desigualdades no ambiente de trabalho, em instalações de saúde e em instituições de ensino, por exemplo, frequentemente mediante difusão de estereótipos negativos generalizados, segundo os quais pessoas com "sobrepeso" e "obesidade" seriam preguiçosas, desmotivadas, indisciplinadas, incompetentes e desleixadas. Analisando e complementando estatísticas e informações anteriores, o estudo retoma dados existentes e inclui abordagens sobre novos campos de estudo, abordando temáticas como saúde, trabalho, educação, relações interpessoais, mídia e consequências físicas e psicológicas da estigmatização.(225)

Dados relacionados à estigmatização de pessoas gordas na área da saúde, especificamente, já foram examinados de forma apartada em tópico pregresso, pela centralidade da abordagem medicalizada da gordura na manutenção e difusão da gordofobia para outros setores. A área do trabalho, por sua vez, é de particular interesse para o presente estudo e, portanto, será objeto de análise detida, específica e mais aprofundada em título próprio, oportunamente. No entanto, algumas outras áreas merecem também destaque e uma breve incursão, pela interrelação entre os diversos setores da vida social e da trajetória das pessoas gordas.

Destacam Puhl e Heuer, nesse sentido, para além das temáticas referentes à saúde e ao trabalho, a estigmatização das pessoas gordas no campo da educação. Pesquisas começam a demonstrar que estudantes com "sobrepeso" ou "obesidade" sofrem estigmatização da parte de professores, colegas ou mesmo pais em ambientes educacionais. Análises conduzidas em diversos países demonstraram associação entre "obesidade" e menor escolaridade, ademais, sendo uma das possíveis causas o viés de peso. Estudos sugerem que a estigmatização entre os educadores pode impactar o desempenho acadêmico de alunos "obesos" na escola desde o ensino fundamental.(226) Dentre diversas pesquisas existentes na área, pode-se mencionar estudo de Puhl e Brownell, publicado em 2006, indicando que 32% de um grupo de 2.449 mulheres com "sobrepeso" e "obesas" relatou ter sofrido discriminação em razão do peso por um professor, e 21% já passou por isso mais de uma vez ou várias vezes.(227)

---

(225) PUHL, Rebecca M.; HEUER, Chelsea A. PUHL, Rebecca M.; HEUER, Chelsea A. The stigma of obesity: a review and update. *Obesity*, Rockville, v. 17, n. 5, jan. 2009, p. 941.

(226) *Ibidem*, p. 949.

(227) BROWNELL, Kelly D.; PUHL, Rebecca M. Confronting and Coping with Weight Stigma: an Investigation of Overweight and Obese Adults. *Obesity*, Rockville, v. 14, n. 10, p. 1.802-1.815, out. 2006.

Para além da gordofobia nas relações travadas no ambiente educacional, as próprias estruturas institucionais e publicações destinadas à educação, inclusive no delicado período da infância, podem reproduzir e consolidar preconceitos, dificultando a aceitação da diversidade entre crianças e adolescentes. É o que revelou, a título de exemplo, pesquisa desenvolvida no Brasil por Jaqueline Martins, destinada a examinar abordagens e consequências da literatura infanto-juvenil, associada à mídia e outras instâncias, na construção de uma rede de inteligibildade sobre o significado de ser gordo. A partir da análise de dezoito obras da literatura infanto-juvenil que abordassem de alguma forma a temática, sendo quinze de autores brasileiros e três de autoras estadunidenses, a autora demonstra que a literatura infanto-juvenil participa de um dispositivo da magreza, tendo por finalidade a produção de corpos magros e, consequentemente, operando contra o gordo, colocando-o para fora da arena de normalidade e impondo-lhe identidades artificiais e negativas em termos de corpo e de alma.(228)

De modo a propiciar a reflexão sobre os conteúdos que formam as crianças e seus valores nas escolas, somando-se às influências de professores, pais e outros atores importantes no campo da educação, é conveniente exemplificar a concretização da gordofobia por meio do conteúdo de um dos livros analisados por Martins — "Não me Chame de Gorducha", de Barbara Philips, originalmente publicado nos Estados Unidos sob o título "*Don't Call Me Fatso*", em 1980, ganhando edições brasileiras em anos posteriores e passando a ser distribuído a crianças em idade escolar, em âmbito nacional:

> Era hora do lanche, na escola.
>
> Em menos de um minuto, Rita acabou com seu sanduíche, seus biscoitos recheados e seu leite chocolatado.
>
> Susie, sua amiga, ficou espantada com a facilidade que Rita tinha para fazer a comida desaparecer.
>
> (...) A professora Olívia esperava pela turma no corredor:
>
> – Todos em fila. Vamos para a enfermaria da escola.
>
> – O que será que vamos fazer lá? – pensou Rita, entrando na fila.
>
> O enfermeiro explicou tudo:
>
> – Agora vão ser pesados e medidos. De vez em quando vamos fazer isso, para ver como vocês estão se desenvolvendo.
>
> Todos foram passando pela balança.

(228) MARTINS, Jaqueline. *Tudo, menos ser gorda:* a literatura infanto-juvenil e o dispositivo da magreza. Dissertação de Mestrado em Educação. Porto Alegre: Universidade Federal do Rio Grande do Sul, 2006.

Quando chegou a vez de Rita, ela ouviu um cochicho:

— A Gorducha vai quebrar a balança.

— Não me chame de gorducha! — quis dizer Rita. Mas não conseguiu. Era tímida demais para discutir, mesmo quando tinha razão.

— Trinta e cinco quilos — disse o enfermeiro. — Vamos ver quanto você vai estar pesando da próxima vez. Conforme for, vamos pensar numa dieta para você.

Rita não quis ouvir mais nada.

— Sou a pessoa mais pesada da classe — pensava ela.

(...) O Professor Simpson estava de olho em Tim e Douglas.

— Que estão fazendo aí, vocês dois?

— O retrato da Gorducha, professor. O senhor não mandou desenhar um colega? — perguntou Douglas, fazendo cara de inocente e mostrando o desenho.

Enquanto isso, Tim se torcia de rir.

O retrato de Rita era uma bola com olhinhos e boca.

Todos caíram na risada, menos o Professor Simpson.

(...) À noite, Rita estava ajudando seu padrasto a lavar os pratos.

— Aconteceu alguma coisa? — perguntou ele. — Você está esfregando esse prato com cara de quem acaba de perder o seu melhor amigo.

— É quase isso. Na escola me apelidaram de Gorducha.

(...) — Então vamos pensar no assunto. Eu também estou começando a engordar. Por que não procuramos uma solução juntos?

— Fazer dieta?

— E por que não? Poderíamos parar com os doces e os refrigerantes, para começar. Quando ficarmos gulosos podemos comer uma fruta.

— É, frutas também são gostosas. Embora não tão gostosas como biscoitos recheados. Você não vai desistir, vai?

— Não, de modo nenhum. Se você topa, eu também topo.

— Topo, sim. Vou já dizer à mamãe.

> — Mamãe, por favor, não ponha mais biscoitos na minha merenda. — pediu, Rita, entrando no escritório, onde sua mãe trabalhava.
>
> — Mas eu pensei que você adorasse biscoitos!
>
> — E adoro, mesmo. Mas agora resolvi deixar de ser gorda.
>
> (...) No dia seguinte Susie estava esperando por Rita no recreio:
>
> — Sabe de uma novidade? Vou tomar aulas de natação, aos sábados. Estou tão contente! Não quer vir comigo?
>
> (...) — Ha! Ha! Ha! Ela é tão gorda que afunda quando mergulha — Rita ouviu alguém dizer.
>
> Naquele dia ela comprou três barras de chocolate. Ainda estava comendo a última quando entrou em casa.
>
> — Que há com você? — perguntou o padrasto. — Pensei que não comesse mais doces.
>
> — De que adianta? Eu continuo gorda e os garotos continuam rindo de mim.
>
> — Perder peso demora um pouco. — Assim como aprender a nadar demora.
>
> (...) Nadar tinha sido mesmo muito bom para Rita. Ela já não vivia pensando em doces. Agora tinha outras coisas interessantes para fazer. Naquela casa não se comiam mais massas e frituras. Em compensação, aprenderam a fazer deliciosas saladas. Rita e os pais até inventavam saladas.
>
> E chegou outra vez o dia de ir à enfermaria.
>
> (...) O enfermeiro disse: (...) Na verdade, você emagreceu bastante.
>
> (...) — Rita juntou-se aos seus amigos e todos correram alegremente para a aula. Ninguém mais se lembrava daquele velho apelido, nem mesmo a própria Rita.(229)

Em trabalho de campo com as crianças, principalmente com as meninas, Martins constatou que, em diversos momentos, estas demostraram medo de comer qualquer guloseima e engordar rapidamente — o que significaria se tornarem feias, desleixadas e descontroladas. Trata-se de uma associação presente em livros como "Não me Chame de Gorducha": a personagem gorda é sujeitada à chacota e à rejeição social, sendo seu corpo tomado por feio, inadequado e resultado de descontrole, preguiça e excessos de

(229) PHILIPS, Barbara. *Não me Chame de Gorducha*. 10. ed. São Paulo: Ática, 2006.

alimentos entendidos não saudáveis. O intenso medo de engordar das crianças e a repulsa à gordura, em parte, provêm de práticas familiares associadas à beleza e à saúde. Assim se pronunciaram as crianças à educadora, em conversas sobre experiências familiares e os conceitos de belo e saudável:

> Mariana — Minha mãe não deixa eu comer doce. Ela vive se cuidando. Já fez lipoaspiração duas vezes na barriga e vai na academia também.
>
> João Pedro — A minha mãe também só pensa em emagrecer. Tá sempre fazendo dieta e aí não deixa eu comer o que quero.
>
> (...)
>
> Arthur — Sim, a minha prima. Ela tem um olho verde, o cabelo castanho. Um corpo retinho e uma cara linda.
>
> Débora — Sim, minha mãe. Ela é loira com olhos azuis, magra e não é tão alta.
>
> Paloma — Eu acho que a minha irmã mais velha é super bonita. É magra, o cabelo meio marrom, meio loiro.
>
> Rafaela — Na minha família a minha mãe é bonita porque ela é um pouco alta. Para trabalhar ela se maquia todos os dias. Ela é bem magra. A minha prima é um pouquinho gorda, mas ela tem o cabelo comprido e é liso e cheio de mechas amarelas, porque antes era preto.
>
> João Pedro — Minha mãe e meu pai. Eles são normais, a minha mãe só pensa em emagrecer.
>
> (...)
>
> Lucas — Para ter saúde tem que comer verduras, frutas, líquido, etc.
>
> Mateus — Para mim, ter saúde é ter uma alimentação saudável e balanceada e aí vai ser bonito também.
>
> Amanda — Ser bonito é uma pessoa que todos acham bonita, mas ao mesmo tempo é uma pessoa que se acha bonita e não se importa com que os outros dizem. O bom é a pessoa não comer salgadinho, bala... Tem que comer salada, legumes...
>
> Arthur — Eu acho que ser bonito é acreditar em si por dentro e por fora fazer plásticas, ginástica, correr, comer alimentos bem saudáveis, verduras e picolé de vez em quando.

> Rafael — Para ser bonito tem que ter um corpo bonito, rosto, etc. Emagrecer e comer coisas saudáveis. Ficar em forma (não de Bola). Tem que fazer dieta.(230)

Martins aponta, relativamente ao livro "Não me Chame de Gorducha" e diversas outras obras infanto-juvenis similares, o esvaziamento do propósito de problematizar a exclusão dos corpos diferentes, quando se fala da pessoa gorda, já que a solução última apontada é fundamentalmente a anulação da diferença, pelo emagrecimento. Os personagens sofrem pela "anormalidade" de sua gordura, alcançando redenção e felicidade apenas depois de passarem por regimes, dietas e rotinas de exercícios, atingindo a "normalidade". Tal solução, de aniquilação do diverso, não seria possível ou cogitável em situações de discriminação de pessoas com deficiência, por exemplo, sendo a distinção promovida por se reputarem as pessoas gordas responsáveis individuais pelo estado de seus corpos — e, consequentemente, pela discriminação que sofrem, até mesmo em se tratando de crianças.(231)

Quando convidadas a escreverem seus próprios desfechos para a personagem gorda da história, as crianças tendem, em consequência da associação entre a gordura e o sofrimento, a desejar e projetar narrativas em que os algozes da pessoa humilhada engordem, como punição, enquanto a vítima emagrece, como redenção.(232) Não há, no imaginário infantil, a sólida construção de histórias em que a personagem gorda possa e deva ser respeitada e amada ainda que se mantenha gorda, cabendo o mesmo respeito a qualquer de seus colegas que também sejam ou se tornem gordos.(233)

Outro campo fértil para a expressão e solidificação da gordofobia, permeando imaginários de pessoas de todas as idades, é a mídia, com a ausência de representatividade positiva ou a reprodução de imagens negativas sobre as pessoas gordas. Puhl e Heuer afirmam que pessoas acima do peso remanescem como os últimos alvos aceitos de humor e ridículo na televisão e filmes norte-americanos, além de serem culpabilizadas não apenas pelo próprio corpo socialmente rejeitado, como também por diversos fenômenos sociais negativos. Estudos demonstram que, em comparação com personagens magros na televisão, personagens gordos são raramente retratados em relacionamentos românticos, são mais prováveis de serem objetos de humor e ridículo e muitas vezes se envolvem em comportamentos alimentares estereotipados, por exemplo. Nas notícias, há

(230) MARTINS, Jaqueline. *Tudo, menos ser gorda:* a literatura infanto-juvenil e o dispositivo da magreza. Dissertação de Mestrado em Educação. Porto Alegre: Universidade Federal do Rio Grande do Sul, 2006. p. 54-56.

(231) *Ibidem*, p. 74.

(232) *Ibidem*, p. 79.

(233) Como raro e recente exemplo, na literatura infanto-juvenil, de obra efetivamente comprometida com a inclusão de crianças gordas, *vide*: JIMENEZ, Malu; REIS, Cláudia; GOMES, Rosane. *Lute como uma gordinha*. Belo Horizonte: Agência de Iniciativas Cidadãs, 2022.

trabalhos demonstrando também a apresentação da "obesidade" pelo viés de um pânico moral, atribuindo a culpa aos "obesos" e enfatizando soluções baseadas na força de vontade individual.(234)

Diversos outros aspectos de estigmatização das pessoas gordas na mídia são alvos de pesquisas similares, nos Estados Unidos e em outros países. Puhl e Heuer mencionam, dentre vários exemplos, estudos problematizando sugestões midiáticas de cobrança de passagens extras de avião de pessoas gordas, como desincentivo à "obesidade"; conteúdos de revistas que promovem a busca incessante por magreza e aversão à gordura; implicações dos *reality shows* de perda de peso, ao influenciarem uma falsa noção de controlabilidade do corpo; a atribuição de papéis dominantes, atraentes e positivos a personagens magros na indústria do entretenimento adulto e infantil, restando aos personagens gordos papéis menores e estereotipados; mensagens positivas sobre ser magro e negativas sobre ser gordo em produções para crianças; atribuição de caracteres de atratividade, bondade, sociabilidade e qualidades positivas a personagens femininas magras, e de maldade, não atratividade e qualidades negativas a personagens gordas; propagandas de produtos de emagrecimento e dietas com imagens e mensagens de "antes e depois"; além da atribuição das mais diversas ocorrências sociais negativas a pessoas gordas, desde o aumento dos preços de combustíveis até o aquecimento global, passando pelo ganho de peso de amigos.(235)

No Brasil, Agnes Arruda, em sua tese de doutorado em Comunicação, intitulada "O Peso e a Mídia: uma autoetnografia da gordofobia sob o olhar da complexidade", analisa arquétipos estereotipados da pessoa gorda consolidados na mídia, a partir da descrição e exame de personagens midiaticamente marcantes e que lhe acompanharam e impactaram, enquanto pessoa gorda, da infância à vida adulta. Entrelaçando narrativas autobiográficas à análise dos exemplos de mídia hegemônica, Arruda associa sua infância à veiculação no Brasil da novela mexicana Carrossel, transmitida pelo SBT de 1989 a 1990, apresentando ao público infantil a personagem Laura, menina gorda romântica e gulosa; a pré-adolescência liga-se ao filme "Nunca Fui Beijada", produção hollywoodiana lançada no Brasil em 1999, com a personagem gorda Josy, apelidada de "nojenta"; a vida adulta coincide com a veiculação nacional do seriado norte-americano "*Friends*", de 1994 a 2004, com o tratamento cruel dado à personagem Monica Geller, gorda em determinado período da vida; finalmente, para tempos contemporâneos, uma notícia de 2017 reportava em termos elogiosos o emagrecimento da atriz brasileira Guta Stresser.(236)

(234) PUHL, Rebecca M.; HEUER, Chelsea A. The stigma of obesity: a review and update. *Obesity*, Rockville, v. 17, n. 5, jan. 2009, p. 952-954.

(235) *Idem*.

(236) ARRUDA, Agnes de Sousa. *O Peso e a Mídia:* uma Autoetnografia da Gordofobia sob o Olhar da Complexidade. Tese de Doutorado em Comunicação. São Paulo: Universidade Paulista – UNIP, 2019.

Observa Agnes Arruda que a sociedade "é produzida pelas interações entre indivíduos, mas a sociedade, uma vez produzida, retroage sobre os indivíduos e os produz".[(237)] Assim, o exame dos estereótipos midiáticos da pessoa gorda convida à reflexão sobre ser a mídia um reflexo ou uma causa da gordofobia externalizada e internalizada pelos indivíduos. Correlacionando as personagens à sua própria história, explica Arruda:

> Afinal, como a Laura, da novela Carrossel, também fui hostilizada por colegas e desiludida dos meus sonhos. Como Josy, do filme Nunca Fui Beijada, também me privei dos cuidados básicos da vaidade, dediquei-me intensamente aos estudos e até me encaminhei para o jornalismo, além de ter sofrido humilhações públicas no que diz respeito ao relacionamento com o sexo oposto. Como Monica Geller, também passei por um processo intenso de emagrecimento que me fez sentir acolhida por pessoas e ambientes que outrora nunca haviam me dado abertura. Por fim, assim como Guta Stresser, no momento em que me vi sob os holofotes, emagrecer parecia uma questão de ordem, e foi o que fiz, mesmo com a saúde deteriorada por conta dos medicamentos. (...) Assim, se os media nos entregam a gordofobia porque somos gordofóbicos ou a gordofobia dos media nos faz ser gordofóbicos é um dilema (...) do "ovo ou a galinha" que fica a partir do princípio recursivo.[(238)]

Dedicando-se também à representação das pessoas gordas na mídia, especificamente no cinema, Barbara Plotz, no livro "*Fat on Film: Gender, Race and Body Size in Contemporary Hollywood Cinema*", aborda a representação cinematográfica da gordura em associação com as narrativas sobre gênero e raça; a representação de personagens masculinos gordos como "menos masculinos" e infantilizados; a representação de personagens femininas gordas como "menos femininas", de forma mais destacada em se tratando de mulheres negras; a representação comum da gordura na comédia como "hiperfisicalidade" e "fisicalidade" fora de controle, perpetuando estereótipos, com traços específicos a depender de gênero e raça; a representação da figura da pessoa gorda comedora compulsiva e estereótipos correlatos, com marcadores de gênero, raça e classe; e a situação de personagens deliberadamente posicionados como forasteiros nas narrativas, questionando-se se tal recurso representaria reforço de marginalização ou efetiva crítica a estruturas sociais vigentes.[(239)]

---

(237) ARRUDA, Agnes de Sousa. *O Peso e a Mídia:* uma Autoetnografia da Gordofobia sob o Olhar da Complexidade. Tese de Doutorado em Comunicação. São Paulo: Universidade Paulista – UNIP, 2019. p. 93.

(238) *Idem.*

(239) PLOTZ, Barbara. *Fat on Film:* Gender, Race and Body Size in Contemporary Hollywood Cinema. Londres: Bloomsbury Academic, 2020.

Entre os numerosos filmes analisados, Plotz aborda, exemplificativamente, no que tange à dissociação de gênero embasada na gordura, o filme "*Kangaroo Jack*" ("Canguru Jack"), de 2003, em que o personagem negro e gordo Louis é retratado como menos masculino, sendo seu corpo colocado em destaque para contrastar e destacar a masculinidade do amigo branco e magro Charlie. No filme "*Norbit*" ("Norbit — Uma Comédia de Peso"), de 2007, por sua vez, a personagem Rasputia, mulher negra e gorda, é retratada também como claramente "não feminina", atribuindo-se a ela uma força física maior que a dos homens, em reversão de papeis tradicionais de gênero claramente percebida em diversas cenas.[(240)]

Exemplo da comédia da corporalidade, em que a gordura é retratada comicamente como sintoma de falta de controle corporal, pode ser encontrado no filme *Shallow Hal* ("O Amor é Cego"), de 2001, em que os personagens principais, ambos brancos, são Hal e sua namorada Rosemary, interpretada por uma atriz magra utilizando "*fat suit*" (roupas e maquiagens que a fazem emular uma pessoa gorda). Embora Rosemary seja gorda, Hal a enxerga como magra e enquadrada no padrão de beleza por ter sido colocado sob um feitiço, que o faz enxergar apenas a "beleza interna" das pessoas. A diferença entre a aparência real de Rosemary e a forma como Hal a enxerga destina-se a adicionar camadas cômicas ao filme.[(241)]

No quesito da pessoa gorda associada ao comer compulsivo, "*Bridesmaid*" ("Missão Madrinha de Casamento"), de 2011, retrata a mulher gorda e branca Megan em cena comendo sanduíches frios sobre o corpo seminu de seu namorado, pretendendo-se cômica a associação entre compulsão alimentar, sexualidade e pessoas gordas.[(242)]

Finalmente, nem mesmo o posicionamento da pessoa gorda como "forasteira" leva, necessariamente, à crítica efetiva aos estereótipos da gordura. No filme "*Precious*" (Preciosa), de 2009, a protagonista Preciosa é uma mulher negra e gorda que vive em um subúrbio nos Estados Unidos, sob o jugo de uma mãe abusiva, também uma mulher negra e gorda, abusada sexualmente na infância pelo pai, sujeita a violências físicas e psicológicas variadas. Preciosa é posicionada como uma forasteira no ambiente violento de origem, do qual se afasta a partir da integração a uma escola, vinculação a uma professora querida, cultivo de amizades e construção de uma carreira. Ainda assim, a gordura é apresentada como um sintoma do contexto disfuncional, com a imposição familiar e adoção pela personagem de comportamentos de comer excessivo. Preciosa, portanto, forasteira em todo o restante, não o é em relação à abordagem patologizante e dominante da gordura.[(243)]

---

(240) PLOTZ, Barbara. *Fat on Film:* Gender, Race and Body Size in Contemporary Hollywood Cinema. Londres: Bloomsbury Academic, 2020. p. 37-38 e 74.

(241) *Ibidem*, p. 137-138.

(242) *Ibidem*, p. 190.

(243) *Ibidem*, p. 217-218.

Os construtos do estigma persistem e se reproduzem incessantemente na mídia. No filme "*The Whale*" ("A Baleia"), de 2022, um ator magro interpreta, com o recurso de "*fat suit*", o personagem Charlie, um homem branco gordo e terminalmente doente em razão de sua "obesidade". Baseado fortemente no discurso patologizante e piedoso em relação à gordura, o longa é marcado pela ridicularização da sexualidade do personagem, exposição de seu comer de forma voraz e repulsiva, situações de vômito, ângulos, cenas e músicas que enfocam seus suores, dores, movimentos dificultosos, uso de andador e relações pessoais e familiares marcadas por nojo e desprezo. Incorporando todos os estereótipos do gordo, foi premiado com o Oscar de melhor ator e o de melhor maquiagem.

Atravessadas e refletidas pela educação, pela mídia e pelas diversas instâncias sociais, as relações interpessoais das pessoas gordas são também fontes privilegiadas de estigma. No estudo norte-americano de Puhl e Brownell publicado em 2006, abarcando amostra de 2.449 mulheres com "sobrepeso" e "obesas", os membros da família foram a principal fonte apontada de estigmatização, dentre mais de vinte possíveis, atingindo 72% das participantes. Indagadas sobre experiências de estigmatização por familiares específicos, as participantes relataram sofrer com a discriminação fundada no peso por mães (53%), pais (44%), irmãs (37%), irmãos (36%), filhos (20%) e filhas (18%). Outros responsáveis apontados por comportamentos estigmatizantes foram colegas de classe (64%), amigos (60%) e cônjuge (47%).(244) No Brasil, a pesquisa da Abeso, abrangendo 3.621 pessoas, também apontou que a maior fonte de gordofobia está nos familiares, tendo 72% dos participantes declarado sofrer constrangimentos em casa.(245)

Malu Jimenez, tratando sobre a gordofobia, presta seu próprio depoimento e analisa relatos de diversas mulheres gordas envolvendo violências verbais e psicológicas por parte de familiares, conforme se verifica, ilustrativamente, abaixo:

> Com cinco meses que o Nino tina nascido, minha barriga ainda estava gigante e cheia de estrias, eram férias e fomos viajar para a praia. Chegando lá, ficamos hospedados numa casa de frente ao mar junto com toda minha família e amigos. Foi horrível, todos não disfarçavam a repulsa pelo meu corpo, e isso foi tão forte que comprei um maiô no segundo dia de praia e mesmo assim me olhava no espelho e chorava. Fui me abrir com minha irmã e ela me disse no final que eu tinha que me cuidar, que estava feio mesmo. Voltei antecipadamente pra casa e com oito meses cortei o leite e fiz uma plástica na barriga e depois outra nos seios (...) (VIVIANE, 29 anos, 2017).
>
> (...)

(244) BROWNELL, Kelly D.; PUHL, Rebecca M. Confronting and Coping with Weight Stigma: an Investigation of Overweight and Obese Adults. *Obesity*, Rockville, v. 14, n. 10, p. 1.802-1.815, out. 2006.

(245) ASSOCIAÇÃO BRASILEIRA PARA O ESTUDO DA OBESIDADE E DA SÍNDROME METABÓLICA (ABESO); SOCIEDADE BRASILEIRA DE ENDOCRINOLOGIA E METABOLOGIA (SBEM). *Obesidade e a Gordofobia — Percepções 2022*. Disponível em: https://campanhaobesidade.abeso.org.br/ebook_gordofobia.pdf. Acesso em: 30 jun. 2023.

> Com três dias em casa amamentando e muitas dores ainda, porque não foi parto normal, levei um corte de 12 pontos, fiquei 6 horas sentindo dor. Meu parto foi muito difícil e eu quase morri; mas, enfim em casa, exausta, com nenê chorando, muita dor ainda, minha mãe só falava que eu tinha que me cuidar e emagrecer por causa da minha saúde e do meu marido. Eu entrei naquela onda e não conseguia relaxar com meu corpo, curtir aquele momento (...) (ROSE, 48 anos, 2017).
>
> (...)
>
> Tenho 25 anos e minha mãe diz que parece que eu tenho 50 anos, ela sempre faz isso, me humilhou com a idade, me chama de hipopótamo e preguiçosa, me chama de gorda; (...) Um dia eu estava conversando com meu pai, que quase nunca participou da minha vida, que minha mãe me maltratava. Ele chamou ela pra conversar e ela se justificou dizendo que fazia isso para eu emagrecer, sair da cama, que eu envergonhava ela, que minhas irmãs não eram assim (...). Meu pai ficou a favor dela e disse que pagava minha bariátrica (...) (HELENA, 25 anos, 2019).
>
> (...)
>
> Existe uma cena que eu nunca esqueço, quando devia ter uns 10 anos (...). Às vezes dava tempo de tomar banho e depois sentar à mesa, às vezes não, já que meu pai tinha que ser o último a sentar para comer e então a comida deveria ser servida por minha mãe (...). Mas então cheguei em cima da hora, quase todos estavam na mesa, sentei e olhei, e o que tinha para comer era estrogonofe com batata e arroz. Eu amava essa comida e fiquei ansiosa por comer. Minha irmã maior ainda não tinha sentado à mesa e todos estavam aflitos porque ele ia começar a gritar se ela não chegasse logo, e foi isso que aconteceu. Eu, na minha inocência infantil, disse: "Estou com fome, posso começar a comer?". Meu pai num ato violento enfiou a mão na panela e colocou em meu prato, e repetindo palavras como: sua desesperada, gorda, faminta etc. etc. (...) Não me lembro de ninguém na mesa, só eu e ele, ele enfiando a mão numa caçarola de louça e jogando o estrogonofe em meu prato, foi horrível (DEPOIMENTO DA AUTORA).[(246)]

Conforme registram Puhl e Heuer, as pesquisas sobre as fontes interpessoais de estigmatização podem se relacionar a outros achados,[(247)] como as constatações em estudos pregressos de que mulheres "obesas" e "com sobrepeso" seriam menos propensas a estarem

(246) JIMENEZ, Malu. *Lute como uma Gorda*. São Paulo: Jandaíra, 2022. p. 79-80, 86-87 e 106-107.

(247) PUHL, Rebecca M.; HEUER, Chelsea A. The stigma of obesity: a review and update. *Obesity*, Rockville, v. 17, n. 5, p. 940-964, jan. 2009.

satisfeitas com as relações familiares e com parceiro/relacionamento pessoal mais próximo do que mulheres com peso "saudável".(248)

Nas relações românticas e sexuais, pessoas gordas, em especial mulheres, sofrem também nítido prejuízo decorrente do estigma. É o que se infere, por exemplo, de estudo norte-americano realizado com 449 estudantes (276 mulheres e 173 homens), os quais foram instados a classificar em ordem de preferência parceiros sexuais hipotéticos de seis categorias, abrangendo um parceiro "obeso", um "saudável" e parceiros com múltiplas deficiências (incluindo um parceiro em uma cadeira de rodas, um parceiro sem um braço, um com doença mental e um com história de doenças sexualmente transmissíveis). Tanto entre os homens quanto entre as mulheres, a parceria "obesa" foi classificada em último lugar nas preferências sexuais, tendo os homens demonstrado consideravelmente maior rejeição à pessoa gorda do que as mulheres, ainda assim.(249)

A jornalista Jéssica Balbino, problematizando a situação social de negativa de afeto romântico aos corpos gordos, especialmente às mulheres gordas, ilustra:

> Eu nunca fui convidada para um jantar. De onde escrevo, gostaria de dizer que sei como é um jantar a dois. Mas não, eu não sei. Eu nunca recebi esse convite. E as vezes que convidei foram negadas. Assim como eu nunca recebi flores de forma romântica. Depois que escrevi sobre isso — e a bestialização do corpo da mulher — amigos e amigas me deram flores e eu amei o gesto. Porque me fez sentir amada. Mas, sigo não me sentindo desejada afetivamente.
>
> Eu tenho 37 anos e meus encontros para date quase sempre foram para os fins. Nunca houve um encontro para tomar uma cerveja antes. Um café. Dar uma volta. Ir ao cinema. Comer alguma coisa (...). Afinal, sendo eu uma mulher gorda, devo ser punida por despertar esse desejo em alguém e mais: devo ser punida de forma escondida, no escuro. Nunca às claras, nunca para as pessoas verem.
>
> E, neste escuro que dura uma vida inteira de um não lugar, de uma negativa de afeto e desejo, (...) pago — altíssimo — a conta por ser uma mulher fora dos padrões. Por não estar, sequer, "me esforçando" para emagrecer.(250)

(248) BALL, Kylie *et. al.* Longitudinal Relationships Among Overweight, Life Satisfaction, and Aspirations in Young Women. *Obesity Research*, Rockville, v. 12, n. 6, p. 1.019-1.030, jun. 2004.

(249) CHEN, Eunice Y; Brown, Molly. Obesity Stigma in Sexual Relationships. *Obesity Research,* Rockville, v. 3, n. 8, p. 1.301-1.484, ago. 2005.

(250) BALBINO, Jéssica. *Quem paga a conta de quem nunca é convidada para jantar?* Belo Horizonte: Estado de Minas, 2022. Disponível em: https://www.em.com.br/app/colunistas/jessica-balbino/2022/07/29/noticia-jessica-balbino,1383433/quem-paga-a-conta-de-quem-nunca-e-convidada-para-jantar.shtml. Acesso em: 03 jul. 2023.

No mesmo sentido é o relato de Roxane Gay:

> Por muito, muito tempo, eu não soube o que era desejo. Simplesmente me concedia, concedia meu corpo a quem demonstrasse o menor interesse que fosse. Isso era tudo que eu merecia, dizia a mim mesma. Meu corpo era nada. Meu corpo era uma coisa para ser usada. Meu corpo era repulsivo e, portanto, merecia ser tratado como tal.
>
> Eu não merecia ser desejada. Não merecia ser amada.
>
> Nos relacionamentos, nunca me permiti dar o primeiro passo porque sabia que era repulsiva. Não me permitia iniciar o sexo. Não me atrevia a querer alguma coisa tão boa como afeição ou prazer sexual. Eu sabia que tinha de esperar até que me fosse oferecido, a cada vez. Tinha de ser grata pelo que era oferecido.
>
> Eu entrava em relacionamentos com pessoas que me toleravam e ocasionalmente me ofereciam uma pequena afeição. Houve a mulher que me traiu e a que apunhalou meu ursinho de pelúcia favorito com uma faca de carne, a mulher que sempre precisava de dinheiro e a que tinha vergonha demais de mim para me levar às festas de seu trabalho.
>
> Também houve homens, mas eles eram menos memoráveis e, francamente, eu já esperava que me ferissem.
>
> Meu corpo era nada; então, eu deixava qualquer coisa acontecer ao meu corpo. Eu não tinha ideia do que eu gostava sexualmente, porque nunca me foi perguntado e eu sabia que minhas vontades não tinham importância. Eu deveria ser grata; não tinha o direito de buscar satisfação.
>
> Amantes eram frequentemente rudes comigo, como se essa fosse a única maneira que eles compreendiam para tocar um corpo tão gordo como o meu. Eu aceitava porque não merecia delicadeza ou um toque carinhoso.
>
> Eu era chamada de nomes terríveis e aceitava porque entendia que eu era terrível, uma coisa repulsiva. Palavras doces não eram para garotas como eu.
>
> Fui tratada tão mal ou com tanta indiferença por tanto tempo que me esqueci como era ser bem tratada. Parei de acreditar que algo assim existisse.
>
> Meu coração recebia ainda menos consideração do que meu corpo, então tentei trancá-lo, mas nunca fui muito bem-sucedida.
>
> Pelo menos estou em um relacionamento, sempre dizia a mim mesma. Pelo menos eu não sou tão repulsiva, tão desprezível, que ninguém queira ficar comigo. Pelo menos eu não estou sozinha.
>
> (...)

> Meu corpo gordo autoriza pessoas a apagarem meu gênero. Sou uma mulher, mas não me veem como tal. Sou frequentemente confundida com um homem. Sou chamada de "senhor" porque as pessoas olham para o meu porte e ignoram meu rosto, meus cabelos arrumados, meus seios bem amplos e outras curvas. Fico incomodada por ter meu gênero apagado, por não ser vista a olho nu. Sou grande, mas sou uma mulher. Eu mereço ser vista como tal.(251)

Para além das exclusões e prejuízos no trato social, nas relações com as pessoas nas mais variadas esferas, nos espaços num sentido figurado, as pessoas gordas experienciam ainda a falta concreta de acessibilidade: a exclusão dos espaços físicos, públicos e privados. As roupas inexistentes ou apertadas, as catracas no transporte público, os cintos de segurança nos veículos rodoviários e aviões, os diminutos banheiros coletivos, as cadeiras dos restaurantes, das repartições oficiais e dos estabelecimentos comerciais convidam o gordo a se manter isolado, privado de participação social e direitos.

Sobre acessibilidade, em seu livro "Fome", discorre Roxane Gay, do ponto de vista de uma pessoa gorda, sobre roupas, cadeiras, escolas, restaurantes, cinemas, banheiros, cintos de segurança e assentos em aviões:

> Comprar roupa é um calvário. É uma das muitas humilhações que as pessoas gordas suportam. Odeio sair para comprar roupa e faz anos que odeio, pois sei que não vou encontrar nada que eu vá de fato querer vestir. Ouvimos as estatísticas sobre como a obesidade é um grande problema nos Estados Unidos e, no entanto, há um mero punhado de lojas onde pessoas gordas podem comprar roupa. Na maioria dessas lojas, as roupas são horrendas.
>
> (...)
>
> Há poucos espaços nos quais corpos como o meu cabem.
>
> Cadeiras com braços normalmente são insuportáveis. E tantas cadeiras têm braços. Os hematomas tendem a perdurar. Eles continuam sensíveis ao toque durante horas ou até dias. Minhas coxas ficaram roxas bem frequentemente pelos últimos 24 anos. Espremo meu corpo em assentos que não são destinados a me acomodar e depois de uma ou duas horas, quando me levanto e o sangue circula, a dor é intensa. Às vezes me viro na cama e me retraio, lembrando que, sim, eu sentei numa cadeira com braços. Outras vezes, tenho um rápido vislumbre de mim mesma no espelho, talvez quando estou enrolando uma toalha em meu corpo, e vejo o arroxeado desde minha cintura até o meio da minha coxa. Vejo como os espaços físicos me punem pelo meu corpo indisciplinado.

---

(251) GAY, Roxane. *Fome:* uma autobiografia do (meu) corpo. São Paulo: Globo, 2017. p. 213-214 e 227.

A dor pode ser insuportável. Às vezes acho que a dor vai me partir. Sempre que entro em uma sala onde é esperado que eu me sente, sou tomada pela ansiedade. Que tipo de cadeiras vou encontrar? Será que elas terão braços? Serão firmes? Por quanto tempo terei de ficar sentada nelas? Se eu conseguir me espremer entre os braços estreitos de uma cadeira, será que conseguirei me erguer para sair? Se a cadeira for baixa demais, será que conseguirei ficar de pé sem ajuda? Essa recitação de perguntas é constante, assim como as recriminações que faço a mim mesma por me colocar em posição de ter de lidar com tais ansiedades em virtude do meu corpo gordo.

(...)

Quando estava na graduação, tinha pavor das salas de aula onde eu teria que me espremer numa daquelas carteiras com a mesinha anexa. Tinha horror da humilhação de me sentar, ou sentar pela metade, numa cadeira daquelas, minha gordura se esparramando para todo lado, uma ou as duas pernas anestesiadas, mal conseguindo respirar com a carteira cravada na minha barriga.

No cinema, rezo para que o auditório seja guarnecido de poltronas com braços móveis, ou serei submetida à dor. Adoro peças de teatro e musicais, mas raramente assisto porque simplesmente não caibo. Quando vou a tais eventos, eu sofro e mal consigo me concentrar, porque estou sentindo muita dor. Eu me esquivo de socializações em excesso, e os amigos acham que sou mais antissocial do que de fato sou, porque não quero ter que explicar o motivo de não poder me juntar a eles.

Antes de ir a um restaurante, verifico obsessivamente o site do local e faço buscas no Google e no Yelp para ver que tipo de assento o ambiente possui. São assentos ultramodernos e frágeis? Têm braços e, se sim, a mesa pode ser deslocada, ou é uma daquelas mesas soldadas entre dois bancos? Quanto tempo acho que consigo ficar sentada numa das cadeiras sem gritar? Faço essa pesquisa obsessiva, porque as pessoas tendem a presumir que todos se deslocam pelo mundo da mesma maneira que elas. Elas nunca pensam que eu ocupo espaço de maneira diferente da delas.

(...)

Até os momentos mais felizes da minha vida são enevoados pelo meu corpo e o fato de que ele não cabe em lugar nenhum.

(...)

Quando passo por uma porta, dou uma olhada nas dimensões e, inconscientemente, me viro de lado, sendo ou não necessário.

(...)

Em banheiros públicos, tenho que manobrar para entrar nos cubículos. Tento pairar acima do vaso, porque não quero que ele se quebre abaixo de mim.

(...)

E há também a forma como estranhos tratam meu corpo. Eu sou empurrada em locais públicos como se a minha gordura me habituasse a ter dor e/ou como se eu merecesse a dor, uma punição por ser gorda. Pisam nos meus pés. Passam dando trancos, esbarram em mim. Vêm correndo de encontro a mim. Sou bastante visível, mas sou habitualmente tratada como se fosse invisível. Meu corpo não recebe nenhum respeito, consideração ou cuidado em espaços públicos. Meu corpo é tratado como um espaço público.

(...)

Viagens aéreas são outro inferno. A poltrona da classe econômica tem, em média, 43 centímetros de largura, enquanto a poltrona da primeira classe tem entre 53 e 55 centímetros de largura.

(...)

Quanto você é gorda e está viajando, os olhares que a encaram começam desde o momento em que você chega ao aeroporto. No portão, há muitos olhares constrangedores enquanto as pessoas deixam claro que não querem ficar sentadas ao seu lado, nem ter nenhuma parte de seu corpo obeso tocando o corpo delas. Durante o processo de embarque, quando percebem que tiveram sorte nessa roleta-russa e não ficarão sentadas ao seu lado, demonstram um alívio visível, palpável, descarado.

(...)

Mesmo comprando dois assentos na classe econômica, a viagem pode ser repleta de humilhações. As companhias aéreas preferem que as pessoas obesas comprem dois bilhetes, mas poucos funcionários das companhias têm alguma noção de como lidar com dois cartões de embarque e a poltrona vazia, uma vez que o avião está inteiramente lotado.

(...) E, claro, também existe a questão do cinto de segurança. Há muito tempo viajo com minha própria extensão de cinto, porque pode ser um suplício obter uma extensão de um comissário. Há poucas oportunidades discretas para se fazer essa solicitação.[252]

---

(252) GAY, Roxane. *Fome:* uma autobiografia do (meu) corpo. São Paulo: Globo, 2017. p. 155 e 177-187.

No livro "A Gorda", Isabela Figueiredo ilustra a ausência de acessibilidade no mundo da moda a partir de uma cena envolvendo a mulher gorda que protagoniza a história:

> Atravesso o corredor das salas com botas de pele negra de salto alto, semelhantes às da Tony, entre o magote de raparigas. Vamos todas para as aulas de saltos altos, envergando a bata em algodão de xadrez vermelho e branco, farda que todas odeiam, e a que chamam pano de cozinha, mas que sinto proteger-me da gordura que se escancarará, caso me vista com roupa de uma rapariga normal. Sobre a bata, um blusão azul da Melka, em caqui grosso, comprado num saldo dos Porfírios, na Baixa, em Lisboa, no final do verão anterior. Encontrei-o num monte de roupa de homem, quase tudo em XL, porque os homens têm direito a ser grandes. O corte masculino apresenta o desenho de tiras de tecido amarelo-mostarda e branco-sujo a todo o comprimento debaixo dos braços. Não escolhi a cor nem o modelo. Nada me servia. Escolheu-se sozinho. Eu cabia nele, e assim se tornou o blusão certo.[253]

Malu Jimenez trata também da questão da acessibilidade negada ao corpo gordo, nos mais diversos espaços, arriscando indicar um possível fator causal:

> Parece-me que a falta de produção de bens para os corpos gordos, em grande escala, está ligada muito mais a uma questão moral do que prática, ou de mercado propriamente dita. (...)
>
> A obsessão pela magreza, em nossa sociedade, acaba influenciando o que a pessoa gorda acessa. Muitos produtos não existem para deixar claro aos consumidores que a marca não faz porque não apoia corpos maiores.
>
> (...)
>
> Não caber nos espaços, nas roupas, nos produtos e nos bens são formas de consentir com o discurso da obsessão pela magreza, justificado por saúde, e talvez exista um mercado muito maior por trás dessa falta de acessibilidade aos bens que os corpos gordos não encontram, já que não caber o tempo todo nessa sociedade faz com que a maioria desses corpos busque emagrecer a qualquer custo para se encaixar dentro dos bens oferecidos pelo mercado.
>
> (...)

(253) FIGUEIREDO, Isabela. *A Gorda*. Lisboa: Editorial Caminho, 2016. p. 24-25.

> A falta de acesso a alguns bens leva a indústria do emagrecimento — com produtos, técnicas e métodos — a se propagar por todo o planeta. Muitas marcas ainda carregam esse estigma para seus planos de *marketing*, não querendo associar sua identidade aos corpos gordos.[254]

Como consequências físicas e psicológicas do estigma, Puhl e Heuer apontam associações entre estigmatização baseada no peso e depressão, menor nível de autoestima, insatisfação com imagem corporal, distúrbios de comportamentos alimentares, aversão a atividades físicas e impactos negativos sobre a saúde cardiovascular.[255]

Instituições e profissionais da saúde, família, relações interpessoais, educação e seus atores, mídia, moda, estabelecimentos comerciais e infindáveis outros segmentos sociais e espaços abstratos e concretos: tudo converge, na sociedade contemporânea, para a consolidação e concretização da gordofobia. Os diversos campos da esfera social se interrelacionam, alimentam-se reciprocamente e fazem perpetuar uma das mais naturalizadas discriminações da contemporaneidade.

Influenciado como todas as demais instâncias, o mercado de trabalho absorve, reproduz e reforça a gordofobia em âmbito profissional, de maneiras variadas, seja no momento da admissão, durante o contrato de trabalho ou no momento da dispensa. Empresários, administradores, supervisores, chefias ou colegas de trabalho podem, com efeito, estar envolvidos em práticas discriminatórias contra pessoas gordas, explícitas ou implícitas. Da mesma forma, advogados, juízes, desembargadores, promotores e procuradores não estão imunes a uma opressão estrutural e ainda pouco estudada na esfera jurídica, o que facilita que o Direito, seja na produção legislativa ou em sua aplicação, não combata de forma suficiente, ou mesmo reproduza, manifestações sociais de gordofobia no trabalho. É o que, no presente estudo, se busca analisar de forma mais detida.

(254) JIMENEZ, Malu. *Lute como uma Gorda*. São Paulo: Jandaíra, 2022. p. 134-136.

(255) PUHL, Rebecca M.; HEUER, Chelsea A. The stigma of obesity: a review and update. *Obesity*, Rockville, v. 17, n. 5, jan. 2009, p. 945.

Capítulo 4

A Gordofobia no Trabalho

A condição de pessoa gorda pode, conforme demonstrado, ser considerada como um fator de diferenciação social negativa, "e a luta contra a estigmatização se inscreve logicamente em uma política de luta contra a discriminação e de redução das desigualdades (...)".[(256)]

Na área laboral, diversos estudos demonstram situações de discriminação baseada no peso e desigualdade em desfavor das pessoas gordas.

Rebecca Puhl e Kelly D. Brownell, em publicação de 2001, concernente à esfera trabalhista nos Estados Unidos, país de origem de grande parte do conhecimento mais aprofundado em matéria de "obesidade" e estudos do corpo gordo, reportam pesquisas referentes a atitudes estereotipadas de empregadores, sugerindo que as pessoas gordas se encontram em desvantagem no momento da admissão, antes mesmo da submissão às entrevistas de emprego. Além disso, estereótipos negativos teriam efeitos perversos para trabalhadores gordos no tocante a remunerações, ascensão profissional e dispensa do trabalho.[(257)] Em 2009, artigo de revisão e atualização elaborado por Rebecca M. Puhl e Chelsea A. Heuer apontou um aumento nas pesquisas de opinião, estudos baseados em grandes populações e estudos experimentais abordando e confirmando a ocorrência de discriminação no trabalho por motivo de peso.[(258)]

Conforme apontam as autoras, pesquisa empreendida por Puhl e Brownell, envolvendo 2.249 mulheres com "sobrepeso" e "obesidade", demonstrou que 25% das participantes relataram sofrer discriminação no trabalho por motivo de peso. Além disso, 54% registraram ser alvo de preconceitos em razão do peso por colegas de trabalho ou pessoas que trabalham na mesma empresa, e 43% relataram discriminações proveniente de seus empregadores ou supervisores.[(259)] As condutas discriminatórias abrangeriam humor

---

(256) POULAIN, Jean-Pierre. *Sociologia da Obesidade*. São Paulo: Senac São Paulo, 2013. p. 122.

(257) PUHL, Rebecca M.; BROWNELL, Kelly D. Bias, Discrimination, and Obesity. *Obesity Research*, Rockville, v. 9, n. 12, p. 788-805, dez. 2001.

(258) PUHL, Rebecca M.; HEUER, Chelsea A. The stigma of obesity: a review and update. *Obesity*, Rockville, v. 17, n. 5, p. 940-964, jan. 2009.

(259) BROWNELL, Kelly D.; PUHL, Rebecca M. Confronting and Coping with Weight Stigma: an Investigation of Overweight and Obese Adults. *Obesity*, Rockville, v. 14, n. 10, p. 1.802-1.815, out. 2006.

depreciativo e comentários pejorativos de colegas de trabalho e supervisores, tratamento diferenciado, como não ser contratado ou ter promoções negadas, e ser dispensado em razão do peso corporal.

No Brasil, conforme já exposto, foi publicada em 2022 pesquisa sobre gordofobia, realizada pela Abeso e pela SBEM, contando com a participação de 3.621 pessoas, entre 18 e 82 anos de idade anos, sendo 89% mulheres. Quanto às faixas de peso, 0,2% não informaram, 0,2% estavam abaixo do peso, 11,2% em situação de "eutrofia" (peso considerado adequado), 13,1% em situação de "sobrepeso", 17,2% com "obesidade grau 1", 20,8% com "obesidade grau 2" e 37,7% com "obesidade grau 3". Dentre os participantes, um total de 85,3% registrou ter sofrido constrangimento por causa do peso. Quanto maior o grau da "obesidade", maior foi a estatística de constrangimento. E, especificamente no que tange ao campo laboral, 54,7% dos participantes indicaram sofrer constrangimentos no ambiente de trabalho.[260]

No mesmo sentido, versando sobre a gordofobia em geral e no mercado de trabalho, a já mencionada "Pesquisa Mapeamento da Gordofobia no Brasil", empreendida por Thamiris Rezende, coletou respostas anônimas sobre percepção da gordofobia, por meio de formulário *online*, de um total de 603 pessoas, que majoritariamente se identificaram como mulheres cisgênero (87,9%), com idades preponderantes entre 25 e 44 anos (84,1%), sendo 72% pessoas brancas, 17,7% pessoas pardas, 9% pessoas pretas, 65,2% do Sudeste e 34,8% das demais regiões do Brasil. Do total de respondentes, nada menos que 97,8% registraram já ter sofrido algum preconceito por ser gordo.[261]

Especificamente sobre a gordofobia no ambiente profissional, 50,4% afirmaram lidar com a falta de cadeiras e mobiliários adequados; 56,1% registraram enfrentar desafios com uniformes que causam constrangimento e falta de disponibilidade de tamanho; 41% apontaram cabines de banheiro estreitas nos escritórios e ambientes de trabalho; 29,2% afirmaram ter dificuldades de acessar o mercado de trabalho; 8% relataram percepção de que as empresas preferem que a pessoa gorda não tenha contato direto com cliente e fique no *backstage*; 6,5% reportaram não ter sido aprovados no exame admissional por conta do peso; e 22,9% das pessoas gordas afirmaram enfrentar gestores que sugeriram perda de peso.[262]

---

(260) ASSOCIAÇÃO BRASILEIRA PARA O ESTUDO DA OBESIDADE E DA SÍNDROME METABÓLICA (ABESO); SOCIEDADE BRASILEIRA DE ENDOCRINOLOGIA E METABOLOGIA (SBEM). *Obesidade e a Gordofobia — Percepções 2022*. Disponível em: https://campanhaobesidade.abeso.org.br/ebook_gordofobia.pdf. Acesso em: 30 jun. 2023.

(261) REZENDE, Thamiris. *Pesquisa Mapeamento da Gordofobia no Brasil.* In: Joarnal *ESTADO DE MINAS*. 97,8% das pessoas gordas já sofreram gordofobia no Brasil. Disponível em: https://www.em.com.br/app/noticia/saude-e-bem-viver/2022/09/07/interna_bem_viver,1391930/97-8-das-pessoas-gordas-ja-sofreram-gordofobia-no-brasil.shtml. Acesso em: 15 set. 2023.

(262) *Idem.*

Outra pesquisa sobre gordofobia e mercado de trabalho no contexto brasileiro, conduzida por Dayana Cristina Barbosa Carneiro, no âmbito do Programa de Pós-Graduação em Comunicação da Universidade Federal de Minas Gerais, foi realizada a partir da aplicação de um questionário *on-line* direcionado a pessoas gordas, no período de 15 de junho de 2022 a 31 de outubro de 2022, que alcançou 174 entrevistados. Do total, 48% dos respondentes declararam que já foram vítimas de gordofobia no atual ou no último emprego; 59,2% afirmaram não existir um ambiente acolhedor e seguro para denúncias sobre gordofobia no atual ou último emprego; 60,2% afirmaram nunca ter sido liderados por uma pessoa gorda; 57,6% já se sentiram prejudicados em processos seletivos de emprego pela condição de pessoa gorda; e 39,2% declararam prejuízos na distribuição de funções e oportunidades de promoção.(263)

Cada vez mais, os estudos apontam uma série de discriminações experimentadas por pessoas gordas no mercado de trabalho, seja no momento da admissão, durante o contrato de trabalho ou no momento da dispensa. Impactos negativos diferenciados e mais intensos são palpáveis, especialmente, no que tange às mulheres gordas, embora a gordofobia atinja indivíduos de ambos os sexos.

De modo a contribuir para uma análise qualitativa acerca das formas de discriminação das pessoas gordas no mercado de trabalho no Brasil, o presente estudo abrange pesquisa jurisprudencial de TRTs e do TST, por meio dos buscadores dos *sites* oficiais dos respectivos tribunais, com utilização de termos normalmente associados a julgados sobre a temática. Considerações metodológicas e específicas abordagens jurídicas realizadas nos tribunais serão oportunamente registradas – no tópico “6.2.9. A Jurisprudência Trabalhista”.

Todavia, considerando-se que a análise sistematizada da jurisprudência trabalhista nacional fornece amostragem considerável de diversas modalidades concretas da discriminação no ambiente de trabalho, opta-se por categorizar e exemplificar, por meio das descrições fáticas constantes dos acórdãos dos tribunais trabalhistas, as principais formas identificadas de gordofobia trabalhista no Brasil, nas etapas pré-contratual, contratual e no momento da dispensa. Selecionaram-se, para tanto, decisões judiciais em que os relatos de gordofobia foram reputados provados em juízo, quase sempre por meio de prova testemunhal, mas ocasionalmente também por outros meios de prova, ou corroborados a partir de confissão ou ausência de impugnação pelo empregador.

4.1. Fase pré-admissional

As pesquisas existentes sobre a discriminação das pessoas gordas na fase pré-admissional, abrangendo, portanto, as decisões gerenciais de contratação por empregadores,

(263) CARNEIRO, Dayana Cristina Barboza Carneiro. Pesquisa Gordofobia e Mercado de Trabalho no Contexto Brasileiro: Resultados Preliminares. *Anais do I Congresso Pesquisa Gorda: Ativismo, Estudo e Arte*, set. 2022. Disponível em: https://even3.blob.core.windows.net/processos/208a8c49910c44d69d31.pdf. Acesso em: 04 mar. 2024.

processos seletivos, entrevistas de emprego e todos os elementos que antecedem a relação de trabalho, costumam ser ainda incipientes e abrangem, internacionalmente, de forma preponderante, estudos experimentais. Uma série de variáveis pode influenciar no processo de contratação, a exemplo de peculiaridades referentes a gênero, raça, tipos de trabalho e outros, de modo que as metodologias adotadas podem levar em consideração diversos marcadores.

Estudo experimental norte-americano conduzido por Regina Pingitore e outros, por exemplo, investigou a discriminação de pessoas gordas na fase pré-admissional por meio de entrevistas simuladas, registradas em vídeo com os mesmos atores profissionais, em número total de 320 (sendo 99 homens e 221 mulheres, com idades entre 18 e 26 anos), atuando como candidatos a empregos para cargos de informática e vendas, com manipulação do peso mediante próteses teatrais. Concluiu-se, com tal experimento, que a tendência de avaliação negativa era muito maior para candidatos "obesos" do que para candidatos de peso médio, sendo o preconceito, além disso, mais aparente para as mulheres do que para homens.(264)

Também em estudo experimental, Dan-Olof Rooth identificou evidências de tratamento diferenciado de pessoas "obesas" no mercado de trabalho sueco. Enviando currículos fictícios para 985 vagas reais de emprego, sendo 527 vagas para homens e 458 vagas para mulheres, as aplicações foram feitas em pares, sendo uma delas modificada digitalmente para que a mesma pessoa da outra parecesse "obesa". Como resultado, registrou-se que pessoas "obesas" ou consideradas "não atraentes" têm 20% menos chances de receberem retorno para uma entrevista de emprego do que pessoas de peso "normal" e consideradas "atraentes".(265)

No Brasil, pesquisa realizada pelo Grupo Catho, em 2009, abrangendo 16.207 participantes com mais de 18 anos que trabalham em empresas privadas, por meio de convite via *e-mail* e questionário respondido *online*, registra que 63,95% dos executivos nas posições de presidentes, diretores, gerentes e supervisores possuem algum nível de objeção à contratação de executivos "obesos", declarando 50,8% (52,8% dos presidentes e diretores e 48,9% dos gerentes e supervisores) "pouca objeção" e 13,1% (15,8% dos presidentes e diretores e 10,4% dos gerentes e supervisores) "muita objeção". O percentual de executivos em cargos gerenciais com objeções à contratação de "obesos" guarda relativa constância desde que iniciada a série de pesquisas, sendo de 61,65% em 2001, 62,4% em 2003, 63,55% em 2005, 65,05% em 2007 e, finalmente, 63,95% em 2009.(266)

---

(264) PINGITORE, Regina *et. al.* Bias against overweight job applicants in a simulated employment interview. *Journal of Applied Psychology*, Washington, v. 79, n. 6, p. 909-917, abr. 1994.

(265) ROOTH, Dan-Olof. Obesity, Attractiveness, and Differential Treatment in Hiring: A Field Experiment. *The Journal of Human Resources*, v. 44, n. 3, 2009, p. 710-735. JSTOR. Disponível em: http://www.jstor.org/stable/20648914. Acesso em: 10 set. 2023.

(266) ARRUDA, Adriano. *A contratação, a demissão e a carreira dos executivos brasileiros*. São Paulo: Catho Online, 2009. Disponível em: https://img.catho.com.br/site/pesquisas/pdf/pesquisa-dos-executivos-2009.pdf. Acesso em: 10 out. 2023.

Nacionalmente, portanto, verifica-se que a pesquisa existente extrapola as hipóteses de simulações experimentais comuns em outros países, bem como as estatísticas baseadas em percepções das próprias pessoas gordas quanto à sua discriminação no processo de recrutamento. A gordofobia é naturalizada ao ponto de ser confessadamente declarada em pesquisa, por percentual aproximado entre 60% e 65% de amostra considerável de presidentes, diretores, gerentes e supervisores de empresas do setor privado, durante anos consecutivos, como objeção à contratação de "obesos" em processos de recrutamento de executivos.

Refletindo a realidade brasileira, os julgados dos Tribunais revelam gordofobia na fase pré-contratual, em primeiro lugar, a partir de rejeição declarada à contratação de pessoa gorda no setor privado, comumente embasada em avaliações médicas indicadoras de IMC configurador de "obesidade". A declaração médica pode ser, no caso, deturpada pelo empregador ou se revestir, diretamente, de conteúdo discriminatório — em caso de arbitrariedade e ausência de motivação válida para justificar a incapacidade laborativa da pessoa ou a incompatibilidade de suas condições pessoais com o exercício das funções.

Como exemplos de casos concretos levados ao Poder Judiciário, podem ser destacadas a situação da candidata ao cargo de soldadora que, em razão do resultado de IMC em exame médico admissional, foi considerada inapta para o trabalho, bem como do encanador que, também em razão de seu IMC calculado, deixou de ser admitido pela empresa:

> <u>INTEIRO TEOR:</u> (...) DA INDENIZAÇÃO POR DANOS MORAIS
>
> (...) Narra a inicial que a autora passou por processo de seleção da terceira reclamada para prestar serviços como soldadora. "No dia do exame admissional, <u>a segunda reclamada informou para a autora que iria fazer os exames, mas, mas que a reclamante estava acima do peso, muito 'gordinha', e que a terceira reclamada não contrata pessoas 'gordinhas'</u>" (fl. 03). Afirmou, ainda, que:
>
> "Realizado o exame admissional, foi considerada inapta, com observações sobre: 'altura — ergonômico — postura inadequada'. Posteriormente a reclamante compareceu ao setor de RH da terceira reclamada <u>para finalização das formalidades de contratação, ocasião em que foi informada de que estava inapta porque estava acima do peso, que infelizmente não podia fazer nada, já que é norma da empresa não contratar pessoas gordas</u>" (fls. 03/04).
>
> (...) <u>o documento de fl. 137 demonstra claramente que a autora foi considerada inapta em razão do índice de massa corporal aferido durante o exame médico admissional, qual seja, "IMC = 51".</u>
>
> (...) Embora a fase de tratativas para admissão de empregado seja anterior à celebração do contrato de trabalho propriamente dito, nela as partes devem observar o princípio da boa-fé objetiva, cabendo responsabilização sempre em que houver abuso de direito.
>
> <u>No presente está caso configurado o uso excessivo do direito de escolher livremente seus empregados, já que tal direito potestativo encontra limites na esfera jurídica do trabalhador (...).</u>

> O laudo médico é visivelmente discriminatório uma vez que a autora encontra-se em plena aptidão médica para o trabalho, do contrário, faria jus ao auxílio doença (...).(267)
>
> INTEIRO TEOR: FUNDAMENTAÇÃO – MÉRITO DA INDENIZAÇÃO POR DANO MORAL.
>
> Em sua inicial, o autor postula o pagamento de indenização por dano moral por discriminação. Afirma que participou de processo seletivo para ocupar vaga de encanador e durante a avaliação médica foi informado que não seria admitido pois seu IMC (índice de massa corporal) era de 44, estando acima do permitido pela empresa.
>
> (...) Com razão. Restou confirmado pela sentença de primeiro grau que a ré deixou de contratar o reclamante para o cargo de encanador, em virtude de sua condição física (obesidade). Tal conduta fere a dignidade da pessoa humana e configura ato discriminatório, em total afronta ao art. 7º, inciso XXX da CRFB. Atitude que também é repudiada pela Convenção n. 111 da OIT (art. 1º), ratificada pelo Brasil e deve ser reprimida e desestimulada, sendo justa a condenação ao pagamento de indenização por danos morais, que deve ser fixada em valor condizente com a extensão do dano (...).(268)

Além das recusas à contratação de pessoas gordas em processos de recrutamento em empresas privadas, são situações repetitivas de discriminação as eliminações de pessoas consideradas "obesas" por previsões discriminatórias em editais de processos seletivos públicos, ou por avaliações médicas também arbitrárias e preconceituosas utilizadas para negar posse a candidatos gordos aprovados em concurso. Quando prevista no edital, a objeção à contratação de pessoa "obesa" é flagrantemente discriminatória por presumir uma incapacidade das pessoas gordas, em abstrato e de forma geral, para o desempenho de funções específicas.

Ilustrando tal hipótese, na jurisprudência, realça-se o caso do candidato aprovado em concurso público dos Correios, para o cargo de atendente comercial, que teve sua posse negada em razão de avaliação médica que, posteriormente à conclusão do certame, evidenciou seu IMC superior a 40. De igual forma, já houve processo seletivo para guarda municipal rejeitando, com previsão no edital, candidatos "obesos" e "obesos mórbidos". É o que demonstram os julgados que seguem:

> INTEIRO TEOR: (...) MÉRITO
>
> CONTRATAÇÃO. INAPTIDÃO DO AUTOR PARA O EXERCÍCIO DO CARGO DE ATENDENTE COMERCIAL
>
> (...) É incontroverso nos autos que o reclamante se submeteu a concurso público realizado pela EBCT, para o exercício do cargo de atendente comercial, vindo a ser considerado inapto na avaliação médica, em razão de seu IMC ser superior a 40, o que caracteriza a condição de obesidade do autor, conforme atestado emitido em 03.05.2013 (f. 19).

---

(267) TRT da 3ª Região; Processo: 0000644-15.2013.5.03.0054 RO; Data: 05.11.2014; Órgão Julgador: 1ª Turma; relator: José Eduardo Resende Chaves Jr. Destaques acrescidos.

(268) TRT da 1ª Região; Processo: 0000218-97.2012.5.01.0343; Data: 29.11.2012; Órgão Julgador: 1ª Turma; relator: Mario Sérgio Medeiros Pinheiro. Destaques acrescidos.

O Edital do Concurso 011/2011 traz a descrição das funções a serem desenvolvidas pelo trabalhador a ser admitido para o cargo de atendente comercial, as quais são em sua maioria atividades administrativas vinculadas ao atendimento e vendas dos serviços oferecidos pelos correios. Consta no edital que em unidade de pequeno porte poderá ser exigido do empregado admitido no respectivo cargo o exercício da atividade de entrega externa de objetos de correspondência, encomendas e malotes, entrega que poderá ser feita a pé ou de bicicleta, fazendo uso de bolsa com peso-limite estabelecido no ACT (f. 43).

A própria reclamada admite que o reclamante apenas foi considerado inapto, em virtude de seu IMC superior a 40, com enquadrado na condição de "obeso", nada constando no atestado de saúde ocupacional indicando a sua incapacidade para o exercício das atividades de atendente comercial. Os exames complementares, inclusive exames radiográficos, indicam que o reclamante não apresentava alterações significativas, estando dentro dos limites da normalidade (f. 18/35). O exame admissional odontológico também se apresentou normal (f. 36).

Somando-se a esses exames complementares, o reclamante apresentou atestados médicos, subscritos pelo médico cirurgião – CRMSP – 160.261, atestando que ele estava no gozo de boa saúde física e mental, estando apto para trabalhar, inclusive como atendente comercial (f. 16/17).

Portanto, (...) não obstante o seu IMC seja superior a 40, o reclamante não apresentou alterações ou limitações para o trabalho.

O Edital não estabelece a exigência de avaliação da capacidade física para os candidatos ao cargo de atendente comercial, exigência feita apenas para as atividades de carteiro, operador de triagem e transbordo (itens 13 e 15 – f. 57/62).

Neste contexto, é fato que o reclamante foi aprovado na prova objetiva para o cargo de atendente comercial para o qual se candidatou, nos termos do item 17.1 (f. 62).

O edital possui efeito vinculante para a Administração Pública.

(...) O reclamante somente ficou ciente da exigência quanto ao não enquadramento do candidato na classificação de "obesidade", ao realizar o exame pré-admissional e ser considerado inapto durante o exame clínico realizado junto ao setor de medicina do trabalho.

(...) Logo, como entendeu o Juiz de 1º grau, não poderia a reclamada, empresa da administração pública indireta, com fundamento no seu poder discricionário, exigir do candidato uma condição física não especificada no edital.

(...) Sendo assim, conclui-se que de fato a reclamada adotou conduta discriminatória ao não contratar o reclamante, aprovado em concurso público, por considerá-lo inapto para o trabalho, em razão de sua "obesidade", considerando o seu IMC superior a 40, não obstante os exames complementares não tenham detectado alterações em seu quadro clínico.[269]

---

(269) TRT da 3ª Região; Processo: 0001443-80.2014.5.03.0100 RO; Data: 16.10.2015; Órgão Julgador: 9ª Turma; relatora: Monica Sette Lopes. Destaques acrescidos.

> EMENTA: Impedir a inscrição de candidatos portadores de deficiência, com cicatrizes no corpo, pessoas consideradas muito gordas ou muito magras, com menos de vinte dentes na boca, homens e mulheres com estatura inferior a 1,70m e 1,65m, respectivamente, sob o argumento de que tais características impossibilitam o exercício das funções de um Guarda Municipal revelase como manifesta intenção de frustrar o constitucionalmente assegurado direito ao concurso público, impondose a intervenção do EstadoJuiz, como medida de direito e de profilática necessidade, para que se preserve a sociedade de procedimentos contrários aos seus interesses, inclusive como profícua garantia da imagem do Judiciário, que não pode tornarse refém de abusos, nem deles se compadecer.
>
> INTEIRO TEOR: (...) A presente ação mandamental foi aforada em razão da antecipação dos efeitos da tutela em Ação Civil Pública intentada pelo Ministério Público do Trabalho, ato judicial que teve lugar em 01 de setembro de 2008 (cópia às fls. 99/100), e que determinou a prorrogação do prazo de inscrição do concurso público para o emprego de "Guarda Municipal", com imediata aceitação de inscrições de candidatos com as características que, pelas cláusulas do Edital, teriam obstaculizada a sua participação (...)
>
> (...) de todo despropositado, anotese, o estabelecimento de critérios estéticos para a inscrição e a exigência de um padrão de beleza, inclusive quanto à altura e tipo físico (gordo/magro). (...) Não se pode olvidar, também, o peso do desprezo imposto aos "magérrimos", "obesos", "obesos mórbidos", menores de 1,65m (mulheres) e 1,70m (homens), e àqueles com cicatrizes no corpo. Não bastasse a evidência de que o critério é preconceituoso, o que, por si só, se mostra suficiente para que não seja admitido, certo é que, havendo previsão de testes físicos, a condição física do candidato há de ser avaliada nessa oportunidade, e não em razão, unicamente, do peso que a balança afere no momento da inscrição. E tudo, ainda, sem que se perca de vista o subjetivismo de expressões como "magérrimo" e "obeso".[270]

Tanto nos recrutamentos no setor privado quanto nos processos seletivos públicos, merecem destaque também situações em que o trabalhador gordo, com utilização do pretexto de saúde pelo empregador, é rejeitado para contratação pela empresa ou órgão de forma direta, porém lhe presta os mesmos serviços por meio de empresa terceirizada, contrato administrativo temporário ou qualquer forma de fraude trabalhista e trabalho precarizado.

Trata-se, assim, de discriminação que impede a pessoa gorda de alcançar o cargo público ou a contratação por sólida empresa-mãe, tomadora de serviços de outras, porém admite que o trabalhador rejeitado labore desenvolvendo as exatas atividades para as quais supostamente estaria medicamente incapacitado, inclusive em prol do mesmo empregador, desde que com direitos consideravelmente reduzidos e mediante contratação por formas escusas — como o contrato administrativo precário utilizado como sucedâneo de concurso público e a intermediação de mão de obra através de empresas terceirizadas.

---

(270) TRT da 1ª Região; Processo: 0673300-16.2008.5.01.0000; Data: 29.07.2009; Órgão Julgador: Seção Especializada em Dissídios Individuais; relator: Antônio Carlos de Azevedo Rodrigues. Destaques acrescidos.

Nos Tribunais, exemplifica tal forma de discriminação o caso do trabalhador que prestou serviços ao mesmo empregador, por mais de dez anos, como Oficial de Náutica, por meio de diversos contratos temporários precários. Embora sujeito a sucessivos exames médicos durante os anos de trabalho, sempre considerado apto, o indivíduo é finalmente aprovado em processo seletivo público, para ocupar o cargo em definitivo, sendo apenas então considerado impedido para a função, por "obesidade". Em situação similar, um trabalhador é impedido de ser contratado pela empresa por ser considerado em avaliação médica como "gordo" e "doente", embora a empresa permita o trabalho do indivíduo em seu favor, em idênticas condições, como "cooperado" ou "terceirizado". Colhe-se da jurisprudência:

> EMENTA: (...) REPROVAÇÃO EM PROCESSO SELETIVO PÚBLICO. Alega a reclamada que deve ser reformada a sentença que deferiu o pedido de admissão do reclamante em processo seletivo, eis que a obesidade mórbida do autor o torna inapto para a função objeto do concurso ao qual se submeteu. Não comprovado nos autos que a obesidade do autor impediria ou prejudicaria o exercício das funções do cargo disputado em processo seletivo, cargo este que o autor já exercia como trabalhador temporário da reclamada, caracteriza-se a exclusão discriminatória e injustificada do autor, impondo-se a sua admissão. Nego provimento (...).
>
> INTEIRO TEOR: (...) 5. DA REPROVAÇÃO EM PROCESSO SELETIVO PÚBLICO
>
> (...) 5.6. O Manual do candidato (...) não apresenta qualquer disposição no sentido de indicar aos candidatos que o excesso de peso por ocasião do exame médico seria causa para exclusão do processo seletivo.
>
> 5.7. Da mesma forma, considerando que o excesso de peso é um critério subjetivo, variando de acordo com as características físicas individuais de uma pessoa para outra, não restou indicado objetivamente até que ponto o excesso de peso seria permitido pela empresa, principalmente considerando que o autor já prestava serviços à empresa como trabalhador temporário.
>
> 5.8. A reclamada também não indica quais as funções exercidas pelo Segundo Oficial de Náutica que seriam comprometidas por funcionário acima do peso. Não há também qualquer indício ou prova de que o fato de um de seus empregados estar em sobrepeso poderia causar danos à imagem da empresa, como suscitado.
>
> 5.9. O argumento da recorrente de que prima pelos cuidados com a segurança de suas atividades e pelo bem estar de seus empregados cai por terra quando se verifica que o autor lhe prestou serviços por mais de 10 (dez) anos, inclusive sendo premiado e homenageado pela empresa pelos serviços prestados ao atingir tal marca (...).
>
> 5.10. O autor prestou serviços de natureza temporária, através de contratos por tempo determinado que eram renovados, sendo submetidos a inúmeros exames médicos em cada admissão e término de cada contrato, sendo considerado apto em todos eles, sem qualquer ressalva ao seu peso (...).
>
> 5.11. Portanto, uma vez que a reclamada considerou o autor apto para lhe prestar serviços de Oficial de Náutica por mais de dez anos, não se justifica que de uma hora para

> outra, justamente quando o autor se apresenta bem classificado em processo seletivo para ingressar em definitivo nos quadros da ré, que ele venha a ser considerado inapto e sem saúde para o desempenho de função que ele sempre exerceu sem qualquer ressalva em sua produtividade ou conhecimento técnico.(271)
>
> INTEIRO TEOR: 2.1.6 – INDENIZAÇÃO POR DANOS MORAIS
>
> (...) No caso em apreço, verifica-se que o reclamante, de fato, fora vítima de constrangimento, humilhação e discriminação ao se submeter a exame admissional para formalização do contrato de trabalho com a primeira reclamada.
>
> (...) a testemunha (...) disse que "... estava sentado em uma cadeira situada ao lado da porta do consultório da médica; que o autor fez consulta na médica antes do depoente..." e que ouviu a médica falar que "... o autor não serviria para trabalhar na Coca por ser gordo, obeso e doente..." (fl. 958).
>
> Ora, é nítida a conduta antijurídica da preposta da reclamada, a qual expôs o empregado, indubitavelmente, a situação constrangedora e humilhante, passível de reparação por dano moral.
>
> A culpa da ré na hipótese é objetiva e independe de prova da ocorrência de lesão moral do autor, sendo esta presumida diante do ato discriminatório promovido pela médica durante consulta para exame admissional. Importante ressaltar também a conduta reprovável da reclamada que, calcada na inaptidão do reclamante para o trabalho, apurada em exame realizado por médica da empresa, não admite o mesmo em seu quadro de empregados, mas permite a prestação de serviços em seu favor, sob as mesmas condições físicas e de saúde, como mero "cooperado" ou empregado "terceirizado", em fraude trabalhista, resta patente que tal circunstância, por si só, viola a dignidade humana e os direitos fundamentais do trabalhador, garantidos pela Constituição Federal.
>
> Destarte, a precarização/supressão de direitos trabalhistas do reclamante, resultante da terceirização ilícita, e a atitude discriminatória acima constatada revelam nítido abuso de direito por parte da empresa, pelo que a mesma deve responder pelo pagamento de indenização por danos morais (...).(272)

Nova hipótese de discriminação contra pessoas gordas na fase admissional desponta, ainda, no contexto da pandemia da Covid-19. Inseridas em determinadas definições médicas como integrantes de "grupo de risco", pessoas reputadas "obesas", mais uma vez sob o discurso da proteção à sua saúde, passaram a ser recusadas em processos de contratação por empresas, muitas vezes de forma expressa. Conforme registraram Manuella de Oliveira Soares e Raphael Prieto dos Santos, tratando sobre a matéria em momento crítico da pandemia do coronavírus:

---

(271) TRT da 1ª Região; Processo: 0013400-77.2006.5.01.0015; Data: 04.04.2011; Órgão Julgador: 10ª Turma; relator: Ricardo Areosa. Destaques acrescidos.

(272) TRT da 3ª Região; Processo: 0000437-44.2010.5.03.0014 RO; Data: 14.02.2011; Órgão Julgador: 4ª Turma; relator: Júlio Bernardo do Carmo. Destaques acrescidos.

> Recentemente, foi aberto um debate científico sobre obesidade em relação à atual pandemia de Covid-19, uma vez que foram publicados os primeiros estudos indicando que indivíduos com obesidade correm maior risco de desenvolver uma doença mais grave do coronavírus. Especificamente, estudos mostram que a obesidade é um fator de risco para hospitalização, internação em UTI e sérias consequências que levam à morte no caso da doença Covid-19. (...)
>
> Portanto, as vagas de emprego que serão oferecidas pelas empresas nesta época de crise, provavelmente serão preenchidas por pessoas que não são obesas, tendo em vista que o empregador não vai correr o risco de empregar alguém que é mais suscetível de ser contaminado com a Covid-19 e ter consequências graves, o que, certamente lhe gerará mais transtornos. Mais uma vez, a pessoa obesa sofrerá discriminação para ingressar no mercado de trabalho.
>
> Nesta senda, o direito do trabalho tem o papel de impedir que tais discriminações se perpetuem, protegendo os trabalhadores de tais ofensas a sua própria dignidade.(273)

Concretizada a profecia do acentuamento da gordofobia no cenário pandêmico, os próprios tribunais passaram a adotar decisões bastante divergentes sobre a questão. O preterimento de pessoas gordas no mercado de trabalho, de toda forma, tornou-se uma realidade ainda mais intensa. É o que se percebe, dentre diversos outros, pelo julgado a seguir:

> EMENTA: INDENIZAÇÃO POR DANOS MORAIS. RESPONSABILIDADE PRÉ-CONTRATUAL. DISCRIMINAÇÃO À PESSOA OBESA. 1. Embora a fase de tratativas para admissão de empregado seja anterior à celebração do contrato de trabalho propriamente dito, nela as partes devem observar o princípio da boa-fé objetiva, cabendo responsabilização sempre que houver abuso de direito. 2. Configura-se o uso excessivo do direito de o empregador escolher livremente seus empregados, quando há invasão da esfera jurídica do trabalhador pela empresa, que refuta a contratação fundada em motivo discriminatório, qual seja, a constituição física da pessoa obesa.
>
> INTEIRO TEOR: (...) INDENIZAÇÃO POR DANO MORAL. PROMESSA DE EMPREGO NÃO CUMPRIDA
>
> A ré não se conforma com o deferimento do pleito de indenização por dano moral.
>
> (...) Assevera que o autor apresentava IMC 47,9, hipertensão arterial e obesidade grau II e, portanto, se enquadrava no grupo de risco definido pela OMS/Ministério da Saúde,

(273) SOARES, Manuella de Oliveira; SANTOS, Raphael Prieto dos. Gordofobia e a inclusão da pessoa obesa no mercado de trabalho. *Revista de Direito do Trabalho e Seguridade Social*, São Paulo, v. 214, ano 46, p. 293-294, nov./dez. 2020.

> razão pela qual não poderia ser contratado para a vaga que era para trabalho presencial, cujas atividades básicas incluíam inspeção e supervisão da obra. Entende que não há como se imputar à ora recorrente a obrigação de pagar indenização pela perda de uma oportunidade de trabalho, já que a ausência de contratação ocorreu por situações não criadas pela empresa, não sendo comprovado nos autos nenhum tratamento indigno ou abusivo. Em caso de permanência da condenação imposta, requer seja reduzido o valor da indenização fixada.
>
> (...) Como se infere da leitura da r. decisão proferida, considerou o d. julgador ter sido comprovada a efetiva promessa de contratação pelo ora recorrente, com a prática de atos que levaram o reclamante a uma legítima expectativa de admissão pela empresa, frustrada por ato unilateral desta, violando-se o Princípio da Boa-fé Objetiva, a que alude o art. 422 do Código Civil.
>
> (...) No presente caso, tenho que restou demonstrada a ocorrência do dano ao trabalhador, em decorrência do cancelamento da contratação, após promessa efetiva, inclusive com realização de exame médico admissional. Referido cancelamento, nas circunstâncias ora delineadas, causou evidente dano ao autor, eis que teve inviabilizada a possibilidade de emprego, o que justifica a indenização deferida pela perda de uma chance.
>
> Tendo em vista o conjunto probatório coligido ao feito entendo, na esteira do posicionamento adotado na origem, tenho que o réu induziu o reclamante a crer que seria efetivamente contratado, o que o levou a abdicar de concorrer por outra vaga de emprego, acarretando-lhe sérios prejuízos, já que ficou, ao final, desamparado.[274]

Por diversas formas, assim, a gordofobia no momento pré-contratual manifesta-se cotidianamente no mercado de trabalho. As situações de declarada rejeição do candidato gordo por motivo de peso, no entanto, de percepção menos dificultosa e favorecendo condenações judiciais, não excluem as discriminações indiretas ou mascaradas, em que o critério abusivo de não contratação é adotado de forma silenciosa ou travestida de motivação lícita. A mera existência de diversos episódios confessados de negativa de emprego a pessoas gordas em razão do seu peso, no entanto, em geral embasada em discursos atrelados à saúde, é suficiente para demonstrar a intensidade e a introjeção da gordofobia no seio da sociedade, de um modo geral, e no mercado de trabalho, em especial.

4.2. Fase contratual

Analisando-se a jurisprudência trabalhista brasileira e os estudos existentes sobre discriminação contra pessoas gordas no ambiente de trabalho, é possível identificar diversas formas de concretização da gordofobia durante o contrato de trabalho, podendo-se destacar prejuízos remuneratórios, impactos no exercício de funções, óbices à ascensão profissional, ausência de acessibilidade e uma ampla gama de violências configuradoras de dano ou assédio moral.

---

(274) TRT da 3ª Região; Processo: 0010897-94.2021.5.03.0082 (ROPS); Data: 13.02.2023; Órgão Julgador: 8ª Turma; relator: Marcelo Lamego Pertence. Destaques acrescidos.

4.2.1. Remuneração

No que se refere à remuneração, nos Estados Unidos, Register e Williams promoveram, em 1990, análise de dados da *National Longitudinal Survey Youth*, examinando ganhos de mais de 8.233 homens e mulheres de 18 a 25 anos. Como resultado do estudo, concluíram que mulheres "obesas" recebiam aproximadamente entre 12% e 13% menos do que mulheres "não obesas". A investigação indicou, além disso, que a penalização econômica pela "obesidade" parecia ser específica para mulheres.(275)

Outro estudo norte-americano, conduzido por John Cawley e publicado em 2004, baseado em dados de 25.843 pessoas da *National Longitudinal Survey of Youth*, concluiu que, para as mulheres brancas, uma diferença de peso de dois desvios padrão (cerca de 64 libras, que correspondem a aproximadamente 29kg) está associada a uma diferença nos salários de 9%. Tal diferença salarial equivaleria, em valor absoluto, ao efeito salarial de aproximadamente 1,5 ano de escolaridade ou três anos de experiência profissional.(276)

No Brasil, Adriano Dutra Teixeira, em dissertação de mestrado em Economia intitulada "Maior o Peso, Menor o Salário? O impacto da obesidade no mercado de trabalho", utilizou como base de dados a Pesquisa de Orçamentos Familiares (POF) de 2008-2009 para investigar os impactos da "obesidade" na remuneração dos brasileiros, segmentando a amostra por gênero (homens e mulheres) e tipo de trabalho (sendo, simplificadamente, *white collar* os trabalhos intelectuais e de escritório, e *blue collar* os trabalhos manuais variados).(277) Entre os resultados, concluiu que a "obesidade" está associada a uma penalidade remuneratória de 3,9% (Variáveis Instrumentais) a 9,1% (Mínimos Quadrados Ordinários) no salário entre mulheres inseridas na categoria de trabalho *white collar*, mesmo após controles especificados por explicativas. Na estimação por quantil (segmentação por faixas salariais), as mulheres do quantil inferior seriam as mais penalizadas em razão da obesidade. Por outro lado, homens obesos *white collar* receberiam, em média, de 7,2% (Variáveis Instrumentais) a 14,4% (Mínimos Quadrados Ordinários) mais que homens não obesos. Tal diferenciação positiva, da mesma forma, seria mais expressiva no quantil superior.

Os resultados não destoam muito: embora o campo de estudos recomende pesquisas mais detalhadas, a conjuntura da pesquisa contemporânea demonstra que a gordofobia atinge a mulher de forma mais intensa e ampla, inclusive no campo do trabalho. No que

(275) REGISTER, Charles A.; WILLIAMS, Donald R. Wage Effects of Obesity among Workers. *Social Science Quarterly*, Austin, v. 71, n. 1, p. 130-141, mar. 1990.

(276) CAWLEY, John. The Impact of Obesity on Wages. *The Journal of Human Resources*, v. 39, n. 2, 2004, p. 451-474. JSTOR. Disponível em: https://doi.org/10.2307/3559022. Acesso em: 10 set. 2023.

(277) DUTRA, Adriano Teixeira. *Maior o Peso, Menor o Salário?* O impacto da obesidade no mercado de trabalho. Dissertação de Mestrado em Economia. São Paulo: Programa de Pós-Graduação em Economia do Departamento de Economia da Faculdade de Economia, Administração e Contabilidade da Universidade de São Paulo, 2021.

tange aos salários, é possível cogitar a existência de uma maior tolerância à gordura do homem em posições de poder, reminiscência histórica da "gordura de distinção" masculina. Por outro lado, o rechaço à gordura e o culto à magreza impõe-se de forma mais intensa e universalizada às mulheres, chegando a ensejar uma penalização remuneratória da gordura feminina, que é, de forma mais unívoca, identificada e reconhecida entre os pesquisadores.

Isso não significa que homens gordos não sofram discriminações no campo do trabalho, como também as mulheres, nas diversas facetas correspondentes aos procedimentos pré-admissionais, tratamento recebido, acessibilidade, motivações de dispensa e questões similares, conforme se verá. São necessários, ademais, estudos mais numerosos e que contemplem o maior número de variáveis possíveis para visualização precisa das repercussões do corpo gordo na remuneração dos indivíduos. De todo modo, a penalização salarial identificada de forma preponderante para mulheres, em diversos estudos, realça a relevância do critério sexo/gênero para a análise e enfrentamento da gordofobia.

Na jurisprudência trabalhista brasileira, uma primeira forma de discriminação salarial é identificada pelo simples pagamento de remuneração inferior à pessoa gorda em relação a colegas magros que desempenham as mesmas tarefas, sem apresentação de qualquer motivação lícita para o tratamento desigual. É o que ilustra o seguinte aresto, referente a caso de comprovada discrepância salarial entre trabalhadora gorda e colegas em idêntica função, sem oferecimento de qualquer justificativa plausível pelo empregador:

> INTEIRO TEOR: (...) A rescisão oblíqua foi pleiteada sob duplo fundamento: diferença salarial em face do pagamento feito a menor à demandante, relativamente ao demais que exerciam a mesma função e não fornecimento do uniforme, diferentemente do que ocorreu com todos os outros empregados.
>
> Ambos os fatos restaram comprovados. Resta perquirir sobre a motivo que levou o empregador a assim agir. A reclamante assevera ter sido discriminação decorrente de seu excesso de peso.
>
> Nesse ponto, há de se registrar que a empresa não logrou comprovar qualquer outra motivação (que não fosse o tratamento desigual e, portanto, discriminatório) para adoção de tais atitudes, pelo que, em observância à distribuição do ônus probatório, há de se considerar provada a tese autoral.[278]

Outra hipótese identificada de discriminação salarial é a de supressão ou suspensão de tarefas atribuídas à pessoa gorda, em razão de discriminação fundada em seu peso, sem que haja a ruptura do contrato de trabalho. Nesse caso, o impedimento do desempenho da função é utilizado como argumento para a redução ou retirada da remuneração correspondente às tarefas impedidas, por parte do empregador, resultando em

(278) TRT da 3ª Região; Processo: 0010431-95.2022.5.03.0040 (ROPS); Data: 19.10.2022; Órgão Julgador: 11ª Turma; relator: Marcos Penido de Oliveira. Destaques acrescidos.

decréscimo ou sustação do pagamento de salário à pessoa gorda. Exemplificativamente, o Poder Judiciário já apreciou o caso da apresentadora que, considerada gorda pelo empregador, foi afastada de suas funções, com suspensão salarial, para "cuidar da aparência". Confira-se:

> EMENTA: DANO MORAL (...)
>
> (...) II – No caso em estudo, restou evidenciado que a parte ré incidiu no tipo legal previsto no art. 483, alíneas *"b"* e *"g"* da Consolidação das Leis do Trabalho, ao aplicar penalidade de suspensão à demandante, reduzindo significativamente seus ganhos mensais, sem explicitar os motivos que acarretaram na punição e sequer informar o período de afastamento que seria imposto à empregada.
>
> III – Comprovado que a parte autora, por culpa exclusiva da empregadora, foi injustamente impedida de trabalhar e, como consequência direta, teve substancialmente reduzidas suas condições de se sustentar e de honrar com seus compromissos financeiros, é desnecessária a prova do dano causado ao acervo imaterial desse indivíduo.
>
> INTEIRO TEOR: (...) Pleiteou a reclamante a rescisão indireta do contrato de trabalho, afirmando que era tratada de forma rigorosa por seus superiores, sendo que, "em vários e-mails juntados, a reclamada exigia da reclamante que ela 'cuidasse da aparência', informando que a mesma estava gorda ('acima do peso'), que por isso estava suspensa (ver e-mails, em especial datado do dia 3 de novembro de 2009). Suspenderam a reclamante retirando-lhe valores que recebia pelos trabalhos."
>
> (...) A terceira testemunha indicada pela autora (...) afirmou, verbis:
>
> "(...) que recebeu uma determinação de seu chefe — GIL, que fica em São Paulo, pedindo que a depoente não escalasse a Reclamante por 01 semana para que ela tivesse um tempo para cuidar de sua aparência; que a Reclamante já havia solicitado à depoente que não a escalasse por 01 semana, uma vez que iria se casar; que a depoente para dar uma volta e tentou passar a determinação da empresa com bastante cuidado; que a Reclamante ficou bastante chateada; que não sabe se a Reclamante chegou a falar com o Sr. Gil, mas esteva ciente de que a Reclamante queria conversar com ele; (...) que a Reclamante também pediu uns dias de afastamento para sua lua-de-mel; que não tem conhecimento sobre a parte financeira, mas sabe que os apresentadores ganham 'muitos extras'; que se não estiver na escala, não ganha 'os extras'; que a empresa tem algumas normas com relação à aparência de seus apresentadores e os mesmos são orientados pelos produtores; (...) que após o casamento da Reclamante, chegou a almoçar com a mesma e no dia seguinte recebeu um atestado médico justificando o afastamento dela." (Grifamos).
>
> (...) Correta a r. sentença que declarou a rescisão indireta do contrato de trabalho com base nas alíneas *"b"* e *"g"*, do art. 483, da CLT, quais sejam, tratamento com rigor excessivo pelo superior hierárquico e redução do trabalho de forma a afetar sensivelmente o salário.
>
> (...) No caso em tela, a parte autora, por culpa exclusiva da empregadora, foi injustamente impedida de trabalhar e, como consequência direta, teve substancialmente reduzidas suas condições de se sustentar e de honrar com seus compromissos financeiros. Assim sendo, desnecessária se torna a prova do dano causado ao acervo imaterial desse indivíduo.[279]

---

(279) TRT da 1ª Região; Processo: 0207700-23.2009.5.01.0245; Data: 03.12.2012; Órgão Julgador: 7ª Turma; relatora: Maria das Graças Cabral Viegas Paranhos. Destaques acrescidos.

Embora estudos indiquem considerável penalização imposta a pessoas gordas quanto aos salários, diferenças salariais sob tal fundamento são abordadas com menor frequência pelos tribunais trabalhistas brasileiros do que outras temáticas, em termos de gordofobia. Uma possível explicação seria a consideração de que o instituto da equiparação salarial previsto na CLT, especificamente no art. 461, permite ao trabalhador reivindicar diferenças salariais, em caso de distinção de remuneração em relação a colega com idêntica função, independentemente de prova de qualquer motivação, desde que comprovados os requisitos objetivos especificados. Assim, a submissão da discriminação salarial por gordofobia ao Poder Judiciário se torna necessária, apenas, quando se pretende apontá-la como indício de dispensa discriminatória ou elemento configurador de dano ou assédio moral — os quais podem ser demonstrados, de toda forma, por diversos outros elementos.

4.2.2. Funções exercidas

Seja no momento da seleção para o trabalho ou quando de seu desempenho, o peso pode ser um fator de discriminação em desfavor das pessoas gordas também no que se refere às funções pretendidas ou efetivamente desempenhadas.

Nesse sentido, estudo experimental norte-americano já mencionado, de Regina Pingitore e outros, investigou também no aspecto das funções a discriminação de pessoas gordas por meio de entrevistas simuladas, registradas em vídeo com os mesmos atores profissionais, em número total de 320 (sendo 99 homens e 221 mulheres, com idades entre 18 e 26 anos), atuando como candidatos a empregos para cargos de informática e vendas, com manipulação do peso mediante próteses teatrais. Concluiu-se, no que diz respeito à discriminação funcional, que candidatos obesos foram mais propensos a serem recomendados para uma posição de analista de sistemas do que para uma posição de vendas.[280] Os achados sugerem que empregadores podem preterir pessoas gordas em funções que demandem contato com o público, ao considerarem inadequada ou pouco atrativa sua aparência.

No momento da contratação, conforme visto, pessoas gordas podem ser preteridas em razão de presunções arbitrárias e preconceituosas de sua incapacidade para o trabalho, de um modo geral ou para funções específicas, ou consideração de inadequação de sua aparência para a exposição ao público, em nome do empregador. Por outro lado, também no curso do contrato laboral, especialmente se há um ganho de peso do empregado posteriormente à contratação, ou se episódios de assédio moral se avolumam e passam a ocasionar problemas, é possível que passe a existir uma resistência do empregador em manter a pessoa gorda desempenhando sua função originária. Há funções e ambientes,

(280) PINGITORE, Regina *et. al.* Bias against overweight job applicants in a simulated employment interview. *Journal of Applied Psychology*, Washington, v. 79, n. 6, p. 909-917, abr. 1994.

ainda, em que se manifesta de forma mais pronunciada uma cultura intensamente gordofóbica — normalmente nos campos médicos, nutricionais, estéticos e esportivos.

Uma primeira forma de concretização da discriminação funcional enfrentada pela jurisprudência trabalhista é a de afastamento do trabalhador de suas funções originárias, no contrato de trabalho, por programas de emagrecimento ou discursos médicos desvirtuados e que não se sustentam. Partindo da patologização da "obesidade", assim, é possível que surjam monitoramentos ou programas empresariais voltados à perda de peso que, dentre outras consequências discriminatórias para pessoas gordas, redundem em diagnósticos utilizados para afastá-las de suas funções de forma abusiva.

O Judiciário Trabalhista, nesse sentido, já examinou a situação de um eletricista que, submetido a um programa compulsório e unilateral de controle de peso pelo empregador, foi afastado de suas funções originárias ao argumento de que não poderia, por motivos de saúde e segurança, trabalhar em altura. Todavia, foi então transferido para outra função em que, além de receber menor salário, sofrendo também discriminação salarial, era sujeito a riscos ainda maiores à sua segurança. Ademais, não há qualquer norma ou balizamento que autorize a conclusão pela existência de limites de peso para trabalho em altura. Eis o acórdão correspondente ao julgamento:

> EMENTA: (...) 2. READAPTAÇÃO COMPULSÓRIA POR EXCESSO DE PESO. DESVIRTUAMENTO DO PROGRAMA INSTITUCIONAL DE CONTROLE DE OBESIDADE. ATO DISCRIMINATÓRIO DO TRABALHADOR EM RAZÃO DE COMPLEIÇÃO FÍSICA. INDENIZAÇÃO POR DANO EXTRAPATRIMONIAL DEVIDA – Revelando-se a implantação compulsória e unilateral do programa institucional de controle de obesidade em uma verdadeira punição e ato de discriminação do trabalhador em razão de compleição física colocando em risco a integridade deste e sem nenhum benefício concreto que pudesse razoavelmente justificar a medida, o ato empresarial agride a garantia constante dos arts. 1º, inciso IV; 3º, IV; e 5º do Texto Supremo, além de violar o disposto na Convenção n. 111 a OIT. Responde, pois, a empregadora pelos danos, inclusive de natureza extrapatrimonial causados ao empregado, de acordo com o previsto nos arts. 5º, inciso X, da Carta de 1988 e 186 do Código Civil.
>
> INTEIRO TEOR: 2.2 – ELETRICISTA. READAPTAÇÃO COMPULSÓRIA POR EXCESSO DE PESO. DESVIRTUAMENTO DO PROGRAMA INSTITUCIONAL DE CONTROLE DE OBESIDADE. DANO EXTRAPATRIMONIAL.
>
> (...) O demandante foi admitido no ano de 1985 na função de Eletricista de Distribuição.
>
> Noticiou que foi afastado das funções em 28.5.2013, em virtude do peso, passando a partir de então a laborar na poda de árvores, com prejuízo financeiro mensal de R$ 1.222,00, à medida que deixou de receber o adicional de periculosidade e horas extras.
>
> Em razão da intensidade do trabalho de poda de árvores, sob altas temperaturas, foi submetido a condições de risco mais acentuado, havendo desmaiado em certa oportunidade durante o labor.

> Sustentando desvirtuamento da finalidade e objetivos do programa institucional de controle de obesidade (PCO) e ocorrência de afastamento arbitrário das funções, pugna pelo deferimento de indenização por dano extrapatrimonial.
>
> Nesse quadro, incontroverso que foi afastado das atribuições usuais (eletricista) a partir de maio de 2013, em razão de programa institucional de controle de obesidade, quando contava com IMC (índice de massa corporal) superior a 28, pesando cerca de 110 quilos.
>
> Do documento contido no Id a18780c, trazido com a defesa, extrai-se que o mencionado programa institucional tem como objetivo o "controle de sobrepeso e da obesidade dos colaboradores operacionais com atividades em área de risco e, eventualmente ou sempre, em altura acima do solo".
>
> (...) no documento contido no Id (...), constata-se que empregado que não se enquadre no índice de massa corporal 30 é compulsória e imediatamente o afastado, sem possibilidade de retorno no mês da aferição, o que de plano constitui discriminação do trabalhador em razão da obesidade (...).
>
> Ademais, e contrariamente ao que sustenta a empresa, a readaptação compulsória do trabalhador não ocorreu para "retirá-lo da área de risco", pois como se viu no tópico precedente, o labor de poda de árvores e inspeção de linhas de alta tensão sujeita-o aos riscos de contato com energia elétrica com maiores riscos, evidentemente.
>
> Também não houve a alegada observância às "garantias de seu contrato de trabalho, pagamento dos salários e demais vantagens", pois a acionada admite que desde a readaptação temporária, suprimiu o pagamento do adicional de periculosidade ao trabalhador (Id 0460a3b – p. 20), o que a todas as luzes fere não apenas a norma do art. 468 da CLT, mas principalmente o principio de proteção ao salário previsto no art. 7º, inciso VI, do Texto Maior.
>
> (...) Desse modo, o resultado concreto da implantação do programa na prática revela-se em uma verdadeira punição e ato de discriminação do trabalhador em razão de compleição física deste, máxime quando imposta de forma arbitrária e sem nenhum benefício concreto que pudesse razoavelmente justificar a medida, *data venia* (...).[281]

Outra forma de discriminação funcional, que se pode extrair dos julgamentos dos Tribunais, é a de alteração da função por parte do empregador como medida punitiva, em espécie de assédio moral voltado a retaliar protestos contra violências de colegas, acionamento do Poder Judiciário, afastamento por motivo de saúde ou qualquer conduta considerada inoportuna e relacionada à gordofobia sofrida.

Nessa categoria enquadra-se, ilustrativamente, acórdão que versa sobre atos de exacerbada violência, racismo, xenofobia e gordofobia, praticados por colegas em face de trabalhador brasileiro ocupante da função de 2º Oficial de Náutica em embarcações tripuladas preponderantemente por poloneses. O trabalhador, submetido a tratamento degradante em razão de sua condição de brasileiro, negro e gordo, alegou ter sido tratado

(281) TRT da 24ª Região; Processo: 0024228-04.2014.5.24.0051; Data: 17.12.2015; Órgão Julgador: 2ª Turma; relator: Francisco das Chagas Lima Filho. Destaques acrescidos.

pejorativamente pela alcunha de "gordo" e por apelidos de caráter animalesco ("elefante" e "gorila"), agredido verbalmente de diversas formas e, em ato extremo, atacado por tripulantes com a utilização de fezes.

Posteriormente ao ocorrido, diante da inviabilidade de prosseguir trabalhando no mesmo local e formalização do ocorrido, teria sido designado para exercer a função de 3º Piloto em outra embarcação, porém jamais autorizado a exercer a atividade que efetivamente lhe cabia, de pilotar o barco. De forma a puni-lo pela denúncia das violências sofridas, considerado o trabalhador um transtorno no ambiente de trabalho, teria sido relegado pelo empregador a funções julgadas de menor importância e a atividades braçais, inclusive tendo que se submeter a testes perante o Comandante para comprovação de sua capacidade técnica, o que não ocorria com nenhum outro trabalhador. Nos termos do acórdão, que considerou provada a discriminação por prova testemunhal:

> INTEIRO TEOR: (...) O autor narra em sua inicial ter sido admitido pela reclamada em 21.10.2014, vindo a efetuar pedido de demissão em 01.07.2015, em razão do assédio moral e racismo que sofreu no curso do contrato de trabalho.
>
> Contou ter sido contratado para laborar na função de 2º Oficial de Náutica, obtendo como último salário a quantia de R$ 14.192,06 e que, por conta da referida função, laborava embarcado em períodos de 28 dias.
>
> Nesse interregno laborou especificamente em duas embarcações chamadas NORDIC SPIRIT e NAVION ANGLIA, nos quais foi alvo de diversas ofensas, inclusive raciais.
>
> (...) No dia 06.03.2015 teria sido chamado de "gordo" e "elefante" e no dia 09.03.2015, após relatar o entupimento do seu banheiro, foi chamado pelo rádio com a informação de que teriam "um presentinho" para ele, ao se dirigir para o local teria se deparado com os demais tripulantes da embarcação segurando um objeto utilizado para desentupir o banheiro, repleto de fezes, que estava sendo balançado em sua direção e mediante o proferimento de ofensas jocosas. Depois disso teria ainda sido ofendido quando seu Imediato, Sr. UBYCH BARTLOMIEJ, o teria chamado de "gorila", inclusive na rádio do navio.
>
> Em razão de todo o ocorrido e de estar embarcado sem poder tomar providências para se afastar das ofensas, relata o autor ter enviado e-mail ao RH da reclamada informando-lhes todo o ocorrido. Em razão disso conta que teriam sido enviados ao navio dois Gerentes brasileiros e um norueguês a fim de instalar inquérito administrativo para averiguar a veracidade da situação. No decorrer do inquérito, os tripulantes teriam confessado as ofensas proferidas, tendo o autor solicitado e sido autorizado a desembarcar, pois não tinha mais condições de laborar.
>
> Ao desembarcar, relata ter sido obrigado a buscar tratamento médico em razão de apresentar diversas atas e urticárias pelo corpo, cuja causa confirmada pelo médico teria sido o próprio estresse.
>
> Dessa forma, salientou o autor que não recebeu o devido tratamento por meio dos prepostos da reclamada, que pouca ou nenhuma atitude tomou perante os demais tripulantes que lhe ofendiam. Não bastasse isso, após pedirem para que não pedisse demissão, foi designado para laborar no navio ANGLIA como Terceiro Piloto, sendo que após o embarque ocorrido na África, jamais pode assumir suas verdadeiras funções, não tendo assumido a navegação do navio em nenhuma oportunidade.

> Sustentou o autor que tal fato se deu por conta de que todos sabiam da situação ocorrida na outra embarcação, motivo pelo qual o teriam colocado em funções de menor importância e atividades braçais, inclusive tendo a que se submeter a testes perante o Comandante para comprovar sua capacidade técnica, o que não ocorria com nenhum outro trabalhador. Além disso, quando embarcou foi informado que não ficaria em camarote particular, mas conjugado, situação que não condiz com a posição de Terceiro Piloto, além de ter encontrado o colchão de seu dormitório em condições totalmente insalubres. Por fim, teria vindo a sofrer novas agressões do Comandante quando lhe disse que: "função boa para ele era de engraxar uns materiais."
>
> (...) No caso dos autos, a prova oral produzida na ata de Id. 662539F, foi precisa em confirmar:
>
> (...) que no navio, o clima com os brasileiros era sempre opressor; que a tripulação de comando era Polonesa e os brasileiros eram sempre vistos como inferiores; (...) que soube pelo RAFAEL e por outras pessoas que o autor havia sido chamado de gorila pelo imediato; (...) que o segundo oficial de náutica é responsável pela navegação do navio e documentação; que não era responsabilidade do reclamante limpeza ou manutenção do navio (...).
>
> (...) A reclamada praticou ato discriminatório causando sofrimento ao autor, que não só foi ofendido diretamente por seus superiores, como rebaixado ao ser colocado para exercer tarefas que não condiziam com o seu conhecimento técnico e, principalmente, para as quais havia sido contratado. Portanto, está comprovado o dano moral (...).[282]

Por fim, merecem destaque, em termos de discriminação funcional, o impedimento de exercício de funções, a submissão a humilhações ou o assédio voltado ao emagrecimento de profissionais cuja aparência é entendida inadequada pelo empregador, especificamente, em razão da função que exercem. São, em geral, empresas e trabalhos relacionados à área da medicina, nutrição, esportes, estética e áreas nas quais, de um modo geral, impera o discurso da saúde como argumento de autoridade para legitimação de preconceitos. Relevantes, ainda, são os casos de pessoas gordas preteridas em funções de atendimento ao público, para as quais o empregador pode tomar a aparência da pessoa contratada, mais frequentemente uma mulher, como fator almejado de atração física de clientes ou corporificação de uma pretendida "imagem" (magra) da empresa.

Ilustrativamente, dos julgados dos Tribunais, pode-se mencionar o caso da coordenadora de um hospital insistentemente assediada pela diretora da mesma instituição, que lhe cobrava emagrecimento para manter uma "boa aparência" em razão "do cargo ocupado". Da mesma forma, identifica-se a história do nutricionista que, segundo a empregadora, estaria "abaixo do pior nutricionista do mundo", por ser gordo. Situação similar é a do professor de educação física, que não serviria para a função também em razão de seu corpo gordo. Na mesma toada, há o caso da atendente de vendas gorda que, por não

(282) TRT da 1ª Região; Processo: 0011105-40.2015.5.01.0019; Data: 20.10.2016; Órgão Julgador: 2ª Turma; relatora: Volia Bomfim Cassar. Destaques acrescidos.

ser considerada pelo empregador fisicamente desejável para exposição ao público, foi deslocada para exercício de outras tarefas. Eis a jurisprudência:

> INTEIRO TEOR: (...) DO DANO MORAL. DISCRIMINAÇÃO. OBESIDADE
>
> A Autora postulou indenização por dano moral alegando assédio e discriminação por parte da Diretora da Ré ao afirma que "para a reclamante ser devidamente apresentada como Coordenadora do Hospital, teria que emagrecer, uma vez que sua obesidade não era condizente com o status do cargo." (ID 5ba77ba – Pág. 18)
>
> (...) A testemunha (...) arrolada pela Autora relatou que:
>
> "[..]; que a reclamante estava subordinada diretamente à direção do hospital, na pessoa da Dra. Richelle; que a Dra. Richelle costumava perguntar à reclamante se ela estava cuidando de sua forma física, se tinha fechado a boca, alertando que, em função do cargo ocupado pela reclamante, ela deveria manter uma boa aparência física; (...) que a Dra. Richelle fazia esse comentário na frente de quem estivesse no setor; [..]." (ID 6ee29f9 – Pág. 2)
>
> A prova oral não deixa dúvida de que a Diretora da Reclamada cometeu excesso ao falar sobre a forma física a Autora, constrangendo a empregada de maneira desnecessária, no ambiente de trabalho e diante dos demais colegas.(283)

> INTEIRO TEOR: A primeira testemunha arrolada pelo reclamante (...) afirmou em seu depoimento ID 8281f4d, que a proprietária Sra. Valda no final e 2014, afirmou que o reclamante estava abaixo do pior nutricionista do mundo, por seu gordo, como poderia ser nutricionista, inclusive sendo chamado atenção na frente dos demais funcionários da reclamada.
>
> Corroborando a tese acima, a testemunha do reclamante confirmou que a Sra. Valda, proprietária da reclamada e a supervisora Sra. Adriana xingavam o reclamante, inclusive este não aguentou mais e pediu demissão da empresa.(284)

> INTEIRO TEOR: (...) 2.2 – INDENIZAÇÃO POR DANOS EXTRAPATRIMONIAS (RECURSO DAS PARTES)
>
> (...) Na peça de ingresso o autor seguiu narrando que foi vítima de assédio moral e cobranças excessivas por parte da preposta (...), nos seguintes termos:
>
> (...) – Disse por diversas vezes ao Reclamante: "que ele estava gordo, razão pela qual não servia para ser professor de educação física";
>
> (...) Segundo o relato, o autor acabou desenvolvendo quadro depressivo, frente a tal assédio moral.

---

(283) TRT da 1ª Região; Processo: 0010949-08.2014.5.01.0045; Data: 13.12.2016; Órgão Julgador: 1ª Turma; relator: Mário Sérgio Medeiros Pinheiro. Destaques acrescidos.

(284) TRT da 8ª Região; Processo: 0001492-46.2015.5.08.0004 RO; Data: 21.09.2016; Órgão Julgador: 1ª Turma; relatora: Ida Selene Duarte Sirotheau Correa Braga. Destaques acrescidos.

> (...) Do relato inicial, a única conduta que fere o limite do razoável diz respeito aos comentários sobre o excesso de peso do autor como fator incapacitante para o bom desempenho como professor.(285)
>
> INTEIRO TEOR: (...) a reclamante imputou à reclamada, na inicial, responsabilidade por conduta ilícita praticada por superior hierárquico, (...) que dispensava tratamento discriminatório, vexatório e humilhante, atingindo-a em sua imagem e auto estima, com apelidos alusivos à sua condição estética (obesidade), perante colegas de trabalho – "(...) A reclamante sofreu humilhações de seu superior imediato Sr. Roberto Colombo, dizendo que a reclamante estava GORDA, e que para trabalhar com ele tinha que ser magrinha. E por estar "GORDA", tirou-a do cargo, e deixou na loja fazendo serviços diversos, sem especificar uma função, e que foi vítima de "chacota" por parte dos colegas de trabalho. Sendo depois de 30 dias mandada embora (...)".
>
> (...) A prova oral demonstrou as alegadas humilhações, restando comprovada através da testemunha ouvida (...), que foi categórica ao declarar que "(...) que Roberto (...) tirou a autora do televendas e colocou no setor da depoente; que Roberto fez isso porque não gostava de funcionárias gordas; que dizia que tinha que ser top para atrair os clientes; que a transferência do setor de televendas para o da depoente era uma punição pois na televendas se exigia boa comunicação e contato com bons clientes; que Roberto desde o começo discriminava funcionários gordos; que discriminou um senhor chamado Paulo dizendo que gordo não tinha capacidade para trabalhar; (...) que Roberto mostrava fotos de meninas magras dizendo que aquelas eram top; (...) que Roberto falou diretamente para a depoente sobre a aparência da autora (...); que isso era falado entre todos os funcionários (...)".
>
> (...) No caso, a conduta discriminatória por partes do superior (...) teve contornos de crueldade psicológica (...). (...) a insistência da empresa, através de preposto, em ironizar a imagem da trabalhadora rotulando-a de "gorda" constituiu forma abusiva e inaceitável de discriminação.(286)

Por diversas formas, portanto, o peso corporal pode motivar práticas discriminatórias no tocante ao exercício de funções pelas pessoas gordas no mercado de trabalho.

4.2.3. Ascensão profissional

O corpo gordo pode representar, na esfera profissional, óbices também a promoções e ascensão na carreira. É o que demonstra pesquisa experimental realizada nos Estados Unidos, conduzida por Bordieri e outros e citada por Puhl e Brownell, indicadora de que funcionários "obesos" são classificados como tendo menos perspectivas de promoção do que a média dos trabalhadores.(287) Um estudo instruiu supervisores e gerentes para avaliar a promoção potencial de um funcionário hipotético em uma

(285) TRT da 24ª Região; Processo: 0025954-63.2014.5.24.0002; Data: 13.12.2016; Órgão Julgador: 2ª Turma; relator: Amaury Rodrigues Pinto Junior. Destaques acrescidos.

(286) TRT da 2ª Região; Processo: 1001466-58.2016.5.02.0070; Data: 13.06.2017; Órgão Julgador: Tribunal Pleno; relator: Ricardo Artur Costa e Trigueiros.

(287) BORDIERI, James *et al. Apud.* PUHL, Rebecca M.; BROWNELL, Kelly D. Bias, Discrimination, and Obesity. *Obesity Research*, Rockville, v. 9, n. 12, p. 788-805, dez. 2001.

empresa de manufatura com uma de oito deficiências ou problemas de saúde, incluindo "obesidade", deficiência visual, depressão, câncer de cólon, diabetes, amputação de braço, queimaduras faciais ou nenhuma deficiência. O candidato "obeso" recebeu recomendações de promoção mais baixas (apesar das qualificações idênticas) do que um trabalhador sem nenhuma deficiência ou problema de saúde, sendo também classificado como menos aceito do que os outros candidatos à promoção.(288)

O prejuízo à ascensão profissional de pessoas consideradas "obesas", com a recusa de promoções e aumentos salariais, parece ser ocasionado por sua responsabilização pela própria condição. Não raramente, são identificadas nos julgamentos dos tribunais trabalhistas situações em que empresários, gestores e colegas associam a gordura corporal a incompetência, desleixo, preguiça e diversas características morais negativas, consideradas incompatíveis com premiações ou melhorias da condição profissional. Para além de hipóteses de assédio e *bullying*, tais estereótipos atrelados à gordura podem redundar na recusa deliberada de reconhecimento e valorização do trabalho da pessoa gorda, por meio de promoções e maiores benefícios.

Ilustrativamente, citam-se decisões de casos em que as chefias condicionaram promoções de empregados ao emagrecimento, expressamente recusando-se a permitir que os trabalhadores galgassem postos profissionais mais elevados se permanecessem gordos:

> <u>EMENTA</u>: <u>PRETERIÇÃO. ATO DISCRIMINATÓRIO. DANO MORAL</u>. (...) <u>Demonstrada a conduta ilícita por parte da reclamada ao cometer discriminação quanto à condição física do obreiro, sem qualquer justificativa plausível, faz jus o empregado à indenização por danos morais</u>. Recurso patronal não provido.
>
> <u>INTEIRO TEOR</u>: (...) 2.2 – DANO MORAL
>
> <u>A reclamada alega que não realizou qualquer atitude que pudesse denegrir a honra do autor e, caso, eventualmente, o autor não tivesse sido promovido em decorrência do peso, não seria tratamento discriminatório e sim uma defesa da sua saúde por não ter condições de exercer atividades em decorrência de sua limitação física.</u>
>
> Pois bem.
>
> *In casu*, o autor alegou ter sofrido discriminação no ambiente de trabalho, uma vez que, apesar de ter realizado todos os exames, não foi promovido ao cargo de técnico ADSL por estar acima do peso.
>
> <u>A prova oral produzida nos autos corroborou a tese obreira de que o autor não foi promovido por estar obeso e, ainda, confirmou que o próprio coordenador da empresa alegava que se o reclamante tivesse acima de 90kg ele não receberia a promoção.</u>

---

(288) BORDIERI, James *et al. Apud.* PUHL, Rebecca M.; BROWNELL, Kelly D. Bias, Discrimination, and Obesity. *Obesity Research*, Rockville, v. 9, n. 12, p. 788-805, dez. 2001.

As testemunhas informaram que a função de técnico de ADSL não exige que o empregado suba em escadas, ainda, reputo não se tratar de labor em ambientes confinados, o que demonstra não haver razão técnica ou normativa para que o obreiro possuísse determinado peso ou não.

A inexistência de justificativa razoável para a criação de critério restritivo para a promoção dos empregados demonstra claramente ato ilícito de discriminação (...).

Deste modo, tenho que o autor foi preterido no processo seletivo em decorrência tão somente de sua condição física, qual seja, o sobrepeso, critério discriminatório e segregativo que além de violar bem integrante da personalidade da vítima, também lhe restringe o acesso a eventuais promoções dentro da empresa.(289)

INTEIRO TEOR: (...) ASSÉDIO MORAL – DANO MORAL – *QUANTUM DEBEATUR*

A testemunha Júlio César da Silva confirmou que a gerente-geral humilhava a reclamante quando da cobrança de metas, chamando-a de gorda e que se ela não emagrecesse não iria ser promovida.

(...) impõe-se concluir que, no atual estágio da civilização, não se tolera que o empregador e/ou seus prepostos resvale para atitudes agressivas e desrespeitosas para com o trabalhador, especialmente quando a Constituição Federal preza, com muita ênfase, a dignidade da pessoa humana e o valor social do trabalho (art. 1º, incisos III e IV).

Assim, comprovado que a atitude do reclamado, por meio da sua preposta, expôs a autora à situação humilhante e constrangedora, fazendo aflorar à superfície a figura do ato ilícito, impõe-se que seja mantida a condenação no pagamento de indenização por danos morais.(290)

Percebe-se que, quando recusada a promoção por motivo de peso, uma das justificativas apresentadas pelo empregador tende a ser, mais uma vez, a de que negar o trabalho ao empregado gordo seria uma medida de saúde. Tal afirmação, contudo, é vazia e sem qualquer lastro probatório ou lógico, inexistindo razões pelas quais não poderiam ser as tarefas executadas por pessoa gorda. Abordagens chantagistas condicionando uma promoção no trabalho a emagrecimento, além disso, costumam comprovar a existência de uma noção de meritocracia que associa, em uma cultura gordofóbica, competência e sucesso à perda de peso e magreza.

4.2.4. Assédio e dano moral

O assédio moral consiste em violência psicológica configurada a partir de condutas abusivas, praticadas de modo sistemático e reiterado, sujeitando trabalhadores e trabalhadoras a situações de humilhação e constrangimento, com violação à sua dignidade, integridade psíquica ou física e direitos.

---

(289) TRT da 24ª Região; Processo: 0024159-52.2020.5.24.0021; Data: 22.07.2022; Órgão Julgador: 1ª Turma; relator: Márcio Vasques Thibau de Almeida. Destaques acrescidos.

(290) TRT da 3ª Região; Processo: 0010412-90.2021.5.03.0148 (ROT); Data: 11.05.2022; Órgão Julgador: 3ª Turma; relator: Luis Felipe Lopes Boson. Destaques acrescidos.

Tratando do "assédio moral", Marie-France Hirigoyen, tendo utilizado a terminologia de forma inovadora em 1998, aperfeiçoou sua definição e assim conceituou o fenômeno, em 2002:

> (...) o assédio moral no trabalho é definido como qualquer conduta abusiva (gesto, palavra, comportamento, atitude...) que atente, por sua repetição ou sistematização, contra a dignidade ou integridade psíquica ou física de uma pessoa, ameaçando seu emprego ou degradando o clima de trabalho.(291)

Os atos hostis configuradores de assédio moral são variados, classificando-os Hirigoyen em quatro categorias: (i) deterioração proposital das condições de trabalho, como agir de forma a fazer a vítima aparentar incompetência, retirar-lhe autonomia, contestar de forma sistemática suas decisões, dirigir críticas exageradas e injustas ao seu trabalho, induzi-la a erro, não fornecer instruções necessárias à realização de suas tarefas e negar acesso a instrumentos de trabalho; (ii) isolamento e recusa de comunicação, a exemplo de deixar a pessoa de fora das conversas, recusar-se a falar com a vítima, não convidá-la para reuniões, interrompê-la constantemente, evitar contato, dentre outros comportamentos voltados a constranger e maltratar; (iii) atentado contra a dignidade, como gestos de desprezo, olhares e suspiros desdenhosos, chacotas, insinuações desqualificadoras, críticas à vida pessoal, zombarias sobre suas qualidades pessoais, espalhar rumores a respeito da vítima e atribuir-lhe problemas psicológicos; e (iv) violência verbal, física ou sexual, a exemplo de ameaça de violência física, efetiva agressão física, empurrões, gritos injuriosos e assédio sexual.(292)

No Brasil, pesquisa pioneira foi realizada pela médica do trabalho Margarida Barreto, que entrevistou, em sua dissertação de mestrado em Psicologia Social, trabalhadores dentre os quais 42% declararam ter sido vítimas de assédio moral. Às categorias de atos hostis preconizadas por Hirigoyen, Barreto acrescenta as condutas de fornecer instruções confusas ou imprecisas, bloquear o andamento dos trabalhos, atribuir erros imaginários aos trabalhadores e ignorar sua presença.(293)

Conforme leciona Adriane Reis de Araújo, o assédio moral pode ser identificado, com base em sua origem, como: (i) assédio moral vertical descendente, quando praticado pelo superior hierárquico da vítima; (ii) assédio moral horizontal, quando a perseguição se origina dos próprios colegas de trabalho; (iii) assédio moral vertical ascendente, mais

(291) HIRIGOYEN, Marie-France. *Mal-estar no trabalho:* redefinindo o assédio moral. Rio de Janeiro: Bertrand Brasil, 2002. p. 17.

(292) *Ibidem*, p. 108-109.

(293) BARRETO, Margarida Maria Silveira. *Uma jornada de humilhações*. Dissertação de Mestrado em Psicologia Social. São Paulo: Pontifícia Universidade Católica de São Paulo, 2000.

raro, quando os subordinados agem contra o superior hierárquico; e (iv) assédio moral misto, quando as modalidades se manifestam de forma combinada.(294)

Em geral, o assédio se caracteriza pela reiteração das condutas, em forma de perseguição, embora exista quem defenda que o ato único, a depender de sua gravidade e intensidade, poderia também configurar assédio. De todo modo, a conduta única que lesa a esfera moral do indivíduo e atinge bem jurídico não patrimonial configura dano moral, também reconhecido e de indenização prevista no Direito brasileiro. A diferença é explicitada pela Cartilha do MPT denominada "Assédio Moral no Trabalho: Perguntas e Respostas":

> (...) QUAL A DIFERENÇA ENTRE ASSÉDIO MORAL E DANO MORAL NO TRABALHO?
>
> O assédio moral resulta da prática, das atitudes ou das condutas reiteradas que violam a esfera moral do indivíduo. O dano moral é a ofensa, lesão, violação, única ou reiterada, de um bem jurídico não patrimonial associado aos direitos de personalidade (privacidade, intimidade, honra, imagem, nome, reputação, liberdade, vida, integridade psíquica).
>
> A prática de assédio moral gera o dano moral, obrigando o agressor repará-lo, geralmente por meio do pagamento de uma indenização. Contudo, nem todo dano moral é configurado como assédio moral, pois o requisito repetição pode não estar presente.
>
> Por exemplo, uma trabalhadora que foi xingada, uma única vez, na frente de clientes por sua chefe, poderia pleitear indenização por dano moral, uma vez que sua imagem e honra foram atingidas, mas não poderia alegar que houve assédio moral, com base neste fato isolado.(295)

A maior parte dos acórdãos sobre gordofobia identificados em pesquisa dos tribunais trabalhistas brasileiros refere-se, indubitavelmente, a situações de dano moral ou assédio moral no trabalho. Embora sejam configurados por práticas abusivas diversificadas de superiores ou colegas contra a pessoa gorda, é possível delinear alguns padrões predominantes de gordofobia no ambiente de trabalho no Brasil.

A pesquisa jurisprudencial revela, em síntese, os seguintes atos de gordofobia enquanto assédio ou dano moral no trabalho, a depender da reiteração ou intensidade:

---

(294) ARAÚJO, Adriane Reis de. Assédio moral organizacional. *Revista do Tribunal Superior do Trabalho*, Brasília, v. 73, n. 2, p. 203-214, abr./jun. 2007.

(295) MINISTÉRIO PÚBLICO DO TRABALHO. *Assédio Moral no Trabalho:* Perguntas e Respostas. Disponível em: https://mpt.mp.br/pgt/publicacoes/cartilhas/assedio-moral-no-trabalho-perguntas-e-respostas/@@display-file/arquivo_pdf. Acesso em: 15 set. 2023.

(i) utilização da palavra "gordo" ou "gorda" como xingamento ou críticas ao corpo da vítima; (ii) associação do corpo gordo a características morais negativas; (iii) apelidos jocosos animalescos; (iv) apelidos jocosos baseados na mídia; (v) apelidos jocosos diversos associados à forma física; (vi) fiscalização do peso e do ato de comer; (vii) imposição de padrões magros de beleza feminina no ambiente laboral; (viii) ofensas relacionadas à gordura em contexto de assédio sexual; (ix) ofensas relacionadas ao corpo gordo em contexto de gestação; (x) ofensas relacionadas ao corpo gordo associadas à violência racial; (xi) ofensas relacionadas ao corpo gordo associadas à homofobia; e (xii) violências contra a pessoa gorda fundamentadas diretamente em autoridade médica ou de saúde.

Em relação à utilização da palavra "gordo" ou "gorda" como xingamento e críticas ao corpo da vítima, muitos casos levados ao Poder Judiciário são de trabalhadores ou trabalhadoras assim humilhados, de forma reiterada, por superiores ou colegas de trabalho. Comumente, tais palavras se associam a críticas grosseiras ao corpo da vítima, mesmo em frente a outras pessoas, e a conselhos não solicitados, insinuações, exigências ou coações de perda de peso em ambiente de trabalho. Dentre muitos outros,(296) exemplificam essa categoria de atos hostis os seguintes julgados trabalhistas:

> INTEIRO TEOR: (...) 2.2.3. INDENIZAÇÃO POR DANOS MORAIS – ASSÉDIO MORAL
>
> (...) No caso dos autos, a reclamante aduziu na inicial que passou por humilhação absurda com os desrespeitos e humilhações realizadas pelo proprietário da ré, que a chamava de "imensa" e falava quase diariamente que estava muito gorda, destratando-a todos os dias, e que mesmo pedindo que não fizesse tal piada e nem a chamasse pelo apelido, o Sr. Marcos não parava, humilhando e zombando da reclamante e de outros funcionários que sempre "pegava no pé".
>
> Questionada (...), informou a testemunha que a reclamante não deixava transparecer, mas tinha alguns tipos de palavras que não condizem com o dono e funcionário, como brincadeiras como "você está imensa", coisas assim; (...) que já viu esse diálogo; que já ouviu "nossa, Silvia, você está imensa"; que chegou a gordinha; que até a depoente sair, em julho/2016, isso era constante (...).(297)

> INTEIRO TEOR: (...) DANO MORAL – ASSÉDIO MORAL
>
> (...) A autora em depoimento pessoal declarou que:
>
> "(...) a gerente Angélica sempre fazia piadas na frente dos outros, dizendo que a depoente estava muito gorda e que seu marido devia fazer trampolim em sua barriga e que sua

(296) Outros exemplos: processo 0100450-56.2018.5.01.0069, TRT da 1ª Região, data: 02.04.2019; processo 0010737-02.2013.5.01.0019, TRT da 1ª Região, data: 21.10.2015; processo: 0000450-81.2014.5.08.0105 RO, TRT da 8ª Região, data: 20.11.2014; processo: 0000450-81.2014.5.08.0105, TRT da 8ª Região, data: 20.11.2014; processo 0000140-37.2020.5.17.0001, TRT da 17ª Região, data: 24.10.2022; processo 0001240-63.2016.5.17.0002, TRT da 17ª Região, data: 11.07.2019; processo: 4400-12.2012.5.21.0007, TRT da 21ª Região, data: 30.04.2013; processo 0025332-78.2014.5.24.0003, TRT da 24ª Região, data: 15.08.2018.

(297) TRT da 17ª Região; Processo: 0000426-17.2017.5.17.0002; Data: 26.09.2018; Órgão Julgador: 1ª Turma; relator: Jose Carlos Rizk. Destaques acrescidos.

> lingerie estava pequena; que ela sempre fazia piadas desse tipo; que, como ela era sua superior, não tinha a quem fazer nenhuma reclamação sobre seu comportamento"
>
> A testemunha indicada pela autora declarou que: "(...) Angélica pegou pinimba com a reclamante, não sabendo dizer o porquê; que ela fazia piadas em relação ao peso da reclamante; que uma vez a reclamante se abaixou e ao ver a sua calcinha a Angélica disse que ela devia usar calcinha grande por conta de seu peso; (...) que uma vez a Sra. Angélica entrou no banheiro após a reclamante e retornou para a sala, chamando-a de "porca" (...)."
>
> (...) A prova testemunhal demonstrou falta de respeito à dignidade da autora por parte da Sra. Angélica que realizava assédio moral no ambiente de trabalho (...).(298)

A associação do corpo gordo a características morais negativas, por sua vez, corresponde a afirmações, ofensas ou comportamentos que associam a gordura do trabalhador ou trabalhadora a desleixo, lentidão, incompetência, preguiça, burrice, mau cheiro ou falta de higiene. Comentários, gritos ou xingamentos veiculando tal ideia são frequentes em julgados sobre gordofobia no trabalho, podendo-se destacar, dentre vários outros,(299) os acórdãos a seguir:

> INTEIRO TEOR: (...) Com efeito, as mensagens via "whatsapp" (...) denotam que a supervisora (...) dispensava tratamento discriminatório em face da parte autora pelo fato de estar gorda, colocando-lhe apelidos, dizendo que a parte autora era preguiçosa por ser gorda e se fosse dona da empresa, não contrataria pessoas gordas para trabalhar (...).
>
> (...) Com efeito, a testemunha trazida pela parte autora afirmou:
>
> "que a Sra. Jane era supervisora e que tratava a depoente e a reclamante com a indiferença, diferentemente do restante da equipe; que após um tempo descobriram pelo Sr. Bruno que a Sra. Jane não gostava da depoente e da reclamante porque eram gordas; que o Sr. Bruno disse que a sra. Jane dizia que não contrataria gordas porque eram preguiçosas, nojentas; (...) que na primeira semana de trabalho da depoente, a Sra. Jane falou que a reclamante estava com preguiça de andar e que seria desligada"
>
> A testemunha trazida pela parte ré afirmou:
>
> "que a reclamante e a Sra. Jane tiveram um problema de relacionamento ao final do contrato... que alguns empregados disseram que a Sra. Jane fazia comentários gordofóbicos... que a Sra. Jane foi trocada de equipe".(300)

---

(298) TRT da 1ª Região; Processo: 0100281-14.2017.5.01.0034; Data: 04.04.2019; Órgão Julgador: 10ª Turma; relatora: Edith Maria Correa Tourinho. Destaques acrescidos.

(299) Outros exemplos: processo 0100660-96.2018.5.01.0008, TRT da 1ª Região, data: 21.03.2020; processo 0001005-16.2014.5.03.0048, TRT da 3ª Região, data: 29.08.2014; processo 0000263-81.2016.5.08.0015, TRT da 8ª Região, data: 07.08.2017; processo 0000627-77.2020.5.17.0010, TRT da 17ª Região, data: 25.07.2022; processo: 54200-95.2010.5.21.0001, TRT da 21ª Região, data: 1º.02.2011; processo: 0024571-09.2021.5.24.0001, TRT da 24ª Região, data: 15.03.2023.

(300) TRT da 2ª Região. Processo: 1000994-42.2022.5.02.0492; Data: 06.02.2023; Órgão Julgador: 11ª Turma; relator: Ricardo Verta Luduvice. Destaques acrescidos.

INTEIRO TEOR: (...) DA INDENIZAÇÃO POR DANOS MORAIS

O Juízo primeiro entendeu comprovado o assédio moral praticado pelos sócios – Sra. Rejane e Sr. Anderson – que se dirigiam ao autor chamando-o de 'gordo' 'fedorento a cigarro', "que se vestia mal' e, ainda, dizendo que este deixava a sala fedendo quando usava o banheiro, chegando ao cúmulo de mandar que fizesse suas necessidades fisiológicas na rua, circunstância que o faziam chorar constantemente no ambiente de trabalho.

(...) a prova dos autos firma a convicção de que o autor sofria humilhações, inclusive em público, gerando constrangimento e sofrimento de ordem psicológica, afetando sua honra subjetiva e objetiva, circunstância que autoriza o deferimento da indenização pleiteada.(301)

INTEIRO TEOR: (...) DANO MORAL

(...) Exemplos do tratamento dispensado pela gerente: (...) "Você tá gordo! Se emagrecer, te dou uma folga entre o Natal e o Ano Novo! Mas eu sei que não adianta...já apostei com o Regional que você não consegue...nem pra isso você tem determinação...".

(...) Houve prova oral, com o seguinte jaez:

"Depoimento pessoal do autor: (...) que normalmente a gerente já traçava as diretrizes para atuação; que esta fazia uma cobrança dura, forte para atingimento das metas, inclusive de forma agressiva; que chamava o reclamante de gordo, que chamava de gordinho, pois tinha o mesmo nome do filho da gerente, que o chamava de órfão por ter perdido a mãe, que era fraco, que não teria sido promovido se fosse sob a gerência daquela, que ali não era igreja; (...).

Primeira testemunha do réu: (...) que havia reuniões com a Sra Tania; que a mesma realizava cobranças; que havia reuniões diárias; que presenciou algumas vezes tratamento pejorativo da gerente com o reclamante, chamando-o de gordo, de crente, que a mesma prometeu que daria uns dias de folga se o autor perdesse peso; que o mesmo chegou a levar tênis para o trabalho, não tendo conseguido emagrecer e a gerente lhe falou: "nem isso você conseguiu"; que a mesma vinculou a concessão de folga ao emagrecimento do autor; que pra outra colega foi concedida a folga somente se emagrecesse, e esta conseguiu emagrecer, fato recente (...)."

(...) Certamente, não está contida, no poder de comando, ao menos nas relações civis, a possibilidade de o superior impor ao subordinado que emagreça. Tampouco se revela bem educado ficar a admoestar o subalterno publicamente em razão de eventual excesso de peso. No entanto, a chefe do reclamante se achou no direito de o fazer, e mais, com uso de abuso verbal. O mau comportamento da superior se repetiu, tudo isso está provado.(302)

---

(301) TRT da 1ª Região; Processo: 0000992-64.2011.5.01.0052; Data: 11.04.2013; Órgão Julgador: 9ª Turma; relatora: Claudia de Souza Gomes Freire. Destaques acrescidos.

(302) TRT da 1ª Região; Processo: 0010837-41.2015.5.01.0033; Data: 25.03.2017; Órgão Julgador: 1ª Turma; relator: Bruno Losada Albuquerque Lopes. Destaques acrescidos.

INTEIRO TEOR: (...) INDENIZAÇÃO POR DANO MORAL

(...) Em audiência, (id. cb20735) o reclamante relatou "que jackson era seu_supervisor e ele era um cara meio grosso, não sabia tratar melhor e eu, o acontecimento era que ele sempre ratou a gente de gordo, botava para trabalhar em setores diferentes; que ele sempre pegava no meu pé porque eu estava acima do meu peso e lá era muito calor e ele sempre gostava de denegrir falando que eu era gordo e não ia aguentar a batida do ambiente de trabalho; (...) que lhe abalou porque ele gostava de fazer na frente de outras pessoas e ele gostava de diminuir, como se a gente não conseguisse fazer o serviço que uma pessoa mais magra consegue fazer; que ele falava que eu era mais devagar, que eu não conseguia pesar peso (quando a linha ficava parada); que ele falava oooo gordinho, voce não consegue fazer nada, e ele somente falava isso na frente de outras pessoas, ele gostava de se afirmar, não sei; que ele também falava ummmbora gordo, anda rápido, tu anda muito devagar; que ele estava nesse caso, me mandando fazer tarefas diversas, geralmente tarefas diferentes da tarefa do cargo e da função."

Além de a reclamada não impugnar os fatos especificamente em contestação, o tratamento pejorativo dispensado ao reclamante em função da compleição física foi corroborado pelo depoimento da única testemunha, cujo teor abaixo transcrevo: trabalhou junto com o Reclamante e trabalhou também com o Jackson; que o Sr. Jackson tinha implicância também com o depoente por ser gordo (...) dizia que gordo era incompetente; (...) que os outros colegas também diziam que gordo só comia e que gordo está morto; que já reclamaram para a supervisão maior do Sr. Jackson (...)".[303]

INTEIRO TEOR: (...) No caso, a autora alegou, na peça de ingresso, que "em virtude de sua condição física, sofria assédio moral por parte dos supervisores da FIXTI (...), bem como por parte da Gerente do BANCO DO BRASIL S/A (...)" (fl. 06). Acrescentou que foi chamada de "lerda", "desajeitada", "lenta" e "mole", tudo por entender a Supervisora que a autora era "gorda". Relatou, ainda, outras situações envolvendo os mencionados empregados dos reclamados, conforme se verifica às fls. 06/07.[304]

Apelidos jocosos animalescos são também das mais numerosas ocorrências de gordofobia no ambiente de trabalho. São alcunhas discriminatórias atribuídas a pessoas gordas desde a infância, quando experimentada a vivência em um corpo gordo nessa fase de vida, comumente em ambiente escolar, persistindo a violência na vida adulta pela socialização ocorrida no ambiente de trabalho. Partindo de superiores hierárquicos ou colegas, são fartos os exemplos de bestialização dos corpos gordos a partir de sua associação a animais como porcos, baleias, elefantes, vacas, dentre diversos outros, costumando abalar psiquicamente as vítimas pela intensa desumanização. Entre numerosos casos,[305] é o que demonstram os acórdãos a seguir:

---

(303) TRT da 1ª Região; Processo: 0100848-80.2016.5.01.0551; Data: 15.10.2021; Órgão Julgador: 2ª Turma; relatora: Marise Costa Rodrigues. Destaques acrescidos.

(304) TRT da 3ª Região; Processo: 0001107-10.2014.5.03.0025; Data: 26.02.2016; Órgão Julgador: 10ª Turma; relator: Vitor Salino de Moura Eça. Destaques acrescidos.

(305) Outros exemplos: processo 0001470-11.2011.5.01.0040, TRT da 1ª Região, data: 13.05.2013; processo 0100848-80.2016.5.01.0551, TRT da 1ª Região, data: 15.10.2021; processo 0001370-68.2011.5.01.0036, TRT da 1ª Região, data: 12.01.2015; processo 1000160-40.2018.5.02.0052, TRT da 2ª Região, data 25.08.2021; processo

INTEIRO TEOR: (...) 2.4- ASSÉDIO MORAL. DANO EXTRAPATRIMONIAL

(...) Enquanto empregada da Reclamada, esta sofreu discriminação por seus empregadores em seu local de trabalho e pelo fato de ser robusta, pejorativamente sempre foi por eles chamada de (Gorda e de Baleia da Cozinha) e como se isso não bastasse, fez constar nos comprovantes de despesas que seguem anexos, devendo ser condenada a indenizar a autora (...) a título de DANOS MORAIS (Id 277283 – p. 3).

Das comendas constantes do Id 277381 e seguintes conta lançamento correto do nome da demandante "DA TANIA (COZINHA)", "(TANIA (PIZZA)") e, em outras, os seguintes qualificativos "DA GORDA" (p. 1 e 2) e "DA BALEIA DA COZINHA" (p. 1), a evidenciar que a autora efetivamente era discriminada em razão da compleição física.

(...) Referida prova evidencia não apenas o tratamento discriminatório da trabalhadora em razão de característica pessoal, mas também que isso se dava de forma reiterada e sistemática e era levado a efeito no ambiente de trabalho por colegas e com o pleno conhecimento da empregadora, o que caracteriza, induvidosamente, a figura do assédio discriminatório (...).[306]

INTEIRO TEOR: DO ASSÉDIO MORAL POR ATO DE GORDOFOBIA

A testemunha (...) declarou que: "o autor era chamado de Kadu Bola, Elefante; que o autor se deprimia com esse tipo de perseguição; que nunca nenhuma atitude da direção para minimizar a situação (...) que o autor tinha intenção de fazer cirurgia de redução de estômago, não concordando o depoente com o procedimento; que o autor, quando fez a cirurgia, o depoente não estava mais na ré, mas sabe que houve complicação, o autor ficou sem andar; que não sabe dizer se a ré reembolsou a despesas com o tratamento (...) que o bulling (...) sempre existiu; que quando começou a partir de pessoas mais novas, se intimidade, ficou mais grave; que o bulling partia do gerente regional até os hierarquicamente inferiores (...)." [307]

INTEIRO TEOR: (...) A testemunha (...) informou que, "presenciou por diversas vezes o sr. Helzio e o sr. Augusto César Sansão submeterem a reclamante (...) a tratamento vexatório chamando-a de gorda 'hipopótamo'; (...)".[308]

INTEIRO TEOR: (...) Propalou o reclamante que foi vítima de assédio moral (...). Assevera que sofria constantemente humilhações em seu ambiente de trabalho, em virtude de xingamentos, sendo chamado, na frente de todos, de "baleia, pinguim, gordo", em razão do seu aspecto corporal, já que é portador de obesidade grau 3.

1001298-65.2018.5.02.0012, TRT da 2ª Região, data 05.11.2020; processo 0011718-09.2014.5.03.0094, TRT da 3ª Região, data 06.08.2015; processo 0011306-57.2016.5.03.0143, TRT da 3ª Região, data: 27.04.2018; processo 0000998-67.2017.5.17.0003, TRT da 17ª Região, data: 26.11.2018; processo 0000790-97.2017.5.23.0009, TRT da 23ª Região, data: 17.10.2019.

(306) TRT da 24ª Região; Processo: 0024075-46.2013.5.24.0005; Data: 24.11.2015; Órgão Julgador: 2ª Turma; relator: Francisco das Chagas Lima Filho. Destaques acrescidos.

(307) TRT da 1ª Região; Processo: 0001073-63.2012.5.01.0024; Data: 04.11.2022; Órgão Julgador: 7ª Turma; relator: Rogerio Lucas Martins. Destaques acrescidos.

(308) TRT da 1ª Região; Processo: 0047000-62.2003.5.01.0058; Data: 26.01.2007; Órgão Julgador: 3ª Turma; relatora: Maria das Graças Cabral Viega Paranhos. Destaques acrescidos.

(...) Na hipótese, a única testemunha apresentada pelo reclamante declarou que: "(...) o Sr. Paulo chamava o depoente pelo seu nome; o Sr. Paulo chamava o reclamante de "gordo, obeso, baleia assassina".[309]

INTEIRO TEOR: "(...) Não se pode questionar o constrangimento impingido ao empregado que se vê obrigado a ostentar o ridículo apelido de cabo vaca gorda", para uso, inclusive, em visitações à clientes. Reveste-se de maior gravidade o dano quando ele extrapola o ambiente de trabalho.[310]

INTEIRO TEOR: (...) a testemunha afirma (...) "que já presenciou o Sr. Reginaldo chamando o reclamante de 'gordo' e 'foca branca' (...)".[311]

INTEIRO TEOR: (...) Depoimento da testemunha arrolada pelo autor, (...): "(...) que o depoente ouviu o Sr. Carlos se referir a reclamante como "gorda" e "porca"; que o Sr. Carlos utilizava essas expressões quando se referia à reclamante para os fiscais (...)".[312]

INTEIRO TEOR: (...) DA INDENIZAÇÃO POR DANOS MORAIS

(...) o depoimento da testemunha indicada pelo Acionante (fls. 75), confirma os fatos narrados na exordial, atestando que o Sr. Rafael, gerente da Ré, dirigia-se à equipe de empregados com palavras ofensivas, com grosseria e que o Autor foi chamado de "gordo e boi cansado", por não atender às expectativas da empresa.

Afirmou, ainda, que as ofensas ocorriam diariamente em todas as reuniões e que o Autor não suportando mais as ofensas manifestou sua insatisfação dizendo para o Sr. Rafael, "pegar leve", ocasião em que o Sr. Rafael chegou a chamar o Autor para briga corporal.[313]

Apelidos jocosos baseados na mídia, por sua vez, são aqueles que se fundam nos personagens gordos estereotipados de seriados, novelas, desenhos, animações ou qualquer representação midiática. Podem ser, ainda, apelidos relacionados a alguma personalidade, cantor, ator, celebridade ou pessoa gorda famosa, reduzindo tanto o trabalhador apelidado quanto o indivíduo que inspira a chacota à sua compleição física. Por todos os diversos julgados, destacam-se os seguintes, a título ilustrativo:

---

(309) TRT da 8ª Região; Processo: 0000124-68.2022.5.08.0129; Data: 30.09.2022; Órgão Julgador: 1ª Turma; relator: FRANCISCO SERGIO SILVA ROCHA. Destaques acrescidos.

(310) TRT da 21ª Região; Processo: 01611-2006-005-21-00-6; Data: 29.11.2007; Órgão Julgador: Pleno; relator: Ronaldo Medeiros de Souza. Destaques acrescidos.

(311) TRT da 21ª Região; Processo: 0001103-23.2014.5.21.0008; Data: 26.05.2017; Órgão Julgador: 2ª Turma; relator: Carlos Newton de Souza Pinto. Destaques acrescidos.

(312) TRT da 21ª Região; Processo: 0000094-37.2020.5.21.0001; Data: 16.03.2021; Órgão Julgador: 1ª Turma; relator: Ricardo Luís Espíndola Borges. Destaques acrescidos.

(313) TRT da 1ª Região; Processo: 0133100-23.2008.5.01.0065; Data: 13.06.2011; Órgão Julgador: 9ª Turma; relator: Rogerio Lucas Martins. Destaques acrescidos.

EMENTA: ASSÉDIO MORAL. ATAQUES GORDOFÓBICOS. INDENIZAÇÃO DEVIDA.

(...) Ataques gordofóbicos são violência psicológica grave e causam desequilíbrio emocional na vítima. Recurso não provido.

INTEIRO TEOR: (...) 2.1 – RESCISÃO CONTRATUAL

(...) Requereu a autora a rescisão indireta de seu contrato de trabalho e alegou que durante a vigência do vínculo foi vítima de assédio moral, praticado por colegas de trabalho e superiores hierárquicos.

(...) Giovane, segundo a testemunha, dizia que a autora era o "Nhonho", em uma alusão ao personagem obeso do seriado Chaves.

Todos esses elementos demonstram que a autora era constantemente humilhada no ambiente de trabalho pelo simples fato de ser obesa, caracterizando típica hipótese de assédio moral.

(...) 2.3 – ASSÉDIO MORAL

A testemunha ouvida em juízo relatou o seguinte sobre os fatos (...):

(...) que presenciou os colegas de trabalho xingarem a autora e a testemunha de "gorda", "balão" e até o Sr. Fabiano, que era chefe de frente de caixa e do administrativo, chamavam as duas dos irmãozinhos do filme da Alice no país das maravilhas: "Tweedledee e Tweedledum", de "gorda", "baleia"_e a maioria eram os chefes Fabiano, Ojeda, Junior. Declarou que fizeram várias reclamações, inclusive, para o gerente da loja, que nunca tomou nenhuma providência; que a autora estava entrando em depressão por conta dos xingamentos que sofria no ambiente de trabalho; que já viu a autora chorando no banheiro em razão dos xingamentos; que no banheiro da empresa havia desenhos de baleia com o nome da autora e da testemunha; (...) que ouvia o gestor chamado Geovani chamar a autora de "Nhonho", esse era o que mais fazia bullying com a autora (...)".

Os fatos narrados pela testemunha não deixam dúvidas acerca do assédio moral sofrido pela autora.(314)

INTEIRO TEOR: (...) INDENIZAÇÃO POR DANO MORAL

(...) Além de a reclamada não impugnar os fatos especificamente em contestação, o tratamento pejorativo dispensado ao reclamante em função da compleição física foi corroborado pelo depoimento da única testemunha, cujo teor abaixo transcrevo: trabalhou junto com o Reclamante e trabalhou também com o Jackson; que o Sr. Jackson tinha implicância também com o depoente por ser gordo, que essa implicância se dava através de apelidos como (...) Tim Maia.(315)

INTEIRO TEOR: (...) No caso dos autos, a prova testemunhal produzida comprovou o assédio moral sofrido pelo reclamante, eis que assim declarou a testemunha Sr. Janaína Conceição Pereira da Silva (id d60e31c):

---

(314) TRT da 24ª Região; Processo: 0024400-20.2019.5.24.0002; Data: 05.07.2021; Órgão Julgador: 2ª Turma; relator: Joao Marcelo Balsanelli. Destaques acrescidos.

(315) TRT da 17ª Região; Processo: 0000426-17.2017.5.17.0002; Data: 26.09.2018; Órgão Julgador: 1ª Turma; relator: José Carlos Rizk. Destaques acrescidos.

"... que presenciou o Sr Estevão chamar o reclamante por apelidos, como "César Menotti e Fabiano", por considerá-lo gordo; que isso já aconteceu no salão de vendas e na reunião...".(316)

INTEIRO TEOR: (...) A reclamante baseava o pedido à indenização por "danos morais", por ter sido "alvo de assédio moral no banco reclamado, caracterizado, principalmente, uma vez que foi comparada a um personagem de televisão (Fiona, do desenho animado Shrek) que representa uma criatura que causa repulsa, mal educada, sem nenhuma noção de convívio em sociedade ..." (v. fls. 08).

Sobre esse aspecto da demanda, a testemunha (...) esclarece que "(...) um segurança fez um desenho da Fiona (do filme Shrek) e afixou num mural da copa; depois o mesmo segurança desenhou o próprio Shrek e colocou ao lado com um coração ligando os desenhos; no desenho da Fiona escreveu no alto o nome (Juliana) e no do Shrek (gordinho) e a Sra. Katia riu da brincadeira.(317)

INTEIRO TEOR: (...) No entanto, quanto à colocação dos apelidos "Nhonho" e "Bugalu", a testemunha indicada pelo autor (...) confirmou que ele foi vítima desse assédio, tendo afirmado o seguinte:

...que o depoente já ouviu os apelidos Inhonho e o Bugalu; que o depoente acha que Inhohno é um personagem do chaves só sabe que é um personagem obeso; que o depoente não conhece o personagem Bugalu só sabe que o autor era chamado de Bugalu...que as pessoas em geral chamava o autor desses apelidos; que o depoente afirma que ele próprio não chamou o autor assim; que as pessoas do trabalho em geral chamava ele assim; que o depoente só conhecia o autor como sendo pessoa para qual eram dirigidos esse apelido; que o depoente não sabe dizer quem começou com esses apelidos; que o depoente via que o autor ficava chateado...que varias vezes o autor pedia para que parasse com o apelido e as pessoas no paravam ; que o autor não fazia as brincadeiras com os demais...

A testemunha da ré (...), que era o supervisor que o autor acusou de ter iniciado esses apelidos, e que, por isso, foi ouvido apenas como informante, ratificou os apelidos dirigidos ao obreiro, ainda que tenha respondido que eles só ocorriam em eventos fora da empresa. Vejamos: ... que o depoente já ouviu os apelidos Nhonho e Bugalú, mas não dentro da empresa, somente fora, confraternizações, almoços; que chamavam o autor de Nhonho, que o depoente não se recorda quem era Bugalú... (...).(318)

INTEIRO TEOR: (...) Em audiência, a testemunha (...) afirmou "(...) que a Sra. Deliane era grosseira, (...), que disse que a reclamante era gorda e não tava apta para trabalhar, que apelidou a autora de Jojo Todinho, que todo o grupo reclamou com a primeira ré, que

(316) TRT da 1ª Região; Processo: 0100667-79.2019.5.01.0226; Data: 30.01.2021; Órgão Julgador: 4ª Turma; relator: Angelo Galvao Zamorano. Destaques acrescidos.

(317) TRT da 1ª Região; Processo: 0010902-02.2014.5.01.0282; Data: 25.09.2019; Órgão Julgador: 8ª Turma; relator: Roque Lucarelli Dattoli. Destaques acrescidos.

(318) TRT da 1ª Região; Processo: 0101910-12.2017.5.01.0070; Data: 16.12.2020; Órgão Julgador: 3ª Turma; relator: Rildo Albuquerque Mousinho de Brito. Destaques acrescidos.

disseram que iam conversar, o que não resolveu, (...) que diziam que a "bunda da autora" não cabia na esteiras rolantes, que isso ocorreu mais de cinco vezes (...)".[319]

Para além dos apelidos utilizados para fazer chacota de trabalhadores gordos relacionando-os a animais ou figuras midiáticas, há também apelidos jocosos diversos, sempre relacionados à forma física do trabalhador vitimado, frequentemente fazendo referência a objetos pesados ou arredondados. Ilustrativamente,[320] extraem-se da jurisprudência os seguintes arestos:

> INTEIRO TEOR: (...) A.2. INDENIZAÇÃO POR DANOS MORAIS. ASSÉDIO MORAL. (...) Informa o reclamante que era constantemente xingado pelo supracitado supervisor, sendo apelidado de "seu merda", "gordo", "bolinha".[321]

> INTEIRO TEOR: (...) 2.2.3. Danos Morais
>
> (...) Na inicial, a reclamante busca a condenação da reclamada ao pagamento de indenização por danos morais, sob diversos argumentos: (...) c) humilhações por parte dos colegas de trabalho, que a chamavam de gorda, bujão de gás e chifruda; (...).
>
> (...) Inicialmente, registro que a reclamada não nega a ocorrência dos fatos narrados pela autora, mas apenas se insurge quanto a sua responsabilidade (...) as testemunhas (...) confirmam a ocorrência dos fatos narrados (...).[322]

> INTEIRO TEOR: (...) DO DANO MORAL. ASSÉDIO MORAL.
>
> A reclamante, na inicial, alega que foi chamada (...) de "burra", "gorda", "saco de banha", "Animal" e "quadrilheira safada", o que configura ato lesivo a sua dignidade, gerando o dever de indenizar.
>
> (...) Nestes autos, o depoimento da testemunha (...) confirma o tratamento desrespeitoso que era dispensado à autora (...).[323]

> INTEIRO TEOR: (...) Sobre o tema, a testemunha (...) declarou "que o depoente e o reclamante eram subordinados ao gerente Leonardo Pereira; (...) que em relação ao reclamante havia cobrança e utilização, pelo gerente, de termos 'desnecessários no ambiente

(319) TRT da 3ª Região; Processo: 0010774-45.2022.5.03.0023; Data: 20.07.2023; Órgão Julgador: 9ª Turma; relator: Rodrigo Ribeiro Bueno. Destaques acrescidos.

(320) Outros exemplos: processo: 0101304-96.2017.5.01.0065, TRT da 1ª Região, data: 30.10.2019; processo 0107800-38.2006.5.01.0030, TRT da 1ª Região, data: 11.12.2014; processo 0000979-10.2010.5.01.0017, TRT da 1ª Região, data: 15.09.2014; processo 0101898-10.2017.5.01.0066, TRT da 1ª Região, data: 25.06.2019; processo 0001259-46.2019.5.17.0008, TRT da 17ª Região, data: 20.10.2020; processo 0000382-83.2017.5.17.0006, TRT da 17ª Região, data: 09.07.2018; processo 0000294-83.2016.5.21.0001, TRT da 21ª Região, data: 17.02.2017.

(321) TRT da 17ª Região; Processo: 0001118-86.2017.5.17.0011; Data: 16.06.2020; Órgão Julgador: 2ª Turma; relator: José Luiz Serafini. Destaques acrescidos.

(322) TRT da 17ª Região; Processo: 0001357-51.2017.5.17.0121; Data: 13.06.2019; Órgão Julgador: 3ª Turma; relatora: Daniele Correa Santa Catarina. Destaques acrescidos.

(323) TRT da 1ª Região; Processo: 0100326-41.2016.5.01.0070; Data: 22.05.2017; Órgão Julgador: 4ª Turma; relatora: Tania da Silva Garcia. Destaques acrescidos.

de trabalho', podendo citar (...) presuntinho (...); que já presenciou o Sr. Leonardo chamar o reclamante de X-Men, Peça de Salame e Gordo Manchado (...)".

Por sua vez, a testemunha da reclamada (...) informou que (...) imagina que o Sr. Leonardo já se referiu ao reclamante chamando-o de gordo porque 'pegava alguma coisa de cada um e fazia esse tipo de comentário'; (...) que o reclamante ficava chateado, imaginando a depoente que isso se dava pelo tratamento dispensado pelo Sr. Leonardo, que 'passava do limite'; que muitas pessoas ficavam chateadas" (...).[324]

Manifestação possível de gordofobia no ambiente laboral, ainda, ocorre por condutas de fiscalização do peso e do ato de comer da pessoa gorda por superiores hierárquicos ou colegas. Esse tipo de vigilância abusiva é materializado por meio de diversas formas de sugestão ou imposição de programas de emagrecimento ou cirurgias bariátricas, comentários agressivos, debochados ou supostamente embasados em "preocupação" com sua "saúde". As manifestações, especialmente frequentes quando a pessoa gorda está prestes a se alimentar ou no exato momento em que come, podem favorecer transtornos alimentares e prejuízos psíquicos à vítima, além de constrangimento e humilhação no ambiente de trabalho. Ilustrativamente, transcrevem-se alguns acórdãos pertinentes:

INTEIRO TEOR: (...) 7) o sócio dizia que se a autora continuasse gordinha ninguém ira querer ela; (...) ele dizia que ela estava muito gorda; Érika, não come não, cuidado, para ficar igual Angélica e a Silvana; a depoente já foi gorda e sabe que esse tipo de coisa machuca a pessoa; ele falava isso na cozinha; ele usava tom de brincadeira, mas não era brincadeira não; ele falava só com ela, porque ela era a mais gordinha; a única gordinha era a autora; 8) o Leandro foi na casa da autora no dia que ela tentou suicídio; depois ele comentou com a depoente que ela não tinha nada em casa, "como ela vivia daquele jeito"; (...) 10) não escutou a autora pedir para Leandro arrumar consulta com nutricionista; mas sabe que ele disse que ia ajudar ela a perder peso; (...); 11) muitas vezes presenciou a autora chorando no trabalho e ela respondia que era por causa de conversa com Leandro; ela não quis contar o que houve; mas a autora dizia que estava cansada de ser humilhada; ele chamava ela para fora e conversava com a autora; 12) ele veio para dentro e disse para a depoente que queria ajudar a autora e que tentou ajudar ela e ela não quis; que ele ia arrumar spa para ela por uns 10 dias; ele dizia que ela não tinha nada em casa e que queria ajudá-la, mas ela não queria ajuda; 13) a autora mudou muito; ela ria muito, brincava, estava disposta a fazer as coisas; de arrumar as coisas no trabalho e fazia de bom coração; fazia as coisas e não reclamava; depois Leandro começou a falar que ela estava muito gorda e fazer esse tipo de brincadeira e ela foi mudando, ficando calada, amuada e ela foi ficando cabisbaixa (...)

(...) Portanto, entendo que estão presentes o ilícito, o dano, o nexo causal e a culpa, culpa essa que ocorreu por Leandro exceder os limites do espaço de liberdade que é dado a outrem por cada um, avançando sobre a vida privada da autora, para além daquilo que era por ela desejado ou querido, terminando por agredir a autoestima dela, afetando seu emocional e bem-estar psicológico por conta de seu sobrepeso.[325]

---

(324) TRT da 3ª Região; Processo: 0011614-61.2013.5.03.0026; Data: 19.09.2016; Órgão Julgador: 9ª Turma; relatora: Maria Stela Alvares da S. Campos. Destaques acrescidos.

(325) TRT da 3ª Região; Processo: 0010724-04.2021.5.03.0104; Data: 27.01.2022; Órgão Julgador: 7ª Turma; relator: Antônio Carlos R. Filho. Destaques acrescidos.

INTEIRO TEOR: (...) No caso dos autos, restou incontroverso que a reclamada realizou reunião com alguns empregados para apresentar o Programa Qualidade de Vida, no qual está incluído o Programa Peso Saudável, o qual promovia emagrecimento com acompanhamento por nutricionista.

(...) Os depoimentos indicam que, na mencionada reunião, a representante da empregadora, Maria Rita, disse aos presentes que obesidade é doença, o que inclusive deveria acarretar afastamento do trabalho. Ainda que se considere que a obesidade seja classificada como enfermidade, mostra-se ofensivo afirmar que empregados obesos não estariam aptos ao trabalho. Tampouco afasta o conteúdo pejorativo o fato de a afirmativa ter sido dirigida a todo o grupo, tendo em vista que estavam presentes apenas empregadas acima do peso tido como o ideal. Ainda, a prova oral indica que a participação do dito programa era compulsória e que uma das empregadas até saiu chorando da reunião, sendo descrita pela Maria Rita, aos demais, como pessoa com baixa autoestima. Verifica-se, em adição, que a ré promoveu um certame para estimular a competição entre as empregadas integrantes do programa de emagrecimento, sendo que, conforme descrição do documento de ID. 4d41047, "os dados de cada participante não são confidenciais, serão mostrados no início e no final do programa com o percentual de perda de gordura corporal e ganho de massa magra". Assim, não obstante a pesagem fosse realizada de forma privada, afere-se que o peso das empregadas era publicado, o que é incompatível com um bom ambiente de trabalho. Ainda que a testemunha Nelma tenha narrado a adesão voluntária ao bolão, as demais testemunhas deixaram claro que a empregadora não admitia a recusa. Lado outro, em que pese o sugestivo nome dado aos programas, não foram apresentados documentos ou outros elementos quanto às propostas de saúde oferecidas, que não apenas o emagrecimento. Ressalte-se que os demais empregados da empresa não integraram as iniciativas, não havendo sequer acompanhamento médico (...).[326]

INTEIRO TEOR: (...) MAJORAÇÃO DA INDENIZAÇÃO DOS DANOS MORAIS DECORRENTE DO ASSÉDIO

(...) As testemunhas ouvidas em Juízo, assim se manifestaram:

Testemunha (...): "(...) que por diversas vezes a depoente viu a autora sofrer constrangimento na loja; que ela sofreu preconceito em relação ao corpo das gerentes Jaqueline e Ana Paula; que a depoente viu em reuniões de equipe a Jaqueline criticando o que a autora estava e a diminuindo pelo corpo, dizendo que ela estava gorda e não tinha que estar comendo aquilo; (...) que ela era constantemente constrangida por esse assunto; (...) que Ana Paula fazia comentários diversas vezes, provocando constrangimento à autora; que Ana Paula fazia comentários sobre o corpo da autora na frente de todos (...); que a depoente viu muitas vezes a autora chorando (...)".[327]

INTEIRO TEOR: (...) A reclamante (...) declarou que, *in verbis*:

"(...) não trabalha mais na reclamada pois a chefe Simone a constrangia muito com piadinhas, dizendo que quando chegava o horário do almoço falava "para que comer?, já está

(326) TRT da 3ª Região; Processo: 0011858-12.2016.5.03.0017; Data: 16.11.2017; Órgão Julgador: 6ª Turma; relator: Anemar Pereira Amaral. Destaques acrescidos.

(327) TRT da 1ª Região; Processo: 0100739-75.2020.5.01.0050; Data: 12.07.2023; Órgão Julgador: 10ª Turma; relator: Marcelo Antero de Carvalho. Destaques acrescidos.

> gordinha, se não, não vai caber no caixa, pra que lanchar? Vai ficar gorda"; que ela falava na presença de outras pessoas e quando estava no caixa; (...)".
>
> A testemunha indicada pela autora, ao ser inquirida, informou que:
>
> "(...) quando a reclamante chegava suada a Sra. Simone perguntava porque, e a reclamante explicava que sua rua estava em obras, que o ônibus não estava passando na rua e tinha que caminhar meia hora, a Sra. Simone dizia que era bom, pois emagrecia; que quando passava o horário de comer e a reclamante pedia para sair, a Sra. Simone dizia que não e falava para ela que era bom para emagrecer; que os fatos ocorridos na presença de outros colegas de trabalho; que a reclamante ficava muito nervosa com as piadas, e chorava muito (...)".[328]

Expressivos também são os casos de gordofobia no ambiente de trabalho mediante a imposição de padrões magros de beleza feminina no ambiente laboral. Analisando-se o tratamento do corpo gordo ao longo da história, as estatísticas relacionadas ao trabalho e o perfil preponderante das pessoas que participam de movimentos gordoativistas e se voluntariam para pesquisas sobre a temática, torna-se claro que a gordofobia atinge de maneira especial e mais intensa as mulheres. Nessa toada, uma das concretizações clássicas de gordofobia no trabalho é a exigência de atendimento a padrões estéticos de beleza feminina e crítica à aparência de mulheres gordas, entendidas como inadequadas para representar a empresa ou se exibir ao público em razão do peso e imagem pessoal. Mencionam-se, dentre outros,[329] os casos a seguir, solucionados pelos tribunais trabalhistas:

> INTEIRO TEOR: INDENIZAÇÃO POR DANOS MORAIS (...)
>
> Na inicial a demandante declarou que foi advertida pela empregadora ré inúmeras vezes por estar acima do peso, o que lhe causou angústias, inseguranças e preocupações, pois "temia ser despedida por não cumprir as exigências da Avianca, qual seja: emagrecer e se manter dentro dos padrões de beleza".
>
> (...) estabelece o próprio "Manual do Comissário de Voo MCSV" juntado pela autora:
>
> "2.14.2 CUIDADOS COM A SAÚDE E PESO CORPORAL
>
> (...) A proporcionalidade entre o peso e a altura varia de acordo com a idade e sexo da pessoa. O equilíbrio entre estes é fator indicativo de boa saúde. O excesso de peso afeta a estética e pode ser considerado com falta de cuidado pessoal e da empresa.
>
> Portanto, para evitar essa situação, deve-ser manter o equilíbrio entre os fatores acima, mantendo o peso sob constante vigilância.

(328) TRT da 1ª Região; Processo: 0000761-89.2011.5.01.0261; Data: 11.04.2014; Órgão Julgador: 6ª Turma; relator: Paulo Marcelo de Miranda Serrano. Destaques acrescidos.

(329) Outros exemplos: processo 0101118-58.2016.5.01.0049, TRT da 1ª Região, data: 05.05.2017; processo 0100631-35.2018.5.01.0432, TRT da 1ª Região, data: 17.03.2021; processo 1000773-31.2020.5.02.0718, TRT da 2ª Região, data: 03.05.2023; processo 0120700-16.2007.5.03.0013, TRT da 3ª Região, data: 12.04.2008; processo 0001077-09.2015.5.21.0002, TRT da 21ª Região, data: 06.12.2019.

A não observância do exposto acima, e, em casos estremos, a chefia de comissários poderá solicitar a escala para manter o comissário afastado do voo e orientá-lo para que procure um adequado tratamento, com prazo determinado."

De acordo com o manual, os empregados que não apresentam determinada proporção entre peso e altura não se cuidam, não são saudáveis e estão fora dos padrões estéticos. Patente que as exigências são discriminatórias e ofendem a dignidade do trabalhador.

Houve evidente extrapolação do poder diretivo do empregador (...). Além disso, inegável que a institucionalização de padrões estéticos tem o condão de provocar inseguranças e pressões ao trabalhador, gerando danos e transtornos psicológicos. Por certo também que a postura da empresa acaba por respaldar um tratamento discriminatório entre os próprios colegas de trabalho.

Ademais, a Magistrada *a quo* muito bem destacou que o impacto das exigências é ainda maior para as trabalhadoras mulheres (...)".[330]

INTEIRO TEOR: (...) 1ª testemunha (...): que (...) o superintendente (...) compareceu à agência, cerca de 3 dias após a sua inauguração, e falou para a depoente que a reclamante não tinha perfil compatível para trabalhar numa agência Personalitté, em que os correntistas são clientes com alta renda; que aquele senhor disse a depoente que a reclamante em face do seu sobrepeso não combinava com a beleza e o ambiente da agência; que no dia seguinte, bastante constrangida, a testemunha conversou com a reclamante e relatou o fato reportado pelo superintendente; que teve que fazê-lo na condição de gerente geral; que a reclamante ficou bastante abalada e a depoente tentou ajudá-la, inclusive, adotando cafés da manhã mais saudáveis e sem tantos pães; que o superintendente inclusive cogitou de dispensar a reclamante; que a autora era uma boa funcionária (...); que o superintendente retornou à agência mais uma vez de outubro para novembro de 2012, onde passou cerca de um dia e indagou a depoente se iria permanecer com a autora, pela mesma razão do sobrepeso (...).

2ª testemunha (...): (...) que o gerente geral chamava a reclamante de 'vaca de presépio'; que o gestor geral perguntava frequentemente se a reclamante estava grávida e se quando subia as escadas, se estas tremiam devido ao excesso de peso; (...) que tais práticas do gestor aconteciam cerca de três vezes por semana; (...) que os gerentes de relacionamento (...) faziam comentários maldosos sobre o sobrepeso da autora na copa da agência no primeiro andar no horário de almoço; que isso acontecia quase que diariamente; que a reclamante permanecia de cabeça baixa, chorando, por ocasião do assédio praticado (...).

Da prova oral, é possível se coletar, de forma expressiva, que a reclamante era exposta a situações, que ultrapassando os limites do poder de direção conferido ao empregador, configuram humilhações e constrangimentos.

Ora, de ambos os depoimentos transcritos, observa-se que o aspecto físico da reclamante era comentado, por seu sobrepeso, sendo objeto de críticas diretas e indiretas, desde o supervisor aos gerentes.

---

(330) TRT da 2ª Região; Processo: 1001579-39.2019.5.02.0318; Data: 23.04.2021; Órgão Julgador: 18ª Turma; relator: Donizete Vieira da Silva. Destaques acrescidos.

(...) É denotador do preconceito contra a reclamante, o comentário (...) de que ela não tinha perfil compatível com uma agência Personalitté, em que os correntistas são clientes com alta renda, porque a reclamante, em razão do seu sobrepeso não combinava com a beleza e o ambiente da agência. Trata-se de manifestação conhecida como gordofobia que, em razão de determinado padrão de beleza atual estabelecido na sociedade resvala para a desvalorização e hostilização de pessoas gordas situação que é mais intensificada quando se trata de mulheres, pois se soma a uma mentalidade que vê a mulher como objeto.

(...) O adoecimento da reclamante, de natureza psicológica, é fato verificável pela documentação que consta nos autos (...).[331]

INTEIRO TEOR: (...) O Juízo originário, ao decidir a matéria, assim consignou, *in verbis*: "(...) Pretende a reclamante a indenização por danos morais (...), alegando que sofreu assédio moral por parte do gestor da primeira ré, Sr. José Cyrico, em razão de sua condição física. Aduz que José fazia comentários vexatórios sobre o peso da reclamante na frente de todos os funcionários e que ouvia constantemente que não conseguiria outra colocação no mercado de trabalho em razão de sua forma física.

Informa ainda que o referido funcionário da primeira ré fazia circular, por meio de e-mail institucional, ofensas a empregados com sobrepeso, ofendendo estes trabalhadores. Sustenta que em razão destas condutas sofreu grande dor e constrangimentos.

(...) Analisando o contexto probatório, os e-mails enviados por José Cyrico (...) deixam clara a conduta deste em ofender funcionários em razão do peso. Utilizou o referido senhor frases como: "para ser perfeita só precisava emagrecer 30 Kg, Bobagem!!! Fora isso, tá tudo bem!!!" e também: "Obs: Olha o tamanho das crianças: das 09 (G), 08 são mulheres. Dois 2 (GG), 01 é mulher. Que Beleza!!!". E mais: "Tania, A Lídia só admite mulher feia e gorda. A melhorzinha desta leva ela não aprovou. Acredita???".

Ressalto que os e-mails eram endereçados ao setor de recursos humanos da reclamada, razão pela qual fica afastada a alegação de que não tinha ciência da conduta ofensiva de seu empregado.

(...) Ao que consta, o Sr. José Cyrico não guardava simpatia por aqueles funcionários (mais especificamente mulheres) que não se enquadrassem em um parâmetro corporal por ele admitido como adequado. (...)

Decido.

Há amplos elementos nos autos comprovando as constantes manifestações do Sr. José Cyrico, preposto da empresa, no sentido de sua "preferência" particular por mulheres que se enquadram em um padrão de beleza particular, como se observa do teor dos e-mails juntados (...), corroborados pelos depoimentos das testemunhas apresentadas pela autora, ainda que parcialmente confusos e contraditórios.

A Magistrada de Origem, com muita propriedade, assim assentou, *in verbis*:

"José é produto de uma sociedade que elegeu um padrão de beleza como belo e ideal e rechaça qualquer outra forma que se afaste de tal definição, criando cruéis formas de

(331) TRT da 21ª Região; Processo: 0001107-73.2017.5.21.0002; Data: 26.04.2019; Órgão Julgador: 2ª Turma; relatora: Maria do Perpétuo Socorro Wanderley de Castro. Destaques acrescidos.

> discriminação e, pior, a busca a qualquer custo de enquadramento, principalmente por mulheres em todas as faixas etárias."
>
> (...) Nota-se, na hipótese, que a pretensão relativa à compensação por assédio moral, no caso, é embasada nas constantes injúrias sofridas pela reclamante, em razão de seu sobrepeso, o que deu lugar a um quadro depressivo (...).[332]

> INTEIRO TEOR: (...) a prova oral foi capaz de comprovar a conduta de preposta da ré (supervisora Roberta), consistente na veiculação de comentários pejorativos, jocosos e maldosos, perante outros funcionários, relacionados à forma física da reclamante, em nítida ofensa os direitos da personalidade da obreira.
>
> Peço vênia para transcrever a percuciente análise da prova oral empreendida na Origem, com a qual coaduno:
>
> "Colhida a prova oral, afirmou a testemunha (...): "(...) que já presenciou a supervisora Roberta Godoi solicitar à Reclamante que fizesse cirurgia bariátrica, uma vez que trabalhavam em uma empresa de beleza e havia um padrão de beleza na reclamada; que essas colocações acabavam constrangendo a Reclamante perante as suas colegas; que uma vez a supervisora solicitou à Reclamante que mudasse de local, pois estaria atrapalhando a visão de outra colega; que acredita que a Reclamante tenha feito a cirurgia bariátrica, durante o período em que trabalhava para a Reclamada, mas não ficou muito tempo afastada, continuando a participar dos encontros e reuniões" (grifos acrescidos).
>
> (...) a cobrança de superior hierárquico acerca do estado físico / de saúde da reclamante a respeito de sua obesidade é das mais cruéis, uma vez que expõe a pessoa a um constrangimento perante seus colegas de trabalho, fragilizando ainda mais o estado físico e psíquico da pessoa que sofre tal tipo de abuso, ante a indevida e inaceitável desvalorização de sua aparência (...)."
>
> No que tange à conduta da supervisora Roberta, esclareço que a culpa da reclamada se revela por sua omissão, já que não utilizou mecanismos que poderiam proporcionar proteção à integridade da reclamante, diante do cenário descrito.[333]

Relacionando-se à questão do sexo/gênero, expressam gordofobia misógina, ainda, ofensas relacionadas à gordura em contexto de assédio sexual. Em situações de interesse sexual por trabalhadoras gordas, superiores hierárquicos ou colegas, geralmente homens, adotam condutas ou gestos de insinuação e abuso sexual misturados à violência verbal ou física dirigida ao corpo gordo da vítima. Trata-se de mistura de desejo sexual, repulsa e abuso de poder, com consequências nefastas ao ambiente de trabalho e à mulher que vivencia o assédio. Exemplificam, entre outros,[334] os julgamentos que seguem:

(332) TRT da 1ª Região; Processo: 0010129-51.2015.5.01.0013; Data: 29.03.2016; Órgão Julgador: 5ª Turma; relator: Enoque Ribeiro dos Santos. Destaques acrescidos.

(333) TRT da 3ª Região; Processo: 0011192-66.2018.5.03.0073 (ROT); Data: 23.02.2022; Órgão Julgador: 11ª Turma; relatora: Juliana Vignoli Cordeiro. Destaques acrescidos.

(334) Outros exemplos: processo 0100639-71.2019.5.01.0207, TRT da 1ª Região, data: 09.03.2021; processo 0000018-02.2013.5.01.0264, TRT da 1ª Região, data: 06.02.2015; processo 0101112-64.2017.5.01.0001, TRT da 1ª Região, data: 05.05.2018; processo 0010012-07.2017.5.03.0087, TRT da 3ª Região, data: 08.052017; processo

INTEIRO TEOR: (...) Ficou demonstrada a ocorrência de assédio moral (constrangimentos, xingamentos, ofensas etc.) e sexual ("cantadas"), posto que a reclamante carreou aos autos prova idônea quanto aos fatos alegados na exordial, como os depoimentos de suas testemunhas.

Assim, merece confirmação a r. sentença recorrida, que julgou procedente o pedido de indenização por dano moral decorrente de assédio moral e sexual, a cujos fundamentos me reporto e adoto, em termos, como razões de decidir, *in verbis*:

Da indenização por dano moral, por assédio moral e por assédio sexual

A autora afirma que suportou dano moral, assédio sexual e assédio moral efetuado por seu superior hierárquico, fato que afetou profundamente sua psique e acredita que sua demissão foi em função do último pedido de providências feito diretamente ao dono da empresa.

A reclamante aduz que, graças a sua função, passava muito tempo sozinha na sala de monitoramento e o senhor Luiz, gerente da empresa, por diversas vezes, entrava naquele ambiente e fazia "investidas" e "cantadas", afirmando que a achava linda, entre outros elogios, que iniciou de forma amistosa e brincalhona e perdurou desta forma até agosto do mesmo ano e que, nesse período, era costumeiro o gerente interrompê-la em horário de trabalho para lhe "passar cantadas". Outras vezes, tentava tocá-la nos ombros e fazer carinhos impróprios, sendo que foi chamada por aquele superior para que comparecesse a sala da gerência, onde, deliberadamente, filmes "pornô" estavam passando no computador dele.

A reclamante prossegue, aduzindo que o Sr. Luiz, dada a imensa quantidade de negativas que sofreu, de amistoso e brincalhão passou a ser agressivo e, a partir de setembro de 2012, começou o assédio moral, passando a gritar com ela, utilizando inclusive palavrões, chamando-a diversas vezes de "Burra" "Tapada" "Gorda" "Feia" e "escrota", algumas vezes, na frente de suas colegas.[335]

INTEIRO TEOR: 2.4- Da Submissão dos Empregados a Xingamentos, Humilhações, Constrangimentos, Difamações, Ameaças, Violência Física, Exposição Indevida da Imagem e Invasão à Vida Privada.

(...) 2ª testemunha da parte autora:

"que no ambiente de trabalho, o Dr. Helder era rígido e bastante temido; que ele também tratava as empregadas de forma desrespeitosa, chamando-as de "gostosa", de "gorda" e falando dos peitos e das bundas das empregadas";

(...) Depreende-se dos testemunhos, acima colacionados, ausência de urbanidade e cortesia no trato empregador-empregados ("era comum aos empregados receber um tratamento desrespeitoso"; (...) que há abuso do poder diretivo, disciplinar ou fiscalizatório e criação de um ambiente de trabalho hostil aos empregados, expondo-os a reiteradas

---

0010381-32.2022.5.03.0020, TRT da 3ª Região, data: 22.06.2023; processo: 0000614-88.2014.5.17.0010, TRT da 17ª Região, data: 16.04.2015.

(335) TRT da 8ª Região; Processo: 0000403-60.2016.5.08.0001 RO; Data: 27.04.2017; Órgão Julgador: 2ª Turma; relator: Vicente Jose Malheiros da Fonseca. Destaques acrescidos.

situações de constrangimento e humilhações, ofendendo a honra e respeitabilidade devidas aos obreiros ("costumava chamar as empregadas de "gostosa" e xingou uma amiga da depoente de "rapariga"; "burra e incompetente"; "falava do corpo da depoente e de todas as empregadas, em especial da bunda e peitos" " chamando-as de "gostosa", de "gorda"; "além de chamar as empregadas de despeitadas e desbundadas" (...).

Por certo, meio ambiente de trabalho hígido, que não acarrete lesão moral aos empregados, é direito social fundamental (...).

(...) 2.6- Do Controle de Imagem.

A r. decisão de piso, neste tema, assim sentenciou:

(...) "(...) 8 – Controle excessivo da aparência dos empregados.

Com relação à silhueta das empregadas, entendo que é inconcebível tal controle, por tratar-se de conduta discriminatória. Quilos a mais ou a menos não podem servir como critérios de avaliação do desempenho profissional de ninguém.

A provas testemunhais trazidas aos autos são colaborativas ao deslinde do feito. Veja-se:

(...) "...que as empregadas eram orientadas a usar salto e andar bem vestida com roupa de marca; (...) que o Dr. Helder uma vez falou até da barriga da depoente; que estaria muito grande; que o Dr. Helder falava do corpo da depoente e de todas as empregadas, em especial da bunda e peitos; que teve problemas de circulação por ter que usar salto alto; que chegou a torcer o pé fazendo uma cobertura jornalística porque estava de salto alto; (Id. 58879e9)

(...) "... que o Dr. Helder Eugênio dizia que ia criar a bolsa silicone, para colocar peito e bunda nas empregadas do portal; que o Dr. Helder Eugênio tinha uma preocupação com a silhueta das empregadas, sendo que uma vez a depoente foi chamada a atenção por ele, sob o argumento de que estava gorda; ... que era exigência do Dr. Helder que as empregadas fossem trabalhar com roupas de grife, maquiadas e usando salto alto; (...) que o padrão de beleza exigido não era acessível para o salário que percebia;...que certa vez, o Dr. Helder chegou a suspender o almoço que era servido na cantina, alegando que os empregados estavam gordos (...)".[336]

INTEIRO TEOR: (...) Nos termos da inicial, a autora afirma que "sofreu muito ao longo do pacto laboral por conta do assedio do Sr. Adeilton Gerente da rda que tem o costume de fazer brincadeiras de mal gosto com as funcionarias da loja inclusive com a rte: Chamava a rte de "bruxa", chamava de gorda: "vc eh mais gorda do que eu"; chegava perto da rte e queria saber sobre a sua vida pessoal "querendo saber se a rte era casada, se tinha namorado...", amostrava fotos e vídeos obscenos que recebia pela internet no seu telefone e em horário de trabalho, o que era recusado de ver pela rte que achava uma tremenda falta de respeito.[337]

---

(336) TRT da 22ª Região; Processo n. 00003018-67.2015.5.22.0001; Data: 08.11.2017; Órgão Julgador: Pleno; relator: Wellington Jim Boavista. Destaques acrescidos.

(337) TRT da 1ª Região; Processo: 0011174-05.2015.5.01.0009; Data: 04.06.2019; Órgão Julgador: 4ª Turma; relator: Carlos Henrique Chernicharo. Destaques acrescidos.

Também intimamente relacionadas ao sexo, em expressão misógina da gordofobia, identificam-se as ofensas concernentes ao corpo gordo da mulher em contexto de gestação. A gravidez é processo natural que envolve modificações do corpo feminino e, comumente, implica considerável ganho de peso. Em uma cultura gordofóbica, torna-se comum que mulheres passem a ser alvo de violências em razão do corpo nesse momento de maior vulnerabilidade. Durante a gestação e no pós-parto, mulheres seguem sofrendo vigilância sobre seus corpos e sendo vítimas de palavras e comportamentos abusivos associados ao peso. Selecionam-se como exemplos, entre diversos outros,(338) acórdãos relevantes sobre a matéria:

> INTEIRO TEOR: "DANOS MORAIS
>
> (...) em sua exordial, aduziu a autora que "logo após anunciar a sua gravidez e com o retorno as atividades após a licença maternidade, (...) ainda teve que lidar com verdadeira perseguição promovida pelos Srs. Gusthavo Tripeno e Mauro Melli. (...) o gerente Gusthavo Tripeno, passou a agredir moralmente à Reclamante. Na frente de todos os funcionários, inclusive em reuniões, o mencionado senhor passou a chamar a Autora de "GORDA", "DESCABELADA", e etc."
>
> Afirmou que "Já o Diretor Mauro Melli iniciou a perseguição à Autora assim que soube que a mesma estava grávida. Isto porque, por orientação médica a Reclamante tinha que comer de três em três horas, e, por essa razão, sempre tinha opções de lanches saudáveis em sua mesa. Toda vez que o Diretor Mauro Melli passava pelo corredor e via algum lanche na mesa da Reclamante ou a via comendo, falava em alto e bom som para que todos ouvissem que a Reclamante irá "ficar gorda, depois o filho sai e a pança fica".
>
> Alguns termos pesados eram usados durante a reunião da equipe de vendas, que era composta por 12 homens e somente a Reclamante de mulher.".
>
> Elucidou, ainda, dentre outros exemplos citados na inicial, que toda essas humilhações e tratamento desumano e degradante ocorreu no curso da sua gravidez e continuou após o retorno de sua licença maternidade.
>
> (...) Por seu turno, a testemunha (...) afirmou que "o Sr. Mauro Melli nem sempre tratava todos com muita cordialidade; que era comum o Sr. Mauro nas reuniões e nos locais em que se encontravam falar para Sra. Tatiana, na época em que ela estava grávida, que ela estava 'gorda' e 'estava comendo demais'; que as ofensas que via o Sr. Mauro fazer relacionavam-se a essa questão; que esses comentários eram feitos na sala em que todos estavam trabalhando, inclusive em reuniões; (...) que eram apenas cerca de nove homens na equipe, incluindo o depoente, e somente a Sra Tatiana de mulher (...)".
>
> (...) Ora, do cotejo do depoimento pessoal da autora com o da testemunha (...), a conclusão que se chega, no particular, é que, de fato, a autora foi vítima de perseguição pelos seus superiores, tendo sido ofendida duramente e de forma totalmente desnecessária, em um total descaso e absoluto desrespeito.

---

(338) Outros exemplos: processo 0010927-98.2015.5.01.0049, TRT da 1ª Região, data: 11.05.2016; processo 0101118-58.2016.5.01.0049, TRT da 1ª Região, data: 05.05.2017; processo 0010207-47.2021.5.03.0185, TRT da 3ª Região, data: 16.06.2021.

> (...) Isso sem contar a gravidade que só aumenta pelo fato de que tudo ocorreu no momento em que a autora estava inegavelmente mais frágil, em razão de seu estado gravídico e logo após o fim de sua licença maternidade.(339)

> INTEIRO TEOR: A reclamante disse "(...) que a senhora TELMA chamava a depoente de gorda e lenta; que isso causava muita insatisfação entre os empregados; que a senhora DENISE que sucedeu a senhora TELMA também gritava com os empregados da agencia, dizendo que quem mandava era ela; que nesse período a depoente estava se recuperando de uma cirurgia de surdez do lado direito do ouvido, e por essa razão estava ouvindo muito pouco porque estava se adaptando ao aparelho; que como não ouvia direito a mesma ficava irritada e gritava ainda mais; que todos os dias pela manhã havia reunião; que essas reuniões eram para cobrança de metas; que inclusive em uma dessas reuniões, a senhora TELMA, quando a senhora LIANDRA estava grávida, dizia para ela "tu não está produzindo por causa desse teu bucho"; que isso indignava a reclamante (...)".(340)

> INTEIRO TEOR: (...) 2.1 – INDENIZAÇÃO POR DANO MORAL. VALOR.
>
> (...) A sentença entendeu (...):
>
> (...) tendo em vista o absoluto desconhecimento dos fatos pela preposta da ré (CLT, art. 843, § 1º), reputo verdadeiras as alegações da reclamante de que, em 2017, o seu superior hierárquico (...) a impediu de concluir um treinamento preparatório para o cargo de Supervisora, na cidade de Campo Grande/MS, que havia iniciado antes de ficar grávida; que, durante essa primeira gestação, ignorando expressa recomendação médica (...), o referido senhor Benedito dela exigia que trabalhasse em pé por tempo prolongado; que, em determinada ocasião, ele chegou a mandá-la para casa dizendo-lhe que estava "gorda"; que, durante a segunda gestação (março/2019), ouvia comentários dele de que era "descuidada" por ter engravidado mais de uma vez, isso com o propósito de pressioná-la a pedir demissão (...).
>
> Ora, não é difícil perceber que, a partir do momento em que a reclamante engravidou pela primeira vez durante a contratualidade, o seu superior hierárquico (...) passou a dispensar-lhe tratamento ostensivamente assediante e discriminatório (...).
>
> (...) E no caso da autora, a existência do dano é evidente em razão do abalo psicológico e do trauma a que foi submetida durante o período em que estava gestante, inclusive com riscos à integridade física, pois havia determinação médica para a reclamante não trabalhar em pé, sendo submetida a tratamento ofensivo como ser chamada de "gorda" pelo superior hierárquico, na tentativa de fazê-la solicitar demissão.(341)

Em termos de interseção entre fatores de discriminação social, importante marcador a ser considerado é também a raça. Os julgados dos tribunais trabalhistas no Brasil

(339) TRT da 1ª Região; Processo: 0100746-12.2016.5.01.0049; Data: 05.05.2017; Órgão Julgador: 1ª Turma; relator: Bruno Losada Albuquerque Lopes. Destaques acrescidos.

(340) TRT da 8ª Região; Processo: 0000377-12.2014.5.08.0008; Data: 30.03.2016; Órgão Julgador: 4ª Turma; relator: Walter Roberto Paro. Destaques acrescidos.

(341) TRT da 24ª Região; Processo: 0024412-06.2021.5.24.0021; Data: 03.11.2022; Órgão Julgador: 2ª Turma; relator: Francisco das Chagas Lima Filho. Destaques acrescidos.

demonstram que a gordofobia pode funcionar também como uma maneira de rebaixamento de pessoas negras, associada a ofensas e comportamentos de cunho racial para desvalorizar seus corpos. Surgem, então, ofensas ao corpo gordo associadas à violência racial, como se pode verificar, dentre outros,[(342)] pelos julgados que seguem:

> INTEIRO TEOR: (...) 2.2.5 DANOS MORAIS
>
> (...) "4. INDENIZAÇÃO POR DANOS MORAIS. ASSÉDIO
>
> Afirma o reclamante que faz jus ao recebimento de indenização por dano moral, eis que foi constantemente assediado no ambiente de trabalho por meio de diversas situações repetitivas, tais como: (...) 3) constrangimento em razão de seu excesso de peso, sendo constantemente chamado pelos seus superiores de gordo preguiçoso e apelidado de "caracu litrão", "negão", "japonês preto" dentre outros (...).
>
> Também não se nega que a própria testemunha indicada pelo reclamante, admite que o uso de apelidos era generalizado, sendo que o próprio reclamante também se dirigia aos seus pares usando codinomes, mas isto não retira o caráter impróprio do uso de apelidos, neste caso de cunho flagrantemente racista e gordofóbico, como foram aqueles escolhidos para o reclamante, mormente porque não se sabe com quais apelidos o reclamante tratava seus colegas de trabalho. Ou seja, a imputação de apelido, por si só, não implica em ato desrespeitoso, especialmente porque há inúmeros apelidos de cunho carinhoso, o que não se pode é aceitar apelidos pejorativos e, muito menos, eivados de racismo, homofobia, gordofobia, aporofobia, mixoginia, xenofobia e etarismo dentre outros de conteúdo preconceituoso à determinado grupo de pessoas.
>
> (...) No caso em exame, o abuso do poder diretivo do empregador restou evidenciado.
>
> A testemunha (...) trabalhou na empresa desde 2003 até 2020, exercendo as mesmas funções que o reclamante, sendo vendedor, durante os primeiros nove anos de labor, depois supervisor vendas, a partir de 2011 e, por fim, supervisor de contas a partir de 2016 ou 2017.
>
> (...) Aludiu que o reclamante possuía os apelidos de "caracu litrão", "japonês preto" e "quibe", destacando se lembrar que o reclamante não gostava destes apelidos.[(343)]

> INTEIRO TEOR: (...) DO DANO MORAL
>
> (...) "DA INDENIZAÇÃO POR DANOS MORAIS
>
> O reclamante pretende a condenação do empregador em indenização por danos morais, alegando ter sofrido represálias e humilhações a partir de 2016, por parte do supervisor Jelson.

---

(342) Outros exemplos: processo 0100276-39.2018.5.01.0007, TRT da 1ª Região, data: 09.07.2020; processo 0068300-65.2005.5.01.0008, TRT da 1ª Região, data: 28.05.2013; processo 0159300-03.2007.5.01.0033, TRT da 1ª Região, data: 22.07.2010; processo 0001406-67.2012.5.01.0039, TRT da 1ª Região, data: 10.07.2014; processo 0011450-54.2018.5.03.0048, TRT da 3ª Região, data: 22.09.2021; processo 0000896-90.2012.5.03.0009, TRT da 3ª Região, data: 26.05.2014.

(343) TRT da 17ª Região; Processo: 0001073-71.2020.5.17.0013; Data: 09.05.2023; Órgão Julgador: 1ª Turma; relator: Alzenir Bollesi de Pla Loeffler. Destaques acrescidos.

> Relata que o supervisor se referia ao obreiro "como "macaco", "crioulo", "vagabundo", "neguinho", "crioulo ruim", baleia preta", "Zé Pilintra" (entidade espirita de origem afro brasileira associada na umbanda aos malandros e boêmios) e por repetidas vezes disse que o Reclamante era "ruim de serviço" em razão de em razão de sua cor de pele (negra).
>
> (...) A testemunha do autor, ouvida na ata de Id. f5b591e, declarou que:
>
> (...) presenciou o reclamante sofrer racismo: Zé Pilintra", "macaco", "bola preta", "defensa" (dispositivo de segurança contra colisão e abalroamento que tem a cor preta e é bem grande, que acabava remetendo ao reclamante que é "gordo e "preto"); que chamava pelo rádio e todos escutavam; que as ofensas foram praticadas por Sr. Polaco, supervisor direto, que exercia a função de supervisor de convés, acreditando ser em 2016, não sabendo precisar a data exata (...)".[(344)]

> EMENTA: REPARAÇÃO CIVIL. DANO MORAL. ATO PRECONCEITUOSO. INDENIZAÇÃO DEVIDA. (...) Como se vê, o ordenamento pátrio e, de modo específico, a legislação trabalhista, não compactua com discriminações e preconceitos de qualquer espécie, cabendo ao empregador, no exercício do poder diretivo que lhe cabe (art. 2º da CLT), atuar para que fatos desta natureza não ocorram no ambiente ocupacional. Se atualmente a discriminação racial não mais ocorre às escâncaras, ela certamente subsiste de forma mascarada, muitas vezes travestida de "brincadeira". Para além do reconhecimento expresso em nossa Carta Maior, a superação do preconceito depende de instituições fortes e intransigentes da aplicação da lei. De nada adiantaria a consagração do tema na Constituição, se a norma simplesmente não encontra eco na sociedade, num caso claro do que se convencionou chamar de insinceridade normativa (Luís Roberto Barroso). O empregador que estimula, permite, é omisso, ou, com sua própria atividade, dá origem ou cria condições para a prática de atos atentatórios à dignidade dos seus empregados, no ambiente de trabalho, comete abuso do poder diretivo, devendo reparar os danos causados aos empregados lesados. Nesse contexto, inegável que os atos praticados pela Reclamada — seja a ofensa racial ("macaco gordo") perpetrada pelo seu superior imediato, seja a posterior omissão da gerência — causaram abalo à honra e dignidade do Reclamante, ensejando a condenação ao pagamento de indenização por dano moral (...).[(345)]

Outra hipótese relevante de interseção entre fatores de discriminação é a que se refere à cumulação de gordofobia e homofobia, com o rebaixamento da vítima a partir de violências relacionadas, a um só tempo, à sua compleição física e orientação sexual. Surgem, então, ofensas relacionadas ao corpo gordo associadas à homofobia, como demonstram, entre outros,[(346)] os acórdãos ora mencionados:

---

(344) TRT da 1ª Região; Processo: 0102517-47.2017.5.01.0483; Data: 07.12.2022; Órgão Julgador: 1ª Turma; relatora: Maria Helena Motta. Destaques acrescidos.

(345) TRT da 23ª Região; Processo: 0000338-35.2015.5.23.0146; Data: 13.06.2016; Órgão Julgador: 1ª Turma; relator: Edson Bueno de Souza. Destaques acrescidos.

(346) Outros exemplos: processo 0101037-02.2020.5.01.0201, TRT da 1ª Região, data: 18.05.2023; processo 0011377-89.2014.5.01.0012, TRT da 1ª Região, data: 25.02.2016; processo 0010600-19.2015.5.03.0108, TRT da 3ª Região, data: 05.02.2018; processo: 0000505-33.2018.5.21.0007, TRT da 21ª Região, data: 15.08.2019.

> INTEIRO TEOR: (...) Da reparação moral
>
> "DO DANO MORAL:
>
> (...) Fundamenta-se o pedido, na alegação de que durante todo o contrato, o Gerente Geral (...) e a gerente (...), ambos da agência Realengo, chamavam a autora "gorda", "selvagem", "sapatão" e "delinquente" na frente de clientes e empregados da ré (...).
>
> (...) A testemunha da autora, que trabalhou com ela na agência, declarou o seguinte: "...Que diversas vezes presenciou o gerente geral da agência (...) dizendo para à autora que ela era gorda, que tinha que se vestir melhor, que tinha que pentear o cabelo, que tinha que usar maquiagem e que ela era "machão", que isto ocorria na frente de outros funcionários, mas nunca presenciou este fato na frente de clientes; Que com menos frequência presenciou (...) gerente pessoa física, falando as mesmas coisas para a autora; Que a autora ficava muito chateada com este tratamento tendo visto algumas vezes ela chorando em razão disto; Que eles diziam que ela era masculina, "machão";..."
>
> Assim, restou comprovado que autora era agredida, verbalmente, por seus superiores hierárquicos, sendo atingida, de forma irresistível, em sua honra subjetiva.[347]

> INTEIRO TEOR: (...) Pautou-se o convencimento da ilustre magistrada pelo teor da prova oral, onde evidenciado que o reclamante foi xingado pelo Sr. Augusto de "filho da puta" e "viado gordo" (...).
>
> (...) a testemunha (...) declarou (...): "(...) que o sr. Augusto era o gerente; (...) que já presenciou o sr. Augusto xingando o autor: "filho da puta" e "viado gordo"; que esses xingamentos ouviu apenas uma vez, mas que "burro" e "idiota" presenciou outras vezes;"
>
> O reclamante, além de ser xingado por seu superior hierárquico várias vezes de "burro" e "idiota", com ofensa direta à sua capacidade intelectual, também teve a sua mãe xingada de prostituta. Como se não bastasse, ainda foi chamado de "viado gordo", xingamento que ao mesmo tempo revela homofobia e o novo preconceito dos tempos atuais, a chamada "gordofobia", traduzida pela aversão aos obesos e pela exigência de adaptação a padrões estéticos cada vez mais restritivos, próprios de uma sociedade cruel e desumana que não tolera diferenças. É preciso ser belo, magro, jovem, inteligente e másculo. Não é pouco. São ofensas graves para a autoestima de qualquer pessoa, capazes de gerar transtornos psíquicos como a depressão ou a bulimia.[348]

Finalmente, merecem destaque, em termos de assédio e dano moral, violências contra a pessoa gorda fundamentadas diretamente em autoridade médica ou de saúde. Diversas modalidades de violência gordofóbica se combinam, e a justificativa médica ou de saúde para a gordofobia permeia, de forma mais ou menos intensa, muitos dos casos já citados de violência, até mesmo quando se trata de atribuição de apelidos jocosos ou humilhações verbais do empregado gordo. A "preocupação com a saúde" é utilizada como salvo-conduto de agressores que, pelas mais diversas modalidades, discriminam a pessoa gorda no mercado de trabalho ou em qualquer espaço.

---

(347) TRT da 1ª Região; Processo: 0011586-35.2014.5.01.0052; Data: 03.06.2016; Órgão Julgador: 7ª Turma; relator: Theocrito Borges dos Santos Filho. Destaques acrescidos.

(348) TRT da 1ª Região; Processo: 0011382-27.2015.5.01.0061; Data: 21.03.2018; Órgão Julgador: 8ª Turma; relatora: Maria Aparecida Coutinho Magalhães. Destaques acrescidos.

Em casos mais extremos, no entanto, um atestado, uma avaliação médica, o acompanhamento ou o pronunciamento de médicos, nutricionistas ou profissionais da saúde em geral pode ser o fator primordial de discriminação, legitimando de forma expressa violências contra pessoas gordas. Rememoram-se, aqui, todos os exemplos já citados de gordofobia na fase pré-admissional, em que pessoas gordas foram discriminadas e impedidas de obterem um emprego tendo por único fundamento, sem exceção, a presunção infundada de incapacidade profissional mediante um atestado ou avaliação médica limitada, simplesmente indicando um cálculo de IMC.

Já em etapa contratual, relembrem-se os casos de discriminação funcional fundada também em manifestações de autoridade médica, a exemplo do caso da coordenadora de um hospital insistentemente assediada pela diretora da mesma instituição, com imposição de emagrecimento para adequação à imagem daquele ambiente médico,[(349)] ou do caso do eletricista impedido, por avaliação médica, de desempenhar suas funções originárias, tendo sido transferido para função pior remunerada e com maiores riscos à sua saúde e segurança.[(350)] Dos casos de assédio ou dano moral enumerados, destaque-se o programa de "peso saudável", criado por empresa para assediar empregadas gordas e promover uma competição de emagrecimento, com aval e acompanhamento de uma nutricionista.[(351)]

Para ilustrar os inúmeros casos de violência contra a pessoa gorda fundamentadas diretamente em autoridade médica ou de saúde, de todo modo, cita-se o caso do empresário que declara ser médico há mais de trinta anos e, sob tal qualificativo, busca justificar, perante o Poder Judiciário, condutas comprovadas de constranger empregados a emagrecimento sob pena de dispensa, submetê-los a pesagens mensais, associar gordura a ineficiência, promover humilhações e xingamentos, comparar empregados a uma personagem de novela que explode de tão gorda e expressar intenção futura de discriminar candidatos gordos na contratação pela empresa:

> <u>INTEIRO TEOR</u>: (...) INDENIZAÇÃO POR DANOS MORAIS
>
> (...) Aduz o reclamante na inicial ter sido contratado para ser líder de uma equipe de quinze empregados e que sofreu danos morais, especialmente pela maneira como era tratado pelo proprietário (...). Narra que havia xingamentos e o proprietário se portava de maneira impositiva e autoritária, tendo chegado a <u>ameaçar os empregados a se manterem magros sob risco de despedida, pois ele associava sobrepeso à ineficiência</u>. Esclarece que <u>os empregados eram submetidos à pesagem mensal e os resultados controlados pelo Sr. Agnaldo, o qual, em reunião de 04 de maio de 2016, em que</u>

(349) TRT da 1ª Região; Processo: 0010949-08.2014.5.01.0045; Data: 13.12.2016; Órgão Julgador: 1ª Turma; relator: Mário Sérgio Medeiros Pinheiro.

(350) TRT da 24ª Região; Processo: 0024228-04.2014.5.24.0051; Data: 17.12.2015; Órgão Julgador: 2ª Turma; relator: Francisco das Chagas Lima Filho.

(351) TRT da 3ª Região; Processo: 0011858-12.2016.5.03.0017; Data: 16.11.2017; Órgão Julgador: 6ª Turma; relator: Anemar Pereira Amaral.

convocados os empregados considerados obesos, afirmou, com exagero, que estavam em risco de morte, comparando-os com uma personagem de novela que havia explodido por ser muito gorda. (...) Assevera que a convivência com o presidente da reclamada foi desgastante e traumática e repercutiu, de forma significativa, inclusive, em sua vida posterior à relação empregatícia, abalando sua saúde e equilíbrio psíquico.

Contrapondo-se à inicial, nega a ré o alegado dano moral (...). Alega que as referências feitas à obesidade, durante reunião, devem ser compreendidas dentro de contexto não discriminatório e tampouco preconceituoso em que o proprietário da reclamada é profissional da medicina há mais de trinta anos, tendo, portanto, somente proferido sua opinião médica e a séria preocupação com a saúde e bem-estar de seus empregados indistintamente, e em especial com as características da obesidade por envolver problemas cardiovasculares, de diabetes, posturais e outras complicações, podendo ser fatal. Esclarece ser reflexo da conduta isenta da reclamada (...) a contratação de nutricionista com prestação de serviços semanais, educador físico para aulas de ginástica laboral três vezes por semana, concessão de ajuda de R$50,00 mensais para práticas esportivas em modalidade de escolha do trabalhador, com convênio com academia de ginástica e musculação, além de vários outros benefícios espontaneamente concedidos e que são incomuns à generalidade das outras empresas atuantes no mercado laboral.

(...) Ao contrário do aduzido nas razões recursais, a prova produzida nos autos não deixa dúvidas acerca da ocorrência dos fatos noticiados na inicial, restando comprovada a conduta humilhante e constrangedora a que foi submetido o reclamante.

A testemunha (...) ouvida a rogo do reclamante, declarou que: "(...) apesar da distância entre um prédio, o da reclamada, e da Ampliart era possível no seu local de trabalho ouvir o Sr. Agnaldo gritando com o reclamante; chegou a presenciar cerca de 03 reuniões em que o reclamante foi maltratado pelo Sr. Agnaldo, especialmente em relação ao peso; Sr. Agnaldo falava que o reclamante estava gordo; Sr. Agnaldo fez reunião específica para quem estava acima do peso e apontava as pessoas que considerava gordo, dizendo que iriam explodir, como a Dona Redonda; disse para o depoente que este acabaria sem ter família se não emagrecesse; (...) o motivo da despedida do reclamante foi ele estar em excesso de peso, deduzindo isso porque o Sr. Agnaldo só falava disso; Sr. Agnaldo não cobrava pelo serviço feito mas pelo peso do funcionário; Sr. Agnaldo possuía um projeto pelo qual pagava academia aos empregados e uma vez fez reunião no auditório dizendo que o funcionário que não perdesse peso não continuaria na empresa; era obrigatório frequentar a academia; calcula que a distância entre os dois prédios era de 200 metros, aproximadamente, e entre os dois havia duas casas, mas mesmo assim era possível ouvir Sr. Agnaldo gritar com o reclamante; havia um educador físico que dava aulas laborais; o depoente não estava em sobrepeso e mesmo assim foi convocado para a reunião dos que estavam; Sr. Agnaldo lhe falou que o depoente era igual a raça da empregada doméstica dele e tinha tendência a engordar; acredita que a dispensa do depoente também foi relacionada à questão do peso; confirma que houve reunião específica só para quem estava em sobrepeso; Sr. Agnaldo era médico (...)".

A primeira testemunha ouvida a rogo da reclamada (...) informou ao juízo que "(...) após certo tempo do ingresso do reclamante foi implementado um programa de saúde para os empregados, o qual continha ginástica laboral às segundas, quartas e sextas, nutricionista mensalmente com pesagem dos empregados e palestras e convênio com a academia de ginástica, pelo qual os empregados pagavam apenas R$20,00 mensais; (...)".

A segunda testemunha trazida pela ré (...) declarou que "(...) não sabe dizer quais eram os critérios de divisão dos grupos; Sr. Agnaldo dizia que perder peso era importante para a qualidade de vida e ele, como médico, percebia isso (...)".

(...) A testemunha Douglas revelou ao juízo que houve cerca de três reuniões presididas pelo Sr. Agnaldo e específicas para quem era considerado acima do peso, nas quais foi afirmado que o reclamante estava em sobrepeso e foi cobrado a respeito disso. Nestas reuniões comparou o Sr. Agnaldo os empregados mais gordos à personagem Dona Redonda, da novela Saramandaia, de Dias Gomes, que explodia e ameaçou-os com a dispensa quem não se emendasse, perdendo peso.

Consoante analisado em 1ª instância, embora se reconheça que o Sr. Agnaldo temperava sua conduta com aspectos que até poderiam revelar uma sincera preocupação com a saúde dos empregados, pois contratava educador físico para aulas laborais, pagava convênio com academia de ginástica, além de manter serviços de nutricionista, por outro lado excedia-se muito no exercício da direção, controle e fiscalização, exorbitando os direitos de personalidade do empregado. Também restou comprovada a preocupação do representante legal, fundamentalmente, direcionada à obtenção de maior eficiência, rotulando obesidade com produtividade.

(...) Compartilho do posicionamento de 1ª instância de que a pretensa generosidade do proprietário da ré era utilizada como recurso de chantagem e cobrança da conduta do empregado.

(...) a alegada necessidade de atingir o fim do desenvolvimento do empreendimento econômico empresarial não torna passível a aplicação de meios que não guardem o devido respeito com o trabalhador.

Mas não é só. A mídia digital anexada à petição inicial não deixa dúvidas acerca do comportamento do proprietário da ré para com o reclamante.

A respeito do tema, o juízo *a quo* efetuou exame minucioso da prova pelo que peço vênia para transcrever, adotando como razões de decidir, os fundamentos da r. decisão:

"(...) Na faixa quatro, foi registrada reunião em que, a partir de certo momento, passaram a ser analisados, em grupo, os dados de gráficos relacionados a peso e a índice de massa corporal dos empregados. Aos 7:27min, o representante indaga a um funcionário "está claro que você vai perder o seu trabalho aqui?". Aos 7:43min, há a alusão à "novela que a mulher explodiu". Aos 8:40min, chegou a ser dito que se alguém "for mandado embora por ter alegado que ficou gordo, não há problema nenhum, pois tem advogado, mas ali (o gordo) não ficava".

Aos 10:22min, há uma nítida associação entre excesso de peso com eficiência no trabalho: "a pessoa que não tem disciplina pelo que enfia na boca, vai ter disciplina em quê? pelo que enfia no nariz? no rabo? vai ter disciplina realmente em produzir? em buscar receita?". Aos 14 minutos, houve menção à alerta repassado para a pessoa responsável pelas contratações: "já está lá embaixo, se vocês forem conversar com a Flávia, não contratem gordo! não contratem fumante! Estou ferindo a lei? Ninguém sabe disso. O cara põe esses dados lá no recurso, certo? (...) quanto você mede? Quanto você pesa? Tá, tá, tá. Ah, valeu! Foi um prazer te conhecer!". Novamente, aos 24:15minutos, reafirma-se ter o setor de pessoal sido avisado para não contratar gordos ou fumantes, com associação entre eficiência e falência de empresas e existência de empregados obesos: "se um dia vocês quiserem trabalhar no grupo Soitic, hoje, esqueçam! Você pode apresentar o

> currículo pintado de ouro. Perguntem para a Flávia. Fumou? Está acima do peso e com muito excesso, zero chance! É o que vai sobrar são pessoas que realmente não estão nem aí para vocês. Querem ser gordo? Querem não sei o quê? Fiquem à vontade! Que é esse o resto das empresas que estão aí, falindo tudo, hoje, tudo entrando em falência" e finaliza-se, aos 24:59minutos: "isso para mim é amor, isso é amar vocês!".
>
> Assim, era inequívoca a conduta excessiva e contraditória do Sr. Agnaldo, que a despeito de demonstrar reponsabilidade social (...), de querer externar sua conduta de controle como decorrência de seus conhecimentos médicos (...), ou de exibir-se preocupado com a situação do autor (...) fazia ilações e cometia excessos em nada justificáveis. Ademais, parecia-se concentrar somente no tema da disciplina, olvidando-se que a obesidade poderia ter outras causas, como ligadas ao envelhecimento, à genética familiar, ao metabolismo, resumindo e simplificando o assunto ao que lhe era mais interessante, a eficiência e a produtividade empresarial".(352)

Ainda de modo a reforçar a introjeção da gordofobia em ambientes médicos, é revelador e ilustrativo julgamento que analisa situação de assédio moral consistente na criação, em um dos maiores hospitais do país, de grupo compulsório de perda de peso de empregados, pressionados a se adequarem ao "padrão" do setor por meio do cumprimento de metas de emagrecimento:

> INTEIRO TEOR: (...) 1 – Dos danos morais
>
> (...) A reclamante comprovou por meio da juntada dos e-mails, todos eles sempre encaminhados por sua gestora, a criação de um grupo de emagrecimento, visando exclusivamente a imagem e a estética dos empregados do setor que atendia o público e os clientes e pacientes abastados da reclamada. Fica muito claro pelas mensagens a cobrança de metas e a exigência de que os empregados perdessem peso. Foi sempre a gestora da reclamante que insistiu em metas e recompensas pela perda de peso. Também ficou demonstrado que havia cartaz fixado no setor com o nome dos participantes. E ainda que a participação não fosse obrigatória, é óbvio que de forma velada havia pressão para que no grupo fossem incluídos os empregados que, na visão da reclamada, não estavam de acordo com o 'padrão' do setor, sendo um desses empregados a própria reclamante.
>
> Em momento algum a reclamada comprovou que a autora tivesse qualquer participação na criação do grupo ou que ele tivesse sido ideia dos funcionários. Pelo contrário. Carmen, a gestora, era a única quem cobrava o comprometimento dos funcionários para o emagrecimento, em visível assédio moral, que gerava frustração, angústia e constrangimento. Foi provado ainda, que havia cobranças pessoais em relação à autora. A reclamada não consegue infirmar o depoimento da testemunha da autora, que vivenciou tais situações, por mais que se se esforce nesse sentido. Não bastasse isso, tal testemunha observou o assédio moral praticado pelo supervisor Rodolfo contra a reclamante. A testemunha da reclamada, por sua vez, confirma a existência do grupo de emagrecimento e não consegue negar o assédio moral contra a reclamante, pois ainda que nada tenha presenciado, a testemunha da autora, ao contrário, efetivamente presenciou. Entendo que o tratamento dispensado à reclamante pode ser configurado como assédio moral,

(352) TRT da 3ª Região; Processo: 0011519-45.2016.5.03.0149 (ROT); Data: 15.02.2019; Órgão Julgador: 4ª Turma; relatora: Maria Lucia Cardoso Magalhães. Destaques acrescidos.

tanto em razão da perseguição, quanto em razão da gordofobia explícita e cobrança de metas de emagrecimento que em nada se relacionam ao objeto do contrato. É uma vergonha que tal situação tenha ocorrido dentro de um dos maiores hospitais de nosso país.(353)

As situações de dano ou assédio moral, assim, representam fração das mais importantes entre os conflitos envolvendo gordofobia no trabalho. As diversas categorias de atos hostis expostos apresentam-se de forma isolada ou combinada, representando, em todos os casos, violências suficientes para fazer presumir o prejuízo à dignidade e integridade psíquica e emocional de trabalhadores gordos vitimados.

4.2.5. Acessibilidade no meio ambiente de trabalho

A acessibilidade diz respeito à adequação dos espaços físicos, estruturas, mobiliários, assentos, veículos, vestuários e equipamentos às condições de indivíduos e grupos sociais variados, em diversas esferas, promovendo a inclusão social. Trata-se de tema de suma relevância em se tratando de grupos sociais vulneráveis cujas barreiras sociais enfrentadas se associam ao corpo. Pessoas gordas, pessoas com deficiência, gestantes, pessoas idosas e pessoas com dificuldade de locomoção, por exemplo, podem enfrentar dificuldades para o pleno exercício da cidadania e gozo de seus direitos simplesmente por não caberem em espaços e estruturas, em um mundo pensado para um padrão que lhes é excludente.

Especificamente no ambiente laboral, além das violências resultantes de forma direta das relações interpessoais, a gordofobia pode estar inscrita no próprio espaço físico, nas estruturas, nos equipamentos, nas vestes, nos objetos, nos instrumentos de trabalho.

Uma primeira e a mais marcante violência identificada na jurisprudência em termos de acessibilidade, nesse sentido, é a ausência de fornecimento de uniformes para a pessoa gorda, de forma absoluta ou em tamanhos compatíveis com seu corpo e em igualdade de condições com seus colegas de trabalho. O uniforme, quando imposto ou fornecido no local de trabalho, identifica o trabalhador como pertencente à empresa, além de padronizar a apresentação dos funcionários como um todo.

Para a pessoa gorda, que já enfrenta tratamentos excludentes na sociedade por diversos preconceitos, ser isolada pelas vestes é de grande violência. Não por acaso, o movimento antigordofobia no Brasil espalha-se e amplia suas reflexões e reivindicações a partir de uma organização que, inicialmente, floresce na moda. A roupa é um requisito para que alguém saia de casa, na sociedade contemporânea, mas também uma forma de expressão e um dizer sobre pertencimento.

---

(353) TRT da 2ª Região; Processo: 1000358-86.2019.5.02.0070; Data: 03.10.2019; Órgão Julgador: 12ª Turma; relator: Paulo Kim Barbosa. Destaques acrescidos.

No trabalho, a imposição de utilização de roupas diferenciadas pelas pessoas gordas pode causar constrangimentos, favorecer chacotas, exigir gastos exclusivos para o trabalhador gordo com o próprio vestuário, reduzir a autoestima e abalar a saúde psicológica do empregado. Para as mulheres gordas, frequentemente, a ausência de uniforme padronizado é agravada pelo fornecimento de roupas masculinas, reforçando o preconceito social de apagamento do gênero, dessexualização e desfeminilização da mulher gorda. Representando uma das mais frequentes e profundas expressões da ausência de acessibilidade para pessoas gordas no ambiente de trabalho, seguem alguns dos muitos casos[354] enfrentados pelo Poder Judiciário:

> INTEIRO TEOR: (...) DO ASSÉDIO MORAL
>
> Postula a autora a condenação da ré ao pagamento de indenização para reparação de danos morais (...). Afirma que laborava sem uniforme, e ao questionar seu superior hierárquico, Tiago de Oliveira Lopes, este lhe dizia que "tinha que se virar", encaminhando-a para o setor de "RH"; que no "RH" foi atendida aos gritos pela preposta Ana, pessoa de vocabulário grosseiro, que pediu que voltasse depois; que ao retornar, solicitou seu uniforme, tendo a chefe do RH, Sra. Denise, com ar de ironia, informado que não havia uniforme para a autora e que deveria procurar uma nutricionista e fazer uma dieta para emagrecer; que extremamente constrangida e envergonhada com as palavras da preposta Denise, desceu chorando e foi para o banheiro; que alguns dias após, o chefe Tiago se dirigiu a autora e entregou-lhe uma calça e blusa do uniforme masculino, o que lhe acarretou extrema humilhação, tendo sido exposta ao ridículo perante seus colegas; que a autora passou a ser motivo de chacota, e que seus colegas diziam que parecia "sapatão", "mulher macho" com a roupa dos homens; (...) que sofreu constrangimento perante os funcionários e clientes, já que era obrigada a laborar com a calça masculina do pessoal do administrativo, e a blusa masculina do pessoal que se encontra no período de experiência; que em razão de seus questionamentos quanto ao uniforme, o Sr. Tiago passou a persegui-la (...); que era vítima de deboches, e seus colegas de trabalho comentavam: "olha a roupa dela", "ela tem que fazer uma dietinha", além de ficar olhando para a autora dos pés a cabeça e rindo com outros colegas; que não suportou a humilhação e perseguição sofridas, tendo formulado pedido de demissão (...).
>
> (...) A testemunha indicada pela parte autora (...), prestou as seguintes declarações: "(...) que já viu Tiago destratando a reclamante, inclusive sobre a forma dela se vestir pelo fato de ser "gordinha"; que a autora teve vários problemas pro conta de uniforme (...); que já viu a autora indo ao RH reclamar e também já ouviu que a autor deveria emagrecer para caber nos fornecidos; (...) que o único uniforme que coube na autora oferecido pela empresa foi o masculino; (...); que tiago e outro fiscal seu amigo ficavam fazendo piadinhas e chamando a autora de "mulher macho" e "sapatão" (...).

(354) Outros exemplos: processo 0001610-90.2012.5.03.0028, TRT da 3ª Região, data: 16.11.2015; processo 0000797-47.2014.5.03.0043, TRT da 3ª Região, data: 02.03.2016; processo 0010783-20.2016.5.03.0022, TRT da 3ª Região, data: 23.01.2018; processo 0011240-58.2017.5.03.0138, TRT da 3ª Região, data: 18.02.2019; processo 0002273-59.2016.5.17.0141, TRT da 17ª Região, data: 20.09.2019.

Como se vê, a prova testemunhal produzida confirmou, de modo inequívoco, a conduta abusiva perpetrada pelos prepostos da acionada (...).[355]

INTEIRO TEOR: (...) Dano moral

O reclamante ajuizou a presente ação alegando ter sofrido assédio moral.

Relatou que era obeso e deveria usar jaleco fornecido pela Reclamada, no entanto, não havia uniforme compatível com o seu tamanho, assim, por diversas vezes teve que pegar dois jalecos e mandar desmanchar para juntar os dois e fazer um só.

Narrou que, embora tenha solicitado um jaleco de tamanho apropriado, não foi providenciado.

Ademais, contou que o supervisor Leandro Eduardo sempre dizia que era o Reclamante que deveria se adequar à Reclamada e não a empresa a ele.

(...) O autor consignou em depoimento (...): Que o único problema que o depoente teve era com o uniforme, pois era obeso e não tinha uniforme adequado; que, quando chegava às reuniões, ouvia piadinhas, como "chegou o gordo, vai acabar com a comida" ; que isso era falado pelos promotores; que, quando o depoente reclamava com o supervisor da empresa, ele dizia que não era a empresa que tinha que se adaptar ao depoente, mas o depoente que tinha que se adaptar, fechando a boca; que o uniforme era entregue na empresa; (...).

A testemunha (...) afirmou: Que, na reuniões, o depoente ouviu muitas brincadeiras e deboches devido ao porte físico do autor; que a empresa dizia que o autor deveria emagrecer, quando pedia jaleco para trabalhar; que essas brincadeiras partiam dos promotores em geral; (...) que, quando chegava a comida, diziam que "ia acabar a comida da gente"; que falavam, também, que havia chegado o gordo; que acredita que a empresa tinha ciência, pois ficava o burburinho, sendo que os setores eram próximos; que o chefe estava na mesa, preparando a reunião antes de começá-la, e fingia que não escutava; que o depoente viu que o autor teve que emendar dois jalecos, pois não tinha jaleco para ele (...).

Provado o dano moral através das testemunhas, a reparação patrimonial do dano moral deve ser ajustada às circunstâncias fáticas informadas pelo caso concreto, e tem um caráter pedagógico para a parte que adota conduta ilícita e produz danos a outrem.[356]

INTEIRO TEOR: (...) 2.3.1.5. INDENIZAÇÃO POR DANOS MORAIS (...)

Narrou a reclamante:

"Durante seu contrato de trabalho a reclamante era obrigada a usar uniformes para exercer suas funções na reclamada, haja vista que atuava na área da saúde.

Entretanto, a autora era pessoa obesa, sendo que sua condição física não era observada pela ré, que não fornecia uniforme compatível com seu tamanho e condições físicas.

---

(355) TRT da 1ª Região; Processo: 0101116-28.2016.5.01.0263; Data: 03.09.2019; Órgão Julgador: 10ª Turma; relatora: Dalva Amélia de Oliveira.

(356) TRT da 1ª Região; Processo: 0101307-11.2018.5.01.0067; Data: 23.10.2019; Órgão Julgador: 2ª Turma; relatora: Glaucia Zuccari Fernandes Braga. Destaques acrescidos.

> Devido à falta de uniforme do tamanho adequado para a autora, esta era obrigada a utilizar um capote estéril, que se trata de roupa completamente fechada e que não era utilizada por nenhum outro funcionário que exercia a mesma função da reclamante, mas apenas por cirurgiões e seus auxiliares enquanto realizam seu mister.
>
> Registra-se que a obreira não possuía opção de trabalhar sem o referido equipamento, repita-se, porquanto trabalhava na área da saúde.
>
> Além do constrangimento causado por usar uma roupa diferente de todos os outros colegas de trabalho, a roupa que a reclamante era obrigada a usar era muito quente, pelo fato de ser completamente fechada. (...)".
>
> (...) Conforme se depreende dos autos, a reclamante, durante o primeiro ano do contrato, era portadora de obesidade mórbida, tendo, inclusive, submetido-se a uma cirurgia bariátrica.
>
> Nessa ocasião, por inexistir roupa cirúrgica (camisa e calça) adequada ao seu tamanho, usava sempre um capote cirúrgico, vestimenta utilizada nos centros cirúrgicos e obstétricos.
>
> Ficou claro nos depoimentos testemunhais prestados que a roupa utilizada pela reclamante, também poderia ser era usada por outros funcionários do hospital, mas com relação à reclamante, a sua utilização decorria do fato de ser a única vestimenta que cabia.(357)

Além da questão do uniforme, são muitos os casos em que o trabalhador ou trabalhadora sofre humilhações ou precisa se submeter a condições de trabalho deterioradas por não ter seu peso, suposta ou efetivamente, suportado por equipamentos, cadeiras, mobílias, elevadores ou quaisquer instrumentos no contexto laboral. Exemplifica-se com a jurisprudência:

> INTEIRO TEOR: (...) Danos morais
>
> Em sua peça inicial, a reclamante alega ter sido vítima de gordofobia, apontando que sua superior, Sra. Fernanda, a proibiu de usar o elevador em razão do seu peso sendo requerido que a mesma utilizasse somente a escada. Sustenta, outrossim, que foi impedida ao longo do contrato de trabalho de utilizar a cama, tendo em vista que seu peso era superior a 100 kg e o mobiliário não suportaria (...).
>
> A Magistrada de origem condenou a reclamada ao pagamento de indenização (...), por entender que "Os fatos constatados evidenciam que a Autora sofreu verdadeiro constrangimento, vergonha e humilhação no cotidiano laboral não só pelo fato de ser impedida de exercer seu mister como as demais cuidadoras (adentrando no elevador juntamente com o idoso) como também foi impedida de dormir em uma cama, sendo constrangida a passar a noite em uma cadeira sob a justificativa de que seu peso a impedia de utilizar ambos os equipamentos."

(357) TRT da 17ª Região; Processo: 0000415-13.2016.5.17.0005; Data: 13.04.2018; Órgão Julgador: 2ª Turma; relatora: Wanda Lúcia Costa Leite Franca Decuzzi.

> A reclamada, em sua peça recursal, alega que não praticou qualquer ato que possa ensejar a condenação em dano moral. Destaca que a prova dos autos (...) evidencia que inexistiu ofensa ou assédio, e, sim, orientação, por questão de segurança, quanto à limitação de peso do elevador e das camas, haja vista que a reclamante possui volume corporal bem acentuado.
>
> Irreparável a sentença.
>
> (...) Como bem pontuou a Magistrada de origem, em relação à cama, não comprovou o Réu que havia, de fato, um limite de peso, sendo certo que, ainda que assim não fosse, tratando-se o empregador de um lar de idosos, em que se faz necessário que os profissionais pernoitem no local de trabalho, incumbia ao Reclamado providenciar camas adequadas e em número suficiente a seus empregados, ou — ao menos — reforçar as já existentes de modo a proporcionar higidez, saúde e ergonomia aos profissionais que ali dormiam, o que importa dizer que é insuficiente a tese de que a limitação ao uso da cama se dava por questões de peso, pois é dever do empregador proporcionar um ambiente de trabalho digno a seus empregados.
>
> (...) O conjunto probatório existente nos autos revela que a reclamante sofria restrições em razão de seu sobrepeso, seja por não poder ter acesso ao elevador, seja em razão de não lhe ser oferecida cama condizente com sua condição pessoal.(358)

A gordofobia, portanto, pode estar não apenas nas palavras e gestos de superiores ou colegas, mas na ausência de acessibilidade e de adaptações razoáveis por parte do empregador, de modo a tornar o espaço físico de trabalho acolhedor para a pessoa gorda, em igualdade de condições com os demais trabalhadores.

4.3. Ruptura contratual: Dispensa discriminatória

No momento da ruptura do contrato de trabalho, a gordofobia se manifesta por meio da dispensa discriminatória de trabalhadores e trabalhadoras gordas em razão de seu peso. As justificativas apresentadas pelos empregadores para a dispensa da pessoa gorda, na generalidade dos casos abordados pelo Poder Judiciário e nos quais se entendeu comprovada a discriminação, envolvem argumentos de cunho médico e de saúde, invocando a "obesidade" como patologia.

Com essa observação, entende-se que uma primeira categoria de dispensas discriminatórias por gordofobia é aquela em que há um entendimento pelo empregador de que a pessoa gorda, em razão de ser portadora de "obesidade", estaria incapacitada para permanecer trabalhando na empresa ou nas funções para as quais foi contratada, ainda que inexistente prova de incompatibilidade ou mesmo conexão lógica entre o peso e as atividades desenvolvidas. Destacam-se, dentre outros,(359) os seguintes acórdãos:

---

(358) TRT da 1ª Região; Processo: 0100943-78.2021.5.01.0020; Data: 05.05.2023; Órgão Julgador: 9ª Turma; relator: Célio Juacaba Cavalcante. Destaques acrescidos.

(359) Outro exemplo: processo 0000637-89.2012.5.01.0223, TRT da 1ª Região, data: 26.04.2013.

EMENTA: 1) RECURSO DA RECLAMADA. INDENIZAÇÃO POR DANO MORAL. DISPENSA DISCRIMINATÓRIA. A dispensa da reclamante, sem nenhuma justificativa plausível, apenas pelo fato de encontrar-se com sobrepeso, agindo assim, a empresa extrapolou a sua liberdade de escolha, uma vez que tal fator não é determinante da capacidade laboral do autor, sobretudo levando em conta que não se desincumbiu do ônus de comprovar que o autor apresentava qualquer inadequação ao emprego, baixa produtividade, nem mesmo motivação técnica, econômica ou qualquer outra justificativa para a dispensa. Recurso que se nega provimento.

INTEIRO TEOR:

a) DA INDENIZAÇÃO POR DANOS MORAIS. DO VALOR DA INDENIZAÇÃO

(...) O caso dos autos espelha situação na qual a empresa, após reconhecer a inaptidão do autor em exame periódico, abusou do seu direito de resilir o pacto, na medida em que usou da ferramenta inapropriada para simplesmente descartar o problema.

(...) O quadro se agrava com a conduta da ré em afastar o autor por 15 dias (...), e depois, no retorno do empregado, colocá-lo em outro posto de serviço sem arma, descaracterizando a função por ele exercida (vigilante) e, ato contínuo, conceder o aviso prévio.

(...) Portanto, tenho que ao proceder a dispensa da reclamante, sem nenhuma justificativa plausível, apenas pelo fato de encontra-se com sobrepeso, (...) sem que tenha faltado injustificadamente ao serviço, agindo assim, a empresa extrapolou a sua liberdade de escolha, uma vez que tal fator não é determinante da capacidade laboral do autor (...).[360]

INTEIRO TEOR: Da indenização por danos morais.

(...) O reclamante postula indenização por danos morais em razão de discriminação, por ser considerada pessoa obesa, tendo a reclamada afastado-o da escala de viagens, deixando-o completamente fora de suas funções por um período de um ano de trabalho, não tendo sido demitido antes por ser cipeiro e deter estabilidade no emprego.

Em seu depoimento (...), o obreiro asseverou que "(...) em 1999 foi chamado pelo médico da empresa e comunicado que a empresa tinha uma meta a atingir do motorista padrão; que o motorista padrão deveria pesar 60Kg se tivesse um metro e sessenta e 70Kg se tivesse um metro e setenta, e como o depoente estava pesando 111Kg, foi recomendado a caminhar para emagrecer e atender às novas normas da empresa; que com um tempo depois foi reavaliado e havia aumentado dois Kg; que tem um metro e setenta de altura; que em razão disso, foi tirado da escala porque na sede haviam dito que o mesmo já tinha dado que tinha de dar e não havia obedecido a ordem de emagrecer; que ficou sendo ironizado pelos empregados da empresa, inclusive pelo preposto aqui presente; que ficou apenas de plantão, das 8:00 às 17:00 horas, na garagem diariamente, com uma folga na semana; (...) que passou um ano nesta função porque era membro da CIPA e quando venceu sua estabilidade foi botado para fora (...)".

(...) A primeira testemunha do reclamante (...) declarou que "(...) recebeu recomendação da empresa para perder peso; que foi apresentada uma tabela de peso de acordo com a altura que a pessoa deve atingir; que o médico lhe comunicou que o mesmo deveria

(360) TRT da 8ª Região; Processo: 0000371-02.2014.5.08.0009; Data: 30.09.2015; Órgão Julgador: 1ª Turma; relatora: Ida Selene Duarte Sirotheau Correa Braga. Destaques acrescidos.

chegar a 72Kg aproximadamente, pois tinha um metro e setenta e dois centímetros; que emagreceu dois Kg; que o médico disse que não estava bom e tinha que emagrecer mais; que não emagreceu mais porque acha que seu porte físico é esse e sempre joga futebol; que passou um mês de plantão sem poder pegar em carro nenhum porque estava gordo e não mais voltou a dirigir até ser despedido; que aqui em Natal foram dois motoristas despedidos; que todos dois são gordos; que nunca cometeu infração no trânsito e nunca recebeu nenhuma punição (...); que tem outros motoristas em Natal que já foram despedidos pelo mesmo motivo (...)".

(...) tem-se, pois, que a empregadora exorbitou do seu poder potestativo, ao impedir o empregado de cumprir sua obrigação principal no contrato, qual seja, executar sua função de motorista, (...) até o término de sua estabilidade (...), após o que foi demitido, revelando o seu caráter ilícito (...).[361]

INTEIRO TEOR: (...) DISPENSA DISCRIMINATÓRIA. COMPENSAÇÃO POR DANO MORAL

(...) Na petição inicial, o Autor narrou ter sido dispensado sem justa causa, atribuindo cunho discriminatório à dispensa, por duas razões "primeiro por estar gordo, segundo por ter ajuizado ação indenizatória contra a empresa após ter sido vitima de assedio moral".

(...) Colho do depoimento do preposto da Ré (...):

"que não sabe o motivo pelo qual o reclamante foi dispensado"

[...] "que ouviu comentários de que houve uma reunião sobre orientação na área de segurança e houve uma brincadeira, pelo que ficou sabendo, foi comentado algo sobre os eletricistas que estavam acima do peso";

(...) conforme destacado pela Magistrada sentenciante, a afirmação do preposto de que houve uma reunião sobre orientação na área de segurança na qual fora comentado sobre o sobrepeso dos eletricistas corrobora com a tese apresentada na inicial.

(...) Nessa perspectiva, inatacável a sentença recorrida que condenou a Acionada à compensação por dano moral.[362]

Ao contrário do que ocorre na primeira categoria delineada, em que a "obesidade" é desculpa vazia para dispensar de forma arbitrária uma pessoa gorda sem qualquer incapacidade para o trabalho, uma segunda categoria de gordofobia na dispensa é aquela em que, de fato, a pessoa gorda possui problemas de saúde que a incapacitam para o trabalho. Nessa hipótese, há uma dispensa abusiva justamente quando o trabalhador se encontra incapacitado, afastado por doença pela Previdência Social ou logo que retorna de referido afastamento. O estado de saúde precário, assim, torna-se o motivo discriminatório para a dispensa do trabalho, em momento no qual se encontra a pessoa mais vulnerável. Confira-se a jurisprudência:

---

(361) TRT da 21ª Região; Processo: 00-3089-01 RO; Data: 04.07.2002; Órgão Julgador: Pleno; relatora: Maria de Lourdes Alves Leite. Destaques acrescidos.

(362) TRT da 23ª Região; Processo: 0000002-54.2015.5.23.0009; Data: 22.05.2017; Órgão Julgador: Tribunal Pleno; relator: Tarcisio Regis Valente. Destaques acrescidos.

INTEIRO TEOR: (...) Na hipótese dos autos, a Reclamante alega sofrer "de Hipertensão, Obesidade, coronariopatia, infarto agudo do Miocárdio com Angioplastia Prévia, possui lesão em outros vasos e Hipertensão Arterial Sistêmica Maligna de difícil controle" (...).

Ainda, segundo o Relatório do INSS (...), a Autora sofre de doenças do coração, motivo pelo qual, passou por diversos procedimentos médicos que impossibilitaram o retorno ao labor, consoante as datas supracitadas.

Ademais, os documentos anexados à exordial confirmaram, a doença cardiológica, assim como várias crises e internações no curso do afastamento previdenciário.

"*In casu*", tão logo foi suspenso o benefício previdenciário, a Reclamada promoveu a dispensa sem justa causa, ocorrendo o rompimento em 02/02/2018 (...).

Conforme bem ressaltado pela Ex.ma Desembargadora Cristiana Valadares Fenelon:

"A reclamada, por sua vez, conquanto negasse a discriminação, não chegou a esclarecer a razão do rompimento contratual. Uma vez evidenciada a moléstia grave, cabe presumir a dispensa discriminatória, daí porque deveria a ré produzir prova capaz de infirmar tal presunção, o que não ocorreu.

(...)

Via de consequência, uma vez evidenciada a moléstia grave, cabe presumir a dispensa discriminatória. Isso porque, embora tenha negado a discriminação, a Ré não chegou a esclarecer a razão do rompimento contratual (...).[363]

INTEIRO TEOR: (...) 2.2.2 INAPTIDÃO DO EMPREGADO NO MOMENTO DA DISPENSA. REINTEGRAÇÃO

Na inicial o autor alegou a nulidade da sua dispensa imotivada, afirmando que além de discriminatória, ocorreu em momento de incapacidade em razão de doença.

Disse ser portador de "hipertensão arterial sistêmica grau IV refratária ao tratamento apresentado pelos hipertensos e hipertensão reativa associado a lesões de órgãos alvo", conforme laudos médicos acostados aos autos que demonstram também problemas de apneia de sono, obesidade mórbida e diabetes. Afirmou ser de conhecimento da ré tal histórico, inclusive no momento da dispensa. Sustentou a caracterização de dispensa discriminatória.

Em contestação as reclamadas alegaram que o autor estava apto no momento da dispensa, conforme exame demissional. Disseram que a obesidade e as demais alterações em seus exames não o incapacitam para o trabalho. Também negaram que a dispensa teve cunho discriminatório ou que o autor se enquadrasse no conceito de deficiente físico conforme alegou.

(...) Realizada a perícia, o expert, após análise de todos os documentos constantes no processo, laudos, exames e atestados médicos pregressos, exames complementares e físico, constatou que o autor é portador de "obesidade grave, transtorno metabólico, diabetes, hipertensão arterial severa refratária aos tratamentos convencionais, portanto com fatores de risco cardiovascular importantes" e concluiu que à época da demissão o reclamante estava inapto para o trabalho.

(363) TRT da 3ª Região; Processo: 0010606-96.2018.5.03.0180; Data: 31.10.2018; Órgão Julgador: 7ª Turma; relator: Vitor Salino de Moura Eça.

> (...) Também não prospera a alegação das rés de que a doença do autor não estaria no rol de doenças graves da Lei n. 7.713/88, que possam caracterizar a dispensa como discriminatória. Isso porque a ilegalidade da dispensa se caracterizou principalmente pela situação de doença incapacitante do obreiro no momento do desligamento. Ainda assim, entendo que, constatada a inaptidão do reclamante para o trabalho no momento da dispensa, incumbiria às rés provarem que a rescisão não tinha caráter discriminatório, todavia, desse ônus não se desincumbiram, prevalecendo os fundamentos expostos na sentença de origem, aos quais me reporto.
>
> Assim, considerando que <u>a incapacidade laboral no momento da rescisão do contrato de trabalho constitui óbice ao exercício do poder potestativo do empregador de resilir, é nula a dispensa levada a efeito pelas rés (...)</u>.(364)

> <u>INTEIRO TEOR:</u> (...) 2.3.2.1. DISPENSA DISCRIMINATÓRIA. DANOS MORAIS.
>
> (...) O reclamante juntou aos autos diversos exames, laudos e atestados médicos referentes aos últimos meses do contrato de trabalho, evidenciando que o autor vinha enfrentando problemas de saúde à época da dispensa (...).
>
> <u>Como exemplo, cita-se o laudo médico elaborado em 16.11.2015 (...), constatando o médico avaliador que o reclamante era portador de obesidade mórbida, com quadro de artrose difusa, sem condições laborativas</u>. Há, também, o atestado médico de 01 (um) dia concedido ao trabalhador em 27.11.2015 (...), noticiando problemas de circulação (CID I-10), bem como o laudo médico datado de 08.12.2015 (...), apenas 04 (quatro) dias após a dispensa, atestando que o autor apresentava "quadro de lombociatalgia, evoluindo com dor e limitação tracional", com indicação para encaminhamento à perícia do INSS.
>
> <u>A prova de que a parte autora não se encontrava em plenas condições físicas à época da dispensa pode ser extraída, ainda, do fato de que o reclamante, pouco tempo depois do encerramento do vínculo empregatício, obteve o direito à percepção de benefício previdenciário por doença incapacitante</u> a partir de 22.01.2016 (...).
>
> Assim, considerando as evidências acima, não há dúvidas de que o autor se encontrava debilitado no momento da resilição contratual, com diagnóstico de moléstia que diminuía severamente sua capacidade laboral, cujos sintomas estavam sendo objeto de regular tratamento com médicos especializados.
>
> (...) <u>Ao contratar trabalhador com plena aptidão física e, ao final do contrato, dispensá-lo quando estava debilitado, forçoso reconhecer o abuso do direito de resilir o contrato de emprego, evidenciando conduta classificada como discriminatória contra a manutenção do vínculo de emprego.</u>(365)

A terceira categoria de dispensa discriminatória por gordofobia corresponde à ruptura contratual em razão da ciência pelo empregador do agendamento ou planejamento, ou logo após a realização, de cirurgia bariátrica. Tal procedimento cirúrgico, de

(364) TRT da 17ª Região; Processo: 0001672-79.2016.5.17.0003; Data: 1º.07.2019; Órgão Julgador: 2ª Turma; relator: Marcello Maciel Mancilha. Destaques acrescidos.

(365) TRT da 17ª Região; Processo: 0000402-96.2016.5.17.0010; Data: 09.01.2017; Órgão Julgador: 2ª Turma; relatora: Wanda Lúcia Costa Leite Franca Decuzzi. Destaques acrescidos.

grande porte, é frequentemente indicado para pessoas gordas concebidas no campo da saúde como portadoras de "obesidade grave", "obesidade nível 3" ou "obesidade mórbida". Pode, no entanto, gerar o receio do empregador sobre a posterior debilitação da saúde do empregado, efeitos colaterais da intervenção e consequências inconvenientes. Exemplifica a dispensa por cirurgia bariátrica, dentre outros,(366) o seguinte acórdão trabalhista:

> INTEIRO TEOR: (...) DISPENSA DISCRIMINATÓRIA
>
> (...) A autora alegou na inicial que foi admitida em 25.11.2014, que é portadora de obesidade mórbida e que estava com procedimento de cirurgia bariátrica marcada para o dia 05.12.2015, quando foi dispensada de forma discriminatória em 04.12.2015.
>
> Instruiu a inicial com documentos médicos que demonstram os exames preparativos para realização da cirurgia (pré-operatórios) (...). Destaques para os exames psicológicos, psiquiátricos, endocrinológicos, cardiológicos e de pré-anestesia.
>
> Em depoimento pessoal registrado em ata de audiência de id 232bfd9, a autora relatou que "foi dispensada no dia 07.12.2015, mas não deram qualquer motivo para a depoente; no mesmo dia, começou a receber mensagens de colegas que diziam que além da depoente, também outras duas colegas que fariam cirurgia bariátrica, pelo plano de saúde da empresa, foram dispensadas; essas colegas eram a Natália e a Jeane; a depoente conversou com elas e confirmou a situação particular e as dispensas; as três, logo em seguida, também descobriram que outra colega, a Camila, foi dispensada no dia 04.12.2015, em idêntica situação."
>
> A testemunha indicada pela autora informou que:
>
> "a depoente foi dispensada no dia 04.12.2015; na ocasião chamaram a depoente numa sala e explicaram para a depoente que o motivo era corte de funcionários; a depoente tinha uma cirurgia no dia 05.12.2015, um sábado; a depoente não fez a cirurgia, porque quando chegou na sala, a 1ª coisa que pediram para a depoente foi a carteria do plano de saúde; a depoente ia fazer cirurgia bariátrica; a depoente conheceu a reclamante no grupo de cirurgia bariátrica, organizado pelo plano de saúde, que dizia que só poderiam fazer a cirurgia aqueles empregados que participassem do grupo, junto com outras pessoas; além da depoente, também foram dispensadas na mesma época a reclamante, a Jeane e a Camila; a reclamante e a Camila participavam do mesmo grupo da depoente, e a Jeane participava de um outro grupo; quem participava do grupo levava um atestado para a empresa, que abonava as horas respectivas, conforme atestado carimbado pelo grupo; a depoente sabia que seria descontado um valor em seu salário relativo à cirurgia, mas não sabia como funcionava em relação à 1ª reclamada, se esta pagava algum valor ou não; a depoente argumentou que tinha a cirurgia quando da dispensa, mas a gerente disse que estava cumprindo ordens; (...)"
>
> (...) O que se verifica pelos elementos de prova carreados aos autos é que de fato a autora possui quadro de obesidade mórbida, que atrai estigma e preconceito, e estava com os preparativos para realização da cirurgia avançados, valendo esclarecer desde já que o procedimento cirúrgico se daria mediante plano de saúde fornecido pelos réus. Incotroverso, também, que os demandados tinham ciência acerca dos procedimentos preparativos realizados pela ré.

---

(366) Outros exemplos: processo 0100364-05.2018.5.01.0031, TRT da 1ª Região, data: 02.07.2019; processo 1000847-32.2019.5.02.0262, TRT da 2ª Região, data: 04.09.2023.

(...) Como é de conhecimento amplo, a cirurgia bariátrica é um procedimento complexo e de alto risco, que pode trazer sérias complicações pós-operatórias. Deste modo, tenho para mim que a atitude precipitada da 1ª ré reveste-se de caráter discriminatório, na medida em que revela a intenção da empresa em se ver livre da autora antes que viesse a apresentar algum problema de ordem financeira e estrutural.

(...) Não é demais ressaltar que o fato de a empregada se encontrar em condição de obesidade mórbida já afeta a sua autoestima, tornando-a mais frágil e sensível, e a empregadora, mesmo ciente dos problemas de saúde da autora e dos reflexos negativos, optou em dispensá-la sem justa causa.

Evidenciada, portanto, a atitude discriminatória narrada na inicial e a ofensa à dignidade do ser humano.(367)

Uma quarta categoria de dispensa discriminatória por gordofobia, merecedora de destaque, surge no contexto da pandemia da Covid-19. A partir do momento em que pronunciamentos difundidos na área da saúde passam a associar a "obesidade" a uma comorbidade, acarretando maiores chances de consequências gravosas pelo novo coronavírus, surge uma discriminação generalizada de pessoas gordas, como integrantes do chamado "grupo de risco".(368) Ainda que se reconheça um maior risco em relação a tais pessoas, contudo, abster-se de adotar medidas de prevenção ao coronavírus e simplesmente dispensá-las em massa, sem oferecimento de licença remunerada e meios de manutenção da subsistência, não pode ser admitido sob argumento de preservação da saúde. É o entendimento adotado, dentre outros, pelo julgamento seguinte:

INTEIRO TEOR: (...) a maioria desta Turma negou provimento aos recursos, adotando os fundamentos da sentença: "(...) A prova dos autos revelou que a dispensa da reclamante se deu por ato discriminatório, consistente no impedimento de ingresso da reclamante nas instalações da segunda reclamada, tomadora dos serviços, conforme comunicado realizado pela preposta da primeira ré, impedindo-se a prestação de serviços para os quais a autora foi contratada, levando ao rompimento antecipado do contrato de trabalho, causando-lhe abalos de natureza extrapatrimonial, ferindo a autoestima da trabalhadora. Os acontecimentos referidos configuram ofensas à dignidade humana do trabalhador, lesivos à sua honra, o que malfere a garantia constitucional de proteção à dignidade humana e o valor social do trabalho, princípios fundantes do Estado Democrático do Direito (art. 1º, inciso III da Constituição). Destaca-se que constitui obrigação do empregador oferecer trabalho ao empregado, já que o ócio não pode ser imposto. No presente caso, a autora foi obstada de realizar o trabalho para o qual foi contratada, sob alegação de estar com sobrepeso, o que constitui discriminação no ambiente de trabalho, ainda que sob a justificativa de que a autora estaria em grupo de risco para a Covid 19. Ora, o trabalho é a razão de ser do contrato. O trabalho está na essência da relação de emprego,

(367) TRT da 3ª Região; Processo: 0010387-54.2016.5.03.0180 (ROT); Data: 13.12.2016; Órgão Julgador: 4ª Turma; relatora: Paula Oliveira Cantelli. Destaques acrescidos.

(368) Sobre perspectiva do gordoativismo quanto a violências contra pessoas gordas no contexto da Covid-19, *vide*: JIMENEZ, Maria Luisa *et. al.* Gordofobia, Fascismo e Saúde em Tempos Pandêmicos. *Metaxy — Revista Brasileira de Cultura e Políticas em Direitos Humanos*, Rio de Janeiro, v. 4, n. 1, p. 27-45, 2023.

> nos termos do art. 442 da CLT. Em razão disso, obstar a realização das atividades laborais do empregado, constitui descumprimento contratual e ofensa aos direitos imateriais do trabalhador. (...). Restou caracterizado o erro de condutas do agente, consubstanciado por negar ao trabalhador o ingresso nas instalações da tomadora dos serviços, obstando-a do exercício de suas atividades laborativas, configurando-se o dano a ofensa ao um bem jurídico (patrimônio moral – eis que a autora experimentou sofrimento interior – e nexo causal, ou seja, a relação de causalidade entre a conduta empresária e o dano ocorrido). Presentes estão os requisitos para caracterização do dano moral (...)".[369]

Há, ainda, uma forma legítima de ruptura do contrato de trabalho associada à gordofobia, tratando-se da dispensa justificada, pelo empregador, do empregado que comete ato gordofóbico no ambiente de trabalho. Nesse caso, a ruptura do contrato de trabalho poderá ser licitamente promovida, sendo possível, a depender da gravidade do ocorrido e da proporcionalidade da medida, a aplicação da penalidade máxima da dispensa por justa causa. São raros os casos analisados pelo Poder Judiciário de dispensa por justa causa fundada em gordofobia, especialmente quando comparados à maior quantidade de trabalhadores que pretendem o reconhecimento da rescisão indireta (justa causa patronal) por terem sido vítimas dessa modalidade de discriminação. No entanto, trata-se de situação que merece também lembrança, ilustrando-se pelo acórdão abaixo transcrito:

> INTEIRO TEOR: (...) Na assentada de Id. 32168ca, a testemunha ouvida a rogo da Ré (...) confirmou o registrado na prova documental, veja-se:
>
> "a) que o reclamante era chamado de 'doido';
>
> b) que o reclamante fez brincadeiras com o Luís e este não gostou;
>
> c) que o reclamante já xingou o Luís de 'porco, gordo';
>
> d) que o Luís não gostou e pediu para o supervisor alterar o seu local de trabalho;
>
> e) que neste dia o reclamante foi atrás do Luís jogando grampo no Luís;
>
> f) que neste mesmo dia o reclamante pegou uma barra de ferro para agredir o Luís;
>
> g) que o Luís apenas respondia o reclamante;
>
> h) que o Luís chegou a pegar um grampo para jogar no reclamante e não jogou;
>
> i) que o supervisor pediu para os dois se retirarem e o reclamante agrediu o Luís com um tapa no rosto;
>
> j) que presenciou todos os fatos;".
>
> Comprovado, pois, o comportamento grave e inadequado do Reclamante, que rompe a fidúcia indispensável à manutenção da relação de emprego, logo, a respaldar a resolução do contrato com fundamento no art. 482, *'j'*, da CLT. A ofensa física contra qualquer pessoa em ambiente de trabalho é motivo grave o suficiente para justificar a dispensa do trabalhador por justa causa.

(369) TRT da 3ª Região; Processo: 0010129-84.2023.5.03.0055 (ROPS); Data: 09.06.2023; Órgão Julgador: 10ª Turma; relator: Ricardo Marcelo Silva. Destaques acrescidos.

> O fato de o Reclamante ser chamado de "doido" pelos demais empregados não dá guarida à atitude inapropriada adotada. Ademais, a testemunha empresária esclareceu tratar-se de apelido que surgiu ao tempo em que o Reclamante trabalhava na BRF.
>
> Não é procedimento obrigatório a apuração interna dos fatos antes da aplicação da pena máxima, mesmo porque os fatos ocorreram na presença de várias pessoas que se prontificaram a narrar o ocorrido. Ademais, a gravidade do ocorrido, independentemente da forma como antecedeu (provocação, por exemplo), dispensa tal formalidade.
>
> De qualquer maneira, o contraditório e a ampla defesa puderam ser exercidos nesta demanda, via da qual se examina a denúncia cheia do liame empregatício.
>
> Outrossim, constato que a aplicação da penalidade de dispensa por justa causa ocorreu em tempo célere, não ensejando a violação ao princípio da imediatidade. Como antes mencionado, a contenda ocorreu em 09.10.2014, sendo o laborista dispensado no dia seguinte (10.10.2014).
>
> A falta cometida por ofensas verbais e físicas a outrem, portanto, foi capaz de fazer cessar, imediatamente, toda a fidúcia necessária à continuidade da relação de emprego, e pode ser reputada grave o bastante para o reconhecimento da extinção por justo motivo, não sendo razoável exigir da empregadora a adoção de critérios pedagógicos.[370]

Da fase pré-admissional à ruptura do contrato de trabalho, portanto, a opressão estrutural da gordofobia permeia o ambiente de trabalho. É o que demonstram os numerosos casos levados ao conhecimento do Poder Judiciário, embora o estudo da questão na seara do Direito, de um modo geral, e do Direito do Trabalho, em especial, ainda se mostre em estado incipiente.

(370) TRT da 3ª Região; Processo: 0010717-42.2014.5.03.0044 (ROT); Data: 05.06.2017; Órgão Julgador: 4ª Turma; relator: Carlos Roberto Barbosa. Destaques acrescidos.

Capítulo 5

O Direito Antidiscriminatório e a Gordofobia

Na esfera do Direito, a estigmatização das pessoas gordas parece indicar a urgência de estudos em termos de Direito Antidiscriminatório, notadamente no campo do trabalho. Este, afinal, deve ser compreendido, conforme preconiza a OIT, não apenas como palco de injustiças, mas também como ponto de partida estratégico para o combate à discriminação.(371)

Com efeito, o ambiente de trabalho, para além de campo de discriminações, pode ser também tomado como um espaço privilegiado de afirmação de dignidade e transformação social. O Direito, da mesma forma, pode deixar de meramente reproduzir realidades discriminatórias, convertendo-se em ferramenta de evolução da sociedade, rumo a conjunturas mais igualitárias.

O Direito do Trabalho é meio de concretização do princípio da dignidade da pessoa humana, conforme leciona Lívia Mendes Moreira Miraglia:

> Para a concretização da dignidade da pessoa humana é indispensável a valorização do trabalho, por meio da efetivação das normas trabalhistas, pois é o labor a peça fundamental de afirmação individual e social do ser humano. O princípio da dignidade da pessoa humana e, em especial, o seu aspecto social, ressaltado pelo valor-trabalho, devem nortear toda a produção e aplicação normativa, a fim de garantir a interpretação das leis conforme a Constituição (...).
>
> Além disso, é também dever de todos respeitar e proteger a dignidade humana, própria e alheia, sendo vedado o tratamento desumano em qualquer situação. Não é plausível conceber que um ser humano possa subjugar seu

(371) ORGANIZAÇÃO INTERNACIONAL DO TRABALHO. *Igualdade no Trabalho:* Enfrentar os Desafios. Relatório Global de Acompanhamento da Declaração da OIT relativa aos Direitos e Princípios Fundamentais do Trabalho. Genebra: Bureau Internacional do Trabalho, 2007. p. 1.

semelhante a condições degradantes, seja no âmbito laboral, seja em qualquer outra seara.[372]

A invisibilidade do grupo social das pessoas gordas, no que se refere à normatividade jurídica, parece estar atrelada ao atraso, ocasionado pela estigmatização social, da apropriação de identidade e organização coletiva dessas pessoas para fins de reivindicação de seus interesses. O Direito, porém, no contexto transformador do movimento social gordoativista, pode ser atualmente compreendido não apenas como reflexo da realidade, mas também como mais um instrumento destinado à construção e modificação das estruturas fáticas e sociais.

5.1. Fundamentos jurídicos do direito antidiscriminatório: Igualdade, liberdade e dignidade

Diversos fundamentos jurídicos podem ser apontados para as normas de Direito Antidiscriminatório, em termos de direitos humanos e fundamentais, encampados por tratados e convenções internacionais e por constituições de múltiplos países, incluso o Brasil. Conforme leciona Tarunabh Khaitan, no entanto, é possível simplificar os fundamentos das normas antidiscriminatórias pelo reconhecimento de teóricos de três categorias: igualitaristas, liberais e dignitaristas.[373]

Igualdade, liberdade e dignidade são pilares morais e filosóficos consolidados pelo Direito a partir da cultura dos direitos humanos e dos direitos fundamentais, essenciais para o pensamento jurídico moderno.[374] Em termos conceituais, tradicionalmente concebem-se os direitos humanos como aqueles que reconhecem posições jurídicas ao ser humano enquanto tal, independentemente de sua vinculação a determinada ordem constitucional, sendo positivados por instrumentos normativos de direito internacional e assumindo pretensões de validade universal.[375] Direitos fundamentais, por sua vez, traduzem "os direitos do ser humano reconhecidos e positivados na esfera do direito constitucional positivo de determinado estado".[376] Há uma íntima conexão entre direitos humanos e direitos fundamentais, de todo modo, uma vez que a maior parte das Constituições do pós-segunda guerra inspira-se na Declaração Universal dos Direitos Humanos, de 1948, e em diversos documentos internacionais e regionais que a seguiram.[377]

---

(372) MIRAGLIA, Lívia Mendes Moreira. O Direito do Trabalho como Instrumento de Efetivação da Dignidade Social da Pessoa Humana no Capitalismo. *Revista do Tribunal Regional do Trabalho da 3ª Região*, Belo Horizonte, v. 49, n. 79, p. 160-161, jan./jun.2009.

(373) KHAITAN, Tarunabh. *A Theory of Discrimination Law*. Oxford: Oxford University Press, 2015. p. 6.

(374) MOREIRA, Adilson José. *Tratado de Direito Antidiscriminatório*. São Paulo: Contracorrente, 2020. p. 84.

(375) SARLET, Ingo Wolfgang. *A Eficácia dos Direitos Fundamentais:* uma Teoria Geral dos Direitos Fundamentais na Perspectiva Constitucional. 11. ed. Porto Alegre: Livraria do Advogado Editora, 2012. p. 29.

(376) *Idem*.

(377) *Ibidem*, p. 32.

Tanto em âmbito internacional quanto na ordem constitucional brasileira, enquanto direitos humanos e fundamentais, portanto, igualdade, liberdade e dignidade emergem como princípios inspiradores de normas jurídicas que tutelam interesses primordiais do ser humano. Já em preâmbulo, nesse sentido, a Declaração Universal dos Direitos Humanos (DUDH), de 1948, enuncia que "o reconhecimento da dignidade inerente a todos os membros da família humana e dos seus direitos iguais e inalienáveis constitui o fundamento da liberdade, da justiça e da paz no mundo". Conforme se infere do conteúdo da DUDH e de numerosos outros documentos internacionais, igualdade, liberdade e dignidade permeiam e embasam importantes normas de direito internacional.

A Constituição da República Federativa do Brasil de 1988 eleva a dignidade da pessoa humana a fundamento republicano (art. 1º, III/CR) e estabelece como objetivos fundamentais da República "construir uma sociedade livre, justa e solidária" (art. 3º, I/CR). Dispõe, ainda, que "todos são iguais perante a lei, sem distinção de qualquer natureza (...)" (art. 5º, *caput*/CR), garantindo indistintamente a todos os direitos à igualdade e à liberdade, consagrando o princípio da isonomia e preconizando que "homens e mulheres são iguais em direitos e obrigações, nos termos desta Constituição" (art. 5º, I/CR). Dentre diversos outros dispositivos a serem oportunamente examinados, incluindo normas que endereçam de forma mais específica a vedação às discriminações na esfera do trabalho, tais previsões atestam a consagração e relevância dos princípios da igualdade, da liberdade e da dignidade da pessoa humana na ordem constitucional brasileira.

Em se tratando de Direito Antidiscriminatório, igualitaristas entendem que o princípio da igualdade é o que informa, ao menos de forma preponderante, a regulamentação normativa da temática da discriminação. Liberais, por sua vez, pensam que o fundamento normativo está em uma determinada concepção do princípio da liberdade, associado à noção de autonomia. Finalmente, os dignitaristas entendem que as discriminações são condenáveis por violarem a dignidade das pessoas, sendo o fundamento primordial das normas antidiscriminatórias, portanto, o princípio da dignidade.[378] Em combinação das ideias encampadas pelas diversas teorias, surgem também teóricos pluralistas, entendendo que os três princípios (igualdade, liberdade e dignidade) inspiram de forma relevante o Direito Antidiscriminatório, iluminando-o por diversos ângulos.[379]

A igualdade, na lição de Susanne Baer, remete ao direito de tratamento equivalente, igualdade perante a lei, princípio de não distinção e, lado outro, de não discriminação, obstando distinção, exclusão ou restrição de direitos humanos e liberdades fundamentais.[380]

(378) SARLET, Ingo Wolfgang. *A Eficácia dos Direitos Fundamentais:* uma Teoria Geral dos Direitos Fundamentais na Perspectiva Constitucional. 11. ed. Porto Alegre: Livraria do Advogado Editora, 2012. p. 6-7.

(379) *Ibidem*, p. 8.

(380) BAER, Susanne. Equality. In: *The Oxford Handbook of Comparative Constitutional Law*. Oxford: Oxford University Press, 2012. p. 982-1.001.

Como princípio, pode informar a própria ideia da generalidade das normas jurídicas, ao prever direitos a todos, funcionando como ponto de partida das liberdades em geral, a serem asseguradas aos seres humanos. De forma mais específica, pode assumir conotações distributivas, vinculando-se aos direitos sociais. Muito frequentemente, no entanto, a igualdade pode funcionar como um direito humano à não discriminação.[(381)]

A igualdade pode ser formal, no sentido da equiparação simétrica de todos os seres humanos para a garantia de liberdades e direitos, mas também material ou substantiva, apontando para a busca efetiva e assimétrica de condições de existência e dignidade equânimes entre as pessoas ou grupos diversos. Conforme sintetiza Rui Barbosa:

> A parte da natureza varia ao infinito. Não há, no universo, duas coisas iguais. Muitas se parecem umas às outras. Mas todas entre si diversificam. Os ramos de uma só árvore, as folhas da mesma planta, os traços da polpa de um dedo humano, as gotas do mesmo fluido, os argueiros do mesmo pó, as raias do espectro de um só raio solar ou estelar. Tudo assim, desde os astros no céu, até os micróbios no sangue, desde as nebulosas no espaço, até aos aljôfares do rocio na relva dos prados.
>
> A regra da igualdade não consiste senão em quinhoar desigualmente aos desiguais, na medida em que se desigualam (...). Tratar com desigualdade a iguais, ou a desiguais com igualdade, seria desigualdade flagrante, e não igualdade real.[(382)]

A concepção de igualdade mais comumente associada à não discriminação, em todo caso, é aquela que impede diferenciações entre as pessoas de forma irracional, por serem todos essencialmente iguais. Trata-se, portanto, da proibição de distinções arbitrárias e, consequentemente, da imposição do comportamento racional.[(383)]

O princípio da igualdade, assim, pode fundamentar normas antidiscriminatórias ao inspirar a vedação aos tratamentos diferenciados e prejudiciais dispensados, arbitrariamente, a indivíduos ou grupos em situações sociais de desvantagem. Essencialmente iguais e dotados da mesma dignidade humana, indivíduos e grupos concretamente diversos e múltiplos não podem, de forma irracional, sofrer distinções que impliquem, comparativamente, rebaixamento de sua humanidade e de seu patamar de direitos e oportunidades. Da mesma forma, por outro lado, não podem ter também desconsideradas suas identidades e peculiaridades, notadamente de origem social, a imporem tratamentos diferenciados em favor do alcance de uma justiça material.

---

(381) BAER, Susanne. Equality. In: *The Oxford Handbook of Comparative Constitutional Law*. Oxford: Oxford University Press, 2012. p. 982-1.001.

(382) BARBOSA, Rui. *Oração aos Moços*. Brasília: Senado Federal, Conselho Editorial, 2019. p. 36.

(383) BAER, Susanne. Equality. In: *The Oxford Handbook of Comparative Constitutional Law. Op. cit.*, p. 982-1.001.

Revisitando o complexo conceito de igualdade material ou substantiva, à luz de reflexões antidiscriminatórias, Sandra Fredman propõe a adoção de um quadro composto por quatro condições de metas e objetivos: reparação de desvantagens; combate ao preconceito, ao estigma, à estereotipagem, à humilhação e à violência com base em característica protegida; elevação de voz e participação, combatendo a exclusão política e social; e acolhimento da diferença e alcance de mudança estrutural.(384)

A reparação da desvantagem impõe a ação afirmativa, concentrando-se na imposição de medidas para mitigação de condições desvantajosas existentes para determinados grupos. O enfrentamento de estigma, estereotipagem, humilhação e violência está relacionado à humanidade básica, à valorização social da pessoa, ao reconhecimento e importância da interpessoalidade para a afirmação de identidade do ser humano. A inclusão social e aumento da voz política remetem ao reforço de representação de grupos sociais em condições de desvantagem, em termos de participação política, e adoção de medidas de integração à sociedade. A abrangência à diferença, por fim, pressupõe a remoção aos prejuízos associados às características de grupos sociais em situação de desvantagem, porém com acolhimento e valorização da diferença em si.(385)

O princípio da liberdade, por sua vez, também desponta como base antidiscriminatória relevante. Abrange não apenas o sentido negativo, de não interferência injustificada de outros na esfera individual, mas também, nos ensinamentos de Tarunabh Khaitan, um sentido positivo de garantia de acesso a condições básicas para uma boa vida — como um conjunto de bens que satisfaçam as necessidades biológicas da pessoa, um adequado rol de oportunidades de escolha e um nível adequado de respeito próprio.(386) A liberdade invocada por grupos vulneráveis, quando da defesa de seus direitos, guarda relações íntimas com a igualdade. Agir livremente implica possuir as condições para, nas palavras de Adilson Moreira, “dar sentido e propósitos às suas próprias ações”.(387)

Esclarece Khaitan que a liberdade ínsita às normas de direito antidiscriminatório pressupõe a clássica liberdade negativa, que obsta a interferência injustificada de terceiros nos projetos, posses, relacionamentos e negócios do indivíduo.(388) Todavia, a liberdade em sua inteireza é também positiva, em diversos aspectos.

Em primeiro lugar, por um viés positivo, liberdade exige a garantia de um conjunto de bens que satisfaçam as necessidades biológicas da pessoa. O ser humano, afinal,

---

(384) FREDMAN, Sandra. Igualdade Substantiva Revisitada. *Revista Direito e Práxis,* Rio de Janeiro, v. 14, p. 2.080-2.122, n. 3, set./2023. Disponível em: https://www.e-publicacoes.uerj.br/revistaceaju/article/view/78316. Acesso em: 1o. nov. 2023.

(385) *Idem.*

(386) KHAITAN, Tarunabh. *A Theory of Discrimination Law*. Oxford: Oxford University Press, 2015. p. 115.

(387) MOREIRA, Adilson José. *Tratado de Direito Antidiscriminatório*. São Paulo: Contracorrente. p. 66.

(388) KHAITAN, Tarunabh. *A Theory of Discrimination Law. Op. cit.*, p. 98-102.

para que possa exercer minimamente sua autodeterminação, necessita de atendimento às suas necessidades físicas de alimento, vestimentas, abrigo(389) e demandas vitais básicas.

Em segundo lugar, ser livre implica ter acesso a um rol adequado de oportunidades de escolha, que permite à pessoa o exercício de capacidades inatas aos seres humanos. Trata-se da garantia de condições para o atendimento, em níveis razoáveis e adequados, dos impulsos naturais de persecução de objetivos abrangentes ou triviais, que vão desde aspectos universalmente reconhecidos de impacto na vida e bem-estar, como emprego, domicílio, educação e relacionamentos, até pequenas escolhas do cotidiano:

> Essas oportunidades devem permitir-nos perseguir objetivos abrangentes de longo prazo, bem como objetivos triviais e (relativamente) de curto prazo. Nossos objetivos abrangentes e de longo prazo dizem respeito principalmente ao nosso emprego, educação, moradia, relacionamentos e outros aspectos da vida que têm um impacto significativo em muitas facetas do nosso bem-estar. Metas triviais — geralmente relacionadas ao que você deseja fazer no curto prazo — também são essenciais. Elas incluem coisas como ouvir música, raspar a cabeça, sair de férias, conversar com um amigo, jogar futebol, fazer uma tatuagem, dançar etc. Objetivos triviais são intrinsecamente importantes porque nossos impulsos humanos inatos dizem respeito não apenas a objetivos com consequências generalizadas, mas também àqueles com poucas, de curto prazo ou com nenhuma consequência. Eles também são importantes instrumentalmente, porque experimentar objetivos triviais nos ajuda a determinar nossos talentos e nível de entusiasmo por objetivos mais abrangentes.(390)

Em terceiro lugar, a liberdade vincula-se também a um adequado nível de autorrespeito. O respeito próprio, segundo Khaitan, abrange uma vertente de autorrespeito "por reconhecimento", envolvendo o alcance de um *status* de valor reconhecido, como o estatuto de pessoa, e uma vertente de autorrespeito "avaliativo", pelo qual a pessoa mede o valor e sucesso de sua vida, caráter e objetivos pessoais. Autorrespeito e respeito por parte dos outros são conceitos relacionais, inegavelmente conectados, considerando-se o impacto para o ser humano da postura respeitosa ou desrespeitosa por parte de pessoas

(389) KHAITAN, Tarunabh. *A Theory of Discrimination Law*. Oxford: Oxford University Press, 2015. p. 128.

(390) *Ibidem*, p. 102-103. Tradução livre. No original: *"These opportunities should allow us to pursue long-term pervasive goals as well as (relatively) short-term and trivial goals. Our long-term and pervasive goals chiefly concern our employment, education, domicile, relationships, and other aspects of life which have a significant impact on many facets of our well-being. Trivial goals — usually relating to what you want to do in the short-term — are also essential. They include things like listening to music, shaving one's head, going on a holiday, chatting with a friend, playing football, getting tattooed, dancing, etc. Trivial goals are important intrinsically because our innate human drives concern not only goals with pervasive consequences but also those with little, short-term, or no consequences".*

importantes para ele ou de representação na comunidade; as consequências da difusão e generalização de posturas desrespeitosas; e a importância adquirida pela base ostensiva em que se funda o desrespeito alheio.(391)

Acerca do impacto do respeito social sobre o respeito próprio pelo ser humano, de essencial compreensão para a temática do combate às discriminações, esclarece Tarunabh Khaitan:

> Em particular, o respeito próprio é sensível a três aspectos do respeito dos outros. Primeiro, o desrespeito por parte de certos tipos de pessoas tem um impacto mais severo no respeito próprio. Essas pessoas incluem aquelas que são mais importantes pessoalmente para o sujeito em questão (seus amigos, familiares e colegas) e pessoas que representam sua comunidade (funcionários do Estado, líderes religiosos e sociais). Historicamente, o respeito da comunidade religiosa foi fundamental. Nas sociedades democráticas modernas, o respeito ou a condenação por parte do Estado são geralmente mais importantes, dada sua relevância expressiva na determinação de quem é digno de respeito e quem é condenado. Em segundo lugar, a difusão do desrespeito contra uma pessoa é importante para o seu autorrespeito. É mais fácil ignorar um ato desrespeitoso isolado, mas é muito mais difícil fazê-lo se alguém for desrespeitado com frequência e por um grande número de pessoas. Finalmente, a base ostensiva em que se baseia o desrespeito dos outros é importante. Quanto mais fortemente alguém se identifica com este terreno, mais severo é o impacto no respeito próprio. Contudo, se a identificação com a base ostensiva do desrespeito for sentida com força suficiente por uma massa crítica de pessoas, também poderá gerar uma contracultura de forte respeito próprio dentro do subgrupo desrespeitado. Um bom exemplo é a emergência de uma orgulhosa subcultura gay em certas sociedades industriais no final do século XX.
>
> É por todas essas razões que importa o que os outros pensam de nós e o motivo. Para promover o bem básico do respeito próprio, precisamos, portanto, erradicar atitudes generalizadas, sistêmicas e significativamente desrespeitosas quando são (moralmente falando) mal orientadas, ou seja, quando são dirigidas contra objetos que são de fato valiosos. Um Estado do século XXI tem notáveis poderes expressivos de influência discursiva, e o que diz ou deixa de dizer é muito importante. É essencial que esse poder expressivo do Estado nunca seja utilizado para prejudicar os nossos interesses legítimos no nosso respeito próprio, mas apenas para protegê-los.(392)

---

(391) KHAITAN, Tarunabh. *A Theory of Discrimination Law*. Oxford: Oxford University Press, 2015. p. 108-112.

(392) *Ibidem*, p. 111. Tradução livre. No original: *"In particular, self-respect is sensitive to three aspects of respect from others. First, disrespect by certain types of persons has a more severe impact on self-respect. These persons*

Entrelaçando-se aos princípios da igualdade e da liberdade, o princípio da dignidade também é base fulcral do Direito Antidiscriminatório. Sua clara conceituação, a exemplo do que ocorre com os demais princípios informadores das normas antidiscriminatórias, é tarefa complexa. Não obstante a abrangência e abertura conceitual, todavia, é possível delinear algumas dimensões importantes do princípio da dignidade da pessoa humana.

Conforme leciona Ingo Sarlet, em uma perspectiva ontológica, a dignidade da pessoa humana seria atributo intrínseco ao ser humano, associando-se à própria condição humana e ao valor absoluto de que se revestem todas as pessoas. Em sentido relacional, por sua vez, a dignidade diria respeito ao reconhecimento, pela comunidade humana, de que cada pessoa é credora de igual dever de respeito e proteção. Finalmente, por um ângulo histórico-cultural, é preciso reconhecer que a conceituação de dignidade é um processo em constante evolução e desenvolvimento, em harmonia com a diversidade e pluralismo das sociedades contemporâneas.(393)

Como também ocorre com as próprias noções de igualdade e liberdade, a dignidade é uma categoria axiológica aberta, demandando constante concretização e delimitação na prática jurídica. Ressalta Sarlet, ainda, que o princípio da dignidade da pessoa humana abrange tanto uma vertente negativa, que impõe limites ao comportamento de outrem, quanto uma vertente positiva, que impõe deveres prestacionais.

A dignidade remete, assim, ao respeito humano que proíbe a prática de atos que violem ou exponham a grave dano o valor intrínseco da pessoa, que lhe confere a faculdade de escolher e traçar sua vida autonomamente (dignidade em sentido negativo). Ao mesmo tempo, no entanto, impõe a criação de condições que possibilitem o pleno

---

include those who matter most to the person concerned personally (her friends, family, and colleagues), and persons who represent her community (officials of the state, religious, and social leaders). Historically, respect from one's religious community was critical. In modern democratic societies, respect or condemnation by the state usually matters more, given its expressive salience in determining who is worthy of respect and who of condemnation. Second, the pervasiveness of disrespect against a person matters to her self-respect. It is easier to shrug off an isolated disrespectful act, but it is much more difficult to do so if one is subjected to disrespect frequently and by a large number of people. Finally, the ostensible ground on which the disrespect of others is based matters. The more strongly one identifies with this ground, the more severe is the impact on one's self-respect. However, if the identification with the ostensible ground of disrespect is felt strongly enough by a critical mass of persons, it could also engender a counter-culture of strong self-respect within the disrespected sub-group. A good example is the emergence of a proud gay sub-culture in certain industrial societies in the late twentieth century. It is for all of these reasons that it matters what others think of us and why. To promote the basic good of self-respect, therefore, we need to eradicate widespread, systemic, and significantly disrespectful attitudes when they are (morally speaking) misdirected, ie when they are directed against objects that are in fact valuable. A twenty-first-century state has remarkable discourse-influencing expressive powers, and what it says or fails to say matters a great deal. It is essential that this expressive power of the state is never employed to damage our legitimate interests in our self-respect, but only to protect them".

(393) SARLET, Ingo Wolfgang. As Dimensões da Dignidade da Pessoa Humana: Construindo uma Compreensão Jurídico-Constitucional Necessária e Possível. *Revista Brasileira de Direito Constitucional*, São Paulo, n. 09, p. 361-388, jan./jun. 2007.

exercício e fruição de necessidades existenciais básicas, demandando prestações tutelares do Estado ou da comunidade (dignidade em sentido positivo).[(394)] Em suma, segundo Sarlet, sem prejuízo ao reconhecimento da abertura e historicidade conceitual, assim se pode conceituar a dignidade da pessoa humana:

> (...) qualidade intrínseca e distintiva reconhecida em cada ser humano que o faz merecedor do mesmo respeito e consideração por parte do Estado e da comunidade, implicando, neste sentido, um complexo de direitos e deveres fundamentais que assegurem a pessoa tanto contra todo e qualquer ato de cunho degradante e desumano, como venham a lhe garantir as condições existenciais mínimas para uma vida saudável, além de propiciar e promover sua participação ativa e co-responsável nos destinos da própria existência e da vida em comunhão com os demais seres humanos.[(395)]

O princípio da dignidade da pessoa humana "concretiza a elevação do indivíduo a 'centro convergente de direitos' do ordenamento jurídico pátrio"[(396)] e, especificamente no campo do justrabalhista, conforme sintetiza Lívia Miraglia, preconiza em favor do trabalhador a garantia dos "direitos mínimos de remuneração justa, de liberdade, de equidade e de segurança no contexto da relação laboral".[(397)] O reconhecimento do valor intrínseco a todo ser humano, ademais, imporá no campo trabalhista a vedação de violências e tratamentos estigmatizantes em favor de determinados grupos de trabalhadores, a promoção do respeito às diferenças no ambiente laboral, a inclusão social e a promoção de reparações sociais por meio do trabalho.

Igualdade, liberdade e dignidade, como se percebe, são conceitos jurídico-principiológicos que se misturam e complementam. Adota-se, por conseguinte, um entendimento pluralista acerca dos fundamentos do Direito Antidiscriminatório, que reconhece a relevância dos mencionados princípios, na condição de direitos humanos e fundamentais, como base das normas jurídicas de não discriminação.

A igualdade, decerto, é um norte que baliza preceitos de não discriminação, os quais aproximam o nível de bens e interesses protegidos de indivíduos ou grupos múltiplos. Não se pode tomá-la como único fundamento do Direito Antidiscriminatório, no

---

(394) SARLET, Ingo Wolfgang. As Dimensões da Dignidade da Pessoa Humana: Construindo uma Compreensão Jurídico-Constitucional Necessária e Possível. *Revista Brasileira de Direito Constitucional*, São Paulo, n. 09, p. 361-388, jan./jun. 2007.

(395) *Ibidem*, p. 383.

(396) MIRAGLIA, Lívia Mendes Moreira. O Direito do Trabalho e a Dignidade da Pessoa Humana — pela Necessidade de Afirmação do Trabalho Digno como Direito Fundamental. *In:* XIX Encontro Nacional do CONPEDI, 2010, Fortaleza. *Anais do XIX Encontro Nacional do CONPEDI*. Florianópolis: Boiteux, 2010, p. 9.043-9.045.

(397) *Idem*.

entanto, pois as normas antidiscriminatórias, embora tenham como inspiração abstrata a eliminação das desigualdades, muitas vezes se prestam, de fato, somente a reduzi-las. Uma norma que estabeleça cota para contratação de pessoas com deficiência, por exemplo, será um contributo para uma realidade social mais próxima de um ideal igualitário, mas servirá, no máximo, para a mitigação da desigualdade entre pessoas com e sem deficiência, não alcançando sua superação definitiva.

As normas de Direito Antidiscriminatório, afinal, existem justamente em razão e para o combate de disparidades preexistentes entre grupos sociais. Assim, sua própria estrutura, paradoxalmente, pressupõe a realidade fática da desvantagem relativa de grupos determinados em relação aos demais. Consequentemente, a igualdade deve ser associada a outros fundamentos importantes para explicar as normas de antidiscriminação.

A liberdade, nesse sentido, também é crucial ao embasar o Direito Antidiscriminatório enquanto veículo de proteção da autodeterminação do ser humano. Ao fazê-lo, no entanto, importam significativamente vertentes positivas da concepção de liberdade, que extrapolam a visão mais difundida e tradicional de liberdade negativa. Tais visões positivas da liberdade associam-se, justamente, às próprias concepções tradicionais de igualdade material ou de dignidade.

Finalmente, a dignidade da pessoa humana, em suas diversas dimensões, inspira o Direito Antidiscriminatório ao impor o reconhecimento do valor intrínseco a cada ser humano, seu acolhimento comunitário enquanto pessoa e a garantia, em consonância com a evolução histórico-social, de sua vida com autonomia e acesso a necessidades básicas existenciais. A própria abertura conceitual da noção de dignidade, de todo modo, mais intensa que a dos demais princípios, aconselha o recurso também às noções de liberdade e igualdade entre as pessoas, no tocante aos seus direitos, faculdades e condições de vida.

Considerando-se a centralidade do trabalho na vida do ser humano, na contemporaneidade, as normas antidiscriminatórias no campo trabalhista são de especial importância para a transformação da realidade social de indivíduos ou grupos em condição social de desvantagem relativa. Liberdade, igualdade e dignidade, direitos humanos e fundamentais, embasam um Direito Antidiscriminatório, de maneira geral, e normas justrabalhistas antidiscriminatórias ou um Direito Antidiscriminatório Trabalhista, em especial.

5.2. A Democracia como fundamento político do direito antidiscriminatório

Do ponto de vista político, como sustenta Adilson Moreira, o Direito Antidiscriminatório é legitimado por elementos centrais da democracia. De um lado, uma comunidade verdadeiramente democrática "requer o reconhecimento do mesmo valor moral entre todos os membros da comunidade política" e, de outro, "a legitimidade das instituições políticas depende do reconhecimento pelos diversos grupos sociais de que elas operam de acordo com a moralidade jurídica presente nos textos constitucionais".[(398)]

Na conceituação de Norberto Bobbio, analisada de um ponto de vista descritivo ou procedimental, pode-se conceituar a democracia como:

> (...) a forma de governo na qual o poder é exercido por todo o povo, ou pelo maior número, ou por muitos, e enquanto tal se distingue da monarquia e da aristocracia, nas quais o poder é exercido, respectivamente, por um ou por poucos.[(399)]

A democracia, ou poder (*krátos*) do povo (*demos*),[(400)] é nas sociedades contemporâneas representativa, dado o exercício do poder pelos representantes do povo, em contraposição à democracia direta da antiga Grécia, em que os cidadãos exerciam o governo sem intermediários. Concebida em seu sentido hodierno e procedimental, a democracia enquanto método seria um conjunto de "regras do jogo", a definirem como devem ser tomadas as decisões coletivas.[(401)] Tais regras ou "universais procedimentais", no ensinamento de Bobbio, podem ser assim sintetizadas:

> 1) todos os cidadãos que tenham alcançado a maioridade etária sem distinção de raça, religião, condição econômica, sexo, devem gozar de direitos políticos, isto é, cada um deles deve gozar do direito de expressar sua própria opinião ou de escolher quem a expresse por ele; 2) o voto de todos os cidadãos deve ter igual peso; 3) todos aqueles que gozam dos direitos políticos devem ser livres para poder votar segundo sua própria opinião formada, ao máximo possível, livremente, isto é, em uma livre disputa entre grupos políticos organizados em concorrência entre si; 4) devem ser livres também no sentido em que devem ser colocados em condições de escolher entre diferentes soluções, isto é, entre partidos que tenham programas distintos e alternativos; 5) seja para as eleições, seja para as decisões coletivas, deve valer a regra da maioria numérica, no sentido de que será considerado eleito o candidato ou será considerada válida a decisão que obtiver o maior número de votos; 6) nenhuma decisão tomada por maioria deve limitar os direitos

(398) MOREIRA, Adilson José. *Tratado de Direito Antidiscriminatório*. São Paulo: Contracorrente, 2020. p. 73.

(399) BOBBIO, Norberto. *Estado, Governo, Sociedade:* para uma Teoria Geral da Política. 14. ed. Rio de Janeiro: Paz & Terra, 1987. p. 137.

(400) BOBBIO, Norberto. *Teoria Geral da Política:* a Filosofia Política e as Lições dos Clássicos. 14. ed. Rio de Janeiro: Elsevier, 2000. p. 416.

(401) *Ibidem*, p. 426.

da minoria, particularmente o direito de se tornar por sua vez maioria em igualdade de condições.(402)

As regras formais de uma democracia concebida em termos procedimentais já trazem implícitas, portanto, exigências de reconhecimento da igualdade valorativa entre os seres humanos; de seu direito à autodeterminação; do fornecimento de condições para a liberdade de escolha de cada um; e da vedação ao rebaixamento de direitos das minorias.

A democracia em sentido formal ou em uma concepção procedimental, assim, dialoga sem dúvida com uma democracia também em sentido material, ou em uma concepção ética. Nesse sentido, a democracia seria a forma de governo que tem por fundamento "o reconhecimento da autonomia do indivíduo, de todos os indivíduos, sem distinção de raça, sexo, religião etc.".(403)

O Direito Antidiscriminatório, indo ao encontro do ideal democrático, impõe o reconhecimento de idêntico valor moral a todos os membros da comunidade política. E, nas palavras de Adilson Moreira, tal objetivo "não pode ser alcançado quando grupos de pessoas são constantemente submetidos a processos de exclusão que provocam a marginalização duradoura ou permanente de certos grupos sociais".(404)

Normas antidiscriminatórias almejam, justamente, identificar e corrigir situações que dificultem ou impeçam o reconhecimento do mesmo valor moral às pessoas.(405) Para tanto, é necessária a imposição de observância, por agentes públicos e privados, de direitos humanos e fundamentais voltados à proteção de grupos vulneráveis e à criação de uma sociedade inclusiva. O Direito Antidiscriminatório, em suma, presta-se a eliminar condutas que prejudicam a plena participação das pessoas, de forma injustificada, nos processos decisórios e na vida social.(406) A democracia, por conseguinte, é o fundamento político por excelência das normas jurídicas de não discriminação.

5.3. Estrutura da norma de direito antidiscriminatório

O Direito Antidiscriminatório, recentemente, vem sendo estudado e defendido como um ramo próprio do Direito. Na definição de Adilson Moreira, trata-se de ramo jurídico "composto por uma série de normas que pretendem reduzir ou eliminar disparidades significativas entre grupos, um dos objetivos centrais dos textos constitucionais

(402) BOBBIO, Norberto. *Teoria Geral da Política:* a Filosofia Política e as Lições dos Clássicos. 14. ed. Rio de Janeiro: Elsevier, 2000. p. 426-427

(403) *Ibidem*, p. 422.

(404) MOREIRA, Adilson José. *Tratado de Direito Antidiscriminatório*. São Paulo: Contracorrente, 2020. p. 73.

(405) *Idem*.

(406) *Ibidem*, p. 73-77.

das sociedades democráticas".[407] A mitigação das desigualdades pode ocorrer tanto pelo impedimento da discriminação negativa, enquanto tratamento prejudicial intencional e arbitrário, quanto por iniciativas públicas e privadas voltadas à promoção da discriminação positiva, destinada à integração social de minorias.[408]

Embora sejam incipientes os estudos e os posicionamentos doutrinários que reconhecem *status* jurídico de ramo autônomo ao Direito Antidiscriminatório, é possível afirmar com segurança que normas antidiscriminatórias permeiam diversos ramos do Direito mais consolidados na tradição jurídica, como é o caso do Direito Internacional, do Direito Constitucional e do Direito do Trabalho.

As normas antidiscriminatórias podem ser, conforme esclarece Moreira,[409] gerais ou específicas. As normas antidiscriminatórias gerais são aquelas com maior nível de abstração, abrangendo princípios constitucionais estruturantes, normas programáticas, normas garantidoras e de abertura de direitos fundamentais. Englobam, por exemplo, os princípios da dignidade da pessoa humana, da igualdade e da liberdade, do Estado Democrático de Direito e da democracia pluralista; normas que impõem aos Estados compromissos sociais de erradicação da marginalização e redução das desigualdades; direitos fundamentais positivados nas constituições e afetos à temática da não discriminação; cláusulas de abertura constitucional para direitos múltiplos oriundos de tratados e convenções internacionais.

Não obstante a central relevância das normas gerais, contudo, são as normas antidiscriminatórias específicas que conferem as notas distintivas do Direito Antidiscriminatório, permitindo reflexões aprofundadas sobre sua aplicabilidade e relevância para singularizados grupos sociais vulneráveis. São normas que impõem especificamente, a atores públicos ou privados, obrigações voltadas à proibição de discriminação negativa ou à adoção de medidas positivas de inclusão, com base em características de grupos vulneráveis.[410]

Acerca da estrutura normativa de tais normas específicas, invoca-se no presente trabalho a teorização de Tarunabh Khaitan, em sua obra intitulada *"A Theory of Discrimination Law"*.[411] Proveniente dos Estados Unidos, país de forte tradição em estudos de Direito Antidiscriminatório, o livro associa a doutrina de cinco sistemas jurídicos pioneiros e conexos com a filosofia política contemporânea, especificamente do Canadá, da Índia, da África do Sul, do Reino Unido e dos próprios Estados Unidos, para apresentar uma teoria geral do Direito Antidiscriminatório. Em que pese a diferença entre os sistemas

(407) MOREIRA, Adilson José. *Tratado de Direito Antidiscriminatório*. São Paulo: Contracorrente, 2020. p. 46.

(408) *Idem*.

(409) *Ibidem*, p. 88-93.

(410) MOREIRA, Adilson José. *Tratado de Direito Antidiscriminatório. Op. cit.*, p. 94-96.

(411) KHAITAN, Tarunabh. *A Theory of Discrimination Law*. Oxford: Oxford University Press, 2015.

jurídicos do *Common Law*, aplicáveis aos Estados Unidos e demais países estudados por Khaitan, e do *Civil Law*, adotado no Brasil, são pertinentes, aplicáveis e podem ser úteis, na esfera nacional, as considerações tecidas acerca das estruturas essenciais das normas de Direito Antidiscriminatório em sentido estrito.

Nesse sentido, Khaitan elenca e descreve com precisão as condições necessárias e suficientes para a caracterização das normas jurídicas impositivas de deveres como normas antidiscriminatórias ou de Direito Antidiscriminatório, nos seguintes termos:

> (...) para que uma norma jurídica impositiva seja caracterizada como uma norma de direito antidiscriminatório, ela deve satisfazer as seguintes quatro condições necessárias, que, em conjunto, são também suficientes:
>
> A Condição dos Fatores Pessoais de Discrímen: a norma impositiva de deveres em questão deve exigir alguma conexão entre o ato ou omissão proibida ou exigida pela norma, por um lado, e certos atributos ou características que as pessoas têm, chamados de "fatores de discrímen", por outro.
>
> A Condição dos Grupos Cognatos: Um fator de discrímen protegido deve ser capaz de classificar as pessoas em mais de uma categoria, sendo tais classes abstratamente chamadas de "grupos".
>
> A Condição da Desvantagem Relativa: De todos os grupos definidos por um determinado fator universal de discrímen, os membros de pelo menos um grupo devem ser significativamente mais propensos a sofrer desvantagem permanente, generalizada e substancial do que os membros de pelo menos um outro grupo cognato.
>
> A Condição de Distribuição Excêntrica: A norma impositiva de deveres deve ser projetada de modo que seja provável que distribua os benefícios tangíveis não remotos em questão para alguns, mas não todos, os membros do grupo beneficiário pretendido.(412)

---

(412) KHAITAN, Tarunabh. *A Theory of Discrimination Law*. Oxford: Oxford University Press, 2015. p. 42. Tradução livre. No original: *"(...) for a duty-imposing legal norm to be characterized as a norm of discrimination law, it must satisfy the following four necessary conditions, wich, taken together, are also sufficient:*

The Personal Grounds Condition: The duty-imposing norm in question must require some connection between the act or omission prohibited or mandated by the norm on the one hand and certain attributes or characteristics that persons have, called 'grounds', on the other.

The Cognate Groups Condition: A protected ground must be capable of classifying persons into more than one class of persons, loosely called 'groups'.

The Relative Disadvantage Condition: Of all groups defined by a given universal order ground, members of at least one group must be significantly more likely to suffer abiding, pervasive, and substantial disadvantage than the members of at least one other cognate group.

The Eccentric Distribution Condition: The duty-imposing norm must be designed such that it is likely to distribute the non-remote tangible benefits in question to some, but not all, members of the intended beneficiary group".

A primeira condição das normas antidiscriminatórias específicas, portanto, é a dos fatores pessoais de discrímen, os quais correspondem a características pessoais relevantes e definidoras da realidade de grupos sociais. São exemplos o sexo, a raça, o peso, a orientação sexual, a idade, a condição de deficiência, dentre diversas outras características. Um fator pessoal de discrímen pode ser universal, quando aplicável a todas as pessoas (como o sexo, ilustrativamente e de forma indistinta), ou particular, quando diferentes instâncias do fator universal se aplicam a grupos específicos de indivíduos (como o sexo feminino ou o sexo masculino, isoladamente, por exemplo). Para que uma norma específica seja de Direito Antidiscriminatório, deve haver uma conexão entre a ação ou omissão imposta a algum sujeito e fatores pessoais de discrímen de indivíduo ou grupo.(413) Portanto, a norma determina um ato omissivo ou comissivo com base em critério de sexo, de raça, de peso, de deficiência, de origem ou de qualquer atributo de natureza pessoal com relevância considerável para a existência concreta e a posição social comparativa de grupos e indivíduos.

A segunda condição, dos grupos cognatos, requer que a característica própria a indivíduos ou grupos, à qual se associa a ação ou omissão normativamente imposta, possa embasar a classificação dos indivíduos em mais de uma classe de pessoas, formando grupos distintos, denominados grupos cognatos (por exemplo, grupo dos homens e grupo das mulheres, em análise pertinente ao fator pessoal de discrímen sexo). Assim, uma categoria de amplitude tamanha que envolva todas as pessoas, como a de seres humanos, não embasaria uma norma antidiscriminatória específica ou em sentido estrito.(414) Normas definidoras de direitos fundamentais atribuídos a todos os seres humanos, por conseguinte, poderiam ser vistas como normas antidiscriminatórias num sentido amplo ou geral, mas não no sentido específico em estudo.

A terceira condição é a da desvantagem relativa, pela qual, dentre todos os grupos oriundos de um determinado fator universal de discrímen, os integrantes de pelo menos um grupo devem ser consideravelmente mais suscetíveis a sofrer desvantagem permanente, generalizada e substancial do que os membros de pelo menos um outro grupo cognato.(415) É que a razão de ser da própria norma antidiscriminatória é reduzir situações de desvantagem social existentes para determinados grupos sociais, de modo que a definição dos fatores pessoais de discrímen pressupõe a identificação de tais desvantagens comparativas. As características abrangidas pelas normas, portanto, não são selecionadas de forma aleatória. Assim é que, por exemplo, a admissão do sexo como fator pessoal de discrímen deriva do fato de que as mulheres experimentam socialmente, em relação aos homens, situações de desvantagem persistente, generalizada e substancial.

---

(413) KHAITAN, Tarunabh. *A Theory of Discrimination Law*. Oxford: Oxford University Press, 2015. p. 27-30.

(414) *Ibidem*, p. 30.

(415) *Idem*.

Finalmente, pela condição da distribuição excêntrica, as normas antidiscriminatórias impõem deveres que não garantem, por si, o acesso ao benefício tangível e não remoto em questão a todo e qualquer indivíduo do grupo protegido, mas a alguns membros do referido grupo. Assim é que, por exemplo, normas que regulam a contratação de empregados, estabelecendo vantagem em favor de mulheres, poderão garantir a contratação de algumas integrantes do grupo de pessoas do sexo feminino, mas não de todas. Embora os benefícios remotos na redução da desigualdade entre os sexos no mundo do trabalho sejam um ganho para as mulheres em geral, os benefícios tangíveis ou imediatos, no caso a admissão no trabalho, serão destinados apenas a algumas integrantes do grupo social tutelado. É o que difere as normas de Direito Antidiscriminatório de normas garantidoras de direitos socioeconômicos em geral ou de assistência social, que alcançam uma universalidade setorizada dos benefícios imediatos, conferidos à generalidade dos membros de um grupo social vulnerável.(416)

A teorização das normas específicas de Direito Antidiscriminatório proposta por Tarunabh Khaitan, com sua repercussão sobre os próprios sujeitos de direito, pode embasar análises fundadas acerca da legitimidade da extensão do manto protetivo das leis antidiscriminatórias a integrantes de grupos sociais específicos — interessando ao presente estudo, destacadamente, o grupo das pessoas gordas. Permite, ainda, a compreensão dos motivos e limites da imposição de deveres antidiscriminatórios a determinados sujeitos, como o empregador.

5.4. Sujeitos da norma de direito antidiscriminatório

Pela própria estrutura examinada, constata-se que, no Direito Antidiscriminatório em sentido estrito, não são universais os sujeitos de direitos nem os sujeitos de obrigações. Ao contrário, são beneficiários das normas, de um lado, e destinatários de seus encargos, de outro, pessoas integrantes de determinados grupos sociais, ou tipos específicos de pessoas.

Conforme esclarece Khaitan, as normas específicas de Direito Antidiscriminatório protegem "especialmente grupos de pessoas definidas por certas características pessoais, que são tecnicamente chamadas de fatores pessoais de discrímen".(417) Afinal, as condições de configuração das normas antidiscriminatórias específicas, já examinadas, exigem que os fatores pessoais de discrímen permitam a classificação das pessoas em mais de um grupo, como também que pelo menos um grupo seja consideravelmente mais vulnerável a sofrer desvantagem permanente, generalizada e substancial do que os membros de pelo menos um outro grupo cognato.

---

(416) KHAITAN, Tarunabh. *A Theory of Discrimination Law*. Oxford: Oxford University Press, 2015. p. 38-41.

(417) *Ibidem*, p. 49. Tradução livre. No original: *"(...) especially groups of persons defined by certain personal characteristics that are technically called grounds".*

Os sujeitos de direito ou beneficiários do Direito Antidiscriminatório, assim, são os integrantes do grupo social que, com base em classificação oportunizada por determinado fator pessoal de discrímen, apresenta condição de desvantagem comparativa em relação a outro grupo cognato, de forma persistente, geral e substancial. Em determinadas circunstâncias e sistemas jurídicos, as proteções da norma podem ocasionalmente se estender, de forma indistinta, tanto aos integrantes dos grupos em desvantagem quanto aos integrantes dos grupos cognatos privilegiados, para evitar maior hostilidade social contra os vulneráveis. A instituição da norma em si, porém, com seu intento antidiscriminatório, é invariavelmente voltada à tutela de interesses do grupo social em condição de desvantagem relativa.

Na terminologia de Khaitan, o conjunto dos beneficiários do Direito Antidiscriminatório, formado com base nos fatores pessoais de discrímen, corresponde ao denominado "protetorado".(418) Juízes e legisladores enfrentam na atualidade, de maneira crescente, o clamor social pela expansão do rol de fatores pessoais de discrímen juridicamente protegidos, uma vez apresentados diversos critérios como análogos a outros com proteção legal expressa e específica. Nesse contexto, julgamentos de jurisdições marcadas por uma lista aberta de fatores pessoais de discrímen observam, normalmente, dois requisitos para a proteção de um grupo pelo Direito Antidiscriminatório: (i) os fatores pessoais de discrímen devem permitir a classificação das pessoas em grupos com diferença de vantagem significativa entre eles; e (ii) os fatores pessoais de discrímen devem consistir em características imutáveis ou constituir uma escolha fundamental valiosa.(419)

Quanto à significativa desvantagem de um grupo em relação a outro, poderá ser política, sociocultural e material – ou, mais frequentemente, uma combinação de diversas modalidades de desvantagem. A desvantagem política é evidenciada pela expressividade numérica do grupo como eleitorado, pela quantidade e qualidade de sua representação nos órgãos de Estado e pela natureza e grau da atenção dispensada pelas instituições públicas ao grupo em questão. A desvantagem sociocultural, por sua vez, é comumente expressa pela prevalência de preconceitos e presunções estereotipadas acerca dos membros de um determinado grupo. Por fim, a desvantagem material pode ser concretizada, primordialmente, por prejuízos em termos de renda e patrimônio, mas faz também referência, em sentido mais amplo, ao acesso ao trabalho e à educação, libertação de violência e hostilidade nas esferas pública ou privada, longevidade e saúde, dentre diversos outros fatores.(420)

Relativamente à exigência de imutabilidade dos fatores pessoais de discrímen, ou de sua configuração como escolha fundamental valiosa, guarda relação com um posicionamento ou propósito geral abraçado por qualquer norma antidiscriminatória: a característica

(418) KHAITAN, Tarunabh. *A Theory of Discrimination Law*. Oxford: Oxford University Press, 2015. p. 49-52.

(419) *Ibidem*, p. 50.

(420) *Ibidem*, p. 49-52.

sobre a qual recai deve ser tratada como irrelevante ou neutra para fins de Direito. Assim, o aspecto eleito como fator pessoal de discrímen deve ser um atributo que, pela ótica do Direito, não deveria ser determinante do quão bem-sucedida será a vida de um ser humano, motivo pelo qual a norma trabalha em favor do alcance da neutralidade.(421) Para tanto, a característica alçada a fator pessoal de discrímen deverá ser um traço reputado imutável, em sentido amplo, ou correspondente a uma escolha fundamental valiosa da pessoa, juridicamente digna de proteção.

Com base na jurisprudência norte-americana, Tarunabh Khaitan registra que a imutabilidade da característica vem fundamentando julgados que reconhecem fatores pessoais de discrímen, incluindo não apenas características que não podem ser modificadas, em absoluto, mas também aquelas cuja aquisição inicial não foi baseada em uma escolha do detentor. Trata-se de exigência que sofre muitas críticas e ponderações, às quais os tribunais respondem com temperamentos e flexibilizações diversos. Para contornar os desafios, costuma-se distinguir entre uma imutabilidade estrita e outra efetiva, menos rigorosa, ou contemplar também fatores cuja modificação imporia ao sujeito significativos custos pessoais, sejam eles econômicos, psicológicos ou sociais.(422)

A noção de imutabilidade efetiva está intimamente associada ao reconhecimento de uma outra hipótese de validação de um fator pessoal de discrímen: a exigência de que o traço se revista da qualidade de uma escolha fundamental valiosa. Nesse sentido, a imutabilidade descreveria traços tão centrais para a identidade de uma pessoa que seria inadmissível que sofresse alguma penalidade por se recusar a modificá-los.(423)

Passando da análise dos sujeitos de direito para os sujeitos de obrigações, não são também todas as pessoas, indistintamente, vinculadas aos encargos do Direito Antidiscriminatório em sentido estrito. Ao contrário, a norma antidiscriminatória se impõe ao Estado e a algumas classes específicas de agentes particulares.

Khaitan, seguindo a tradição norte-americana, faz uma primeira distinção que impõe adaptações em se tratando do Direito e doutrina jurídica brasileiros: as normas antidiscriminatórias constantes das Constituições e Cartas de Direitos seriam impostas, em geral, exclusivamente aos Estados e às autoridades públicas, ao passo que as obrigações estatutárias (não constitucionais) alcançariam também categorias de agentes privados.(424) No Brasil, no entanto, como se infere da doutrina de Ingo Wolfgang Sarlet,(425) é preciso pontuar um marcado posicionamento jurídico-doutrinário em favor da eficácia

(421) KHAITAN, Tarunabh. *A Theory of Discrimination Law*. Oxford: Oxford University Press, 2015. p. 56.

(422) *Ibidem*, p. 56-60.

(423) *Idem*.

(424) *Ibidem*, p. 63.

(425) SARLET, Ingo Wolfgang. *A Eficácia dos Direitos Fundamentais:* uma Teoria Geral dos Direitos Fundamentais na Perspectiva Constitucional. 11. ed. Porto Alegre: Livraria do Advogado Editora, 2012.

não apenas vertical (imposição de deveres ao Estado com relação aos particulares), como também horizontal (imposição de deveres entre particulares) dos direitos fundamentais. Afinal, dispõe o art. 5º, § 1º, da Constituição que "as normas definidoras dos direitos e garantias fundamentais têm aplicação imediata".

Em que pese a existência de diversas discussões complexas acerca das classificações das normas constitucionais ou de direitos fundamentais em níveis ou formas de aplicabilidade, ou mesmo sobre os tipos de deveres e vinculações oriundas para os particulares de normas constitucionais,(426) fato é que há posicionamento doutrinário expressivo, no Brasil, pela aplicabilidade dos direitos fundamentais (reputando-se inclusos direitos constitucionais antidiscriminatórios) a agentes públicos e privados.

Feita tal ressalva, constata-se que um primeiro e inequívoco sujeito de obrigações de Direito Antidiscriminatório é o Estado, seja no direito norte-americano ou no Brasil. A identificação de sujeitos privados de obrigações antidiscriminatórias, por outro lado, suscita a necessidade de análises e debates mais complexos. Geralmente, são clássicos sujeitos de Direito Antidiscriminatório, sejam instituições públicas ou pessoas privadas, os empregadores, os proprietários, as associações, os comerciantes, os prestadores de serviços, as instituições educacionais, dentre outros.(427)

Delineando os elementos definidores dos sujeitos de obrigações do Direito Antidiscriminatório, Khaitan pontua que há dois parâmetros fundamentais: (i) a severidade do impacto que o dever tem sobre a liberdade negativa do sujeito ao qual se impõe; e (ii) a otimização da escolha de um determinado detentor de deveres para atingir o objetivo de eliminar a desvantagem relativa do grupo tutelado. Verifica-se, ademais, três limitações referentes aos deveres impostos aos sujeitos eleitos: (i) limitações dos setores da atividade humana; (ii) aplicação unidirecional dos deveres; e (iii) caráter não abrangente dos deveres, no sentido de que regem algumas, mas não todas as atividades dos sujeitos de obrigações.(428)

No que tange aos parâmetros fundamentais de definição dos sujeitos de obrigações de Direito Antidiscriminatório, a severidade do impacto dos deveres sobre a liberdade negativa de um sujeito se reduz, progressivamente, à medida em que este assume um caráter mais "público". Assim, quanto mais assume uma posição de poder e distanciada de aspectos pessoais e privados, em determinada esfera, maior a chance de se entender legítima a imposição a determinado sujeito de normas de Direito Antidiscriminatório. A otimização da escolha para eliminação da desvantagem de um grupo, por sua vez, está

(426) Para análise aprofundada do tema da eficácia horizontal dos direitos fundamentais no Brasil, em termos históricos, jurisdicionais e normativos, vide: SARLET, Ingo Wolfgang. *A Eficácia dos Direitos Fundamentais:* uma Teoria Geral dos Direitos Fundamentais na Perspectiva Constitucional. 11. ed. Porto Alegre: Livraria do Advogado Editora, 2012.

(427) KHAITAN, Tarunabh. *A Theory of Discrimination Law*. Oxford: Oxford University Press, 2015. p. 64-65.

(428) *Ibidem*, p. 62-67.

relacionada à capacidade do sujeito de afetar o acesso de outros a bens vitais. São sujeitos de obrigações de Direito Antidiscriminatório, portanto, pessoas agindo em determinada capacidade que lhes confere direito relativamente mais fraco de reivindicar liberdade negativa, e apenas na medida em que necessária a imposição de deveres para o alcance do objetivo principal das normas antidiscriminatórias.[(429)]

No tocante às limitações pertinentes aos sujeitos, quanto aos setores das atividades humanas, abrangem-se essencialmente campos que são "quase públicos", como emprego, área da saúde, fornecimento de bens e serviços e educação, excluindo-se áreas profundamente pessoais dos relacionamentos humanos, como amizades e relacionamentos amorosos. O caráter unidirecional diz respeito à vinculação apenas daquele em posição de poder nos campos alcançados pela norma, não incidindo deveres para os integrantes do grupo protegido sob sua influência. Finalmente, ressalvada a abrangência total dos comandos antidiscriminatórios impostos ao Estado, que não possui uma esfera pessoal, nos demais casos o caráter dos deveres é não abrangente. Assim, a vinculação incide apenas sobre as atividades do sujeito enquanto ocupante de posição de poder, não nos demais campos de sua existência, notadamente em sua esfera pessoal e íntima.[(430)]

Traçadas as linhas delimitadoras dos sujeitos de direitos e de obrigações do Direito Antidiscriminatório, pode-se analisar com propriedade as figuras do trabalhador e do empregador, de especial interesse ao presente estudo.

5.5. O empregador e a obrigação de não discriminar

O empregador é o sujeito de obrigações de Direito Antidiscriminatório por excelência no âmbito privado. Depois do Estado, na esfera pública, desponta como o principal vinculado às obrigações de não discriminar, por sua capacidade de prover trabalho, no tocante a indivíduos pertencentes a grupos sociais em condição de desvantagem relativa.

Conforme exposto, o Direito Antidiscriminatório em sentido estrito possui como sujeito de suas obrigações, em suma, pessoas que, assumindo posições sociais de poder e agindo em capacidades que lhes permitem provocar significativos impactos na obtenção de bens vitais por outros, são identificadas ou se aproximam a um caráter "público". A sujeição de tais pessoas a deveres antidiscriminatórios, pelas posições que ocupam, possui grande potencial na redução de desvantagens sociais que atingem grupos vulneráveis.

Tarunabh Khaitan esclarece que o motivo pelo qual os empregadores ou empresas são considerados "quase públicos" destoa daquele pelo qual o são outros agentes privados. Assim, enquanto prestadores de serviço, vendedores e associações, por exemplo, assumem um caráter mais público ao se oferecerem para servir a população em geral, o

---

(429) KHAITAN, Tarunabh. *A Theory of Discrimination Law*. Oxford: Oxford University Press, 2015. p. 199-200.

(430) *Idem*.

empregador goza de um poder institucional único e automático nas sociedades industriais contemporâneas.(431) Segundo o autor:

> Esse poder social do empregador precede um contrato de trabalho e estende-se também aos candidatos a emprego. Por exercer um poder tão enorme, um empregador é um agente semelhante ao Estado, embora em um domínio limitado. É essa feição pública do seu caráter que justificou regulamentos que exigem disposições em matéria de saúde e segurança no trabalho, pagamento de salário-mínimo, proibição de dispensa sem justa causa e provisão para pensões de aposentadoria. Devido ao seu poder, o empregador tem pretensões reivindicatórias relativamente mais fracas de liberdade negativa. É isso que justifica a imposição do dever antidiscriminatório ao empregador. Outros detentores de deveres também podem ser poderosos, mas geralmente não no mesmo nível que um empregador. Seu caráter público provém de uma fonte diferente: é assumido voluntariamente.(432)

Com efeito, a partir da Revolução Industrial, no século XVIII, a relação de emprego se estrutura efetivamente como uma categoria específica, tornando-se gradativamente a principal forma de vinculação do trabalhador ao sistema produtivo vigente. Torna-se incontestavelmente hegemônica, além disso, no decorrer do século XX, com a generalização do sistema industrial na Europa e nos Estados Unidos.(433)

O trabalho adquire, no mundo contemporâneo, novas conformações que suscitam grandes dilemas jurídicos e sociais, proliferando-se modalidades atípicas de contratação de trabalhadores que desbordam dos limites tradicionais da relação de emprego propriamente dita. De todo modo, independentemente dos específicos traços e regulação das formas de contratação da mão de obra, o empregador ou tomador de serviços é decididamente, na esfera privada, responsável por prover o trabalho enquanto principal fonte de oportunidades valiosas às pessoas. Esclarece Khaitan:

> O emprego é, seguramente, a mais importante das oportunidades valiosas. Sendo a principal fonte de subsistência para a maioria das pessoas, o emprego é "a" oportunidade facilitadora. A menos que tenhamos acumulado

---

(431) KHAITAN, Tarunabh. *A Theory of Discrimination Law*. Oxford: Oxford University Press, 2015. p. 204.

(432) *Ibidem*, p. 205. Tradução livre. No original: *"This social power of the employer precedes a contract of employment, and extends over job-seekers too. Because she wields such enormous power, an employer is a state-like body, albeit in a limited domain. It is this public-ness of her character that has justified regulations requiring provisions for health and safety at work, payment of minimum wage, prohibition of unfair dismissal, and provision for retirement pensions. Because of her power, the employer has a relatively weaker claim to negative freedom. This is what justifies the imposition of the antidiscrimination duty on the employer. Other duty-bearers may also be powerful, but usually not to the same degree as an employer. Their public character is drawn from a different source: it is voluntarily assumed".*

(433) DELGADO, Mauricio Godinho. *Curso de Direito do Trabalho*. 17. ed. São Paulo: LTr, 2018. p. 99-112.

> uma riqueza considerável, precisamos ter um emprego remunerado para podermos acessar todas as oportunidades valiosas que estão disponíveis por um preço. Para muitas pessoas, o local de trabalho é também o espaço onde se fazem amigos e são alcançadas outras oportunidades não econômicas. É pouco provável que os benefícios assistenciais para situações de desemprego, mesmo nos regimes de bem-estar social mais generosos, cubram muito mais depois de garantir as necessidades biológicas de uma pessoa, como o acesso a alimentos, abrigo e vestuário. Além disso, o emprego proporciona um meio de participação na comunidade como membro valioso e produtivo. Sem emprego seguro, a pessoa não só fica privada das oportunidades mais valiosas, como também corre o risco de não ter autorrespeito. Embora a recusa de um empregador individual em me contratar normalmente não tenha um impacto significativo no meu acesso a bens básicos, se um número suficiente de empregadores recusar, a perspectiva da minha exclusão social torna-se real. Assim, coletivamente, os empregadores têm uma influência substancial sobre a nossa capacidade de levar uma vida boa.(434)

Tamanha é a importância do empregador, como agente de poder social, que o trabalho desempenhado pela pessoa é compreendido, contemporaneamente, como parte essencial de sua identidade. É o que se observa, por exemplo, pelo enraizado costume de se apresentarem os indivíduos fazendo referência ao ofício.(435) Se é do empregador a capacidade de, em tal condição, ofertar trabalho aos indivíduos da classe trabalhadora, pertencentes a múltiplos segmentos sociais, mantê-los em condições dignas de existência na sociedade capitalista contemporânea e encerrar relação de emprego ou de trabalho, decerto ostentará a condição de sujeito de obrigações de Direito Antidiscriminatório.

5.6. As pessoas gordas como sujeitos do direito antidiscriminatório

Traçado o panorama sociológico, verifica-se que o grupo social das pessoas gordas, em princípio, tomado o peso como fator pessoal de discrímen, ostenta condições de

(434) KHAITAN, Tarunabh. *A Theory of Discrimination Law*. Oxford: Oxford University Press, 2015. p. 209-210. Tradução livre. No original: *"Employment is easily the most important of valuable opportunities. As the main source of livelihood for most people, employment is the enabling opportunity. Unless we have accumulated considerable wealth, we need to be gainfully employed in order to access all those valuable opportunities that are available for a price. For many people, their work-place is also the space where they make friends, and access other non-economic opportunities. Unemployment benefits, even under the most generous welfare regimes, are unlikely to compass very much else after securing one's biological needs such as access to food, shelter, and clothing. Moreover, employment provides a means for participation in one's community as a valued and productive member. Without secure employment, not only is one deprived of most valuable opportunities, but one is also likely to lack self-respect. Although an individual employer's refusal to hire me will not typically have a significant impact on my access to basic goods, if enough employers refuse, the prospect of my societal exclusion becomes real. Thus, collectively, employers have a substantial influence over our ability to lead a good life".*

(435) GOMES, Isabella Filgueiras. *Discriminação Salarial e Funcional contra a Mulher nas Relações de Trabalho:* aspectos histórico-sociais, abordagens jurídicas e propostas antidiscriminatórias. Belo Horizonte: RTM, 2012. p. 17.

desvantagem relativa suficientes, com referência às pessoas magras, para justificar a inclusão de seus integrantes sob a proteção de normas jurídicas de Direito Antidiscriminatório em sentido estrito.

Conforme exposto, os sujeitos de direito ou beneficiários do Direito Antidiscriminatório são os integrantes do grupo social que, com base em classificação oportunizada por determinado fator pessoal de discrímen, apresenta condição de desvantagem comparativa em relação a outro grupo cognato, de forma persistente, geral e substancial. E, conforme Tarunabh Khaitan, a jurisprudência dos países do Common Law que contam com um rol aberto de fatores pessoais de discrímen observa, normalmente, dois requisitos para a proteção de um grupo pelo Direito Antidiscriminatório: (i) os fatores pessoais de discrímen devem permitir a classificação das pessoas em grupos com diferença de vantagem significativa entre eles, podendo ser a desvantagem política, sociocultural ou material; e (ii) os fatores pessoais de discrímen devem consistir em características imutáveis ou constituir uma escolha fundamental valiosa.(436)

Tomando-se como "fator pessoal de discrímen" o peso e como "grupos cognatos" as classes das pessoas gordas e das pessoas magras, é nítida a condição de desvantagem relativa vivenciada pelas pessoas gordas, sendo fácil concluir pelo atendimento à primeira condição para sua tutela como sujeitos de Direito Antidiscriminatório em sentido estrito.

A desvantagem política, ainda que não se disponha de dados numéricos do quantitativo de pessoas gordas como eleitorado e de sua representação nos órgãos estatais, é evidenciada pela ausência de qualidade de sua representação e atenção seletiva e diminuta conferida pelas instituições públicas às diversas dimensões de sua vida. Mais adiante, em análise aprofundada da abordagem jurídica da gordofobia no ambiente de trabalho, será apontada a ausência de um endereçamento específico, expresso, direto e próprio, no âmbito da legislação federal, de questões essenciais relacionadas às pessoas gordas, como a realidade social de sua discriminação. Da mesma forma, serão expostas diversas abordagens insuficientes, inadequadas ou mesmo preconceituosas em legislações estaduais e municipais, por exemplo. Merece destaque, notadamente, o apego e limitação a um discurso tradicional e frequentemente deturpado da área da saúde, que oblitera todos os demais aspectos da vida e da necessidade de atenção das autoridades públicas no tocante às pessoas gordas. Aprimoramentos fazem-se necessários, ademais, na maneira de enfrentamento da temática pelo Judiciário, pelo Ministério Público, pelos operadores do Direito em geral e por diversos outros órgãos de Estado.

Em suma, há diversas evidências de uma ausência de letramento da sociedade em geral, incluindo-se os membros de instituições públicas, em matéria de gordofobia e questões afetas à vida das pessoas gordas, ressalvada a reprodução da retórica da saúde, exaustivamente incorporada ao discurso social. A consequência lógica é uma atenção

(436) KHAITAN, Tarunabh. *A Theory of Discrimination Law*. Oxford: Oxford University Press, 2015. p. 50.

limitada, diminuta e frequentemente contraproducente conferida pelas instituições públicas a esse grupo social vulnerável, colocando-o em clara desvantagem política.

A desvantagem sociocultural, por sua vez, é fortemente expressa pela prevalência de preconceitos e estereótipos acerca das pessoas gordas, que permeiam os mais diversos aspectos de suas vidas. Algumas formas de concretização da desvantagem social puderam ser expostas no Capítulo 3 deste trabalho, versando sobre estigma, discriminação e gordofobia de um modo geral, e no Capítulo 4, versando sobre gordofobia no trabalho.

Recapitulando, em simplificação extrema, registra-se que a concretização da gordofobia ocorre por meio de preconceitos e estereótipos que pautam as instituições e os profissionais da saúde, a família, as relações interpessoais, a educação e seus atores, a mídia, a moda, os estabelecimentos comerciais e infindáveis outros segmentos sociais e espaços abstratos e concretos. Os diversos campos da esfera social se interrelacionam, alimentam-se reciprocamente e fazem perpetuar a discriminação contra as pessoas gordas como uma das mais naturalizadas na contemporaneidade.

De especial interesse ao presente estudo, o mercado de trabalho também incorpora, reproduz e intensifica a gordofobia em âmbito profissional, seja no momento da admissão, durante o contrato de trabalho ou no momento da dispensa. Empresários, administradores, supervisores, chefias ou colegas de trabalho são atores que podem estar envolvidos em práticas discriminatórias contra pessoas gordas, perpetuando preconceitos e estereótipos.

Diversos estudos demonstram a desvantagem sociocultural em desfavor das pessoas gordas, fazendo-se aqui remissão, para uma análise mais detida, aos pregressos Capítulos 3 e 4. A título ilustrativo, para além de múltiplos estudos norte-americanos mencionados ao longo do trabalho, vale rememorar a pesquisa sobre gordofobia realizada pela Abeso e pela SBEM, publicada em 2022, contando com a participação de 3.621 pessoas, entre 18 e 82 anos de idade, sendo 89% mulheres, majoritariamente em situação de "sobrepeso" ou "obesidade", dentre as quais 85,3% registraram ter sofrido constrangimento por causa do peso.(437) No mesmo sentido, a "Pesquisa Mapeamento da Gordofobia no Brasil", empreendida por Thamiris Rezende, com a participação de um total de 603 pessoas, dentre as quais 97,8% registraram já terem sofrido algum preconceito por serem gordas.(438)

---

(437) ASSOCIAÇÃO BRASILEIRA PARA O ESTUDO DA OBESIDADE E DA SÍNDROME METABÓLICA (ABESO); SOCIEDADE BRASILEIRA DE ENDOCRINOLOGIA E METABOLOGIA (SBEM). *Obesidade e a Gordofobia — Percepções 2022*. Disponível em: https://campanhaobesidade.abeso.org.br/ebook_gordofobia.pdf. Acesso em: 30 jun. 2023.

(438) REZENDE, Thamiris. Pesquisa Mapeamento da Gordofobia no Brasil. In: Jornal *ESTADO DE MINAS*. 97,8% das pessoas gordas já sofreram gordofobia no Brasil. Disponível em: https://www.em.com.br/app/noticia/saude-e-bem-viver/2022/09/07/interna_bem_viver,1391930/97-8-das-pessoas-gordas-ja-sofreram-gordofobia-no-brasil.shtml. Acesso em: 15 set. 2023.

Também os casos julgados pelos tribunais trabalhistas do Brasil, categorizados e exemplificados no Capítulo 4, revelam diversas formas de expressão de preconceitos e estereótipos contra pessoas gordas no cotidiano laboral, na admissão, durante o contrato de trabalho ou no momento de sua ruptura, partindo dos mais diversos atores — desde empresários, chefias e supervisores até colegas ou mesmo subordinados. Portanto, as pesquisas e os casos concretos levados ao Poder Judiciário são suficientes para demonstrar, fartamente, a realidade da desvantagem sociocultural experimentada pelas pessoas gordas.

Finalmente, com relação à desvantagem material, uma penalização remuneratória pelo corpo gordo é, com mais consenso, identificada e reconhecida entre os pesquisadores para as mulheres.(439) A desvantagem material, contudo, não se reduz à renda e ao patrimônio, dizendo respeito ao acesso ao trabalho e à educação, libertação de violência e hostilidade nas esferas pública ou privada, longevidade e saúde, dentre diversos outros fatores. Considerando-se que pesquisas diversas e a jurisprudência trabalhista demonstram claros óbices ao acesso e à manutenção de emprego, ocorrência de dispensas discriminatórias, assédio e diversas violências no trabalho, por exemplo, é imperioso reconhecer a existência da desvantagem material contra pessoas gordas. Prejuízos e violências em âmbito escolar, na saúde e em diversas outras esferas, por motivo de gordofobia, já foram também abordados e apontam para a ocorrência de desvantagem material.

Superada a questão da desvantagem, presente de forma inequívoca em termos políticos, socioculturais e materiais, uma questão mais complexa se apresenta: a de uma possível exigência de "imutabilidade" da característica eleita como fator pessoal de discrímen, em algum nível. Um motivo frequente de justificativa de discriminações variadas contra a pessoa gorda é, justamente, sua compreensão social como alguém que habita um corpo de transição, que pode e deve ser transformado em um corpo magro antes de uma integração social plena. Trata-se da crença de que o corpo é voluntariamente moldável e controlável pelo indivíduo, de modo que uma pessoa gorda mereceria condenação social por sua transgressão evidenciada na carne. Tal entendimento associa-se ao preconceito que vincula pessoas gordas a comportamentos alimentares exagerados, preguiça e autoindulgência, dentre outros traços morais negativos. O corpo gordo, em tal concepção, não costuma ser tomado como fundador de identidades ou como motivador de justificáveis proteções sociais.

O critério da "imutabilidade" consagrado por tribunais de países adeptos do *Common Law*, contudo, costuma sofrer mitigações e interpretações ampliativas, conforme explica

(439) *Vide*: (i) REGISTER, Charles A.; WILLIAMS, Donald R. Wage Effects of Obesity among Workers. *Social Science Quarterly*, Austin, v. 71, n. 1, p. 130-141, mar. 1990; (ii) CAWLEY, John. The Impact of Obesity on Wages. *The Journal of Human Resources*, v. 39, n. 2, 2004, p. 451-474. JSTOR. Disponível em: https://doi.org/10.2307/3559022. Acesso em: 10 set. 2023; (iii) DUTRA, Adriano Teixeira. *Maior o Peso, Menor o Salário?* O impacto da obesidade no mercado de trabalho. Dissertação de Mestrado em Economia. São Paulo: Programa de Pós-Graduação em Economia do Departamento de Economia da Faculdade de Economia, Administração e Contabilidade da Universidade de São Paulo, 2021.

Tarunabh Khaitan, notadamente a partir da distinção entre imutabilidade estrita e imutabilidade efetiva, contemplando também fatores cuja modificação imporia ao sujeito significativos custos pessoais, sejam eles econômicos, psicológicos ou sociais.[(440)] Assim é que, por exemplo, o sexo é tomado como "imutável" para fins de proteção antidiscriminatória, ainda que haja cirurgias de mudança de sexo, uma vez que tal caminho, embora possível, representa severos custos para a pessoa – econômicos, psicológicos e sociais.[(441)]

Em se tratando das pessoas gordas, entende-se que a ideia de controlabilidade corporal é desafiada, em nível macro, pelo significativo crescimento do número de pessoas categorizadas como em situação de "sobrepeso" e "obesidade" nas últimas décadas, demonstrando a ineficiência da abordagem da "obesidade" como doença. Já se disse que a prevalência da condição médica categorizada como "obesidade" quase triplicou mundialmente, entre 1975 e 2016, ocasião em que se contabilizavam 1,9 bilhão de adultos com "sobrepeso" e 650 milhões de obesos,[(442)] não obstante tenha sido a "obesidade" integrada à CID, como doença, em 1990.

Em nível individual, analisando-se os tratamentos médicos e diversos métodos indicados para o combate à "obesidade", verifica-se que os níveis de fracasso de dietas, tratamentos farmacológicos e mesmo cirurgias bariátricas, com reganho de peso e efeitos colaterais severos, são extremamente elevados. Nissen e outros, por exemplo, em revisão de literatura sobre a matéria, mencionam estudo de Andersen e colegas, segundo o qual, após cinco anos de tratamento de um grupo de pessoas "obesas" por meio de dieta de restrição calórica e de outro grupo por gastroplastia, apenas 17% dos submetidos à dieta e 30% dos submetidos à cirurgia não haviam retornado ao peso inicial.[(443)]

Pelo mesmo raciocínio aplicado à cirurgia de mudança de sexo, entende-se que a cirurgia bariátrica, sucessivas dietas de restrição calórica e medicamentos não deveriam ser exigíveis de uma pessoa para fins de eliminação das desvantagens sociais que lhe atingem, notadamente em vista dos riscos que representam, dos severos efeitos colaterais (especialmente em se tratando do método cirúrgico) e dos impactos psicológicos e sociais, para além dos físicos. Importante relembrar que, mesmo no limitado discurso médico dominante, há um reconhecimento de que a "obesidade" teria causas multifatoriais, de natureza biopsicossocial, não se podendo enfrentá-la por meio de mera imposição de esforços individuais. Seja em nível populacional ou individual, a plena controlabilidade do peso é, a toda evidência, ilusória.

---

(440) KHAITAN, Tarunabh. *A Theory of Discrimination Law*. Oxford: Oxford University Press, 2015. p. 56-60.

(441) *Ibidem*, p. 58-59.

(442) ORGANIZAÇÃO MUNDIAL DE SAÚDE (OMS). *Obesity and Overweight*. Disponível em: https://www.who.int/news-room/fact-sheets/detail/obesity-and-overweight. Acesso em: 12 jun. 2023.

(443) NISSEN, Leonardo Paese *et. al. Revista Brasileira de Medicina de Família e Comunidade*, Florianópolis, v. 7, n. 24, p.184-190, jul./set. 2012.

Ainda que se possa admitir que uma reduzida parcela das pessoas gordas possa, com sucesso e no longo prazo, transformar seu corpo e sua imagem por meio de dietas, fármacos ou cirurgias, a existência em um corpo gordo deveria ser respeitada, mesmo em tais casos, como uma escolha fundamental. É que o custo social do emagrecimento, para pessoas às quais é, ainda que possível, particularmente difícil ou mesmo indesejado, do ponto de social e psicológico, torna o peso dotado de uma imutabilidade efetiva, ou o reveste da condição de escolha a ser juridicamente protegida.

O grupo social das pessoas gordas deve ser tutelado pelo Direito Antidiscriminatório, portanto, mesmo sob o critério jurisprudencial da imutabilidade vigorante em diversos países: trata-se de uma imutabilidade efetiva, na maior parte dos casos, ou de uma escolha fundamental, em menor proporção. É inadmissível que o Estado e a sociedade neguem tutela e minoração de danos a esse grupo social vulnerável a pretexto de uma idealizada controlabilidade do peso, pois tal posicionamento condena pessoas gordas a uma postergação de sua liberdade e vida digna para um futuro indefinido — e, quase sempre, inexistente. Nas palavras da ativista antigordofobia Virgie Tovar:

> Minha vida não seria mais fácil se eu fosse magra. Minha vida seria mais fácil se esta cultura não estivesse obcecada em me oprimir porque sou gorda. A solução para um problema como a intolerância não é fazer tudo o que estiver ao nosso alcance para acomodar a intolerância. É se livrar da intolerância. Nos sonhos que tenho do meu futuro, sou gorda. Esse simples fato foi conquistado com dificuldade. Durante anos e anos, não pude aceitar a possibilidade de ficar gorda para sempre. Eu havia internalizado a gordofobia tão profundamente que acreditava que não valeria a pena viver minha vida se um dia eu não me transformasse em uma pessoa magra. Eu não achava que merecia ter coisas boas porque era gorda (...). Acontece que o futuro tem muito a ver com o presente. O fascínio da cultura da dieta é uma vida vivida no futuro (...). Imaginei que no meu futuro seria livre porque seria magra, mas me enganei. Naquele futuro que imaginei, não é que eu fosse livre. Longe disso. Qualquer futuro que não se centre na erradicação da opressão e na liberdade coletiva não é um futuro que valha a pena imaginar. Naquele futuro imaginei que não estava mais sujeita à gordofobia porque era magra, mas não percebi que não era a gordofobia que havia desaparecido. Não havia eu. A fantasia e o desejo por um corpo magro tornaram-se uma forma de tornar mais suportável a opressão que estava partindo meu coração, me partindo. Não me ocorreu que houvesse algo de errado com a ideia de que alguém – muito menos uma cultura inteira – me intimidaria a acreditar que havia algo fundamentalmente errado comigo e que eu precisava mudar isso. Nunca me ocorreu que o padrão de normalidade que eu subscrevia fosse violento, e sempre foi. Achei que poderia sair

> da opressão, mas agora percebo que nada está mais longe da verdade. Perdi de vista o meu direito à liberdade e o meu direito de viver uma vida livre de opressão. Eu tinha perdido a noção de que essas coisas são meu direito de nascença. Você não pode conquistar a liberdade através da conformidade. Você não pode comprar sua entrada. E só podemos reivindicá-la quando reconhecermos que já é nossa.[(444)]

Por fim, entende-se que o requisito de imutabilidade merece ser reformulado ou substituído, na análise dos grupos protegidos, de modo a expressar de forma mais clara que as características abraçadas pelo Direito Antidiscriminatório são, em verdade, fundamentais na formação da identidade das pessoas, e não propriamente imutáveis. Trata-se de ideia já trabalhada nas concepções de imutabilidade efetiva, em contraposição à estrita, e de escolha fundamental. No entanto, parece que tais flexibilizações externam, em verdade, a circunstância de que o essencial *não é a permanência, mas a centralidade das* características na formação identitária e vivência social de um grupo vulnerável. Decerto, tal profundidade existencial costuma se associar ao que é duradouro, mas esse não é o ponto principal.

Por todos os ângulos, de toda forma, entende-se que as pessoas gordas merecem proteção firme e expressa do Direito Antidiscriminatório em sentido estrito. Trata-se, afinal, de grupo social prejudicado por nítida desvantagem política, sociocultural e material em relação ao grupo das pessoas magras. Sua característica distintiva (o peso, gordura ou corpulência), ademais, caso se insista na exigência de uma espécie de "imutabilidade", pode ser considerada como de imutabilidade efetiva (a qual não se confunde com imutabilidade restrita ou absoluta) ou, em hipóteses mais raras, como escolha fundamental.

---

(444) TOVAR, Virgie. *You have the right to remain fat:* a Manifesto. Londres: Melville House UK, 2018. Tradução livre. No original: *"My life wouldn't be easier if I were thin. My life would be easier if this culture wasn't obsessed with oppressing me because I'm fat. The solution to a problem like bigotry is not to do everything in our power to accommodate the bigotry. It is to get rid of the bigotry. In the dreams I have of my future, I am fat. This simple fact was hard won. For years and years, I could not accept the possibility that I would be fat forever. I had internalized fatphobia so deeply that I believed my life wasn't worth living if I wasn't going to someday transform into a thin person. I didn't think I deserved to have good things because I was fat (...). The future, it turns out, is a lot about the present. The allure of diet culture is a life lived in the future (...). I conceptualized that in my future I would be free because I would be thin, but I was wrong. In that future I imagined, it's not that I was free. Far from it. Any future that doesn't center the eradication of oppression and collective freedom is not a future worth imagining. In that future I imagined I was no longer subject to fatphobia because I was thin, but I didn't realize that it wasn't fatphobia that had gone away. There was no me. The fantasy of and longing for a thin body became a way of making the oppression that was breaking my heart, breaking me, more bearable. It didn't occur to me that there was anything wrong with the idea that anyone – let alone an entire culture – would bully me into believing there was something fundamentally wrong with me and that I needed to change it. It never occurred to me that the standard of normal to which I was subscribing was violent, and always had been. I thought I could earn my way out of oppression, but I realize now that nothing is farther from the truth. I had lost sight of my right to freedom and my right to live a life free from oppression. I had lost sight that those things are my born right. You cannot earn freedom through conformity. You cannot buy your way in. And we can only claim it when we recognize it is already ours".*

A construção teórica detalhada em termos de Direito Antidiscriminatório pode fundamentar a proposta de projetos legislativos e fornecer subsídios mais robustos ao Ministério Público e ao Poder Judiciário para a concretização de normas antidiscriminatórias gerais, ou para a aplicação analógica de normas protetivas em favor de grupos sociais não contemplados por previsões legais expressas. Propõe-se, na hipótese, a firme e expressa tutela das pessoas gordas sob a proteção do Direito Antidiscriminatório.

Capítulo 6

Abordagem Jurídico-Trabalhista

Especificamente na esfera do Direito do Trabalho, um arcabouço de normas internacionais e internas, enfocando-se especificamente o Brasil, contempla a vedação a práticas discriminatórias no mercado de trabalho de maneira geral. Todavia, não se verifica uma expressa abordagem, em tratados e convenções internacionais em matéria trabalhista, na Constituição da República Federativa do Brasil ou na legislação brasileira infraconstitucional, em âmbito federal, da proteção de pessoas gordas contra discriminação no campo do trabalho.

Tal circunstância sugere a necessidade de solução jurídica de situações concretas de gordofobia no trabalho, especialmente por parte dos profissionais do Direito, de advogados, do Ministério Público e do Poder Judiciário, por meio de recurso a interpretações e concretizações de normas gerais, princípios de Direito Antidiscriminatório e analogias referentes a normas protetivas direcionadas a outros fatores de discrímen devidamente positivados.

6.1. Plano internacional

Cláusulas referentes aos princípios da liberdade, da dignidade e da igualdade, intimamente relacionadas ao Direito Antidiscriminatório, permeiam todos os níveis normativos. Relativamente à igualdade, por exemplo, perpassam "desde a Declaração Universal de Direitos Humanos (...), numerosas disposições nos tratados de direitos humanos das Nações Unidas e de sistemas regionais, a constituições nacionais, subnacionais ou locais e comunais".[445] Assim, o plano internacional é repleto de consagrações e previsões principiológicas de direitos humanos, em tratados e convenções internacionais, que conversam com a temática do combate às discriminações.

Numerosos diplomas normativos internacionais, da mesma forma, consagram normas antidiscriminatórias descritivas, voltadas a conceituar efetivamente o que seja o fenômeno da discriminação.[446] Podem-se mencionar, nesse sentido, a Convenção da

(445) BAER, Susanne. Equality. In: *The Oxford Handbook of Comparative Constitutional Law*. Oxford: Oxford University Press, 2012. p. 982-1001.

(446) LIMA, Firmino Alves. *Teoria da Discriminação nas Relações de Trabalho*. Rio de Janeiro: Elsevier, 2011. p. 115.

Organização das Nações Unidas (ONU) relativa à luta contra as Discriminações na Esfera do Ensino, de 1960; a Convenção da ONU sobre a Eliminação de todas as Formas de Discriminação Racial, de 1966; a Convenção da ONU sobre a Eliminação de todas as Formas de Discriminação contra a Mulher, de 1979; a Declaração da ONU sobre a Eliminação de todas as Formas de Intolerância e Discriminação fundadas na Religião ou nas Convicções, de 1981; a Convenção Interamericana, da Organização dos Estados Americanos (OEA), para a Eliminação de todas as Formas de Discriminação contra as Pessoas Portadoras de Deficiência, de 1999; e a Convenção da ONU sobre os Direitos das Pessoas com Deficiência, de 2006.

Contemplando previsões em matéria trabalhista, o Pacto Internacional sobre Direitos Econômicos, Sociais e Culturais (Pidesc), adotado pela ONU em 1966, reconhece o direito ao trabalho, a ser devidamente salvaguardado pelos Estados partes, incluído o Brasil, enquanto "direito de toda pessoa de ter a possibilidade de ganhar a vida mediante um trabalho livremente escolhido ou aceito" (art. 6º). Declara, ainda, o direito de toda pessoa de "gozar de condições de trabalho justas e favoráveis" (art. 7º), abrangendo, especialmente:

> a) Uma remuneração que proporcione, no mínimo, a todos os trabalhadores:
>
> i) Um salário equitativo e uma remuneração igual por um trabalho de igual valor, sem qualquer distinção; em particular, as mulheres deverão ter a garantia de condições de trabalho não inferiores às dos homens e perceber a mesma remuneração que eles por trabalho igual;
>
> ii) Uma existência decente para eles e suas famílias, em conformidade com as disposições do presente Pacto;
>
> b) À segurança e a higiene no trabalho;
>
> c) Igual oportunidade para todos de serem promovidos, em seu trabalho, à categoria superior que lhes corresponda, sem outras considerações que as de tempo de trabalho e capacidade;
>
> d) O descanso, o lazer, a limitação razoável das horas de trabalho e férias periódicas remuneradas, assim como a remuneração dos feriados.

Contempla o Pidesc, portanto, previsões claramente associadas à igualdade e não discriminação em matéria salarial e em termos de ascensão profissional. Além disso, expressamente determina que todos os direitos que enuncia serão exercidos "sem discriminação alguma por motivo de raça, cor, sexo, língua, religião, opinião política ou de outra natureza, origem nacional ou social, situação econômica, nascimento ou qualquer outra situação" (art. 2º).

No âmbito do sistema interamericano de proteção dos direitos humanos, merece menção a Convenção Americana de Direitos Humanos (Pacto de São José da Costa Rica), de 1969, que também adentra o campo do trabalho ao vedar a prática da escravidão e da servidão, abordando a questão dos trabalhos forçados (art. 6). No que tange à temática antidiscriminatória, o referido diploma internacional dispõe que os Estados partes, dentre os quais o Brasil, comprometem-se a respeitar os direitos e liberdades reconhecidos, e a garantir seu livre e pleno exercício, a "toda pessoa que esteja sujeita à sua jurisdição, sem discriminação alguma" baseada em "raça, cor, sexo, idioma, religião, opiniões políticas ou de qualquer outra natureza, origem nacional ou social, posição econômica, nascimento ou qualquer outra condição social" (art. 1, 1).

O Protocolo Adicional à Convenção Americana sobre Direitos Humanos em Matéria de Direitos Econômicos, Sociais e Culturais (Protocolo de São Salvador), de 1988, por sua vez, prevê que "toda pessoa tem direito ao trabalho, o que inclui a oportunidade de obter os meios para levar uma vida digna e decorosa através do desempenho de atividade lícita, livremente escolhida ou aceita" (art. 6). Especifica, ainda, como pressupostos do direito ao trabalho, diversas condições laborais justas, equitativas e satisfatórias, a exemplo de remuneração que assegure existência digna, direito de o trabalhador seguir sua vocação, direito a promoções e avanço no trabalho, estabilidade no emprego, segurança e higiene, limitação de jornada, direito a repouso e proteção a crianças e adolescentes (art. 7). Da mesma forma que o Pacto de São José da Costa Rica, ademais, o Protocolo estabelece que os Estados partes se comprometem a garantir o exercício dos direitos que contempla "sem discriminação alguma" fundada em "raça, cor, sexo, idioma, religião, opiniões políticas ou de qualquer outra natureza, origem nacional ou social, posição econômica, nascimento ou qualquer outra condição social" (art. 3).

Na esfera das normativas internacionais trabalhistas, no entanto, são merecedoras dos maiores destaques as Convenções da OIT, que vedam expressamente e abordam com maiores detalhes a discriminação no trabalho. Inspiram-se em princípios, notadamente de igualdade, liberdade e dignidade, consagrados na Declaração da Filadélfia, expressos nos seguintes termos:

> (...) todos os seres humanos de qualquer raça, crença ou sexo, têm o direito de assegurar o bem-estar material e o desenvolvimento espiritual dentro da liberdade e da dignidade, da tranquilidade econômica e com as mesmas possibilidades;" (Declaração da Filadélfia, parte II, a).

6.1.1. Convenção n. 100 da OIT, sobre a igualdade de remuneração entre homens e mulheres por trabalho de igual valor (1951)

A Convenção n. 100 da OIT foi aprovada em 1951 e, atualmente, está ratificada por 174 Estados membros,[447] incluso o Brasil, que a ratificou em 1957 e promulgou

(447) ORGANIZAÇÃO INTERNACIONAL DO TRABALHO. *Ratifications of C100* — Equal Remuneration Convention, 1951 (No. 100). Disponível em: https://www.ilo.org/dyn/normlex/ en/f?p=1000:11300:0::NO:11300:P11300_INSTRUMENT_ID:312245. Acesso em: 17 set. 2023.

no mesmo ano, por meio do Decreto n. 41.721, com posterior consolidação em 2019 promovida pelo Decreto n. 10.088. O instrumento normativo internacional disciplina o princípio de igualdade de remuneração para a mão de obra masculina e feminina por um trabalho de igual valor.(448)

Embora se trate de convenção voltada especificamente à discriminação salarial contra mulheres, entende-se de relevância em se tratando também de pessoas gordas, pois, conforme exposto, a penalização remuneratória em razão do peso corporal é, de forma mais precisa e hegemônica, atualmente identificada e reconhecida entre os pesquisadores apenas para as mulheres.(449) A gordofobia é, portanto, intensificada a depender do sexo, manifestando-se, em matéria salarial, por decréscimo remuneratório em desfavor de mulheres gordas.

Consoante a "Declaração da OIT sobre os princípios e direitos fundamentais no trabalho e seu seguimento", de 1998, a Convenção n. 100 representa uma das Convenções Fundamentais da OIT. Nos termos da referida Declaração, todos os Estados membros, independentemente de ratificação e pelo simples fato de pertencerem à Organização, têm um compromisso de respeitar, promover e tornar realidade, de boa-fé e de conformidade com a Constituição da OIT, os princípios relativos aos direitos fundamentais que são objeto dessas Convenções, dentre os quais a eliminação da discriminação em matéria de emprego e ocupação.

Trata-se, conforme leciona Daniela Muradas, de "relativização da concepção voluntarista da ordem jurídica internacional",(450) com a afirmação da cogência de determinadas normas internacionais para os Estados membros da OIT, orientando-lhes práticas normativas, interpretativas e de aplicação do Direito do Trabalho na esfera nacional.

Destinada ao combate à discriminação por motivo de sexo no que toca à remuneração, a Convenção n. 100 da OIT expõe, em seu art. 1º, "a", o conceito de remuneração adotado para tanto:

> (...) o termo "remuneração" compreende o salário ou o tratamento ordinário, de base, ou mínimo, e todas as outras vantagens, pagas direta ou indiretamente, em espécie ou *in natura* pelo empregador ao trabalhador em razão do emprego deste último.

---

(448) Sobre a temática, já discorreu a autora em: GOMES, Isabella Filgueiras. *Discriminação Salarial e Funcional contra a Mulher nas Relações de Trabalho:* aspectos histórico-sociais, abordagens jurídicas e propostas antidiscriminatórias. Belo Horizonte: RTM, 2012.

(449) *Vide*: (i) REGISTER, Charles A.; WILLIAMS, Donald R. Wage Effects of Obesity among Workers. *Social Science Quarterly*, Austin, v. 71, n. 1, p. 130-141, mar. 1990; (ii) CAWLEY, John. The Impact of Obesity on Wages. *The Journal of Human Resources*, v. 39, n. 2, 2004, p. 451-474. JSTOR. Disponível em: https://doi.org/10.2307/3559022. Acesso em: 10 set. 2023; (iii) DUTRA, Adriano Teixeira. *Maior o Peso, Menor o Salário?* O impacto da obesidade no mercado de trabalho. Dissertação de Mestrado em Economia. São Paulo: Programa de Pós-Graduação em Economia do Departamento de Economia da Faculdade de Economia, Administração e Contabilidade da Universidade de São Paulo, 2021.

(450) MURADAS, Daniela. *O Princípio da Vedação do Retrocesso no Direito do Trabalho*. São Paulo: LTr, 2010. p. 99.

O termo "remuneração", portanto, corresponde na Convenção à noção de parcelas contraprestativas pagas pelo tomador dos serviços ao trabalhador, direta ou indiretamente, em decorrência da relação de trabalho. As desigualdades entre homens e mulheres em termos de pagamentos estão entre as mais destacadas mazelas do mercado de trabalho em todo o mundo. E, associando-se a gordofobia a uma penalização remuneratória especial para mulheres, trata-se de um problema que intensifica o *gap* salarial entre homens e mulheres.

Apesar da redução ou estagnação da diferença em alguns locais, as mulheres continuam a trabalhar, em média, no Brasil e no mundo, com rendimentos inferiores aos obtidos pelos homens. As disparidades, aliás, parecem permanecer independentemente do nível de desenvolvimento econômico e social no país. A Convenção n. 100, em seu art. 2º, 1, impõe o princípio da igualdade de remuneração para trabalho de igual valor, no intuito de endereçar a questão, nos seguintes termos:

> Cada Membro deverá, por meios adaptados aos métodos em vigor para a fixação das taxas de remuneração, incentivar e, na medida em que isto é compatível com os ditos métodos, assegurar a aplicação a todos os trabalhadores do princípio de igualdade de remuneração para a mão de obra masculina e a mão de obra feminina por um trabalho de igual valor.

O Estado poderá cumprir a determinação por meio da legislação nacional, de qualquer sistema de fixação de remuneração estabelecido ou reconhecido pela legislação, de convenções coletivas firmadas entre empregados e empregadores, bem como através de uma combinação de todos esses meios (art. 2º, 2, da Convenção n. 100/OIT).

O princípio da "igualdade de remuneração por trabalho de igual valor", introduzido pela Convenção, representa avanço significativo ao dispensar a necessidade, consagrada pelo Direito interno de muitos países, de um "mesmo trabalho" ou "trabalho similar" para a garantia da igual remuneração. A aplicação do princípio importa, ao contrário, comparar os trabalhos entre si para determinar o seu valor relativo.(451)

No Brasil, a interpretação literal da lei pode conduzir à nefasta exigência da identidade funcional. A Constituição determina que "homens e mulheres são iguais em direitos e obrigações, nos termos desta Constituição" (art. 5º, II/CR). Estabelece também a "proibição de diferença de salários, de exercício de funções e de critério de admissão por motivo de sexo, idade, cor ou estado civil" (art. 7º, XXX/CR). No entanto, o art. 461, *caput*, da CLT, tratando da equiparação salarial, assegura igualdade de salário, atendidos determinados requisitos, quando "idêntica a função".

---

(451) GOMES, Isabella Filgueiras. *Discriminação Salarial e Funcional contra a Mulher nas Relações de Trabalho:* aspectos histórico-sociais, abordagens jurídicas e propostas antidiscriminatórias. Belo Horizonte: RTM, 2012.

Consagra a CLT, portanto, o princípio do "salário igual para trabalho igual". Ao exigir a identidade funcional, choca-se com a Convenção fundamental n. 100 da OIT. Consideram-se de igual valor, para a CLT, as funções exercidas com a mesma produtividade e perfeição técnica, mas sempre partindo da premissa das funções idênticas. A Convenção n. 100, nesse aspecto, incentiva e determina uma desejável evolução, permitindo cumprimento mais satisfatório do princípio constitucional da isonomia e um alargamento da equiparação salarial, quando da aplicação do Direito.(452)

Entretanto, é preciso ressaltar que a aferição do valor de funções diferentes pode ser complicada e, "se não for bem pensada, acabar atraindo novos preconceitos".(453) A Convenção n. 100 prevê o estabelecimento — por parte das autoridades competentes, no que concerne à fixação das taxas remuneratórias, ou pelas partes da convenção coletiva, quando tais taxas sejam convencionalmente fixadas — de medidas para desenvolver a avaliação objetiva dos empregados, considerando-se os trabalhos que exercem. Em repúdio à discriminação de gênero no exercício dessa análise, determina, no art. 1º, "b":

> (...) a expressão "igualdade de remuneração para a mão de obra masculina e a mão de obra feminina por um trabalho de igual valor" se refere às taxas de remuneração fixas sem discriminação fundada no sexo.

Dispõe, ainda, no art. 3º, 3:

> As diferenças entre as taxas de remuneração que correspondem, sem consideração de sexo, a diferenças resultantes de tal avaliação objetiva nos trabalhos a efetuar, não deverão ser consideradas como contrárias aos princípios de igualdade de remuneração para a mão de obra masculina e a mão de obra feminina por um trabalho de igual valor.

O grande problema reside no fato de que a avaliação do trabalho de "igual valor", muitas vezes, será baseada na prática em critérios que desfavorecem as mulheres. Assegura-se à mulher o mesmo pagamento que ao homem quando exercido "trabalho de igual valor", mas remuneram-se mal e consideram-se menos valiosas as funções socialmente vinculadas ao "feminino", formando-se culturalmente as mulheres para o exercício dessas funções.(454)

Preocupação semelhante pode ser esboçada em se tratando das pessoas gordas e, mais especificamente, das mulheres gordas. Pesquisas experimentais demonstram o

---

(452) GOMES, Isabella Filgueiras. *Discriminação Salarial e Funcional contra a Mulher nas Relações de Trabalho:* aspectos histórico-sociais, abordagens jurídicas e propostas antidiscriminatórias. Belo Horizonte: RTM, 2012.

(453) VIANA, Márcio Túlio. Remuneração e Salário. In: CORREIA, Marcus Orione Gonçalves; SOUTO MAIOR, Jorge Luiz (Coords.). *Curso de Direito do Trabalho.* v. II. São Paulo: LTr, 2008. p. 134.

(454) GOMES, Isabella Filgueiras. *Discriminação Salarial e Funcional contra a Mulher nas Relações de Trabalho:* aspectos histórico-sociais, abordagens jurídicas e propostas antidiscriminatórias. *Op. cit.*, p. 76.

desfavorecimento de contratação de pessoas gordas de um modo geral e, em especial, para determinadas funções, sugerindo a possibilidade de sua preterição em ocupações que demandem exposição ao público, por exemplo.(455) Além disso, a jurisprudência trabalhista brasileira também fornece exemplos de discriminação contra pessoas gordas no exercício de funções específicas, motivada por estereótipos, presunções de incapacidade e desvalorização estética.(456) Assim, sendo mulheres gordas compelidas ao exercício de funções "femininas" e ainda mais restritas pela gordofobia, a avalição do valor relativo das funções, de modo a coibir discriminações veladas, é tarefa delicada.

Apesar da sugestão, pela Convenção n. 100, de medidas que permitam avaliar os trabalhos executados e classificar os empregos independentemente de sexo, enfrentam-se grandes obstáculos, a exemplo da dificuldade de intervenção dos governos na fixação de salários no setor privado e da ausência de critérios objetivos para avaliação das operações realizadas pelos trabalhadores. As razões da discriminação, afinal, dizem sempre respeito a fatores históricos e socioculturais, que penetram as ciências, a filosofia, a educação e as religiões.

Concluindo, pode-se dizer que a Convenção n. 100 representa grande avanço no que tange à desnecessidade da exigência, consagrada pelo Direito interno de muitos países, de um "mesmo trabalho" ou "trabalho similar" para a garantia da igual remuneração. Contudo, a repercussão continua mais forte nas hipóteses de flagrante discriminação, não revelando, muitas vezes, as discriminações indiretas, caracterizadas por serem estruturais, ocultas, inerentes às regras do jogo.(457) São expressões de preconceitos cuja desconstrução exige, enfim, profundas transformações sociais e culturais.

A Recomendação n. 90 complementa a Convenção n. 100, tratando das medidas que devem ser adotadas pelos Estados membros da OIT, visando garantir a "aplicação do princípio de igualdade de remuneração de homens e mulheres trabalhadores por trabalho de igual valor" (art. 1, "a") e "promover a igualdade de homens e mulheres trabalhadores com relação a acesso a profissões e empregos" (art. 6, "d"). Para atingir seus objetivos, prevê que se adotem medidas que respondam às necessidades das mulheres, como a criação de serviços sociais e de bem-estar e a adoção de um programa de orientação profissional, voltados para elas, sobretudo para as que possuem encargos familiares.

---

(455) PINGITORE, Regina *et. al.* Bias against overweight job applicants in a simulated employment interview. *Journal of Applied Psychology*, Washington, v. 79, n. 6, p. 909-917, abr. 1994.

(456) Para exemplos, *vide* Capítulo 4.

(457) VIANA, Márcio Túlio. Os Dois Modos de Discriminar: Velhos e Novos Enfoques. In: CANTELLI, Paula Oliveira; RENAULT, Luiz Otávio Linhares; VIANA, Márcio Túlio (Coords.). *Discriminação*. 2. ed. São Paulo: LTr, 2010, p. 143-145.

6.1.2. Convenção n. 111 da OIT, sobre a discriminação em matéria de emprego ou profissão (1958)

A Convenção n. 111 da OIT foi aprovada em 1958 e, atualmente, está ratificada por 175 Estados membros,[(458)] incluso o Brasil, que a ratificou em 1965 e promulgou em 1968, através do Decreto n. 62.150, com posterior consolidação em 2019 promovida pelo Decreto n. 10.088. Trata-se de convenção que regula genericamente e de forma explícita o tema da discriminação em matéria de emprego ou profissão, a fim de combatê-la.[(459)] Da mesma forma que a Convenção n. 100, representa uma das Convenções Fundamentais da OIT, cuja essência deve ser observada e respeitada pela totalidade dos Estados membros da Organização, independentemente de ratificação.

Comprometem os Estados, por meio da Convenção, a formular e aplicar "uma política nacional que tenha por fim promover, por métodos adequados às circunstâncias e aos usos nacionais, a igualdade de oportunidade e de tratamento em matéria de emprego e profissão", no intuito de "eliminar toda discriminação nessa matéria" (art. 2º). Para tanto, assim conceitua "discriminação" (art. 1º, 1):

> 1. Para fins da presente convenção, o termo "discriminação" compreende:
>
> a) Toda distinção, exclusão ou preferência fundada na raça, cor, sexo, religião, opinião política, ascendência nacional ou origem social, que tenha por efeito destruir ou alterar a igualdade de oportunidades ou de tratamento em matéria de emprego ou profissão;
>
> b) Qualquer outra distinção, exclusão ou preferência que tenha por efeito destruir ou alterar a igualdade de oportunidades ou tratamento em matéria de emprego ou profissão, que poderá ser especificada pelo Membro interessado depois de consultadas as organizações representativas de empregadores e trabalhadores, quando estas existam, e outros organismos adequados.

Expressa o texto da Convenção, ainda, as condutas a que se nega caráter discriminatório, a saber: distinções, exclusões ou preferências com base em qualificações exigidas para um determinado trabalho (art. 1º, 2, da Convenção n. 111/OIT), as que legitimamente se justifiquem pela preservação da segurança do Estado (art. 4º da Convenção n. 111/OIT) e, finalmente, as que tenham o caráter de medidas de proteção ou assistência especial reconhecidas como necessárias (art. 5º da Convenção n. 111/OIT).

No que tange ao tratamento diferenciado fundado em qualificações exigidas para um dado trabalho, de fato, existem situações em que, por exigências estritamente relacionadas à ocupação, se torna legítima a distinção por critérios que, em outros contextos,

---

(458) ORGANIZAÇÃO INTERNACIONAL DO TRABALHO. *Ratifications of C111* — Discrimination (Employment and Occupation) Convention, 1958 (No. 111). Disponível em: https://www.ilo.org/dyn/normlex/en/f?p=1000:11300:0::NO:11300:P11300_INSTRUMENT_ID:312256. Acesso em: 17 set. 2023.

(459) Sobre a temática, já discorreu a autora em: GOMES, Isabella Filgueiras. *Discriminação Salarial e Funcional contra a Mulher nas Relações de Trabalho:* aspectos histórico-sociais, abordagens jurídicas e propostas antidiscriminatórias. Belo Horizonte: RTM, 2012.

seriam discriminatórios. Assim, por exemplo, a contratação exclusiva de pessoa com determinado sexo/gênero ou características físicas poderia ser justificada em se tratando de atuação em peça teatral, a depender das exigências do personagem específico a ser interpretado.

A definição das exigências que justificariam o tratamento diferenciado, no entanto, requer especial cautela, a fim de que não se converta a razoável exceção em forma de legitimação de discriminações odiosas. Nesse sentido, por exemplo, da mesma forma que ocorre com as pessoas com deficiência, entende-se absolutamente descabida a presunção em abstrato de incapacidade para o trabalho de toda e qualquer pessoa considerada "obesa" ou com "obesidade nível 3". Igualmente, não se entende existente ocupação que, *a priori*, sem avaliações das condições pessoais do trabalhador no caso concreto e de sua compatibilidade com as atividades a serem executadas, seja vetada para pessoas gordas de um modo geral. Presumir a incapacidade da pessoa gorda para o trabalho em geral, ou para qualquer função específica, de forma hipotética, é discriminação não tolerada pelo ordenamento jurídico.

Com relação à segurança do Estado, a disposição não se refere expressamente a questões de emprego ou profissão, mas a situações que podem repercutir nessa esfera. Não se consideram discriminatórias, assim, medidas adotadas relativamente a indivíduo que seja objeto de legítima suspeita de atuação em prejuízo da segurança do Estado, ainda que impliquem restrições ou vedações de acesso a cargo ou emprego.

Finalmente, quanto às medidas de proteção ou assistência especial, percebe-se que a Convenção n. 111 da OIT pretendeu afirmar a legitimidade de tratamentos especiais efetivamente necessários, em favor de grupos específicos, que podem mesmo objetivar o próprio combate à discriminação. Medidas de tutela e assistência, nesse sentido, são adotadas em diversos países, "como as que se destinam a proteger as crianças que trabalham, a maternidade, os inválidos ou os que tenham família a seu cargo".[(460)]

Consoante o art. 2º da Convenção n. 111 da OIT, os Estados onde vigore o diploma normativo se obrigam a formular e aplicar uma política nacional para promover, por meios adequados às condições e à prática nacionais, a igualdade de oportunidades e de tratamento em matéria de emprego e ocupação. Deve-se trabalhar para a eliminação de toda discriminação nesse sentido. O art. 3º da Convenção, assim, estipula obrigações específicas assumidas pelos Estados, nos seguintes termos:

> Qualquer Membro para o qual a presente convenção se encontre em vigor deve, por métodos adequados às circunstâncias e os usos nacionais:
>
> a) Esforçar-se por obter a colaboração das organizações de empregadores e trabalhadores e de outros organismos apropriados, com o fim de favorecer a aceitação e aplicação desta política;

(460) BARROS, Alice Monteiro de. *A Mulher e o Direito do Trabalho*. São Paulo: LTr, 1995. p. 156.

b) Promulgar leis e encorajar os programas de educação próprios a assegurar esta aceitação e esta aplicação;

c) Revogar todas as disposições legislativas e modificar todas as disposições ou práticas, administrativas que sejam incompatíveis com a referida política.

d) Seguir a referida política no que diz respeito a empregos dependentes do controle direto de uma autoridade nacional;

e) Assegurar a aplicação da referida política nas atividades dos serviços de orientação profissional, formação profissional e colocação dependentes do controle de uma autoridade nacional;

f) Indicar, nos seus relatórios anuais sobre a aplicação da convenção, as medidas tomadas em conformidade com esta política e os resultados obtidos.

Destaca-se a importância da previsão relativa ao processo legislativo dos Estados: deverão, conforme o diploma internacional ratificado, promulgar leis voltadas ao combate à discriminação em matéria de emprego e profissão, bem como revogar ou adaptar legislações para conformá-las às normas antidiscriminatórias constantes da Convenção n. 111 da OIT. Assim, cumpre instar o Estado brasileiro à garantia de efetiva implementação de suas normas antidiscriminatórias nacionais vigentes, no tocante à discriminação contra pessoas gordas no ambiente de trabalho, e promover eventuais modificações legislativas convenientes e necessárias a tal desiderato. Relevante, ainda, a reconhecida responsabilidade antidiscriminatória por parte não apenas do Estado, como também de empregadores, trabalhadores e respectivas organizações.

A Recomendação n. 111 da OIT complementa a Convenção em estudo, preconizando a igualdade de oportunidades e de tratamento entre as pessoas no acesso a serviços de orientação e classificação profissionais, à formação profissional e escolha da profissão, bem como à ascensão profissional de acordo com sua conduta, experiência e capacidade.

6.1.3. Convenção n. 117 da OIT, sobre objetivos e normas básicas da política social (1962)

A Convenção n. 117 da OIT foi aprovada em 1962 e, atualmente, está ratificada por 33 Estados membros,(461) incluso o Brasil, que a ratificou em 1969 e promulgou em 1970, através do Decreto n. 66.496, com posterior consolidação em 2019 promovida pelo Decreto n. 10.088. Versa sobre política social (objetivos e normas básicas), vedando a discriminação em matéria de raça, cor, sexo, crença, associação tribal ou filiação sindical, nos seguintes termos:

> Art. XIV — 1. Um dos fins da política social será o de suprimir qualquer discriminação entre trabalhadores fundada na raça, cor, sexo, crença, associação tribal ou filiação sindical, em matéria de:

(461) ORGANIZAÇÃO INTERNACIONAL DO TRABALHO. *Ratifications of C117* — Social Policy (Basic Aims and Standards) Convention, 1962 (No. 117). Disponível em: https://www.ilo.org/dyn/normlex/en/f?p=NORMLEXPUB:11300:0::NO:11300:P11300_INSTRUMENT_ID:312262:NO. Acesso em: 17 set. 2023.

> a) legislação e convenções de trabalho, as quais deverão oferecer um tratamento econômico equitativo a todos aqueles que residam ou trabalhem legalmente no país;
>
> b) admissões aos empregos, tanto públicos quanto privados;
>
> c) condições de recrutamento e promoção;
>
> d) oportunidades de formação profissional;
>
> e) condições de trabalho;
>
> f) medidas relativas à higiene, à segurança e ao bem-estar;
>
> g) disciplina;
>
> h) participação na negociação de acordos coletivos;
>
> i) níveis de salário, os quais deverão ser fixados de conformidade com o princípio de retribuição idêntica por trabalho idêntico, no mesmo processo e na mesma empresa.
>
> 2. Serão tomadas todas as medidas práticas e possíveis no sentido de reduzir quaisquer diferenças nos níveis de salário resultantes de discriminação fundada na raça, cor, sexo, crença, associação tribal ou filiação sindical, mediante elevação dos níveis aplicáveis aos trabalhadores de menor remuneração.

Embora trate, de forma explícita, sobre critérios de discrímen consistentes em raça, cor, sexo, crença, associação tribal ou filiação sindical, entende-se relevante o registro da referida Convenção por qualificar a supressão da discriminação entre trabalhadores como um dos fins da política social dos Estados. Além disso, o diploma enumera veículos de discriminação a serem combatidos, mencionando a necessidade de adequação antidiscriminatória de legislações e convenções de trabalho, formas de admissão em empregos nos setores público e privado, condições de recrutamento e promoção, oportunidades de formação profissional, medidas de higiene e segurança, disciplina, participação em processo de negociação coletiva e níveis salariais.

Sem a pretensão de esgotar as normas internacionais caras à temática da discriminação e violência no trabalho, por sua amplitude, ressalta-se a importância dos instrumentos mencionados e de diversos outros tratados e convenções internacionais, como a recente Convenção n. 190 da OIT, de 2019, sobre a eliminação da violência e do assédio no mundo do trabalho, ainda não ratificada pelo Brasil, a qual reconhece o direito de todas as pessoas a um mundo de trabalho livre de violência e assédio.

No plano internacional, portanto, entende-se que as Convenções da OIT preconizam a vedação às discriminações no trabalho de forma ampla, perpassando todas as etapas das relações de trabalho e invocando a responsabilidade dos Estados, empregadores e trabalhadores.

6.2. Plano nacional

No plano nacional, destaca-se, em matéria de Direito Antidiscriminatório, em primeiro lugar, a Constituição da República de 1988, marco no combate às discriminações no Brasil e baliza para a construção e interpretação da legislação infraconstitucional.

Na legislação federal,(462) entendem-se relevantes para a temática antidiscriminatória trabalhista a CLT, que traz proteções contra diferenciações injustificadas quanto ao salário, especialmente dispositivos concernentes à equiparação salarial; a Lei n. 9.029/1995, que veda especificamente a proibição de discriminação no ambiente de trabalho de maneira geral; e a Lei n. 14.611/2023, que dispõe sobre a igualdade salarial e de critérios remuneratórios entre mulheres e homens.

Ao presente estudo importam também as leis federais que tratam sobre "obesidade", especificamente a Lei n. 10.048/2000, a Lei n. 10.098/2000 e a Lei n. 11.721/2008, de modo a ilustrar em que condições são tomadas as pessoas gordas no processo legislativo federal. Reputam-se convenientes, da mesma forma, algumas digressões sobre eventual aplicabilidade do Estatuto da Pessoa com Deficiência, Lei n. 13.146/2015, às pessoas gordas. Medidas protetivas e normativas aplicáveis aos integrantes de grupos de risco da Covid-19, por abarcarem pessoas consideradas "obesas", merecem também algumas considerações.

Nas esferas estadual e municipal, um conjunto amplo de leis pertinentes a pessoas gordas se apresenta, abrangendo a área da saúde (medicina, nutrição e patologização); acessibilidade, prioridades e preferências na área da saúde; acessibilidade, prioridades e preferências em áreas diversas; instituição de datas com viés medicalizante; instituição de datas de conscientização e combate à gordofobia; vedação de violência obstétrica; subvenções ou declaração de interesse público de entidades sem fins lucrativos; e proibição de discriminação/gordofobia, inclusão e direitos diversos. Pela extensão e complexidade do conjunto normativo, serão analisados separadamente as principais tendências da legislação municipal e estadual, os blocos de matérias que contemplam e as expressões de gordofobia no processo legislativo. Ademais, será avaliada a possível aplicabilidade ao Direito do Trabalho de algumas selecionadas leis vanguardistas de combate à gordofobia.

Finalmente, serão analisadas a jurisprudência trabalhista, a partir de julgados do TST e dos TRTs, e a atuação do MPT em matéria de gordofobia no trabalho. O exame global do quadro normativo nacional, em todas as esferas federativas, permitirá analisar,

(462) Salienta-se que a legislação esmiuçada no presente trabalho não é exaustiva, havendo outras leis federais com dispositivos pertinentes à temática do combate às discriminações. É o caso, exemplificativamente, da Lei n. 14.457/2022, cujo art. 23 impõe às empresas com Comissão Interna de Prevenção de Acidentes e de Assédio (Cipa) a adoção de medidas de prevenção e combate a formas de violência no âmbito do trabalho; da Lei n. 14.811/2024, que incluiu no Código Penal, especificamente pelo art. 146-A, *caput* e parágrafo único, os crimes de intimidação sistemática (*bullying*) e intimidação sistemática (cyberbullying); dentre outras.

fundamentadamente, a forma pela qual o Poder Judiciário e o Ministério Público vêm enfrentando situações cotidianas de discriminações contra pessoas gordas na seara laboral.

6.2.1. Constituição da República Federativa do Brasil de 1988

No plano nacional, a Constituição de 1988 representa marco histórico no que tange às proteções antidiscriminatórias trabalhistas de um modo geral. Embora a ordem justrabalhista tenha sempre se caracterizado por abarcar proteções contra a discriminação no contrato de trabalho, evidentemente os mecanismos antidiscriminatórios tendem a se ampliar na medida em que a sociedade civil e política se tornam mais democráticas. Dessa forma, conforme constata Mauricio Godinho Delgado, o texto constitucional de 1988 desponta como inegável divisor de águas:

> (...) a Constituição de 1988 surgiu como o documento juspolítico mais significativo já elaborado na história do país acerca de mecanismos vedatórios a discriminações no contexto da relação de emprego. O marco constitucional de 1988 lançou, assim, um divisor nítido de fases nessa seara temática: de um lado, verifica-se o período anterior a 1988, com referências jurídicas relativamente tímidas e dispersas; de outro lado, desponta o período iniciado com a nova Constituição, que se distingue pelo surgimento de um largo e consistente sistema de proteções jurídicas contra discriminações empregatícias.(463)

Com efeito, a Constituição eleva a fundamentos da República Federativa do Brasil a dignidade da pessoa humana e o valor social do trabalho (art. 1º, III e IV). Estabelece como objetivos fundamentais republicanos, ainda, "construir uma sociedade livre, justa e solidária" e "promover o bem de todos, sem preconceitos de origem, raça, sexo, cor, idade e quaisquer outras formas de discriminação" (art. 3º, I e IV). Dispõe que "todos são iguais perante a lei, sem distinção de qualquer natureza (...)" (art. 5º, *caput*/CR); garante indistintamente a todos os direitos à igualdade e à liberdade; consagra o princípio da isonomia; e preconiza que "homens e mulheres são iguais em direitos e obrigações, nos termos desta Constituição" (art. 5º, I/CR).

Reforçando seu intento antidiscriminatório na esfera trabalhista, a Constituição institui como direito de todos os trabalhadores a "proibição de diferença de salários, de exercício de funções e de critério de admissão por motivo de sexo, idade, cor ou estado civil", a "proibição de qualquer discriminação no tocante a salário e critérios de admissão do trabalhador portador de deficiência" e a "proibição de distinção entre trabalho manual, técnico e intelectual ou entre os profissionais respectivos" (art. 7º, XXX, XXXI e XXXII/CR).

---

(463) DELGADO, Mauricio Godinho. Proteções Contra Discriminação na Relação de Emprego. In: CANTELLI, Paula Oliveira; RENAULT, Luiz Otávio Linhares; VIANA, Márcio Túlio (Coords.). *Discriminação*. 2. ed. São Paulo: LTr, 2010, p. 109.

A ofensa ao princípio e às normas antidiscriminatórias consagradas pela Constituição de 1988, por meio de discriminação no ambiente de trabalho, implica dano e direito à reparação. Salienta-se, nesse sentido, que a Constituição prevê o direito à "indenização por dano material, moral ou à imagem" e estipula serem "invioláveis a intimidade, a vida privada, a honra e a imagem das pessoas, assegurado o direito a indenização pelo dano material ou moral decorrente de sua violação" (art. 5º, V e X/CR).

6.2.2. Consolidação das Leis do Trabalho

Pela CLT, para além de esparsos dispositivos relacionados a discriminações de dimensão e face diversificadas, são reguladas as três situações tradicionais de discriminações com repercussão fundamentalmente salarial, a saber: aquela concernente ao instituto da equiparação salarial; as situações similares ocorridas em empresas que possuem quadro de carreira; e a situação relativa ao empregado substituto provisório de um colega que receba salário superior.(464) Tais proteções antidiscriminatórias consagram o repúdio às diferenciações injustificadas quanto ao salário de maneira geral.

Na lição de Mauricio Godinho Delgado, a equiparação pode ser definida como "a figura jurídica mediante a qual se assegura ao trabalhador idêntico salário ao do colega perante o qual tenha exercido, simultaneamente, função idêntica, na mesma localidade, para o mesmo empregador".(465) O empregado que pretende a equiparação denomina-se "equiparando", ao passo que aquele com quem se compara é chamado de "paradigma" ou "espelho". O instituto é regulado pelo art. 461 da CLT, com redação atual que combina dispositivos inseridos pela Lei n. 5.798/1972, pela Lei n. 13.467/2017 (Reforma Trabalhista) e pela Lei n. 14.611/2023:

> Art. 461. Sendo idêntica a função, a todo trabalho de igual valor, prestado ao mesmo empregador, no mesmo estabelecimento empresarial, corresponderá igual salário, sem distinção de sexo, etnia, nacionalidade ou idade.
>
> § 1º Trabalho de igual valor, para os fins deste Capítulo, será o que for feito com igual produtividade e com a mesma perfeição técnica, entre pessoas cuja diferença de tempo de serviço para o mesmo empregador não seja superior a quatro anos e a diferença de tempo na função não seja superior a dois anos.
>
> § 2º Os dispositivos deste artigo não prevalecerão quando o empregador tiver pessoal organizado em quadro de carreira ou adotar, por meio de norma interna da empresa ou de negociação coletiva, plano de cargos e salários, dispensada qualquer forma de homologação ou registro em órgão público.
>
> § 3º No caso do § 2º deste artigo, as promoções poderão ser feitas por merecimento e por antiguidade, ou por apenas um destes critérios, dentro de cada categoria profissional.

---

(464) DELGADO, Mauricio Godinho. *Curso de Direito do Trabalho*. 17. ed. São Paulo: LTr, 2018. p. 955.

(465) *Ibidem*, p. 976.

> § 4º O trabalhador readaptado em nova função por motivo de deficiência física ou mental atestada pelo órgão competente da Previdência Social não servirá de paradigma para fins de equiparação salarial.
>
> § 5º A equiparação salarial só será possível entre empregados contemporâneos no cargo ou na função, ficando vedada a indicação de paradigmas remotos, ainda que o paradigma contemporâneo tenha obtido a vantagem em ação judicial própria.
>
> § 6º Na hipótese de discriminação por motivo de sexo, raça, etnia, origem ou idade, o pagamento das diferenças salariais devidas ao empregado discriminado não afasta seu direito de ação de indenização por danos morais, consideradas as especificidades do caso concreto.
>
> § 7º Sem prejuízo do disposto no § 6º, no caso de infração ao previsto neste artigo, a multa de que trata o art. 510 desta Consolidação corresponderá a 10 (dez) vezes o valor do novo salário devido pelo empregador ao empregado discriminado, elevada ao dobro, no caso de reincidência, sem prejuízo das demais cominações legais.

Márcio Túlio Viana, baseando-se em Damasceno, identifica no dispositivo celetista seis identidades necessárias à equiparação salarial: funcional, produtiva, qualitativa, de empregador, de local de trabalho e de tempo de serviço, esta última relativa.(466) Mantidos os requisitos pela redação atual, contudo, verifica-se que as modificações promovidas pela Lei n. 13.467/2017 (Reforma Trabalhista) buscaram restringir em muito a aplicabilidade do instituto, em prejuízo dos trabalhadores e da concretização do princípio da não discriminação.

Relativamente à função, a exigência é de que o equiparando exerça efetivamente o mesmo trabalho desempenhado pelo paradigma, encarado em seu conjunto, como já constava da redação originária. Conforme entendimento do TST, o equiparando e o paradigma devem desempenhar as mesmas tarefas, não importando a denominação dos cargos (Súmula n. 6, item III/TST).

Conforme já se registrou, a CLT, ao exigir a identidade funcional para a garantia de igual salário, choca-se com a Convenção fundamental n. 100 da OIT, que preconiza o pagamento de salário igual para trabalho de igual valor. Embora o texto celetista se utilize também da expressão "trabalho de igual valor", no § 1º do art. 461, está se referindo aí ao trabalho desempenhado com igual produtividade e mesma perfeição técnica, porém em "idêntica função". Enquanto isso, a Convenção n. 100 da OIT designa como "trabalho de igual valor" funções distintas a serem valoradas da mesma forma, especialmente sob a ótica do rechaço ao enviesamento na avaliação funcional por sexo/gênero, em desfavor das mulheres.

---

(466) VIANA, Márcio Túlio. Remuneração e Salário. In: CORREIA, Marcus Orione Gonçalves; SOUTO MAIOR, Jorge Luiz (Coords.). *Curso de Direito do Trabalho*. v. II. São Paulo: LTr, 2008. p. 133-134.

Deixa-se de dar cumprimento adequado, desse modo, a uma das Convenções Fundamentais da OIT. Sustenta Márcio Túlio Viana, nessas condições, que a aplicação efetiva da Convenção n. 100 da OIT dependeria, no mínimo, de uma flexibilização das identidades exigidas pela CLT, alargando o campo de equiparação salarial.(467) A tarefa incumbe, sobretudo, aos magistrados, na apreciação dos casos concretos submetidos a seu exame, bem como a membros do Ministério Público, advogados e operadores do Direito, no desempenho de seus misteres.

A identidade produtiva, por sua vez, consiste em igual capacidade de produzir efetivamente revelada pelos empregados. A igual perfeição técnica (ou identidade qualitativa) traduz o desempenho das funções com o mesmo conjunto de qualidades e defeitos. A identidade de empregador exclui a possibilidade de obtenção de equiparação com empregados de empresas diversas. Nesse ponto, não há também inovações.

Quanto ao local de trabalho, o TST o concebe como mesmo município ou municípios que, comprovadamente, pertençam à mesma região metropolitana (Súmula n. 6, item X/TST). Nessa esteira, a redação originária do art. 461 da CLT utilizava a expressão "na mesma localidade", mas a Lei n. 13.467/2017 (Reforma Trabalhista) alterou os dizeres para fazer constar como local o "mesmo estabelecimento empresarial". Entretanto, conforme lição de Mauricio Godinho Delgado e Gabriela Neves Delgado, deve-se interpretar a norma da forma mais favorável ao trabalhador, reputando-se viável a leitura antidiscriminatória mais ampla, compreendendo como limite ao menos o âmbito municipal, que melhor atende ao espírito da Constituição de 1988.(468)

No tocante à identidade de tempo de serviço, exigia-se apenas, originalmente, que não houvesse diferença de mais de dois anos de serviço na mesma função, contando-se "o tempo de serviço na função e não no emprego", conforme Súmula n. 6, item II, do TST. Também nesse ponto, porém, a Lei n. 13.467/2017 (Reforma Trabalhista) inseriu disposições voltadas a restringir as possibilidades de equiparação salarial, acrescentando requisito cumulativo de ausência de diferença de mais de quatro anos de serviço para o mesmo empregador, em favor do paradigma, para que seja possível a equiparação.

Como fato impeditivo da equiparação salarial, por força do art. 461, §§ 2º e § 3º, da CLT, a existência de quadro de carreira na empresa implica consequências distintas para a presença de situações similares às que autorizam o pleito equiparatório. Embora o quadro impeça o pedido de equiparação, isso não significa que não possam existir litígios relativos à sua correta aplicação e observância (Súmula n. 19/TST). São perfeitamente

---

(467) VIANA, Márcio Túlio. Remuneração e Salário. *In:* CORREIA, Marcus Orione Gonçalves; SOUTO MAIOR, Jorge Luiz (Coords.). *Curso de Direito do Trabalho*. v. II. São Paulo: LTr, 2008 p. 134.

(468) DELGADO, Mauricio Godinho; DELGADO, Gabriela Neves. *A Reforma Trabalhista no Brasil com os Comentários à Lei n. 13.467/2017*. São Paulo: LTr, 2017. p. 172.

possíveis, assim, pleitos de enquadramento ou reenquadramento (reclassificação) do empregado, nas hipóteses de irregular preterição do trabalhador no fluxo de promoções, enquadramento incorreto ou ausência de reclassificação em novo quadro implantado.

Originariamente, o quadro de carreira seria a previsão empresarial, com necessária homologação administrativa da autoridade competente (conforme Súmula n. 6, item I/TST), de promoções alternadas por merecimento e antiguidade, criando medida suficiente e adequada à evolução funcional do trabalhador em âmbito empresarial. Todavia, a redação dada ao § 2º do art. 461 da CLT pela Lei n. 13.467/2017 (Reforma Trabalhista) suprimiu a necessidade de homologação ou registro em órgão público, estabelecendo estar "dispensada qualquer forma de homologação ou registro em órgão público". Além disso, estendeu o fato impeditivo da equiparação para além do "quadro de carreira", estipulando bastar um "plano de cargos e salários", estabelecido por meio de norma interna da empresa ou de negociação coletiva. Não suficiente, alterou a Reforma Trabalhista o § 3º do art. 461 da CLT, para eliminar a exigência das promoções alternadas por antiguidade e merecimento, viabilizando que as promoções ocorram "por apenas um destes critérios, dentro de cada categoria profissional".

Como sustentam Mauricio Godinho Delgado e Gabriela Neves Delgado, as desregulamentações e flexibilizações promovidas pela Lei n. 13.467/2017 (Reforma Trabalhista), nesse campo temático, podem "comprometer o objetivo da regra jurídica, isto é, a aptidão para erigir real fato impeditivo do pleito antidiscriminatório brandido por intermédio da equiparação de salários".[469] Assim, impõe-se a rejeição, como fato impeditivo do direito do autor, de quadros de carreira ou planos de cargos e salários que não evidenciem vantagens e garantias efetivas aos empregados suficientes para justificarem a não incidência do princípio constitucional e celetista antidiscriminatório.[470]

Também em inovação, a Lei n. 13.467/2017 dispôs que a equiparação apenas "será possível entre empregados contemporâneos no cargo ou na função" (art. 461, § 5º/CLT). Trata-se de regra jurídica que exige uma simultaneidade no exercício do trabalho entre o equiparando e o paradigma, sob pena de afastamento da ocorrência de discriminação. O entendimento, embora não expresso na redação primária, já era adotado jurisprudencialmente.

Finalmente, a Lei n. 14.611/2023, em alterações positivas em termos de combate às discriminações, define as redações atuais dos §§ 6º e 7º do art. 461 da CLT. Na hipótese de discriminação prevista em lei, assim, o § 6º prevê que "o pagamento das diferenças salariais devidas ao empregado discriminado não afasta seu direito de ação de

---

(469) DELGADO, Mauricio Godinho; DELGADO, Gabriela Neves. *A Reforma Trabalhista no Brasil com os Comentários à Lei n. 13.467/2017*. São Paulo: LTr, 2017. p. 173.

(470) *Idem*.

indenização por danos morais, consideradas as especificidades do caso concreto". O § 7º, por sua vez, estabelece que, sem prejuízo da mencionada possibilidade de pedido de indenização por danos morais pela vítima da discriminação salarial, a infração ao disposto no art. 461 da CLT sujeitará o responsável a multa administrativa correspondente a "10 (dez) vezes o valor do novo salário devido pelo empregador ao empregado discriminado, elevada ao dobro, no caso de reincidência, sem prejuízo das demais cominações legais".

Além da equiparação salarial, com todas as dificuldades geradas pela Reforma Trabalhista, as proteções jurídicas contra a discriminação salarial incluem, também, o problema da substituição de empregados. Conforme entendimento sumulado pelo TST, "enquanto perdurar a substituição que não tenha caráter meramente eventual, inclusive nas férias, o empregado substituto fará jus ao salário contratual do substituído" (Súmula n. 159, item I/TST). O art. 450 da CLT amplia a garantia extraída da referida Súmula, no entanto, ao assegurar ao trabalhador todos os demais efeitos contratuais pelo período da substituição, inclusive a contagem de tempo de serviço e o retorno ao cargo efetivo.

Por fim, vale mencionar uma única situação de discriminação salarial sem qualquer regulamentação celetista: a condição salarial dos trabalhadores terceirizados. Não regulada pela CLT, a matéria costumava gerar posicionamentos variados com base no art. 12 da Lei n. 6.019/1974, que assegura aos trabalhadores temporários "remuneração equivalente à percebida pelos empregados na mesma categoria da empresa tomadora ou cliente (...)". Em julgamento ao Recurso Extraordinário 635546, o Supremo Tribunal Federal (STF) fixou tese de repercussão geral (tema 383) sobre a matéria, rejeitando a equiparação, nos seguintes termos:

> A equiparação de remuneração entre empregados da empresa tomadora de serviços e empregados da empresa contratada (terceirizada) fere o princípio da livre iniciativa, por se tratarem de agentes econômicos distintos, que não podem estar sujeitos a decisões empresariais que não são suas.

Quanto à questão da discriminação em suas variadas dimensões, não centrada fundamentalmente no aspecto salarial, os avanços celetistas são bastante tímidos. Em especial no que tange à mulher, aliás, a promulgação da CLT, em 1943, trouxe inicialmente um tratamento jurídico fortemente discriminatório e prejudicial ao mercado de trabalho feminino. Posteriormente, no entanto, houve revogações de dispositivos considerados incompatíveis com a Constituição de 1988, embora ainda se vislumbrem discussões sobre reminiscências de normas tutelares referentes ao trabalho da mulher.

Também a Lei n. 9.799/1999 veio ao encontro do intento constitucional antidiscriminatório, inserindo no texto celetista o art. 373-A da CLT. O conteúdo acrescido já se poderia inferir de textos normativos preexistentes, em especial da Constituição de 1988. No entanto, a inserção de texto antidiscriminatório expresso no corpo da CLT, em especial no que tange à vedação da discriminação contra a mulher, torna inquestionável a ênfase dada à questão. Dispõe o art. 373-A da CLT:

> Art. 373-A. Ressalvadas as disposições legais destinadas a corrigir as distorções que afetam o acesso da mulher ao mercado de trabalho e certas especificidades estabelecidas nos acordos trabalhistas, é vedado:
>
> I – publicar ou fazer publicar anúncio de emprego no qual haja referência ao sexo, à idade, à cor ou situação familiar, salvo quando a natureza da atividade a ser exercida, pública e notoriamente, assim o exigir;
>
> II – recusar emprego, promoção ou motivar a dispensa do trabalho em razão de sexo, idade, cor, situação familiar ou estado de gravidez, salvo quando a natureza da atividade seja notória e publicamente incompatível;
>
> III – considerar o sexo, a idade, a cor ou situação familiar como variável determinante para fins de remuneração, formação profissional e oportunidades de ascensão profissional;
>
> IV – exigir atestado ou exame, de qualquer natureza, para comprovação de esterilidade ou gravidez, na admissão ou permanência no emprego;
>
> V – impedir o acesso ou adotar critérios subjetivos para deferimento de inscrição ou aprovação em concursos, em empresas privadas, em razão de sexo, idade, cor, situação familiar ou estado de gravidez;
>
> VI – proceder o empregador ou preposto a revistas íntimas nas empregadas ou funcionárias.
>
> Parágrafo único. O disposto neste artigo não obsta a adoção de medidas temporárias que visem ao estabelecimento das políticas de igualdade entre homens e mulheres, em particular as que se destinam a corrigir as distorções que afetam a formação profissional, o acesso ao emprego e as condições gerais de trabalho da mulher.

Embora verse sobre a discriminação contra a mulher no mercado de trabalho, o art. 373-A da CLT traz importantes balizas para a vedação à discriminação no trabalho de um modo geral, podendo ser aplicado por analogia a situações envolvendo pessoas gordas ou integrantes de outros grupos sociais vulneráveis. Assim, impõe-se a efetiva proibição, dentre outras condutas, de publicação ou determinação de divulgação de anúncio de emprego com distinção arbitrária; da recusa de emprego, promoção ou motivação de dispensa do trabalho por motivo discriminatório; da utilização de variáveis discriminatórias para fins de remuneração, oportunidades e ascensão profissional; e o impedimento de acesso ou adoção de critérios subjetivos para inscrição e aprovação em concursos públicos.

6.2.3. Lei n. 9.029/1995: Proibição de Discriminação no Ambiente de Trabalho

A Lei n. 9.029/1995, com redação atual dada pela Lei n. 13.146/2015, representa grande avanço no combate jurídico às práticas discriminatórias perpetradas no âmbito laboral, assim dispondo, no art. 1º:

É proibida a adoção de qualquer prática discriminatória e limitativa para efeito de acesso à relação de trabalho, ou de sua manutenção, por motivo de sexo, origem, raça, cor, estado civil, situação familiar, deficiência, reabilitação profissional, idade, entre outros, ressalvadas, nesse caso, as hipóteses de proteção à criança e ao adolescente previstas no inciso XXXIII do art. 7º da Constituição Federal.

Sobretudo até a alteração da redação pela Lei n. 13.146/2015, a técnica legislativa causou controvérsia em diversos aspectos, em especial quanto à abrangência da lei. Emergiam, inicialmente, polêmicas quanto aos motivos discriminatórios abarcados pela proteção legal. Como critérios geradores da prática discriminatória, a Lei arrolava expressamente o sexo, a origem, a raça, a cor, o estado civil, a situação familiar e a idade. Percebe-se que já regulava, portanto, não apenas a vedação às discriminações quanto aos motivos expressamente elencados na Constituição, disciplinando também a proibição implícita à discriminação por motivos outros, especificamente a situação familiar e a origem. Contudo, não havia menção sequer a algumas hipóteses constitucionalmente previstas, como a discriminação por deficiência ou por natureza do trabalho. Inexistia, ademais, a expressão "entre outros", após a enumeração de motivos de discriminação vedada, o que ocasionava divergências interpretativas.

Assim, havia quem sustentasse ser taxativo o rol de motivos discriminatórios apresentado, porquanto a expressão "qualquer prática discriminatória" não autorizaria interpretação generalizante, referindo-se apenas às formas pelas quais se consuma a discriminação relativa aos motivos expressamente elencados. Além disso, a Lei n. 9.029/1995 possui natureza híbrida, chegando a invocar caráter penal (art. 2º da Lei n. 9.029/1995), classicamente impeditivo de interpretação extensiva ou analógica.

Não obstante, o melhor entendimento era no sentido de que o rol de motivos discriminatórios seria exemplificativo, uma vez que o princípio da isonomia, as previsões constitucionais antidiscriminatórias e a Convenção n. 111 da OIT, dentre outros princípios e disposições normativas nacionais e internacionais, impunham a vedação e repressão à generalidade das práticas discriminatórias no âmbito trabalhista.(471) É de se salientar que tal posicionamento permitia a tutela de diversos grupos sociais relevantes em condições de desvantagem relativa, porém sem garantia protetiva expressa na legislação federal ou mesmo em âmbito cultural, como o grupo das pessoas gordas.

Entendendo-se pelo rol taxativo, haveria redução da abrangência do princípio da isonomia e negação das medidas de efetivação da igualdade previstas pela Convenção n. 111 da OIT. Quanto à vedação da interpretação extensiva ou analógica acarretada pela natureza penal da norma, a limitação seria restrita ao art. 2º da Lei n. 9.029/1995.

---

(471) Sobre a temática, já discorreu a autora em: GOMES, Isabella Filgueiras. *Discriminação Salarial e Funcional contra a Mulher nas Relações de Trabalho:* aspectos histórico-sociais, abordagens jurídicas e propostas antidiscriminatórias. Belo Horizonte: RTM, 2012.

A posição parecia ser a mais acertada e condizente com os princípios constitucionais e justrabalhistas.

Embora o entendimento adequado e consentâneo à Constituição e às convenções internacionais ratificadas pelo Brasil fosse, claramente, o do rol de motivos exemplificativo, nem sempre era assim entendido pelo Poder Judiciário, nos casos em que abordada a Lei n. 9.029/1995 nas decisões versando sobre gordofobia.

Com a nova redação dada pela Lei n. 13.146/2015, foram incluídos no rol dos fatores de discrímen a deficiência e a reabilitação profissional. Além disso, passou a constar do *caput* do art. 1º da Lei n. 9.029/1995 que os motivos elencados seriam, "entre outros", fatores vedados de discriminação. Consequentemente, entende-se definitivamente superado o imbróglio da taxatividade ou caráter exemplificativo do rol de motivos, fixando-se o entendimento de ser exemplificativo ou aberto o conjunto e fatores de discrímen proibidos pela legislação.

Andou bem o legislador ao promover a alteração redacional, porquanto o texto gerava, até então, divergências e ocasionais reduções interpretativas do potencial antidiscriminatório da Lei n. 9.029/1995. Na lição de Firmino Alves Lima, "não é possível compreender um sistema universal de proteção contra a discriminação que atue em caráter parcial, apenas voltado a determinados motivos discriminatórios e ineficaz para outros".(472)

Relativamente às pessoas gordas, nesse contexto, entende-se que estão definitivamente posicionadas sob o manto protetivo da Lei n. 9.029/1995, no tocante à discriminação no ambiente de trabalho. A conclusão é amparada por todas as considerações já formuladas acerca do caráter exemplificativo do rol de fatores de discrímen constante do art. 1º, bem como pela circunstância de que o grupo social das pessoas gordas enfrenta, conforme demonstrado, forte preconceito que o coloca em condição de desvantagem relativa em relação às pessoas magras. Justificada, assim, a condição da pessoa gorda de sujeito legítimo de normas de Direito Antidiscriminatório.

É interessante reparar que Lei n. 13.146/2015, ao alterar a redação do art. 1º da Lei n. 9.029/1995, substituiu a expressão "relação de emprego" por "relação de trabalho", o que sugere a abrangência da proteção antidiscriminatória não apenas em relação a empregados contratados pelo regime celetista, mas a trabalhadores de um modo geral. Em contexto de crescente precarização trabalhista, por meio de fraudes e formas desreguladas de trabalho, é salutar a proteção contra as discriminações estendida à diversidade laborativa que se apresenta.

Quanto às etapas contratuais alcançadas pela lei, o art. 1º da Lei n. 9.029/1995 veda práticas discriminatórias "para efeito de acesso à relação de trabalho, ou de sua

(472) LIMA, Firmino Alves. *Teoria da Discriminação nas Relações de Trabalho*. Rio de Janeiro: Elsevier, 2011. p. 115.

manutenção". Abarcam-se claramente, portanto, as fases pré-contratual e contratual, restando a dúvida quanto à etapa pós-contratual. Apesar de a interpretação literal do dispositivo indicar a exclusão da última fase, o melhor entendimento parece ser o de que, com o termo "manutenção", intentou-se abarcar o curso da relação de trabalho e, também, a ruptura contratual e o pós-contrato. Corrobora a interpretação o art. 4º da Lei n. 9.029/1995, que veda o "rompimento" da relação de trabalho por ato discriminatório.(473)

Com efeito, sendo o momento do rompimento da relação de emprego intensamente suscetível a práticas discriminatórias, seria extremamente questionável a exclusão da proteção legal na fase pós-contratual. A Constituição veda quaisquer práticas discriminatórias (art. 3º, IV/CR) e consagra o princípio da isonomia (art. 5º, *caput* e inciso I/CR), cuja concretização seria indevidamente restringida se afastada a tutela antidiscriminatória no pós-contrato. Além disso, é evidente que a discriminação pós-contratual frequentemente engendra discriminação pré-contratual, dificultando o acesso do trabalhador a outro emprego, como na hipótese de anotações desabonadores registradas pelo empregador na CTPS do empregado.(474)

No que tange à discriminação no momento pré-contratual, a lei representa restrição ao princípio contratual da autonomia da vontade, especificamente à "liberdade no 'quem' contratar".(475) Quanto à etapa contratual, proíbe-se a diferenciação injusta no tratamento dispensado aos empregados no curso da relação de trabalho. Por fim, relativamente à fase do pós-contrato, proíbe-se a discriminação no que tange aos efeitos contratuais que persistem após o término do vínculo.

Discutida a abrangência da Lei n. 9.029/1995, é importante analisar brevemente as consequências atribuídas às práticas discriminatórias ilícitas, que podem ser de natureza civil, administrativa, penal e trabalhista.

Praticada a discriminação no momento da admissão ou no curso do contrato de trabalho, pode-se pleitear indenização para reparação de danos morais e, se for o caso, danos materiais.(476) A Constituição, em seu art. 5º, incisos V e X, assegura ao indivíduo indenização por danos morais e materiais decorrentes da violação de seu direito à intimidade, honra e imagem. Prevê o Código Civil, ainda, que comete ato ilícito "aquele que, por ação ou omissão voluntária, negligência ou imprudência, violar direito e causar dano a outrem, ainda que exclusivamente moral" (art. 186/CC), bem como "o titular de um

---

(473) GOMES, Isabella Filgueiras. *Discriminação Salarial e Funcional contra a Mulher nas Relações de Trabalho:* aspectos histórico-sociais, abordagens jurídicas e propostas antidiscriminatórias. Belo Horizonte: RTM, 2012.

(474) *Idem.*

(475) PIMENTA, Raquel Betty de Castro; VIANA, Márcio Túlio. A Proteção Trabalhista contra os Atos Discriminatórios (Análise da Lei n. 9.029/95). In: CANTELLI, Paula Oliveira; RENAULT, Luiz Otávio Linhares; VIANA, Márcio Túlio (Coords.). *Discriminação*. 2. ed. São Paulo: LTr, 2010. p. 137.

(476) *Idem.*

direito que, ao exercê-lo, excede manifestamente os limites impostos pelo seu fim econômico ou social, pela boa-fé ou pelos bons costumes" (art. 187/CC).

Nesse sentido, é plenamente possível a ocorrência de danos morais ou materiais antes da celebração do contrato de trabalho. É prática comum que as empresas, antes de contratar empregados, obtenham informações sobre suas expectativas a respeito do emprego e do ambiente de trabalho, examinem currículos e documentos indicadores de capacidade profissional, promovam processos seletivos. Pode ocorrer, nessas circunstâncias, a discriminação do trabalhador por qualidades descobertas pelo empregador na etapa pré-contratual. A responsabilidade pré-contratual surge na medida em que uma pessoa entabula negociações com outra, induzindo-a a se preparar para a contratação e, depois, de maneira injustificada, deixa de celebrar o acordo, em violação ao princípio contratual da boa-fé objetiva (art. 422/CC c/c art. 187/CC e art. 427/CC).

Os danos materiais abarcam o dano emergente e o lucro cessante, decorrentes de possíveis investimentos ou despesas realizados em razão das legítimas expectativas do empregado, resultantes dos indícios de uma contratação iminente. Os danos morais, por sua vez, decorrem da simples discriminação em si, enquanto ato ilícito. Como resultado da conduta culposa empresarial, há lesão à esfera jurídica imaterial do empregado — ofendendo-lhe a dignidade e intimidade, ferindo-lhe a honra ou reputação, causando-lhe mágoa, tristeza, sofrimento moral ou físico.

Há controvérsias no que tange à competência da Justiça do Trabalho para julgar os pedidos que envolvam reparação por danos morais referentes a período anterior ao efetivo início do contrato de trabalho. Pacificou-se, com a nova redação do art. 114 da Constituição (Emenda Constitucional n. 45/2004), a competência da Justiça Laboral para processar e julgar as demandas relativas a dano moral ou material decorrente da relação de trabalho (art. 114, VI/CR). A menção a danos "decorrentes da relação de trabalho", no entanto, pode levar ao entendimento de que a competência para as causas relativas a danos na fase pré-contratual, inexistente ainda o contrato de trabalho, seria da Justiça Comum. Entretanto, mais razoável parece o entendimento de que a competência seria, também, da Justiça do Trabalho, pois a lide mantém sua natureza trabalhista por permanecer, num sentido amplo, decorrente da relação de trabalho. Afinal, a demanda, abstraindo-se da relação trabalhista, perderia completamente sua lógica e razão de ser.[(477)]

Como na fase pré-contratual, também no curso do contrato de trabalho a relação entre empregado e empregador, ou entre trabalhador e tomador dos serviços, marcada pela convivência habitual, gera significativa probabilidade de danos morais passíveis de indenização. Em razão de sua condição subordinada ou de hipossuficiência econômica,

(477) GOMES, Isabella Filgueiras. *Discriminação Salarial e Funcional contra a Mulher nas Relações de Trabalho:* aspectos histórico-sociais, abordagens jurídicas e propostas antidiscriminatórias. Belo Horizonte: RTM, 2012.

empregados e trabalhadores em geral sujeitam-se com maior frequência a ofensas discriminatórias. Consequências de ordem econômica ou patrimonial podem somar-se ao tratamento discriminatório, atraindo a aplicação do princípio da isonomia ou do art. 461 da CLT, quando preenchidos os requisitos da equiparação salarial.

Além da possibilidade de indenização por danos morais e materiais, algumas práticas discriminatórias contra a mulher trabalhadora na admissão e no curso do contrato de trabalho geram consequências de natureza penal. Sabe-se que, muitas vezes, os inconvenientes temidos pelo empregador em virtude das proteções legais em torno da gestação, bem como dos encargos socialmente impostos predominantemente à mulher na criação dos filhos, conduzem à discriminação da pessoa do sexo feminino nas relações empregatícias. Daí a rigorosa proibição de práticas discriminatórias concernentes à função reprodutora e responsabilidades familiares da mulher trabalhadora, criminalizadas pela lei e sujeitas, desse modo, a pena criminal. Nesse sentido o art. 2º da Lei n. 9.029/1995:

> Art. 2º Constituem crime as seguintes práticas discriminatórias:
>
> I – a exigência de teste, exame, perícia, laudo, atestado, declaração ou qualquer outro procedimento relativo à esterilização ou a estado de gravidez;
>
> II – a adoção de quaisquer medidas, de iniciativa do empregador, que configurem;
>
> *a)* indução ou instigamento à esterilização genética;
>
> *b)* promoção do controle de natalidade, assim não considerado o oferecimento de serviços e de aconselhamento ou planejamento familiar, realizados através de instituições públicas ou privadas, submetidas às normas do Sistema Único de Saúde (SUS).
>
> Pena: detenção de um a dois anos e multa.
>
> Parágrafo único. São sujeitos ativos dos crimes a que se refere este artigo:
>
> I – a pessoa física empregadora;
>
> II – o representante legal do empregador, como definido na legislação trabalhista;
>
> III – o dirigente, direto ou por delegação, de órgãos públicos e entidades das administrações públicas direta, indireta e fundacional de qualquer dos Poderes da União, dos Estados, do Distrito Federal e dos Municípios.

Estabelece a Lei n. 9.029/1995, ainda, sem prejuízo das sanções penais, outras cominações de natureza punitiva para as infrações previstas, correspondentes à multa administrativa e à proibição de obtenções de empréstimos e financiamentos junto a instituições financeiras oficiais, nos termos do art. 3º:

> Art. 3º Sem prejuízo do prescrito no art. 2º desta Lei e nos dispositivos legais que tipificam os crimes resultantes de preconceito de etnia, raça, cor ou deficiência, as infrações ao disposto nesta Lei são passíveis das seguintes cominações:

> I – multa administrativa de dez vezes o valor do maior salário pago pelo empregador, elevado em cinquenta por cento em caso de reincidência;
>
> II – proibição de obter empréstimo ou financiamento junto a instituições financeiras oficiais.

A multa, por ser de natureza administrativa, "não reverte em benefício do trabalhador, mas aos cofres da União".(478) Seu valor corresponde a dez vezes o valor do "maior salário pago pelo empregador", majorado em cinquenta por cento em caso de reincidência. A imprecisão do dispositivo, no entanto, gera dúvidas acerca do significado da expressão "maior salário pago pelo empregador", que pode ser interpretada como o maior salário pago pelo empregador a qualquer empregado ou apenas àqueles de determinada função, exercida pelo obreiro discriminado. Enquanto a previsão de sanção administrativa atrai interpretação restritiva, indicando o entendimento de que se trata do maior salário pago aos que exercem a função da vítima do ato discriminatório, o princípio justrabalhista da norma mais favorável orienta no sentido da interpretação mais benéfica ao empregado, que é a de que o maior salário consiste no mais expressivo pago a qualquer empregado.(479)

Para a superação da dificuldade gerada pela técnica legislativa prejudicada, o melhor entendimento parece ser o de que o maior salário será aquele pago pelo empregador a qualquer empregado. Caso contrário, a Lei n. 9.029/1995 estaria, paradoxalmente, instituindo distinção discriminatória: a injustiça perpetrada contra trabalhador de determinada função seria sancionada em menores proporções do que aquela efetivada contra o trabalhador de função melhor remunerada, como se no primeiro caso houvesse menor gravidade da conduta. Obviamente, o princípio da isonomia (art. 5º, *caput*/CR), a vedação de distinção entre trabalhadores manuais, técnicos e intelectuais (art. 7º, XXXII/CR) e a generalidade das proibições constitucionais à discriminação no contexto empregatício indicam a adoção da mesma sanção para reprimir práticas discriminatórias contra qualquer trabalhador.(480)

Doutrina e jurisprudência dominantes entendem que a multa não pode ser aplicada diretamente pela Justiça do Trabalho, dirigindo-se à autoridade administrativa. No entanto, há quem sustente, como Antônio Álvares da Silva,(481) que sua aplicação pela Justiça do Trabalho deve ser admitida com fulcro no art. 114 da Constituição e no art. 652, *"d"*, da CLT, segundo o qual seria competência das "Juntas de Conciliação e Julgamento",

---

(478) PIMENTA, Raquel Betty de Castro; VIANA, Márcio Túlio. A Proteção Trabalhista contra os Atos Discriminatórios (Análise da Lei n. 9.029/95). In: CANTELLI, Paula Oliveira; RENAULT, Luiz Otávio Linhares; VIANA, Márcio Túlio (Coords.). *Discriminação*. 2. ed. São Paulo: LTr, 2010. p. 140.

(479) GOMES, Isabella Filgueiras. *Discriminação Salarial e Funcional contra a Mulher nas Relações de Trabalho:* aspectos histórico-sociais, abordagens jurídicas e propostas antidiscriminatórias. Belo Horizonte: RTM, 2012.

(480) *Idem*.

(481) SILVA, Antônio Álvares da. Competência da Justiça do Trabalho para a Aplicação de Multas Administrativas. *Revista do Tribunal Regional do Trabalho da 3ª Região,* Belo Horizonte, v. 42, n. 72, p. 45-63, jul./dez. 2005.

hoje Varas do Trabalho, "impor multas e demais penalidades relativas aos atos de sua competência".

No que tange à proibição de obtenção de empréstimo ou financiamento, novamente surgem dificuldades pela ausência de fixação legal de prazos, o que pode gerar a interpretação de que o dispositivo viola o princípio da livre iniciativa (art. 1º, IV/CR e art. 170, III/CR). Seria salutar a determinação expressa de termo final, uma vez que a medida punitiva tem enorme impacto na efetivação de normas e princípios constitucionais antidiscriminatórios, como o princípio da isonomia (art. 5º, *caput* e inciso I), o princípio da dignidade da pessoa humana (art. 1º, III/CR) e as vedações antidiscriminatórias específicas da esfera trabalhista (art. 7º, XXX, XXXI, XXXII/CR). Márcio Túlio Viana e Raquel Pimenta, em esforço interpretativo acerca do dispositivo em questão, reputam "razoável entender que a proibição permanece até o cumprimento da pena criminal".(482)

No entanto, entende-se que a Lei n. 9.029/1995 não limitou a proibição de empréstimos e financiamentos às hipóteses para as quais a lei reserva penalidades criminais, já que expressamente estabelece as cominações do art. 3º para "as infrações ao disposto nesta Lei". Assim, parece ser a hipótese, enquanto não alterado o texto do dispositivo, ou regulado administrativamente, de arbitramento de período razoável, conforme as circunstâncias, nos casos concretos eventualmente levados ao Poder Judiciário.

Em situação de ruptura da relação de trabalho por motivo discriminatório, o art. 4º da Lei n. 9.029/1995 estabelece, por fim, duas opções ao empregado, consistentes em sanções de natureza trabalhista impostas ao empregador:

> Art. 4º O rompimento da relação de trabalho por ato discriminatório, nos moldes desta Lei, além do direito à reparação pelo dano moral, faculta ao empregado optar entre:
>
> I – a reintegração com ressarcimento integral de todo o período de afastamento, mediante pagamento das remunerações devidas, corrigidas monetariamente e acrescidas de juros legais;
>
> II – a percepção, em dobro, da remuneração do período de afastamento, corrigida monetariamente e acrescida dos juros legais.

A primeira hipótese é, portanto, a de reintegração do empregado, com a percepção de tudo aquilo a que teria direito se houvesse trabalhado no período. A segunda opção consiste na troca do trabalho pela percepção em dobro da remuneração do período de afastamento. Conforme expresso no próprio art. 4º da Lei n. 9.029/1995, as sanções de caráter trabalhista previstas não excluem o direito do empregado à reparação pelo dano moral decorrente da prática discriminatória empresarial. Quanto à possibilidade de

(482) PIMENTA, Raquel Betty de Castro; VIANA, Márcio Túlio. A Proteção Trabalhista contra os Atos Discriminatórios (Análise da Lei n. 9.029/95). In: CANTELLI, Paula Oliveira; RENAULT, Luiz Otávio Linhares; VIANA, Márcio Túlio (Coords.). *Discriminação*. 2. ed. São Paulo: LTr, 2010. p. 140.

acréscimo, às sanções da Lei n. 9.029/1995, de indenização por danos morais, esclarecem Márcio Túlio Viana e Raquel Pimenta:

> Essas formas de reparação decorrentes da responsabilidade civil não previstas expressamente, mas tão admissíveis quanto as outras, aplicam-se genericamente. Valem tanto para os casos mencionados na Lei n. 9.029/95 como para qualquer outra hipótese que se submeta à regra geral da isonomia.(483)

A Lei n. 9.029/1995, conforme se extrai das considerações realizadas, apresenta soluções de grande potencial transformador no que toca ao combate à discriminação em geral e, especificamente, à discriminação dirigida a grupos sociais vulneráveis e às pessoas gordas. Sua aplicação e efetividade, no entanto, poderiam ser favorecidas por aperfeiçoamentos pontuais da técnica legislativa. Avanços significativos, de toda forma, já foram promovidos quando da alteração parcial da redação pela Lei n. 13.146/2015.

Os efeitos positivos dependem, ainda, do conhecimento pelos trabalhadores de seus direitos, na hipótese de discriminação no contrato de trabalho, e do preparo dos profissionais do Direito, magistrados trabalhistas, membros do Ministério Público etc., que devem estar atentos às peculiaridades das causas que envolvem discriminação, a exemplo da enorme dificuldade probatória enfrentada com frequência pelas vítimas. O desenvolvimento de uma cultura de respeito e igualdade, inclusive no conjunto das decisões judiciais, é capaz de propiciar o temor dos empregadores frente às possíveis consequências de atos discriminatórios, incentivando a manutenção de um clima de efetiva igualdade no mundo do trabalho.

6.2.4. Lei n. 14.611/2023: Igualdade salarial e de critérios remuneratórios entre mulheres e homens

A Lei n. 14.611/2023 dispõe sobre a igualdade salarial e de critérios remuneratórios entre mulheres e homens para a realização de trabalho de igual valor ou no exercício da mesma função (art. 1º). Trata-se de progresso legislativo nacional que vai ao encontro da Convenção n. 100 da OIT, ao instituir o princípio da equivalência de salários para trabalhos de igual valor.

Conforme ressaltado, no que se refere às pessoas gordas, a penalização remuneratória específica por motivo de peso é atualmente identificada e realçada por pesquisadores, de maneira clara e precisa, apenas para as mulheres. Assim, gordofobia e sexismo convergem para o pagamento de menores salários às mulheres,(484) o que torna relevante a

---

(483) PIMENTA, Raquel Betty de Castro; VIANA, Márcio Túlio. A Proteção Trabalhista contra os Atos Discriminatórios (Análise da Lei n. 9.029/95). In: CANTELLI, Paula Oliveira; RENAULT, Luiz Otávio Linhares; VIANA, Márcio Túlio (Coords.). *Discriminação*. 2. ed. São Paulo: LTr, 2010. p. 142.

(484) *Vide*: (i) REGISTER, Charles A.; WILLIAMS, Donald R. Wage Effects of Obesity among Workers. *Social Science Quarterly*, Austin, v. 71, n. 1, p. 130-141, mar. 1990; (ii) CAWLEY, John. The Impact of Obesity on Wages. *The Journal of Human Resources*, v. 39, n. 2, 2004, p. 451-474. JSTOR. Disponível em: https://doi.

temática da igualdade salarial e de critérios remuneratórios entre mulheres e homens, quando se estuda discriminação contra pessoas gordas.

Nos termos da Lei n. 14.611/2023, a igualdade salarial e de critérios remuneratórios entre mulheres e homens para a realização de trabalho de igual valor ou no exercício da mesma função é obrigatória (art. 2º), devendo ser garantida por meio das seguintes medidas (art. 4º):

> I – estabelecimento de mecanismos de transparência salarial e de critérios remuneratórios;
>
> II – incremento da fiscalização contra a discriminação salarial e de critérios remuneratórios entre mulheres e homens;
>
> III – disponibilização de canais específicos para denúncias de discriminação salarial;
>
> IV – promoção e implementação de programas de diversidade e inclusão no ambiente de trabalho que abranjam a capacitação de gestores, de lideranças e de empregados a respeito do tema da equidade entre homens e mulheres no mercado de trabalho, com aferição de resultados; e
>
> V – fomento à capacitação e à formação de mulheres para o ingresso, a permanência e a ascensão no mercado de trabalho em igualdade de condições com os homens.

Privilegia a Lei, assim, o reforço da transparência e da fiscalização, a facilitação de denúncias, a promoção de inclusão e o incentivo à capacitação de mulheres para ingresso, permanência e ascensão no mercado de trabalho. Especificamente em relação à transparência, necessária para fomentar a visibilidade, os debates e os enfrentamentos a discriminações salariais, determina-se como medida concreta a obrigatoriedade de "publicação semestral de relatórios de transparência salarial e de critérios remuneratórios pelas pessoas jurídicas de direito privado com 100 (cem) ou mais empregados" (art. 5º, *caput.*).

Os mencionados relatórios de transparência salarial e de critérios remuneratórios deverão conter "dados anonimizados e informações que permitam a comparação objetiva entre salários, remunerações e a proporção de ocupação de cargos de direção, gerência e chefia preenchidos por mulheres e homens", além de "informações que possam fornecer dados estatísticos sobre outras possíveis desigualdades decorrentes de raça, etnia, nacionalidade e idade, observada a legislação de proteção de dados pessoais e regulamento específico" (art. 5º, § 1º). Considerando-se a relevância da interseccionalidade no exame

---

org/10.2307/3559022. Acesso em: 10 set. 2023; (iii) DUTRA, Adriano Teixeira. *Maior o Peso, Menor o Salário?* O impacto da obesidade no mercado de trabalho. Dissertação de Mestrado em Economia. São Paulo: Programa de Pós-Graduação em Economia do Departamento de Economia da Faculdade de Economia, Administração e Contabilidade da Universidade de São Paulo, 2021.

das discriminações, bem como as pesquisas que demonstram a correlação entre sexo/gênero, peso e redução salarial, seria ideal a consideração do fator peso também nos relatórios preconizados pela Lei n. 14.611/2023. Ainda assim, a coleta de dados poderá vir a suscitar debates a esse respeito, mesmo que sem o desejável enfoque da gordofobia, a depender dos padrões observados.

Nos termos do § 2º do art. 5º, nas hipóteses em que for identificada desigualdade salarial ou de critérios remuneratórios, independentemente do descumprimento do disposto no art. 461 CLT, a pessoa jurídica de direito privado "apresentará e implementará plano de ação para mitigar a desigualdade, com metas e prazos, garantida a participação de representantes das entidades sindicais e de representantes dos empregados nos locais de trabalho". O dispositivo, assim, suaviza os possíveis vácuos de tutela ocasionados pelo rigor do instituto da equiparação salarial regulado pelo art. 461 da CLT, notadamente após a tentativa de seu esvaziamento pelas modificações de redação introduzidas pela Lei n. 13.467/2017 (Reforma Trabalhista).

Para a hipótese de descumprimento da obrigação de publicação dos relatórios de transparência semestrais, é instituída uma multa administrativa correspondente a até 3% da folha de salários do empregador, limitada a cem salários mínimos, "sem prejuízo das sanções aplicáveis aos casos de discriminação salarial e de critérios remuneratórios entre mulheres e homens" (art. 5º, § 3º).

Finalmente, responsabilidades são também atribuídas ao Poder Público, que fica, em primeiro lugar, responsável por disponibilizar, "de forma unificada, em plataforma digital de acesso público", os dados e informações para comparação objetiva de salários, remunerações e funções entre homens e mulheres e, além disso (art. 5º, § 4º):

> (...) indicadores atualizados periodicamente sobre mercado de trabalho e renda desagregados por sexo, inclusive indicadores de violência contra a mulher, de vagas em creches públicas, de acesso à formação técnica e superior e de serviços de saúde, bem como demais dados públicos que impactem o acesso ao emprego e à renda pelas mulheres e que possam orientar a elaboração de políticas públicas.

Em acréscimo, o Poder Executivo deverá instituir, por ato próprio, "protocolo de fiscalização contra a discriminação salarial e de critérios remuneratórios entre mulheres e homens" (art. 6º).

Entende-se que as medidas concretas previstas de atenção e enfrentamento à discriminação salarial entre homens e mulheres podem, para além de revelar vieses discriminatórios diversos, inspirar ações similares com ramificações mais amplas. De todo modo, no tocante à gordofobia, está implicada também na realidade já reconhecida de gap salarial entre homens e mulheres, de modo que o combate à discriminação remuneratória feminina repercute, indiretamente, em termos de redução de penalidade salarial por motivo de peso.

6.2.5. Leis Federais sobre "Obesidade": Lei n. 10.048/2000, Lei n. 10.098/2000 e Lei n. 11.721/2008

Conforme exposto, na esfera trabalhista, a Lei n. 9.029/1995 proíbe discriminações por meio de normas que ostentam rol exemplificativo, entendendo-se abarcadas as pessoas gordas sob sua tutela. Considerando-se que a norma deixa de fazer referência expressa às pessoas gordas, todavia, é interessante examinar em que contextos a pessoa gorda, sempre sob a designação de pessoa "obesa" ou "portadora de obesidade", é invocada pela legislação federal.

Identificada pelo recurso à terminologia médica da "obesidade", verifica-se que a pessoa gorda recebe tratamento expresso pela legislação, na esfera federal, em raras e esparsas ocasiões. Destacam-se, sinteticamente, duas situações: o "combate à obesidade", em perspectiva patologizante, e, quanto à igualdade de oportunidades, exclusivamente a garantia de acessibilidade e atendimento prioritário, tendo em vista a visível incompatibilidade dos espaços físicos, ambientes e estruturas padronizadas na sociedade para o trânsito e acomodação dos corpos gordos.

No que se refere à perspectiva patologizante, a Lei n. 11.721/2008 institui o "Dia Nacional de Prevenção da Obesidade", a ser celebrado anualmente no dia 11 de outubro, tendo por objetivo "conscientizar a população sobre a importância da prevenção da obesidade" (art. 1º). A legislação não esclarece, especificamente, as atividades a serem desenvolvidas na data, os meios pelos quais deveria ser promovida a pretendida conscientização ou mesmo os responsáveis pelas medidas a serem adotadas. Trata-se, apenas, de instituição de data de viés medicalizante em relação à "obesidade", tendência comum também na legislação estadual e municipal, conforme se verá.

Com relação à acessibilidade e ao atendimento prioritário, por sua vez, a Lei n. 10.048/2000, com redação atual dada pela Lei n. 14.626/2023, em primeiro lugar, garante o direito ao atendimento prioritário para os "obesos", nos seguintes termos (art. 1º):

> Art. 1º As pessoas com deficiência, as pessoas com transtorno do espectro autista, as pessoas idosas com idade igual ou superior a 60 (sessenta) anos, as gestantes, as lactantes, as pessoas com crianças de colo, os obesos, as pessoas com mobilidade reduzida e os doadores de sangue terão atendimento prioritário, nos termos desta Lei.

O atendimento prioritário abrange conjunta e acessoriamente os acompanhantes dos titulares do direito (art. 1º, § 1º) e poderá ser realizado "mediante discriminação de postos, guichês, linhas ou atendentes específicos para esse fim" (art. 1º, § 3º). Em caso de ausência dos referidos postos, guichês, linhas ou atendentes específicos, os beneficiários do atendimento prioritário devem ser atendidos "imediatamente após a conclusão do atendimento que estiver em andamento, antes de quaisquer outras pessoas" (art. 1º, § 4º).

Repartições públicas e empresas concessionárias de serviços públicos devem providenciar o atendimento prioritário, por meio de serviços individualizados que assegurem "tratamento diferenciado e atendimento imediato" para as pessoas beneficiadas (art. 2º), garantida a prioridade de atendimento também por "todas as instituições financeiras" (art. 2º, parágrafo único).

No que se refere às empresas públicas de transporte e às concessionárias de transporte coletivo, devem reservar assentos, devidamente identificados, "às pessoas com deficiência, às pessoas com transtorno do espectro autista, às pessoas idosas, às gestantes, às lactantes, às pessoas com criança de colo e às pessoas com mobilidade reduzida" (art. 3º).

Em caso de descumprimento, há especificação de penalidades para servidor ou chefia responsável pelo servidor público, empresas concessionárias de transporte público e instituições financeiras (art. 6º).

A Lei n. 10.098/2000, por sua vez, estabelece normas gerais e critérios básicos para a promoção de acessibilidade de pessoas com deficiência ou com mobilidade reduzida, incluindo o "obeso" na categoria das pessoas com mobilidade reduzida, nos seguintes termos (art. 2º, IV):

> Art. 2º Para os fins desta Lei são estabelecidas as seguintes definições:
>
> (...)
>
> IV – pessoa com mobilidade reduzida: aquela que tenha, por qualquer motivo, dificuldade de movimentação, permanente ou temporária, gerando redução efetiva da mobilidade, da flexibilidade, da coordenação motora ou da percepção, incluindo idoso, gestante, lactante, pessoa com criança de colo e obeso;

A promoção de acessibilidade deverá ocorrer, segundo a legislação, mediante a "supressão de barreiras e de obstáculos nas vias e espaços públicos, no mobiliário urbano, na construção e reforma de edifícios e nos meios de transporte e de comunicação" (art. 1º).

Contribuição relevante da Lei n. 10.098/2000 é sua conceituação de "acessibilidade" (art. 2º, I), a qual pode ser aproveitada, inclusive, para fins de aferição de eventual cenário discriminatório contra pessoas gordas no ambiente de trabalho:

> I – acessibilidade: possibilidade e condição de alcance para utilização, com segurança e autonomia, de espaços, mobiliários, equipamentos urbanos, edificações, transportes, informação e comunicação, inclusive seus sistemas e tecnologias, bem como de outros serviços e instalações abertos ao público, de uso público ou privados de uso coletivo, tanto na zona urbana como na rural, por pessoa com deficiência ou com mobilidade reduzida;

Especificamente em relação às pessoas com mobilidade reduzida, dentre as quais a legislação inclui o "obeso", esta prevê, em termos de elementos da urbanização, que o "planejamento e a urbanização das vias públicas, dos parques e dos demais espaços de uso público deverão ser concebidos e executados de forma a torná-los acessíveis para todas as pessoas", incluindo aquelas com "mobilidade reduzida" (art. 3º, *caput*). As vias públicas, parques e demais espaços já existentes, da mesma forma, devem ser adaptados, "obedecendo-se ordem de prioridade que vise à maior eficiência das modificações, no sentido de promover mais ampla acessibilidade às pessoas (...) com mobilidade reduzida" (art. 4º, *caput*). Nos referidos locais, no mínimo 5% de cada brinquedo ou equipamento de lazer devem ser "adaptados e identificados, tanto quanto tecnicamente possível, para possibilitar sua utilização por pessoas (...) com mobilidade reduzida" (art. 4º, parágrafo único).

Nos eventos públicos organizados, para realização em espaços públicos ou privados, com instalação de banheiros químicos, deve haver unidades acessíveis para pessoas com mobilidade reduzida (art. 6º, § 1º), em quantidade mínima de 10% do total (art. 6º, § 2º), garantida ao menos uma unidade acessível caso o percentual resulte em fração inferior a um (art. 6º, § 3º).

Quanto ao desenho e localização do mobiliário urbano, estabelece a lei que os elementos do mobiliário urbano também deverão ser projetados e instalados em locais que permitam sua utilização por pessoas com mobilidade reduzida (art. 10).

Em termos de acessibilidade nos edifícios públicos ou de uso coletivo, estipula-se que a "construção, ampliação ou reforma" de tais edifícios devem "ser executadas de modo que sejam ou se tornem acessíveis às pessoas (...) com mobilidade reduzida" (art. 11, *caput*). Como requisitos ao cumprimento da legislação, "pelo menos um dos acessos ao interior da edificação deverá estar livre de barreiras arquitetônicas e de obstáculos que impeçam ou dificultem a acessibilidade de pessoa (...) com mobilidade reduzida" (art. 11, parágrafo único, II), devendo os edifícios dispor de, pelo menos, "um banheiro acessível" (art. 11, parágrafo único, IV). Da mesma forma, centros comerciais e estabelecimentos congêneres devem "fornecer carros e cadeiras de rodas, motorizados ou não, para o atendimento da pessoa (...) com mobilidade reduzida" (art. 12-A).

No que toca à acessibilidade nos edifícios de uso privado, aqueles em que seja obrigatória a instalação de elevadores deverão ser construídos com "cabine do elevador e respectiva porta de entrada acessíveis para pessoas portadoras de deficiência ou com mobilidade reduzida" (art. 13, III). Ao órgão federal responsável pela coordenação da política habitacional competirá, ainda, regulamentar a reserva de percentual mínimo do total das habitações, conforme a característica da população local, para o atendimento da demanda de pessoas com deficiência ou com mobilidade reduzida (art. 15).

Finalmente, dispõe a Lei que o Poder Público deverá promover "campanhas informativas e educativas dirigidas à população em geral", com o objetivo "de conscientizá-la e sensibilizá-la quanto à acessibilidade e à integração social da pessoa portadora de deficiência ou com mobilidade reduzida" (art. 24).

Como ocorre com as legislações instituidoras de datas com viés medicalizante, leis que tratam da pessoa "obesa" no contexto da acessibilidade em espaços públicos e privados são frequentes também em âmbito municipal e estadual, o que será oportunamente analisado.

6.2.6. Lei n. 13.146/2015: Digressões sobre a Aplicabilidade do Estatuto da Pessoa com Deficiência

É perceptível uma imbricação imprecisa entre condições fáticas e tratamento jurídico dispensado às pessoas gordas e às pessoas com deficiência. Em algum nível, no entanto, seria possível, viável ou desejável considerar a pessoa gorda como uma pessoa com deficiência? Ou seria a hipótese, dada a similaridade identificada em algumas questões específicas entre os grupos sociais, de um lado, e a ausência ou insuficiência de proteção jurídica expressa às pessoas gordas, de outro, de defender a incidência analógica ou interpretativa de determinadas normas voltadas a pessoas com deficiência também para pessoas gordas?

Uma confluência clara existente entre pessoas gordas e pessoas com deficiência diz respeito à acessibilidade. Não por acaso, a Lei n. 10.048/2000, uma das poucas a tratar expressamente das pessoas gordas em âmbito federal, garante o direito ao atendimento prioritário para as "pessoas com deficiência" e, simultaneamente, para os "obesos", em defesa de uma acessibilidade concebida como:

> (...) possibilidade e condição de alcance para utilização, com segurança e autonomia, de espaços, mobiliários, equipamentos urbanos, edificações, transportes, informação e comunicação, inclusive seus sistemas e tecnologias, bem como de outros serviços e instalações abertos ao público, de uso público ou privados de uso coletivo, tanto na zona urbana como na rural, por pessoa com deficiência ou com mobilidade reduzida (art. 2º, I, da Lei n. 10.048/2000).

Pessoas gordas e pessoas com deficiência, de formas variadas, compartilham uma realidade objetiva de não caber de forma confortável — seja na sociedade, nas interações sociais marcadas pela estigmatização, nos contextos preconceituosos e nos espaços em sentido figurado, seja nos uniformes, nas cadeiras, nos banheiros públicos, no transporte coletivo, dentre tantos outros espaços físicos propriamente ditos.

Da mesma forma que pessoas gordas buscam superar um paradigma de patologização, almejando o reconhecimento de sua identidade e reivindicações sociais, pessoas com deficiência travaram também, ao longo da história, uma cruzada para deixarem de ser socialmente definidas por patologias. Finalmente, a Convenção da ONU sobre os

Direitos das Pessoas com Deficiência, de 2009, reconheceu que "deficiência" é um conceito em evolução, e que:

> (...) a deficiência resulta da interação entre pessoas com deficiência e as barreiras devidas às atitudes e ao ambiente que impedem a plena e efetiva participação dessas pessoas na sociedade em igualdade de oportunidades com as demais pessoas (preâmbulo, "e", da Convenção da ONU sobre os Direitos das Pessoas com Deficiência, de 2009).

Ainda com base na referida Convenção da ONU, pessoas com deficiência são:

> (...) aquelas que têm impedimentos de longo prazo de natureza física, mental, intelectual ou sensorial, os quais, em interação com diversas barreiras, podem obstruir sua participação plena e efetiva na sociedade em igualdade de condições com as demais pessoas (art. 1º).

Na esteira da paradigmática convenção internacional, a Lei n. 13.146/2015, também conhecida como Lei Brasileira de Inclusão da Pessoa com Deficiência, ou Estatuto da Pessoa com Deficiência, conceitua pessoa com deficiência de forma similar, nos seguintes termos (art. 2º):

> Art. 2º Considera-se pessoa com deficiência aquela que tem impedimento de longo prazo de natureza física, mental, intelectual ou sensorial, o qual, em interação com uma ou mais barreiras, pode obstruir sua participação plena e efetiva na sociedade em igualdade de condições com as demais pessoas.
>
> § 1º A avaliação da deficiência, quando necessária, será biopsicossocial, realizada por equipe multiprofissional e interdisciplinar e considerará:
>
> I – os impedimentos nas funções e nas estruturas do corpo;
>
> II – os fatores socioambientais, psicológicos e pessoais;
>
> III – a limitação no desempenho de atividades; e
>
> IV – a restrição de participação.

Em relação ao "obeso", a legislação o insere, como outros diplomas, na categoria da "pessoa com mobilidade reduzida", assim definida (art. 3º, IX):

> (...) aquela que tenha, por qualquer motivo, dificuldade de movimentação, permanente ou temporária, gerando redução efetiva da mobilidade, da flexibilidade, da coordenação motora ou da percepção, incluindo idoso, gestante, lactante, pessoa com criança de colo e obeso;

Com tal definição, o Estatuto da Pessoa com Deficiência trata da pessoa com mobilidade reduzida, especialmente, ao falar em tecnologia assistiva ou ajuda técnica, acessibilidade em teatros, cinemas, auditórios, estádios, ginásios de esporte, locais de espetáculos e de conferências e similares e direito ao transporte e à mobilidade. A legislação, em suma, traz algumas previsões específicas que se aplicam às pessoas "obesas" — o que antecipa que guardam aspectos de aproximação com pessoas com deficiência, porém assim não se enquadram, de forma exata ou inequívoca.

Se a deficiência é a interação de um impedimento (podendo ser físico) com barreiras devidas às atitudes e ao ambiente, as quais impedem plena e efetiva participação das pessoas na sociedade, em igualdade de oportunidades com as demais, seria possível, em tese, sustentar que o peso pudesse ser tomado como deficiência, especialmente em se tratando de um gordo maior.

No entanto, alguns óbices se apresentam. Em primeiro lugar, ao se exigir que o impedimento seja "de longo prazo", o reconhecimento de "obesidade" como deficiência esbarra em entendimentos (preconceituosos) de que esta seria controlável, transitória ou mesmo voluntária. Tratando de pleitos de enquadramento de "obesos", nos Estados Unidos, em proteções normativas do *American Disabilities Act* (ADA), de 1990, Rebecca Puhl e Kelly Brownell esclarecem tal posicionamento, comum nas cortes americanas:

> Os tribunais geralmente consideram o excesso de peso como voluntário e mutável e, portanto, desqualificam-no como uma deficiência. Na verdade, o ADA não exige que uma condição seja imutável ou involuntária para ser considerada uma deficiência. O AR e o ADA protegem outras condições mutáveis, como alcoolismo, dependência de drogas e síndrome da imunodeficiência adquirida, todas envolvendo comportamento voluntário. Embora a EEOC afirme que ser voluntário é irrelevante na definição de deficiência, o fato de a obesidade raramente ser considerada uma deficiência sem uma condição médica subjacente sugere que a EEOC vê a obesidade como controlável.[485]

Também nos Estados Unidos, as autoras esclarecem que as decisões das cortes são contraditórias, sendo mais provável o reconhecimento de aplicação de legislações para pessoas com deficiência em se tratando de pessoas "muito obesas", ou cuja "obesidade" é atribuída a alguma condição médica subjacente.[486]

---

(485) PUHL, Rebecca M.; BROWNELL, Kelly D. Bias, Discrimination, and Obesity. *Obesity Research*, Rockville, v. 9, n. 12, dez. 2001, p. 800. Tradução livre. No original: *"Courts have generally viewed overweight as voluntary and mutable and, therefore, have disqualified it as a disability. The ADA does not actually require a condition to be immutable or involuntary to be considered a disability. The RA and ADA protect other mutable conditions like alcoholism, drug addiction, and acquired immune deficiency syndrome, all of which involve voluntary behavior. Although the EEOC states that being voluntary is irrelevant in the definition of impairment, the fact that obesity is rarely considered an impairment without an underlying medical condition suggests that the EEOC sees obesity as controllable."*

(486) *Idem.*

No Brasil, enquanto o Estatuto da Pessoa com Deficiência expressamente inclui o "obeso" em determinadas cláusulas, o faz sob qualificativo híbrido ou ambíguo, de "pessoa com mobilidade reduzida", com aplicação de regras específicas dentro de um diploma consagrado, de forma geral, às pessoas com deficiência.

O questionamento quanto ao "longo prazo", em relação ao peso, poderia ser certamente superado, dado o índice de insucesso dos tratamentos para "obesidade" e a persistência do corpo gordo para quantidade expressiva de pessoas. A atribuição de voluntariedade e controlabilidade ao peso, da mesma forma, diz respeito à responsabilização individual das pessoas gordas por uma condição reconhecidamente multifatorial. Assim, a depender das condições pessoais do indivíduo, da quantidade do peso e das barreiras enfrentadas, seria possível a tese do enquadramento entre as pessoas com deficiência.

No entanto, um segundo óbice à qualificação das pessoas gordas como pessoas com deficiência é, de fato, defensável e importante. Trata-se, em verdade, de outra face da mesma moeda do preconceito: recai sobre a pessoa gorda um tipo de estigma muito particular e diverso, associado à sua responsabilização social pela condição de desvantagem que ostenta.

Já se disse, por exemplo, do estudo experimental que instruiu supervisores e gerentes para avaliar a promoção potencial de um funcionário hipotético em uma empresa de manufatura com uma de oito deficiências ou problemas de saúde, incluindo "obesidade", deficiência visual, depressão, câncer de cólon, diabetes, amputação de braço, queimaduras faciais ou nenhuma deficiência. O candidato "obeso" recebeu recomendações de promoção mais baixas (apesar das qualificações idênticas) do que um trabalhador sem nenhuma deficiência ou problema de saúde, sendo também classificado como menos aceito do que os outros candidatos à promoção.(487) Uma possibilidade interpretativa é a de que a "obesidade" traz embutida uma atribuição à pessoa estigmatizada de culpa e fracasso por seu corpo, concebido como mutável a seu bel-prazer.

Roxane Gay, a partir de sua própria experiência pessoal como mulher gorda (especificamente gorda maior, com diversas dificuldades de acessibilidade), relata a ambiguidade por ela mesma experimentada, além da reprovação social ainda mais exacerbada, quando cogitado seu pertencimento ou aproximação ao grupo das pessoas com deficiência:

> Em banheiros públicos, tenho que manobrar para entrar nos cubículos. Tento pairar acima do vaso, porque não quero que ele se quebre abaixo de mim. Por menor que seja o banheiro, evito o cubículo para cadeirantes, pois as pessoas gostam de me olhar de cara feia quando uso esse banheiro

(487) PUHL, Rebecca M.; BROWNELL, Kelly D. Bias, Discrimination, and Obesity. *Obesity Research*, Rockville, v. 9, n. 12, p. 788-805, dez. 2001.

> meramente por ser gorda e precisar de mais espaço. Eu fico muito infeliz. Às vezes, tento fingir que não fico, mas isso, assim como todo o restante em minha vida, é exaustivo.
>
> (...)
>
> Viver em meu corpo expandiu minha empatia por outras pessoas e as verdades do corpo delas. Com certeza, isso me mostrou a importância da inclusão e aceitação (não meramente tolerância) de diversos tipos físicos (...). Além disso, meu corpo me forçou a prestar atenção em como outros corpos, de habilidades diferentes, se movem pelo mundo. Não sei se gordura é uma deficiência, mas meu tamanho certamente compromete minha habilidade de estar em determinados espaços. Não posso subir muitos degraus, portanto, estou sempre pensando no acesso ao espaço. Tem elevador? Tem degraus para subir no palco? Quantos? Tem corrimão? O fato de ter que me fazer essas perguntas me mostra uma fração das perguntas que pessoas com deficiências devem fazer para circular pelo mundo. Isso me mostra o quanto eu subestimo, o quanto todos subestimamos quando temos corpo sem deficiência.(488)

Em um contexto particular de estigma, associado a uma culpabilização social pelo corpo, pensar num enquadramento de pessoas gordas como pessoas com deficiência pode significar um recrudescimento de tal culpabilização e rechaço social. É o que ressaltam Puhl e Brownell:

> Se é vantajoso que a obesidade seja considerada uma deficiência é uma questão que permanece em debate. Apesar das vantagens legais do rótulo de deficiência, considerar pessoas obesas como pessoas com deficiência pode ter ramificações indesejadas. Por exemplo, pode ser indesejável que crianças com excesso de peso se considerem "deficientes". Dado que o peso é uma condição incapacitante apenas numa minoria de casos, pode ser prejudicial anexar um rótulo de deficiência a uma condição já gravemente estigmatizada.
>
> Um problema fundamental é que os estatutos existentes não se destinam a proteger contra a discriminação de peso. Categorizar as alegações de discriminação sob as atuais definições de deficiência faz menos sentido do que encontrar outras estratégias para combater a discriminação por peso.(489)

---

(488) GAY, Roxane. *Fome:* uma autobiografia do (meu) corpo. São Paulo: Globo, 2017. p. 181 e 263.

(489) PUHL, Rebecca M.; BROWNELL, Kelly D. Bias, Discrimination, and Obesity. *Obesity Research*, Rockville, v. 9, n. 12, dez. 2001, p. 800. Tradução livre. No original: *"Whether it is advantageous for obesity to be considered a disability is a matter of debate. Despite the legal advantages of the disability label, considering obese persons*

Entende-se, em suma, que são extremamente variadas as condições de pessoas gordas e que, como grupo, estas possuem um lugar social muito próprio e marcado por um estigma específico. Assim, embora haja aproximações e afastamentos entre diversos grupos sociais vulneráveis, o ideal é que seja incentivada e promovida uma abordagem jurídica específica, preferencialmente expressa, direta e própria, às questões relacionadas às pessoas gordas. Nas hipóteses em que a regra legal não é expressa para as pessoas gordas, no entanto, viabilizam-se os recursos a interpretações extensivas e conformes à Constituição e às normas internacionais, acaso sustentável a aplicação a tais pessoas, ou à analogia, como procedimento de autointegração do Direito.

6.2.7. Covid-19, grupos de risco e medidas protetivas

A perda de direitos sob justificativa de proteção à saúde, uma constante na trajetória social de pessoas gordas, ganhou ainda mais fôlego com a pandemia da Covid-19, quando se passou a qualificar pessoas "obesas" como integrantes do grupo de risco para formas mais graves da doença.

Conforme disseminado por diversos órgãos e instituições do campo da saúde, no Brasil e no mundo, pessoas categorizadas como "obesas", em conjunto com idosos e indivíduos pertencentes a outros grupos especificados, foram entendidas como mais propensas a manifestações de adoecimento grave por infecção pelo novo coronavírus. Conforme registrou a Abeso, em publicação de julho de 2020:

> Covid-19 e obesidade: conhecendo o risco
>
> Muito se fala sobre quais seriam e quais deixariam de ser os fatores de risco para a Covid-19. Pois recentemente essa história ficou mais clara com a publicação de dados do estudo OpenSAFELY, realizado a partir de uma colaboração entre o DataLab da Universidade de Oxford e a London Schooll of Hygiene and Tropical Medicine, na Inglaterra. Os pesquisadores examinaram os registros médicos de 17.278.392 adultos e 10.926 mortes provocadas pela infecção pelo Sars-CoV 2, o novo coronavírus.
>
> O objetivo era esclarecer quais entre inúmeros fatores acusados de agravarem o risco de Covid-19, muitas vezes sem tanta evidência, seriam realmente relevantes para apontar quem poderia ter quadros severos da doença e desfechos fatais.

---

disabled may have unwanted ramifications. For example, it may be undesirable for overweight children to consider themselves "disabled." Because weight is a disabling condition in only a minority of cases, it may be harmful to attach a disability label to a condition already severely stigmatized. A key problem is that existing statutes were not intended to protect against weight discrimination. Categorizing discrimination claims under current disability definitions makes less sense than finding other strategies to fight weight discrimination".

> (...) Obesidade e diabetes
>
> De acordo com o estudo, a idade é de longe o maior fator de risco. Quem está acima dos 60 anos tem 2,8 vezes mais probabilidade de desenvolver quadros severos da infecção pelo novo coronavírus.
>
> Em relação à obesidade, quanto maior o IMC, maior parece ser a ameaça de o quadro de Covid-19 se complicar. Quem tem um IMC entre 30 e 35 kg/m^2 apresenta um risco 1,4 vez maior, enquanto indivíduos com IMC entre 35 e 40 kg/m^2 têm 1,8 vez mais risco.
>
> Um IMC maior de 40 kg/m^2, aí sim, praticamente empata com o fator idade, porque o risco passa ser 2,6 vezes maior. Vale observar, porém, que a obesidade foi menos encontrada em pessoas mais velhas que foram incluídas nessa conta. Portanto, talvez se fizessem um corte só dos pacientes mais jovens, o excesso de peso seria um fator de risco com um impacto ainda mais importante.[(490)]

Dado o clima de pânico mundial, quando da emergência da pandemia, as relações trabalhistas sofreram os impactos do isolamento social e das medidas previstas para prevenção e combate ao coronavírus. O contexto resultou, dentre diversas outras consequências, na previsão de flexibilizações duvidosas de normas trabalhistas.

Destacam-se a Medida Provisória n. 927/2020 e a Medida Provisória n. 936/2020, posteriormente convertida na Lei n. 14.020/2020. A MP n. 927/2020, por exemplo, chegou a prever prevalência de acordos escritos individuais com trabalhadores sobre a própria lei e instrumentos coletivos, deixando o trabalhador desprotegido e em desbalanceamento de forças com o empregador, além de falar em suspensão de exigências administrativas em segurança e saúde no trabalho, justamente em momento de maior necessidade de reforço do cumprimento de normas de saúde e segurança. A MP n. 936/2020, por sua vez e ilustrativamente, introduziu possibilidade de redução proporcional da jornada de trabalho e de salário dos trabalhadores por acordo individual escrito entre empregado e empregador.

Os trabalhadores do grupo de risco, conforme a MP n. 927/2020, deveriam ser priorizados para o gozo de férias, individuais ou coletivas, no contexto pandêmico (art. 6º). Da mesma forma, poderia o empregador "alterar o regime de trabalho presencial para o teletrabalho, o trabalho remoto ou outro tipo de trabalho a distância" (art. 4º).

---

(490) ASSOCIAÇÃO BRASILEIRA PARA O ESTUDO DA OBESIDADE E SÍNDROME METABÓLICA (ABESO). *Covid-19 e obesidade: conhecendo o risco*. Disponível em: https://abeso.org.br/covid-19-conhecendo-o-risco/. Acesso em: 30 jun. 2023.

Considerando-se a previsão das cautelas extras aos trabalhadores do grupo de risco, bem como a possibilidade de responsabilização do empregador diante de eventual falha ou não adoção de medidas de prevenção e combate à doença, passa a surgir uma série de discriminações a trabalhadores do grupo de risco por parte de empresas — incluindo-se, dentre eles, as pessoas gordas.

Em que pese o contexto pandêmico recomendar diversas cautelas, em especial com integrantes de grupo de risco, a dispensa ou não admissão de trabalhador por ser mais suscetível, em tese, a algum adoecimento é ato discriminatório. Seja na fase pré-contratual ou na dispensa, entende-se abarcada a prática discriminatória no trabalho pela Lei n. 9.029/1995, com todas as consequências decorrentes.

As regras do período pandêmico, justamente por serem supostamente voltadas à proteção dos empregados, de modo algum podem ser interpretadas como justificativa para a sua dispensa e perda da fonte de renda durante o severo período da pandemia do coronavírus. Assim, entende-se que caberia ao empregador alocar os trabalhadores do grupo de risco preferencialmente em atividades fora de ambientes mais arriscados, adotar medidas autorizadas pelas normas referentes à excepcional situação da pandemia, como concessão de férias coletivas e teletrabalho, desde que respeitados os preceitos das convenções internacionais, da Constituição e das leis, ou conceder a tais empregados licença remunerada.

Políticas e medidas voltadas à proteção da saúde de grupos sociais considerados mais vulneráveis ao novo coronavírus (Covid-19), causador de pandemia declarada pela OMS, a exemplo de afastamentos/ausências ao trabalho, antecipação de férias, flexibilidade de jornada, adaptação de prestação de serviços, obediência à quarentena e às demais orientações dos serviços de saúde, dentre outras, observado o princípio da irredutibilidade salarial, não podem ser consideradas, à luz do arcabouço jurídico nacional e internacional, como razão válida para sanção disciplinar ou término de uma relação de trabalho, podendo configurar ato discriminatório, nos termos do art. 373-A, II e III, da CLT, e do art. 4º da Lei n. 9.029/1995.

6.2.8. Normas estaduais e municipais

A Constituição brasileira, as convenções e os tratados internacionais subscritos pelo Brasil, como visto, são ricos em previsões principiológicas no sentido da igualdade, liberdade e dignidade dos seres humanos, da vedação às discriminações de toda sorte e da promoção do trabalho digno. A legislação federal, por sua vez, fornece concretude e balizamento à aplicação de tais princípios em âmbito nacional, disciplinando a proibição às discriminações em instâncias sociais específicas. Os beneficiários das normas antidiscriminatórias federais, no entanto, são às vezes especificados e, em outras ocasiões, deixados em aberto, à mercê das interpretações.

Na esfera trabalhista, em nível federal, conforme também observado, a Lei n. 9.029/1995 proíbe a discriminação em todas as fases contratuais, especificando diversos sujeitos das normas antidiscriminatórias e podendo ser também aplicada a outros, dado o caráter exemplificativo das situações e grupos abarcados. Não há, no entanto, uma salutar previsão expressa e específica da vedação à discriminação contra pessoas gordas no mercado de trabalho.

A figura da pessoa gorda, sempre identificada pelo recurso à terminologia médica da "obesidade", é abordada pela legislação federal, em raras e esparsas ocasiões, para fins de "combate à obesidade", em perspectiva patologizante, ou, quanto à igualdade de oportunidades, exclusivamente para garantia de acessibilidade e atendimento prioritário, calcados na visível incompatibilidade dos espaços físicos, ambientes e estruturas padronizadas na sociedade para o trânsito e acomodação dos corpos gordos.

A legislação estadual e municipal sobre pessoas gordas no Brasil, por outro lado, é farta, complexa, múltipla e contraditória. Exprime as mesmas abordagens prioritárias da legislação federal, como tendência refletiva do discurso dominante da área da saúde, mas apresenta também caminhos legislativos variados concomitantes, que vão desde previsões abertamente discriminatórias até inovadoras normas de combate à gordofobia. O Brasil carece de pesquisas acadêmicas de vulto que se debrucem de forma abrangente sobre a temática, pretendendo-se neste trabalho, portanto, promover um estudo sistematizado da matéria dos corpos gordos nas leis municipais e estaduais no Brasil.

A análise da legislação estadual e municipal permite vislumbrar como os preconceitos e movimentos sociais se imiscuem no processo legislativo; ilustra a disputa discursiva contemporânea sobre a questão das pessoas gordas; indica caminhos legislativos possíveis para eventual desenvolvimento futuro da legislação federal; e pode embasar, até mesmo, interpretações normativas e soluções de casos de gordofobia no trabalho, na atuação do Poder Judiciário Trabalhista e do MPT.

Passa-se, com esse objetivo, à análise das tendências gerais da legislação estadual e municipal sobre pessoas gordas, "obesidade" e gordofobia, seguindo-se breve identificação das leis existentes a esse respeito, em cada um dos 26 estados brasileiros, nas capitais dos referidos estados e no Distrito Federal. Por fim, esboçam-se algumas considerações sobre os rumos do processo legislativo, as aplicações e utilidades possíveis das leis estaduais e municipais na solução de casos de discriminação contra pessoas gordas no ambiente de trabalho.

6.2.8.1. Tendências da legislação estadual e municipal sobre pessoas gordas no Brasil

Para mapeamento da legislação estadual e municipal no Brasil sobre pessoas gordas, "obesidade" e gordofobia, decidiu-se pela pesquisa individualizada sobre a temática em

Mais uma vez, observa-se a legislação estadual e municipal como campo de convergência de interesses múltiplos e conflitantes, esboçando-se uma disputa discursiva em curso. De modo geral, a maior parte das leis corrobora um discurso estritamente vinculado à concepção de doença portada pelas pessoas gordas, apostando em campanhas de conscientização e serviços de tratamento e emagrecimento. Em extremos opostos, no entanto, algumas das leis de viés medicalizante chegam a adotar cunho discriminatório evidente até mesmo para olhares desatentos à estigmatização proveniente da área da saúde, ao passo que emergem de forma incipiente, por outro lado, novas legislações encampando não apenas os termos associados à gordofobia, como também os interesses e reivindicações de direitos diversos pelo movimento ativista gordo.

Para ilustração das tendências esboçadas pelas análises e gráficos expostos, passa-se a abordar, por assuntos, as leis sobre pessoas gordas dos 26 estados brasileiros, de suas capitais e do Distrito Federal. Pela extensão do material, serão examinadas por amostragem, selecionando-se as de conteúdo repetitivo ou similar em diversas localidades e as de maior relevância para o presente trabalho. Serão tecidas considerações sobre os principais achados legislativos e, especialmente, sobre sua utilidade ou aplicabilidade em âmbito trabalhista.(492)

6.2.8.2. Leis estaduais e municipais da área da saúde (medicina, nutrição e patologização)

Leis estaduais e municipais da área da saúde (medicina, nutrição e patologização) abrangem variada gama de normas instituidoras de programas, campanhas, serviços de saúde e ações estaduais e municipais de conscientização e combate à "obesidade", ao "sobrepeso" e a doenças associadas, em qualquer área; abordagens sobre cobertura de planos de saúde; regramento de clínicas de emagrecimento; legislações sobre regras de saúde e nutrição a serem implementadas em ambiente escolar; especificação de atribuições de cargos públicos na área médica, da nutrição e da saúde; e leis definidoras de requisitos de saúde em processos seletivos.

Em tal categoria, são frequentes e repetitivas, nos estados e municípios, leis que instituem políticas estaduais ou municipais de combate à "obesidade e ao sobrepeso". Exemplificativamente, a Lei estadual n. 12.283/2006, de São Paulo, institui a "Política de Combate à Obesidade e ao Sobrepeso no Estado de São Paulo", também denominada "São Paulo Mais Leve", tendo por objetivo "implementar ações eficazes para a redução

(492) Rol completo de leis estaduais e municipais, organizado em tabelas por unidade federativa, com indicação de numerações e ementas, pode ser consultado na dissertação de mestrado da autora na Universidade Federal de Minas Gerais, especificamente no Apêndice A. Listagens integrais das leis categorizadas por terminologia e por assunto, por sua vez, encontram-se também ao final da referida dissertação, nos Apêndices B e C. *Vide*: GOMES, Isabella Filgueiras. *Peso, Trabalho e Direito:* Gordofobia e Direito Antidiscriminatório Trabalhista. Dissertação de Mestrado em Direito. Belo Horizonte: Programa de Pós-Graduação em Direito da Universidade Federal de Minas Gerais, 2024.

de peso, o combate à obesidade, adulta e infantil, e à obesidade mórbida da população paulista" (art. 1º). Como diretrizes, elenca: promoção e desenvolvimento de projetos e ações intersetoriais de alimentação e nutrição adequadas; combate à "obesidade" infantil na rede escolar; a utilização de locais públicos para implementação da política, como parques, escolas e postos de saúde; promoção de campanhas sobre alimentação e sobre aleitamento materno; capacitação de servidores públicos; implementação de centros de diagnóstico e acompanhamento de casos de "sobrepeso" e "obesidade"; integração nas Políticas Estadual e Nacional de Segurança Alimentar e de Saúde; controle da publicidade infantil; e direcionamento especial da política às comunidades que registrem pobreza e baixos índices de desenvolvimento econômico e social (art. 2º).

Outras leis de teor idêntico ou similar são encontradas em estados e municípios, instituindo programas que levam o nome do ente federativo acrescido de "Mais Leve", como é o caso da Lei estadual n. 5.162/2018 do Mato Grosso do Sul ("Mato Grosso do Sul Mais Leve"), da Lei municipal n. 5.279/2014 de Campo Grande/MS ("Campo Grande Mais Leve"), da Lei municipal n. 5.031/2009 do Rio de Janeiro/RJ ("Rio de Janeiro Mais Leve") e da Lei municipal n. 11.509/2013 de Porto Alegre/RS ("Porto Alegre Mais Leve"). São leis que, nas próprias designações dos programas que instituem, introduzem e reforçam a utilização do adjetivo "leve" para designar características positivas, contrapondo-o ao negativo atribuído culturalmente ao peso corporal das pessoas gordas. O duplo sentido traz embutida a ideia de que o estado ou a cidade "mais leve" é melhor e mais agradável. As denominações das políticas criadas, ademais, incorporam reiteradamente o termo "combate", bastante repetido em legislações que tratam sobre a "obesidade".

Excetuando-se a menção ao controle da publicidade infantil, em última instância também ligada à comunicação de massa, concentram-se tais leis, de forma prioritária, em estratégias de campanhas e conscientização da população acerca de temáticas de nutrição e alimentação, inclusive buscando implementação em locais públicos, como escolas, parques e postos de saúde. Há uma tendência de incremento das campanhas em ambientes escolares, indicando-se como um dos locais públicos de implementação as escolas e preconizando-se o "combate à obesidade infantil" na rede de ensino.

Nesse sentido, outras hipóteses frequentes de leis estaduais e municipais de abordagem patologizante, centradas em discurso médico e nutricional, são as que se voltam ao "combate" à "obesidade" infantil por meio de campanhas e medidas para vigilância e perda de peso introduzidas, compulsoriamente, nos ambientes escolares, por meio das redes de ensino estaduais e municipais.

Ilustrativamente, a Lei estadual n. 1.206/2008 do Amapá determina a instituição e implantação do "Projeto Educação Nutricional" nas escolas públicas de ensino fundamental e médio no Estado do Amapá. O referido Projeto tem como fundamento "um conjunto de ações destinadas à formação e conscientização de hábitos alimentares adequados e saudáveis" (art. 2º), desenvolvendo-se pela "criação de um cronograma ou plano de aula básica a ser ministrado por profissionais nutricionistas", através de "atividades sobre alimentação e nutrição de forma transversal e interdisciplinar no decorrer do ano letivo" (art. 3º, *caput* e inciso I). As atividades devem envolver educadores, educandos e pais, destinando-se a "estimular a adoção de hábitos alimentares e estilo de vida saudáveis e a prevenção dos casos de desnutrição, obesidade e doenças crônico-degenerativas na infância, consequência direta de erros alimentares" (art. 3º).

Segue a legislação indicando métodos variados de potencial utilização para desenvolvimento do programa, incluindo antropometria — o dimensionamento de medidas corporais —, palestras sobre alimentação, aulas de culinária, teatro e outros. Embora previstas medidas que podem, de forma muito provável, redundar em expressões de *bullying* e violências estudantis contra crianças e adolescentes gordos, como a antropometria, processos de pesagem de estudantes ou manifestações que culpabilizem pessoas "obesas" por sua condição, a lei não versa sobre vedação a discriminações, tampouco prevê a necessidade de autorização concedida pelos pais ou responsáveis, embora contemple reuniões trimestrais com estes (art. 5º, IV).

Ressalte-se ainda que, ao reduzir a "obesidade" a uma "consequência direta de erros alimentares" (art. 3º), a norma desconsidera sua multifatorialidade reconhecida pela própria medicina, em simplificação frequente, que reforça, a partir de deturpação e argumento de autoridade de conceitos médicos, a equivocada responsabilização individual dos sujeitos "obesos" por sua própria condição, associada a excessos alimentares indisciplinados e "errados".

Na mesma linha está a Lei estadual n. 11.575/2021 do Mato Grosso, que autoriza o Poder Executivo a instituir o "Programa de Prevenção e Tratamento da Obesidade Infantil nas instituições de ensino públicas e privadas no âmbito do Estado de Mato Grosso" (art. 1º). Conforme a referida legislação, devem as instituições "promover hábitos de vida saudáveis entre os alunos, enfatizando a necessidade de alimentação equilibrada e a prática regular de atividade física" (art. 2º, *caput*), por meio de "realização de exames capazes de diagnosticar a presença de sobrepeso ponderal ou de indicativos da predisposição à obesidade", "orientação e acompanhamento da instituição e dos pais ou responsáveis no sentido de possibilitar o crescimento saudável dos alunos", "avaliação do condicionamento físico dos alunos", "avaliação da merenda escolar, instituindo uma alimentação saudável e adequada no ambiente escolar", "auxílio na escola de atividades físicas, de modo a motivar o aluno a desenvolver", e "estímulo e desenvolvimento de ações educativas destinadas às crianças, sobre as causas e consequência da obesidade" (art. 2º, I, II, III, IV, V e VI).

Dispõe a lei que "as instituições de ensino públicas e privadas serão obrigadas a realizar avaliação física nos alunos entre 07 (sete) e 14 (quatorze) anos de idade, a cada

06 (seis) meses, notificando seus pais ou responsáveis sobre o resultado" (art. 3º, *caput*). Deverão ser realizados testes "de antropometria, avaliação de valências físicas, avaliação postural e somatotipológica" (art. 3º, § 1º). Segue a norma tratando de orientações nutricionais a alunos e responsáveis, exercícios físicos, encaminhamento a órgãos de saúde em caso de "sobrepeso" e questões similares.

Em que pese a imensa possibilidade de surgimento ou incremento de discriminações e *bullying* contra crianças e adolescentes gordos a partir de eventos de avaliação física, pesagem e afins em ambiente escolar, resultando em graves danos psicológicos e sociais, não há qualquer previsão sobre autorização de pais e responsáveis (apenas sobre sua notificação de resultados), sobre medidas de prevenção e combate a discriminações ou sequer sobre a privacidade de cada aluno durante os pretendidos exames.

A Lei estadual n. 7.718/2021 do Piauí determina que, "nos primeiros trinta dias de cada ano letivo, a (...) instituição educacional deverá submeter a totalidade de seus alunos, de forma individualizada, a avaliação antropométrica, constituída de medidas de massa corporal (peso), estatura e circunferência abdominal" (art. 2º). A Lei Promulgada n. 164/2005 do Município de Manaus/AM, no mesmo sentido, torna "obrigatória a realização do exame biométrico em toda a rede municipal de ensino no início de cada semestre", compreendendo, dentre outros, "medição de altura" e "exame para diagnosticar a obesidade". Em ambos os casos, mais uma vez, inexiste qualquer preocupação direcionada a possíveis discriminações, *bullying* e consequências psicológicas para crianças e adolescentes gordos, tampouco menção a autorização de pais e responsáveis para os procedimentos.

Diversas são as leis que introduzem pautas de campanhas e ações de propagação do discurso medicalizante da "obesidade" em ambiente escolar, com direcionamento a crianças e adolescentes, enfatizando aspectos relacionados a alimentação e exercícios físicos, introduzindo métodos de medição corporal e vigilância de peso e negligenciando, por outro lado, o potencial estigmatizante de tais abordagens e o poder de formação e consolidação de preconceitos e traumas na infância e adolescência. Para além das leis já mencionadas, é o caso, por exemplo, da Lei estadual n. 3.248/2017 do Acre, da Lei estadual n. 2.846/2012 de Rondônia, da Lei municipal n. 9.092/2012 de Florianópolis/SC, da Lei municipal n. 4.638/2007 do Rio de Janeiro/RJ, da Lei municipal n. 11.879/2010 de João Pessoa/PB, dentre outras.

Outro padrão legislativo repetitivo, no campo da saúde, consiste na instituição de políticas estaduais ou municipais de prevenção e combate às doenças associadas aos distúrbios alimentares, como bulimia, anorexia e "obesidade mórbida". A Lei estadual n. 13.728/2011 do Rio Grande do Sul, assim, institui a "Política Estadual de Prevenção e Combate às Doenças Associadas aos Distúrbios Alimentares", trazendo menções à "obesidade mórbida" como doença a ser prevenida e combatida, por meio de ações permanentes e articuladas entre os entes públicos e privados, voltadas à prevenção, ao diagnóstico e ao tratamento de doenças associadas aos distúrbios alimentares; diretrizes para empresas de *marketing* e comunicação; e estabelecimento de parcerias com empresas e entidades para divulgação de medidas preventivas (art. 2º). Similares são a Lei estadual n. 2.096/2016 do Amapá, a Lei estadual n. 9.697/2012 do Mato Grosso e a Lei municipal n. 10.719/2018 de Fortaleza/CE, por exemplo.

Diversas legislações estaduais e municipais encampam e enfatizam a terminologia "obesidade mórbida", versando sobre políticas para seu combate ou enfrentamento, a exemplo da Lei municipal n. 6.293/2003 de Salvador/BA, que trata da implantação de programa de controle da "obesidade mórbida" na rede municipal de saúde; da Lei n. 3.453/2004 do Distrito Federal, que institui política de tratamento da "obesidade mórbida" por meio de cirurgia eletiva do estômago; da Lei n. 3.821/2006 do Distrito Federal, que estabelece programa de enfrentamento da "obesidade mórbida" na rede de saúde pública; e da Lei municipal n. 3.286/2001 do Rio de Janeiro/RJ, que versa também sobre programa de enfrentamento da "obesidade mórbida" na rede municipal de saúde.

Políticas estaduais e municipais sobre a primeira infância, em diplomas normativos de texto normalmente padronizado, costumam também abordar a "obesidade" infantil pela perspectiva nutricional na primeira infância. A Lei municipal n. 9.563/2019 de Vitória/ES, assim, "estabelece princípios e diretrizes para a elaboração e implementação das políticas públicas para a primeira infância pelo Município Vitória" (art. 1º), definindo como área prioritária a "segurança alimentar e nutricional, combatendo a desnutrição e obesidade infantil, assim como os demais transtornos alimentares na infância" (art. 5º, II), e conferindo prioridade a famílias em situação de "desnutrição ou obesidade infantil" (art. 7º, II, "*c*"). Idênticas previsões são encontradas na Lei n. 7.006/2021 do Distrito Federal, na Lei estadual n. 10.964/2018 do Espírito Santo, na Lei estadual n. 21.676/2022 de Goiás, na Lei estadual n. 11.984/2023 do Maranhão, na Lei estadual n. 11.774/2022 do Mato Grosso, na Lei estadual n. 9.503/2021 do Rio de Janeiro, na Lei estadual n. 17.347/2021 de São Paulo e na Lei municipal n. 7.304/2022 de Natal/RN.

Diversas e variadas são outras leis estaduais e municipais centradas em abordagens de saúde (medicina, nutrição e patologização), representando tal categoria de normas uma das mais expressivas, quantitativamente, no universo das legislações sobre pessoas gordas em âmbito estadual e municipal, ao lado das leis sobre acessibilidade. De um modo geral, entende-se que tais normas vêm abordando a questão da "obesidade" de forma a valorizar excessivamente aspectos de divulgação de discursos e campanhas de conscientização sobre nutrição, alimentação e exercícios físicos, reforçando noções de responsabilização individual não condizentes com a multifatorialidade atribuída, até mesmo pelo campo da saúde, à temática dos corpos gordos. Ademais, aderindo a discursos alarmantes e saturados em todas as esferas sociais, adotam terminologias violentas, recorrendo a expressões estigmatizantes como "obesidade mórbida", associando de forma moralizante leveza a positividade e utilizando de forma recorrente a palavra "combate" em programas e políticas públicas de saúde.

Talvez a mais preocupante tendência da legislação da perspectiva da saúde, no entanto, seja o incentivo à invasão do discurso medicalizante, sem quaisquer cuidados voltados à preservação da saúde mental e integridade psicológica de crianças e adolescentes, em ambientes escolares. Há uma ênfase exclusiva em campanhas insistentes sobre alimentação, exercícios físicos e males da "obesidade". Não bastasse, procedimentos de avaliações físicas e pesagens de alunos, independentemente de autorização de pais e responsáveis e sem cautelas mínimas de preservação da privacidade e impedimento de situações vexatórias, incrementam o potencial já elevado de *bullying*, gordofobia e discriminações diversas contra crianças e adolescentes gordos nas escolas.

A ausência de abordagem legislativa expressa de proibição de gordofobia nas escolas, com raríssimas exceções em território nacional, contrasta com a difusão negligente da abordagem patologizante dos corpos gordos nas redes de ensino municipais e estaduais, desconsiderando a importância da infância e da adolescência para a formação de indivíduos capazes de internalizar e valorizar a diversidade – ou, ao contrário, tendentes a reproduzir e se conformar a discriminações estruturais, como a gordofobia.

6.2.8.3. Leis estaduais e municipais sobre acessibilidade, prioridades e preferências em áreas diversas

Dentre as normas voltadas a um ideal de igualdade de oportunidades para as pessoas gordas, a única categoria de leis municipais e estaduais de grande expressividade numérica é a que versa sobre acessibilidade, prioridades e preferências conferidas a pessoas gordas, em geral denominadas "obesas", em diferentes espaços públicos e privados.[493] Leis variadas, nesse sentido, impõem a adequação de equipamentos, mobiliários, portas, passagens, assentos, estruturas e espaços nos transportes, cinemas, teatros, estabelecimentos comerciais e de lazer, *shoppings*, bancos, cemitérios e outros. Conferem, ainda, atendimentos preferenciais ou prioritários a pessoas gordas, quando entendidas como pessoas de mobilidade reduzida, para fins de enfrentamento de filas, atendimento em supermercados, instituições bancárias, órgãos públicos e similares.

Um tipo de lei dos mais frequentes em termos de acessibilidade é o de imposição de adaptações, lugares reservados e mais amplos, facilidades de acesso e dispensa do uso de catracas em transportes coletivos para pessoas gordas. Ilustrativamente, em Manaus/AM, a própria Lei Orgânica do Município, de 1990, a partir de emenda datada de 2015, passa a prever expressamente regras de acessibilidade para "obesos mórbidos"

(493) A acessibilidade na área da saúde, ressalva-se, será abordada em separado.

em empresas operadoras, na administração pública, permissionárias e concessionárias de transporte coletivo:

> Art. 258. Constituem obrigações das empresas operadoras, na administração pública, permissionárias e concessionárias:
>
> XVIII – manter cinco assentos especiais, por veículos, destinados aos usuários idosos, gestantes, às lactantes, às pessoas com deficiência e aos obesos mórbidos, bem como proceder nesses às adequações ao seu acesso; (Redação dada pela Emenda à Loman n. 088, de 2.9.2015)
>
> XIX – fica a empresa obrigada a afixar tarjeta de identificação em todos os assentos especiais com o seguinte teor: "Reservado para idosos, gestantes, lactantes, pessoas com deficiência física e obesos mórbidos (na ausência destes, poderá ser usado por qualquer usuário)"; *(Redação dada pela Emenda à Loman n. 088, de 2.9.2015)*

Da mesma forma, a Lei estadual n. 10.820/1992 de Minas Gerais obriga "as empresas concessionárias de transporte coletivo intermunicipal" a promoverem adaptações e passarem a produzir apenas veículos adequados ao "acesso e permanência de portadores de deficiência física e de pessoas com dificuldades de locomoção" (art. 1º, *caput*), assim entendidos "o idoso, a gestante, o obeso e aquele que apresente coordenação motora deficiente" (art. 1º, § 2º). Para tanto, devem as empresas proceder à "instalação de elevadores hidráulicos para acesso à parte interna do veículo", à "colocação de portas largas" e à "eliminação de obstáculos internos que dificultem o acesso a portadores de deficiência física, inclusive a usuários de cadeira de rodas" (art. 1º, § 1º, I, II e III).

Em Cuiabá/MT, a Lei municipal n. 5.031/2007 dispensa os passageiros "obesos" de passar pela catraca "dos ônibus do transporte coletivo urbano, (...) sem prejuízo do pagamento da tarifa" (art. 1º), devendo ocorrer a entrada pela porta dianteira (art. 2º). A legislação conceitua "obeso" como "passageiro que apresentar, em função do seu peso, qualquer tipo de dificuldade para a utilização das mencionadas catracas" (art. 1º, parágrafo único). A Lei municipal n. 5.904/2014, ainda no que tange aos transportes coletivos em Cuiabá, obriga as empresas concessionárias do serviço público de transporte a "destinar em todos os ônibus que prestam serviços na área urbana, 06 (seis) assentos identificados por ônibus, para atendimento de pessoas idosas, gestantes, obesos, com deficiência física ou mobilidade reduzida", bem como "exibir, de forma visível para o público, no lado externo de cada veículo, na parte lateral dianteira, lista com os nomes dos principais pontos de interesse do itinerário da respectiva linha" (art. 2º). A Lei municipal n. 6.116/2016, por sua vez, torna obrigatória, "por parte dos usuários de transporte coletivo, a cedência de qualquer assento aos passageiros com prioridades" (art. 1º).

Em Belo Horizonte/MG, a Lei n. 11.232/2020 determina a reserva, na condição de "assentos preferenciais destinados a idosos, obesos, gestantes, lactantes, pessoas com deficiência e pessoas acompanhadas por criança de colo de até 2 (dois) anos", do percentual de "10% (dez por cento) do total de assentos nos terminais, estações e salas de espera que integram o sistema de transporte de passageiros em todas as modalidades" (art. 1º), atendendo os assentos aos padrões técnicos cabíveis (art. 2º).

Versam sobre acessibilidade para pessoas gordas em transportes públicos numerosas leis estaduais e municipais de teor similar, a exemplo da Lei estadual n. 8.415/2019 do Rio de Janeiro, da Lei municipal n. 6.662/1985 de Curitiba/PR, da Lei municipal n. 3.378/2006 de Aracaju/SE, da Lei municipal n. 4.883/2016 de Teresina/PI, da Lei municipal n. 2.538/2020 de Palmas/TO, dentre várias outras.

Setores em que são frequentes o estabelecimento de regras de acessibilidade são também os de teatros, salas de projeção, cinemas, restaurantes, casas noturnas e espaços culturais de um modo geral. Tais setores podem ser abarcados em conjunto com o do transporte público ou separadamente, a depender do estado ou município.

No Acre, por exemplo, a Lei estadual n. 2.994/2015 abrange as matérias conjuntamente. No transporte público, especificamente, em razão do "constrangimento gerado à pessoa obesa que não consegue passar por catracas nos veículos que a possuem", desobriga pessoas gordas de passar pelas catracas, as quais devem ser giradas pelo responsável pela cobrança, para marcação. Já para as "salas de projeções, teatros, espaços culturais que utilizem assentos para plateia, transportes coletivos de passageiros, inclusive restaurantes e estabelecimentos afins" (art. 1º), de um modo geral, estabelece a obrigatoriedade de reserva de cinco por cento dos lugares para utilização por "pessoas consideradas obesas e aos mórbidos". Para "pessoas com obesidade mórbida cuja condição física as impeça de ocupar confortavelmente um único assento", obriga o oferecimento de "dois assentos contíguos".

Em Santa Catarina, a Lei estadual n. 11.953/2001 impõe a reserva de mínimo de dois lugares em cada veículo pelas empresas concessionárias de transporte coletivo municipal e intermunicipal (art. 2º), ao passo que, para as "salas de projeções, teatros e os espaços culturais (...) que utilizam assentos para plateia", fixa reserva de três por cento para utilização por pessoas consideradas "obesas" (art. 1º). Os assentos devem ser especiais, compatíveis com o conforto físico de tais pessoas (art. 3º).

Em Pernambuco, a Lei estadual n. 12.511/2003 determina que "teatros, cinemas, ginásios esportivos, casas noturnas, bares, restaurantes, auditórios, salas de conferências ou de convenções" são obrigados a "manter, em suas dependências, poltronas ou cadeiras especiais, destinadas ao uso de pessoas obesas" (art. 1º, *caput*), devendo a "quantidade de cadeiras ou poltronas especiais (...) corresponder a 3% (três por cento) da lotação dos estabelecimentos e no mínimo 2 (dois) lugares" (art. 1º, parágrafo único).

A Lei municipal n. 12.658/1998 de São Paulo/SP, por sua vez, determina que os "cinemas, teatros, bibliotecas, ginásios esportivos, casas noturnas e restaurantes, localizados no Município de São Paulo", ficam obrigados a manter em suas dependências "cadeiras ou poltronas especiais para uso de pessoas obesas, em número não inferior a 1% (um por cento) de sua lotação".

A Lei estadual n. 7.390/2012 de Alagoas, tratando sobre "restaurantes (...), auditórios, estádios e (...) estabelecimentos a que o público tenha acesso livremente ou mediante pagamento" (art. 1º), determina que deverá ser observado também percentual mínimo de assentos especiais para pessoas obesas, a ser estabelecido em regulamento.

Versando exclusivamente sobre cinema, a Lei estadual n. 19.680/2017 de Goiás, que corresponde ao "Estatuto do Cinéfilo", dispõe que, nas salas em que são exibidos os filmes, serão assegurados às pessoas "obesas" assentos especiais na proporção mínima de 3% (art. 7º, § 2º).

São numerosas e variadas leis sobre acessibilidade em cinemas, teatros, auditórios, plateias, restaurantes e similares, podendo-se citar, ainda, a Lei estadual n. 12.225/2006 de São Paulo, a Lei estadual n. 4.314/2013 do Mato Grosso do Sul, a Lei municipal n. 1.543/2003 de Porto Velho/RO, a Lei municipal n. 6.192/2017 do Rio de Janeiro/RJ e a Lei municipal n. 11.416/2022 de Belo Horizonte/MG, dentre outras.

Outro conjunto legislativo considerável é o de leis estaduais e municipais que se destinam a garantir passagem adequada e condições de atendimento a pessoas gordas e outros grupos em supermercados e hipermercados. A esse respeito, por exemplo, a Lei municipal n. 9.421/2014 de Goiânia/GO obriga "os supermercados e hipermercados do Município de Goiânia a dispor de passagem adequada, em seus caixas de pagamento, para obesos, gestantes e usuários de cadeiras de rodas", os quais "deverão possuir largura igual ou superior a 1,20 m (um vírgula vinte metros)" (art. 1º). A Lei municipal n. 5.673/2007 de Maceió/AL, no mesmo sentido, obriga os "supermercados, hipermercados e estabelecimentos comerciais similares" à reserva de "caixas especiais para atendimento exclusivo a idosos maiores de 60 anos, gestantes, deficientes físicos, pessoas portadoras de obesidade, doadores de sangue e mães com crianças de colo" (art. 1º), os quais deverão estar "bem sinalizados" (art. 2º). Normas de conteúdos assemelhados são encontradas na Lei municipal n. 6.322/2011 de Natal/RN, na Lei municipal n. 1.706/2012 de João Pessoa/PB e na Lei municipal n. 6.309/2005 de Vitória/ES, dentre outras.

Merecem destaque, ainda, leis que estabelecem prioridade de atendimento a pessoas gordas, em casos de dificuldade de locomoção ou mobilidade reduzida, em estabelecimentos que, pelo fluxo de pessoas, acarretem organização em filas ou atendimento por senhas. É o caso da Lei estadual n. 9.211/2021 do Pará, segundo a qual "as pessoas com deficiência, os idosos com idade igual ou superior a 60 (sessenta) anos, as gestantes, as lactantes, as pessoas com crianças de colo e os obesos" têm direito à "prioridade no atendimento em estabelecimentos comerciais privados e similares, com fluxo de pessoas que justifique a organização de filas" (art. 1º). Tal prioridade é concebida como "atendimento imediato prestado às pessoas referidas (...), antes de qualquer outra, depois de concluído o atendimento que estiver em andamento, em quaisquer espaços de atendimento disponíveis", abrangendo "balcões, caixas ou guichês, sejam eles exclusivos, preferenciais ou de atendimento geral" (art. 1º, § 1º). Em sentido similar, mencionam-se a Lei estadual n. 10.792/2018 do Maranhão, a Lei estadual n. 10.486/2015 da Paraíba, a Lei estadual n. 7.603/2021 do Piauí, a Lei estadual n. 8.248/2018 do Rio de Janeiro, dentre outras.

A garantia de acessibilidade é imprescindível à existência digna das pessoas gordas — e de todas as que, por questões físicas associadas a barreiras sociais, são prejudicadas em termos de acesso livre e igualitário aos mais diversos espaços físicos. Consequentemente, é salutar o estabelecimento de reservas de lugares, obrigatoriedade de oferecimento de espaços suficientemente amplos para acomodação e passagem dos corpos gordos, prioridades de atendimento para as pessoas com dificuldades de locomoção e medidas similares.

Uma ponderação, no entanto, merece ser feita quanto à terminologia e definições utilizadas para identificação das pessoas gordas, beneficiárias das normas de acessibilidade. De maneira hegemônica, as leis estaduais e municipais sobre a temática fazem referência a "pessoas obesas" ou "obesos", chegando ocasionalmente, até mesmo, a importar conceitos médicos relacionados ao IMC para fins de definição. Todavia, ao misturarem o conceito médico ao social, ou mesmo ao utilizarem a terminologia médica para designação exclusiva da realidade social, torna-se perceptível a dispensabilidade do discurso da "obesidade" para tratar de direitos sociais de acessibilidade.

Assim, no que tange à definição da "pessoa obesa" em legislações sobre acessibilidade, a Lei estadual n. 2.994/2015 do Acre, por exemplo, é contraditória ao invocar conceito médico da OMS, ao mesmo tempo em que seu teor indica, na prática, que serão consideradas "obesas", para que se beneficiem da lei, as pessoas que visivelmente não couberem de forma confortável nos espaços. Tal circunstância demonstra, de forma clara, que a legislação que não verse estritamente sobre questões de saúde e medicalização não tem motivos razoáveis para importar conceitos médicos. Misturando o conceito social, que deveria designar a pessoa gorda, à medicalização desnecessária, com o termo "obesa", dispõe o art. 3º:

> Art. 3º Para efeitos desta lei considera-se obesa a pessoa cujas dimensões corporais extrapolam o padrão dos assentos, de modo a provocar desconforto tanto para a pessoa dotada de obesidade, quanto para aqueles que sentam ao seu lado.
>
> Parágrafo único. Segundo a Organização Mundial da Saúde – OMS obesidade é o excesso de gordura corporal acumulada no tecido adiposo decorrente de vários fatores sejam esses genéticos ou ambientais, como padrões dietéticos e de atividade física ou ainda fatores individuais de susceptibilidade biológica, entre outros, que geram implicações para saúde.

A Lei estadual n. 12.511/2003 de Pernambuco, também tratando de acessibilidade, considera "obeso" o indivíduo "cujo Índice de Massa Corporal — IMC (o peso dividido pela altura corporal elevada ao quadrado) estiver acima de 30 kg/m²", para logo depois acrescer, no entanto, que se trataria de "todo indivíduo que pela sua compleição física não possa ser acomodado nas poltronas ou cadeiras disponibilizadas para o público em geral" (art. 2º). Outro demonstrativo pode ser extraído da Lei municipal n. 5.031/2007 de Cuiabá, sobre acessibilidade em transportes coletivos, quando conceitua "obeso" como "passageiro que apresentar, em função do seu peso, qualquer tipo de dificuldade para a utilização das (...) catracas" (art. 1º, parágrafo único). Repetem-se, no conjunto normativo de amostra, tais confusões terminológicas e imprecisões conceituais.

Em suma, a pessoa necessitará de acomodação e de um espaço maior caso, pelo tamanho de seu corpo, dado o nível de gordura ou corpulência, não caiba confortavelmente nos assentos — o que lhe causaria desconforto, se obrigada a utilizar as cadeiras de tamanhos convencionalmente ofertados. Pouco importam, para tal reconhecimento lógico e garantia de direitos, elocubrações sobre a saúde do beneficiário da norma, que se reputam inócuas e potencialmente estigmatizantes.

Tal utilização de termos médicos associados à "obesidade", equivocada e imprópria, é hegemônica e consolidada na legislação estadual e municipal relacionada à acessibilidade em espaços variados, mesmo quando em nada atrelada aos campos técnicos da saúde. Considerando-se que a ninguém será imposta pesagem ou atestado médico, espera-se, para dispensa de uso de catracas, acomodação em poltrona especial de cinema ou utilização de espaços reservados, sendo relevante apenas o notório não cabimento do corpo da pessoa em determinado espaço, trata-se o beneficiário da norma de pessoa socialmente enquadrada como gorda.

6.2.8.4. Leis estaduais e municipais instituidoras de datas com viés medicalizante (combate à "obesidade"/"sobrepeso")

Depois das leis tratando sobre acessibilidade e questões de saúde em sentido mais estrito, o terceiro maior grupo de diplomas normativos sobre pessoas gordas é o de leis instituidoras de datas medicalizantes nos calendários estaduais e municipais. São legislações que estabelecem dias, semanas ou meses de combate à "obesidade", combate ao "sobrepeso" e a diversas doenças medicamente associadas a tais condições.

Assim, registram-se, primeiramente, diversos dias e semanas de combate e prevenção à "obesidade", em âmbitos estadual e municipal. Ilustrativamente, a Lei estadual n. 16.592/2018 do Ceará institui a "Semana Estadual de Prevenção e Combate à Obesidade", a ser celebrada na "primeira semana do mês de abril de cada ano em todo o Estado do Ceará, no âmbito das Escolas Públicas, Universidades Públicas, Secretarias do Estado, diversos órgãos públicos e a sociedade em geral" (art. 1º), tendo por objetivos "promover a autoestima da pessoa obesa, ressaltando a importância de uma alimentação saudável", "incentivar a prática de exercícios físicos e qualidade de vida" e "promover a conscientização e prevenção de doenças decorrentes da obesidade" (art. 2º).

A Lei estadual n. 19.307/2016 de Goiás, de forma semelhante, institui a "Semana Estadual de Prevenção, Conscientização e Combate à Obesidade", a ser realizada "nas escolas públicas estaduais, anualmente, na segunda semana do mês de outubro" (art. 1º), tendo por objetivos "prestar informações sobre a importância de alimentação saudável e exercícios físicos regulares" e "informar que as causas determinantes do excesso de peso compõem um complexo conjunto de fatores biológicos, comportamentais, ambientais que se inter-relacionam e são prejudiciais à saúde" (art. 2º).

No Rio Grande do Sul, no mesmo sentido, Lei estadual n. 12.005/2003 institui a "Semana Estadual para Conscientização e Combate à Obesidade", a ser realizada anualmente "no período de 3 a 12 de maio de cada ano" (art. 1º, *caput*), tendo por finalidade "esclarecer a população quanto à prevenção da doença e à problemática da pessoa obesa" (art. 1º, parágrafo único). Na referida semana, serão realizadas atividades voltadas a "esclarecer a comunidade quanto às causas da doença", "promover a integração das pessoas portadoras da doença em todos os níveis sociais", "promover campanha educativa visando à prevenção e à conscientização quanto à problemática da pessoa obesa" e "promover o intercâmbio de informações com a comunidade visando a soluções efetivas para as dificuldades das pessoas portadoras da doença" (art. 2º).

Diplomas normativos instituindo datas semelhantes abrangem a Lei estadual n. 7.474/2016 do Rio de Janeiro, que estabelece a "Semana Estadual de Combate à Obesidade"; a Lei municipal n. 9.278/2018 de Vitória/ES, fixando no calendário, no dia 11 de outubro, o "Dia de Combate à Obesidade"; a Lei estadual n. 7.105/2018 do Piauí, estabelecendo no dia 11 de novembro o "Dia de Combate à Obesidade" no calendário estadual; a Lei municipal n. 8.399/2005 de Belém/PA, que institui a "Semana da Prevenção e Combate à Obesidade", a ser realizada na 2ª semana do mês de fevereiro de cada ano, dentre diversas outras leis.

Seguindo a tendência das leis que tratam sobre programas e políticas de combate à "obesidade" nas redes de ensino, as leis instituidoras de datas medicalizantes adotam previsões bastante similares ao fixar, também, dias e semanas de combate à "obesidade infantil" nos calendários municipais e estaduais. A Lei estadual n. 7.179/2011 de Sergipe, por exemplo, institui o "Dia de Combate à Obesidade Infantil" no calendário estadual de eventos, "a ser comemorado no dia 11 de outubro" (art. 1º), por meio de "palestras, reuniões, atividades recreativas, etc. sempre com o objetivo de conscientizar as crianças e seus pais ou responsáveis acerca dos perigos da obesidade, apresentando meios de combater esse problema" (art. 2º). A Lei municipal n. 898/2006 de Boa Vista/RR, no mesmo sentido, estabelece a "Semana Municipal de Combate à Obesidade Infantil", a ser realizada anualmente "na semana do dia 11 de outubro, Dia Mundial de Combate à Obesidade" (art. 1º), com o objetivo de "conscientizar a população de Boa Vista, através de procedimentos informativos e educativos sobre os males provocados pela obesidade infantil, suas causas, consequências e forma de evitá-la" (art. 2º). De teor semelhante são a Lei n. 5.145/2013 do Distrito Federal, a Lei estadual n. 2.276/2017 do Amapá e a Lei estadual n. 19.307/2016 de Goiás, entre outras.

Há também, com frequência, fixação de datas de combate à "obesidade mórbida". A Lei estadual n. 12.634/2013 da Bahia, nesse sentido, institui a "Semana Estadual de Educação Preventiva e do Enfrentamento da Obesidade Mórbida", a ser realizada anualmente, "na última semana do mês de setembro" (art. 1º), com os objetivos de "promover a divulgação de ações preventivas, terapêuticas, reabilitadoras e legais relacionadas com a obesidade", "contribuir para o desenvolvimento de propostas que possibilitem o acesso universal e equitativo aos serviços públicos pelos portadores de obesidade" e "garantir a democratização de informações sobre as técnicas e procedimentos cirúrgicos e pós-cirúrgicos existentes na área de Gastroplastia" (art. 2º, I, II e III). Datas semelhantes são fixadas pela Lei estadual n. 18.531/2022 de Santa Catarina, pela Lei estadual n. 5.645/2010 do Rio de Janeiro, pela Lei municipal n. 2.362/2018 de Manaus/AM e pela Lei municipal n. 4.513/2005 de São Luís/MA, ilustrativamente.

A essas leis de conteúdos similares, que se repetem por diversos estados e municípios, agregam-se outras voltadas a difundir entre a população discursos médicos associando a "obesidade" a diversas outras patologias e males, como é o caso da Lei estadual n. 19.782/2017 de Goiás, que institui a "Semana Estadual de Conscientização sobre o aumento dos riscos de câncer em pessoas com sobrepeso e obesas", e da Lei municipal n. 13.007/2022 de Porto Alegre/RS, que introduz a "Semana Municipal da Cirurgia Bariátrica", dentre outras.

Como ocorre em relação às leis que versam sobre questões de saúde em sentido mais estrito (medicina, nutrição e patologização), as leis instituidoras de datas de viés medicalizante abordam a questão da "obesidade" enfatizando, desproporcionalmente, a difusão de discursos e campanhas de conscientização de indivíduos sobre os males e perigos da "obesidade", alimentação, exercícios e formas de evitar a condição. A concepção de que o emagrecimento de pessoas gordas deve advir de esforço individual, deflagrado a partir de palestras e campanhas repetindo discursos já globalmente alardeados, reforça noções de responsabilização individual não condizentes com a multifatorialidade que envolve a temática dos corpos gordos. Ademais, tais leis preconizam um combate à "obesidade" sem preocupação com o preconceito com o qual o discurso médico costuma ser carregado nas esferas sociais, deixando de tratar de temáticas de discriminação e outros direitos das pessoas gordas. A situação é mais preocupante quando materializada no ambiente escolar, atingindo crianças e adolescentes em formação.

6.2.8.5. Leis estaduais e municipais sobre acessibilidade na área da saúde

Embora em quantidade sensivelmente menor do que a de leis que versam sobre acessibilidade em outros espaços públicos e privados, existem e são de grande relevância leis que tratam sobre acessibilidade para pessoas gordas no próprio campo da saúde, preocupando-se com o oferecimento de macas, cadeiras de rodas, máquinas de exames e outros equipamentos e estruturas adequados aos corpos gordos em hospitais, emergências médicas, clínicas e ambientes médico-hospitalares em geral.

É o caso da Lei estadual n. 9.732/2012 da Paraíba, que obriga "os hospitais e prontos-socorros localizados no Estado da Paraíba (...) a possuir macas e cadeiras de rodas dimensionadas para o atendimento de pessoas obesas" (art. 1º). A Lei municipal n. 5.066/2012 de Campo Grande/MS, similarmente, determina para "todos os hospitais, clínicas e unidades de pronto atendimento pertencentes ao Município (...) ou geridos pela Administração Municipal" a obrigação de "disponibilizarem para utilização macas, cadeiras de rodas e cadeiras de banho dimensionadas para o atendimento de pessoas obesas", exigindo-se "no mínimo (...) 02 (duas) unidades de cada um dos equipamentos" (art. 1º, *caput*), que suportem carga superior a 250 kg (art. 1º, parágrafo único).

De forma mais completa, a Lei municipal n. 17.570/2009 do Recife/PE obriga "os hospitais, as unidades médicas de atendimento emergencial e laboratórios privados em funcionamento na Cidade do Recife" a disponibilizarem "equipamentos adaptados ao atendimento de obesos mórbidos/graves", compreendendo:

> (...) rampa de acesso, avental de tamanho especial, de pano ou descartável, próprio para obesos, balança especial, cadeiras de rodas especiais e reforçadas, com mais de 70 cm de largura, macas reforçadas para transporte de pacientes obesos, com largura mínima de 70 cm e alturas máxima de 70 cm do chão, larigoscópio especial, material de acesso venoso profundo especial para obesos, portas de banheiro de correr, boxes com piso antiderrapante e apoios laterais, cadeiras reforçadas, sem braços, num mínimo de 10% do total de cadeiras do estabelecimento, esfigmomanômetro especial para obesos, vaso sanitário com reforço e apoio lateral para os braços.

Versam sobre a mesma temática a Lei estadual n. 5.038/2007 do Rio de Janeiro, a Lei estadual n. 7.111/2008 do Pará, a Lei municipal n. 13.234/2001 de São Paulo/SP, a Lei municipal n. 12.295/2007 de Curitiba/PR, a Lei municipal n. 3.857/2010 de Aracaju, entre diversas outras.

É interessante perceber que as leis sobre acessibilidade na área da saúde são menos numerosas, expressivas e detalhadas do que as de acessibilidade em outras esferas. Tal circunstância indica a insuficiência da consideração da "obesidade" como doença, embora assim divulgada de forma exaustiva em políticas e estratégias de responsabilização individual de "obesos". Torna-se dificultoso, assim, garantir benefícios e direitos básicos efetivos a pessoas gordas, inclusive no campo da saúde.

Embora haja algumas previsões de adequação de equipamentos médico-hospitalares de maior variedade, como no caso da mencionada Lei municipal n. 17.570/2009 do Recife/PE, grande parte da legislação existente a respeito da acessibilidade na saúde, já reduzida relativamente a outras temáticas, limita-se a determinar adaptação de macas e cadeiras de rodas, eventualmente acrescidas também de cadeiras de banhos. Mesmo as leis mais detalhadas, no entanto, não trazem, de modo geral, garantias básicas de adaptação a pessoas gordas de máquinas e equipamentos de exames, por exemplo. Ao se alardear uma "epidemia global", inclusive com semanas de conscientização em numerosos estados e municípios em território nacional, seria providência estatal mínima uma completa adaptação do sistema de saúde e de suas estruturas ao tratamento de pessoas consideradas "obesas". Não é, contudo, o que se verifica, legislativamente ou na prática.

6.2.8.6. Leis estaduais e municipais de vedação de violência obstétrica

É interessante destacar a existência de menção à "obesidade" em uma série de leis estaduais e municipais que proíbem, em diversos estados e municípios, a violência obstétrica contra as mulheres. Nas referidas leis, há um reconhecimento de que configuram violência gracejos, recriminações ou comentários acerca de características físicas da "obesidade", especificamente no momento do parto.[494]

Nesse contexto, por exemplo, a Lei estadual n. 3.385/2018 do Tocantins proíbe a prática da violência obstétrica, concebida como "todo ato praticado pela equipe multiprofissional do hospital, da maternidade e da unidade de saúde ou por um familiar ou acompanhante que ofenda de forma verbal ou física as mulheres gestantes, em trabalho de parto ou, ainda, no período de estado puerperal" (art. 2º). Inseridas na concepção de violência obstétrica, a lei elenca hipóteses de ofensa física ou verbal, dentre as quais "recriminar a parturiente por qualquer comportamento, como gritar, chorar, ter medo, vergonha e/ou dúvidas, bem como por característica ou ato físico, como, por exemplo, obesidade" (art. 3º, II). Em outras leis similares, como é o caso da Lei estadual n. 4.173/2017 de Rondônia, ocasionalmente se menciona, além de recriminações, a conduta de "fazer graça por qualquer característica ou ato físico como, por exemplo, obesidade" (art. 3º, III).

Diversas leis, de teor praticamente idêntico, podem ser localizadas, como a Lei estadual n. 19.790/2017 de Goiás, a Lei estadual n. 5.217/2018 do Mato Grosso do Sul, a Lei municipal n. 6.898/2021 do Rio de Janeiro/RJ, a Lei municipal n. 8.850/2015 de Vitória/ES, dentre outras.

Trata-se de previsão normativa que pode ser interpretativamente tomada para, em diversos âmbitos, categorizar recriminações ou gracejos em face do corpo gordo de uma pessoa como violência, para os fins legais.

---

(494) Sobre práticas de violência obstétrica contra mulheres gordas, *vide*: ALTENHOFEN, Aline Maria. *Gordofobia Obstétrica e Corporalidades:* experiências de gestantes gordas diante dos entendimentos de obesidade. Dissertação de Mestrado em Antropologia Social. Porto Alegre: Programa de Pós-Graduação em Antropologia Social do Instituto de Filosofia e Ciências Humanas da Universidade Federal do Rio Grande do Sul, 2023.

6.2.8.7. Leis estaduais e municipais sobre datas de conscientização e combate à gordofobia

A partir de meados de 2020, em alguns casos fazendo alterações em leis anteriores de consolidação de calendários estaduais e municipais, surgem inovações consideráveis no tratamento legislativo dispensado às pessoas gordas, com a instituição de datas de conscientização e combate à gordofobia. Ao todo, incluindo-se as leis que estabelecem a data e as que consolidam calendários, eventualmente modificadas, encontram-se no Brasil – em todos os estados, no Distrito Federal e nas capitais, com publicação até 31 de julho de 2023 – 11 leis estaduais e 8 leis municipais fixando datas de combate à gordofobia. Em razão do número reduzido de leis, comparativamente ao restante do conjunto normativo, e por serem também relevantes em se tratando de temática de discriminação e gordofobia no trabalho, foco do presente estudo, tais diplomas normativos merecem exame em sua integralidade.

Na esfera estadual, a Lei n. 17.099/2020 de Pernambuco, em consonância com reivindicações do movimento gordoativista, altera a Lei n. 16.241/2017, que consolida o calendário estadual de eventos, criando o "Dia Estadual de Enfrentamento à Gordofobia", a ser celebrado no dia 10 de setembro (art. 1º). A legislação encampou também conceituação para a gordofobia, entendida como "o preconceito, repulsa ou discriminação social, política e econômica praticada contra a pessoa gorda ou obesa" (art. 1º). Preconiza, ainda, que "a sociedade civil poderá promover ações, seminários, fóruns, palestras e campanhas educativas sobre a conscientização e enfrentamento à gordofobia" (art. 1º).

A legislação de Pernambuco é pioneira, no campo estadual, na instituição da data de conscientização e combate à gordofobia, quando se considera a data de publicação da lei instituidora do evento, descartando-se as leis anteriores que apenas consolidam os calendários e são alteradas pela legislação vanguardista. Além de estabelecer a data, a lei pernambucana fixa o conceito de gordofobia e indica, de forma inovadora, a pessoa gorda como sujeito de direito – embora mencione também, cumulativamente, a palavra "obesa", a qual deveria ser suprimida, enquanto terminologia médica potencialmente estigmatizante e desnecessária.

Ao descrever as atividades a serem realizadas no dia, menciona ações, seminários, fóruns, palestras e campanhas educativas, em conjunto de práticas que promove uma necessária conscientização populacional sobre um tema que, vitimando intensamente o grupo social das pessoas gordas, não é alardeado e enraizado socialmente como o do "combate à obesidade". A lei, todavia, atribuiu tais práticas à "sociedade civil", quando deveria avançar para impô-las também ao próprio Estado.

Sobreveio, em seguida, a Lei estadual n. 1.580/2021 de Roraima, que incluiu também no calendário o "Dia Estadual de Combate à Gordofobia", a ser realizado anualmente em 10 de setembro (art. 1º, *caput*), tomando gordofobia como "o preconceito, a repulsa ou a discriminação social, política e econômica praticada contra pessoas acima do peso" (art. 1º, § 1º). Aqui, entende-se que a lei poderia e deveria ter utilizado a expressão "pessoa gorda", preferencialmente a "pessoa acima do peso", evitando reconhecer uma média de peso socialmente imposta e descarregando o vocábulo "gorda" de conotações negativas. Prossegue a legislação, de todo modo, anunciando o objetivo de "promover a conscientização, o debate e soluções para o problema, que, apesar de antigo, começou a ter maior visibilidade com o avanço da internet e das mídias sociais" (art. 1º, § 2º). Como atividades a serem realizadas na data, a legislação corretamente envolve o Poder Público, prevendo "ações como palestras, seminários, conferências e audiências públicas, distribuição de material informativo, produção de conteúdo para a internet e mídias sociais etc", medidas a serem adotadas "em um esforço articulado dos diversos órgãos do poder público, a fim de que a mensagem chegue ao maior número de pessoas possível" (art. 1º, § 3º).

Ainda no ano de 2021, a Lei estadual n. 5.239/2021 de Rondônia instituiu seu "Dia Estadual do Combate à Gordofobia", com o objetivo de "debate e discussão de políticas públicas que promovam a inclusão social, conscientização e combate à discriminação" (art. 12), além de dispor sobre "medidas de proteção e de inclusão da pessoa gorda ou obesa nos espaços públicos e privados do estado de Rondônia" (ementa). Tal legislação, além de estabelecer o dia de combate à gordofobia, traz uma das mais detalhadas conceituações legislativas de gordofobia, adentra questões afetas a trabalho, menciona formas de denúncia e meios de prova sobre discriminação. Por isso, pode ser enquadrada como lei fixadora de data de combate à gordofobia e, ao mesmo tempo, como lei de proibição de discriminação/gordofobia, inclusão e direitos diversos — devendo ser analisada detalhadamente em tópico posterior, portanto, em conjunto com outras leis que extrapolam consideravelmente a instituição de datas de combate à gordofobia.

Em 2022, a Lei estadual n. 6.023/2022 do Amazonas fixa o "Dia Estadual de Conscientização e Combate à Gordofobia", a ser celebrado anualmente "no dia 11 de maio" (art. 1º, *caput*). A legislação não especifica atividades a serem realizadas na data instituída, tampouco as responsabilidades por sua execução. Fornece, no entanto, um conceito de gordofobia, compreendida como "o preconceito, a repulsa ou a discriminação social, política e econômica praticados contra a pessoa gorda" (art. 1º, parágrafo único), tornando a legislação mais adequada ao movimento contemporâneo e às reivindicações de pessoas gordas, ao suprimir o termo "obesa".

Ainda no processo de fixação das datas de combate à gordofobia, a Lei estadual n. 9.587/2022 do Pará institui o "Dia Estadual de Conscientização e Combate a Gordofobia no Estado do Pará", a ser celebrado no dia 1º de setembro (art. 1º, *caput*). Conceitua a gordofobia, também, como "o preconceito, a repulsa ou discriminação social, política e econômica praticados contra a pessoa gorda" (art. 1º, parágrafo único). Além disso, avança nas atividades a serem desenvolvidas na referida data, ao atribuí-las ao Estado, e não apenas à sociedade civil:

> Art. 2º O Poder Executivo, por meio de seus órgãos competentes vinculados às ações ligadas à educação, proteção e defesa dos direitos humanos e à saúde, na data destacada, deverá realizar seminários e debates para orientar, qualificar e fomentar a conscientização e combate à gordofobia.

Ao trazer para os órgãos estatais vinculados à educação, defesa dos direitos humanos e saúde a obrigação de promover seminários e debates para conscientização, orientação e combate à gordofobia, a lei obriga o Poder Público a tomar consciência da discriminação contra as pessoas gordas e coibi-la. Trata-se de mudança imprescindível, uma vez que, de modo geral, campanhas e programas de "combate à obesidade", inclusive voltados a crianças e adolescentes, foram sempre pensados sem preocupação legislativamente expressa com a temática da discriminação.

A Lei estadual n. 9.695/2022 do Rio de Janeiro, com redação atual nos termos da Lei n. 10.020/2023, altera a Lei n. 5.645/2010, que consolida o calendário estadual de eventos, instituindo também o "Dia Estadual da Conscientização e Combate à Gordofobia", que se realizará, anualmente, no dia 10 de setembro (art. 1º). Fixa como objetivo da data "mostrar a importância e criar visibilidade sobre o assunto" (art. 2º, *caput*), podendo o Poder Executivo "organizar palestras e simpósios que tenham relação com a gordofobia, dentro das unidades de ensino do Estado do Rio de Janeiro" (art. 2º, parágrafo único). Acrescenta, ainda, que o Poder Executivo fica "autorizado a firmar convênios não onerosos com instituições públicas e particulares, para que sejam elaboradas campanhas publicitárias de divulgação, esclarecimentos e difusão" sobre conscientização e combate à gordofobia, além da "utilização de decorações em monumentos e logradouros públicos durante a realização da Campanha, em especial os de relevante importância e grande fluxo de pessoas" (art. 4º).

A realização de campanhas, sobretudo com menção às unidades de ensino, é salutar para a desconstrução da cultura de despreocupação social e estatal com o *bullying* contra crianças e adolescentes gordos nas escolas. A conscientização em todas as esferas, além disso, é uma urgência perceptível a partir do tratamento social prejudicado dispensado às pessoas gordas, de forma generalizada.

Ainda em 2022, surge a Lei estadual n. 3.975/2022 do Tocantins, que institui o "Dia Estadual de Conscientização e Combate à Gordofobia", a ser comemorado no dia 10 de setembro (art. 1º). A legislação não apresenta conceituação de gordofobia, especificação de atividades a serem realizadas na data comemorativa ou responsabilidades por sua consecução.

No mesmo ano, a Lei estadual n. 12.409/2022 desponta na Paraíba, instituindo o "Dia Estadual da Luta contra a Gordofobia", a ser celebrado no dia 10 de setembro (art. 1º, *caput*). Define gordofobia, para tanto, como "o preconceito, a repulsa ou a discriminação social, política e econômica praticada contra a pessoa gorda" (art. 1º, § 1º). Como atividades previstas para a referida data, estabelece que "a sociedade civil e o poder público deverão promover ações, campanhas, seminários, fóruns e palestras de conscientização e enfrentamento à gordofobia" (art. 1º, § 2º). Há, consequentemente, uma adequada contemplação de responsabilidades para o Poder Público e a sociedade civil, conjuntamente.

Na esfera municipal, a primeira lei a instituir data de combate à gordofobia é a Lei municipal n. 18.831/2021 de Recife/PE, que institui o "Dia Municipal de Luta contra a Gordofobia" (art. 1º), a ser celebrado no dia 10 de setembro de cada ano, definindo gordofobia como "o preconceito, a repulsa ou a discriminação social, política e econômica praticados contra a pessoa gorda" (art. 2º). Não houve a previsão, especificamente, de atividades a serem realizadas na data.

Seguiram-se, em 2022, uma série de leis municipais na mesma direção. Em abril, a Lei municipal n. 9.633/2022 de Salvador/BA instituiu a "Semana Municipal de Combate à Gordofobia", que acontecerá "na segunda semana do mês de setembro", uma vez sendo o "dia 10 de setembro uma data dedicada a combater a gordofobia" (art. 1º). Durante tal semana, estabeleceu-se que o Município, por meio "dos órgãos diretamente vinculados às ações ligadas à educação, à proteção e defesa dos direitos humanos e à saúde", deve realizar "seminários e debates para orientar, qualificar e fomentar a Conscientização e Combate à Gordofobia" (art. 2º). A lei não fixou, expressamente, o conceito de gordofobia.

Também em abril de 2022, foi publicada a Lei municipal n. 2.677/2022 de Palmas/TO, que instituiu na localidade o "Dia Municipal de Combate e Conscientização à Gordofobia" (art. 1º), no dia 10 de setembro de cada ano. Para além da fixação da data, não foram indicados expressamente o conceito de gordofobia e as atividades previstas para realização.

Em maio de 2022, a Lei municipal n. 11.267/2022 de Fortaleza/CE instituiu, no âmbito do Município, o "Dia Municipal de Luta Contra a Gordofobia" (art. 1º), a ser celebrado em 11 de maio de cada ano, considerando-se gordofobia "o preconceito, a repulsa ou a discriminação social, política e econômica praticados contra a pessoa gorda" (art. 2º). Atividades específicas para a data não foram previstas na legislação.

Em setembro de 2022, a Lei municipal n. 7.512/2022 do Rio de Janeiro/RJ promoveu alteração na Lei municipal n. 5.146/2010, que consolida o calendário oficial da cidade, incluindo o "Dia de Luta Contra a Gordofobia" (art. 1º), a ser comemorado, anualmente, no dia 10 de setembro. Para além da fixação da data, não houve indicações expressas do conceito de gordofobia e das atividades previstas.

Finalmente, em julho de 2023, a Lei municipal n. 11.026/2023 de Florianópolis/SC alterou o Anexo I da Lei municipal n. 10.482/2019, fixando o dia 10 de setembro como o "Dia de Conscientização e Combate à Gordofobia" (art. 1º). Como atividades previstas, o Município deve realizar, "por meio dos órgãos diretamente vinculados às ações ligadas à educação, proteção e defesa dos direitos humanos e à saúde", na referida data, "seminários e debates para orientar, qualificar e fomentar a conscientização e combate à gordofobia" (art. 2º).

As datas de conscientização da população acerca de práticas gordofóbicas oferecem um contraponto às datas e práticas tradicionais de "combate à obesidade", legislativamente consagradas e despreocupadas com as temáticas da estigmatização dos corpos gordos. Em regra, datas de viés medicalizante são frequentes, padronizadas em suas pautas e voltadas a reverberar, com possibilidades de deturpação legitimadora de preconceitos como efeitos colaterais, os conceitos médicos mais difundidos, as abordagens nutricionais, medidas de emagrecimento, prevenção e controle do ganho de peso.

As datas de combate à gordofobia, em tais contextos, instauram uma disputa discursiva que visibiliza as estigmatizações sofridas e ilegitimidade dos preconceitos e discriminações contra as pessoas gordas, socialmente tolerados e legitimados por meio de discursos associados à saúde. Trazem para o cenário legislativo, além disso, a conceituação de gordofobia e a previsão de medidas específicas de conscientização sobre a temática, visibilização e enfrentamento.

6.2.8.8. Leis estaduais e municipais de proibição de discriminação/gordofobia, inclusão e direitos diversos

Desde meados dos anos 2000, com intensificação nas décadas de 2010 e 2020, há o surgimento de um conjunto de leis estaduais e municipais sobre pessoas gordas importante, embora reduzido, que aborda de forma significativa a vedação de discriminação ou gordofobia, variando a terminologia ao longo do tempo, e/ou a inclusão e direitos diversos, para além das tradicionais temáticas relacionadas à saúde e à acessibilidade. Ao todo, encontram-se no Brasil, nos estados, Distrito Federal e capitais, com publicação até 31 de julho de 2023, sete leis estaduais e nove municipais que podem ser enquadradas em tal categoria. Em razão do número limitado de leis, comparativamente ao restante do conjunto normativo, e por serem também as mais relevantes em se tratando de temática de discriminação e gordofobia no trabalho, foco do presente estudo, tais diplomas normativos merecem exame em sua integralidade.

Na esfera estadual, a Lei n. 10.776/2016 da Paraíba traz previsão inovadora e de grande potencial no combate à discriminação contra a pessoa gorda, dispondo:

> Art. 1º O Estado da Paraíba suspenderá convênios com entidades de direito privado que tiverem sido condenadas, com trânsito em julgado, por práticas discriminatórias contra a pessoa com necessidade especial e/ou obesidade, quando estas condições não configurarem impedimentos para o exercício de suas atividades laborativas.

A legislação apresenta também o conceito de discriminação, concebida como "toda forma de distinção, restrição ou exclusão, por ação ou omissão, que tenha o propósito ou o efeito de prejudicar, impedir ou anular o reconhecimento ou o exercício dos direitos e das liberdades fundamentais" (art. 1º, parágrafo único).

Trata-se de lei que utiliza o termo patologizante "pessoa com obesidade", o qual deveria e poderia ser perfeitamente substituído por "pessoa gorda", no caso, tendo em vista a relevância exclusiva do conceito social, em preferência ao médico, em se tratando de temática de discriminação. Além disso, a discriminação contra a pessoa gorda, de modo a consagrar terminologia específica que a designa e prestigiar a evolução social, poderia ser também identificada com o termo "gordofobia". Todavia, trata-se de momento legislativo em que tais termos não se encontravam ainda socialmente consolidados, o que explica a dificuldade terminológica. Feitas tais ressalvas, a imposição de sanções financeiras a entidades condenadas por discriminação contra pessoas gordas é medida eficaz e estratégica para coibir a gordofobia estrutural que impera na sociedade.

Em julho e em agosto de 2021, surgem a Lei n. 17.572/2021 e a Lei n. 17.618/2021 do Ceará, as quais instituem o "Programa Ceará Educa Mais" e a "gestão democrática e participativa na rede pública estadual de ensino", respectivamente, tratando de objetivos de elevação de desempenho acadêmico de alunos dos ensinos fundamental e médio da rede estadual de ensino, de aquisição de níveis adequados de proficiência por série, do desenvolvimento de competências socioemocionais e da garantia do acompanhamento e da participação da comunidade escolar na gestão das instituições de ensino. Em relação ao combate às discriminações em ambiente escolar, dispõem ambos os diplomas normativos, de forma idêntica:

> Haverá ações para suprimir injustiças, omissões, sofrimentos, preconceitos, violências e *bullying* para com mulheres, lésbicas, gays, bissexuais, transexuais, *queer*, intersexuais, assexuais, obesos, negros, indígenas, religiosos, quilombolas e ciganos. A escola não terá interferência sobre a sexualidade de seus alunos (art. 2º, § 4º, da Lei n. 17.572/2021 e art. 1º, parágrafo único, da Lei n. 17.618/2021).

Cabe aqui a mesma observação em relação à terminologia, sendo preferível a utilização da terminologia da pessoa gorda à menção a "obesos". Não obstante, é de fundamental importância a inserção de previsão legislativa de ações para suprimir injustiças, omissões, preconceitos, sofrimentos, *bullying* e violência contra pessoas gordas — em suma, a vedação e imposição de enfrentamento ativo à gordofobia. Salienta-se, ainda, que a inserção das práticas de vedação à gordofobia é estratégica em ambiente escolar, considerando-se o estágio de formação de personalidade de crianças e adolescentes e o próprio fato de que os discursos de natureza patologizante são também difundidos, de forma intensa, nas redes de ensino, muitas vezes sem quaisquer cautelas expressas quanto a possíveis discriminações.

Em dezembro de 2021, a Lei estadual n. 5.239/2021 de Rondônia, já mencionada anteriormente, instituiu o "Dia Estadual do Combate à Gordofobia" e, além disso, dispôs sobre "medidas de proteção e de inclusão da pessoa gorda ou obesa nos espaços públicos e privados do estado de Rondônia" (ementa). A legislação passa a adotar a terminologia da pessoa gorda, embora misture tal conceito com o patologizante da "pessoa obesa", chegando a importar a definição médica de "obesidade" e conceituá-la como "acúmulo excessivo de gordura corporal classificada pelo método Índice de Massa Corporal — IMC, através da relação matemática entre o peso corporal e a estatura" (art. 2º). Conforme já se defendeu, o conceito de pessoa gorda atende às legislações voltadas ao combate às discriminações, amolda-se melhor à evolução social do grupo vulnerável tutelado e evita o potencial estigmatizante que acompanha o discurso do campo da saúde, cuja terminologia deveria ser preferencialmente evitada no campo jurídico estranho à área médica.

De toda forma, a lei rondoniense trouxe uma das mais completas conceituações de gordofobia, assim prevendo, no art. 3º:

> Art. 3º Gordofobia é todo ato ou omissão que ofenda de forma verbal, física ou emocional, na forma de chacotas, falas preconceituosas, atos de repulsa ou de discriminação social, piadas, gestos ou outros, que provoquem constrangimentos, alcances cruéis e desumanos, a pessoa gorda ou obesa.

De modo a esclarecer o alcance e possíveis formas de concretização de ofensas verbais, emocionais ou físicas configuradoras da gordofobia, especifica a legislação, em seu art. 4º:

> Art. 4º Considera-se ofensa verbal, emocional ou física, dentre outras, as seguintes condutas:
>
> I – tratar a pessoa obesa ou gorda de forma agressiva, grosseira, zombeteira, ou de qualquer outra forma que a faça sentir-se mal pelo tratamento recebido;
>
> II – fazer graça ou recriminar a pessoa gorda ou obesa por qualquer característica física relacionada ao seu peso corporal;
>
> III – recusar atendimento médico em decorrência de a pessoa ser gorda ou obesa;

> IV – fazer gestos ou falas específicas na forma de chacota referindo-se à pessoa gorda ou obesa, causando-lhe constrangimento;
>
> V – usar da característica física para identificar a pessoa gorda ou obesa em qualquer ambiente; e
>
> VI – todo ato que se traduza em preconceito, desmerecimento, ou que faça com que a pessoa acima do peso se sinta inferiorizada.
>
> Parágrafo único. O combate à gordofobia tem por objetivo viabilizar todo e qualquer direito, garantia do ir e vir, o combate ao *bullying*, o Acesso em: todos os espaços, garantindo tratamento digno e, sobretudo, sem preconceitos.

O detalhamento de possíveis condutas configuradoras de gordofobia é de grande utilidade, uma vez que, dada a naturalização social da discriminação contra pessoas gordas, condutas como piadas e chacotas envolvendo as características físicas de um gordo ou imposição de apelidos relacionados ao seu corpo, por exemplo, em ambientes de trabalho ou similares, são comumente enxergadas como inofensivas ou de menor gravidade. Podem, no entanto, representar violências verbais ou emocionais graves, de consequências nefastas para as vítimas.

Enunciando conclusões que deveriam ser óbvias, embora não o sejam na sociedade contemporânea, a lei proclama que "o tratamento abusivo e discriminatório em razão de condição da pessoa gorda ou obesa poderá ser enquadrado na hipótese de discriminação" (art. 5º), assim conceituando também discriminação:

> Art. 5º (...) Parágrafo único. Considera-se discriminação em razão da condição pessoal toda forma de distinção, restrição ou exclusão, por ação ou omissão, que tenha o propósito ou o efeito de prejudicar, impedir ou anular o reconhecimento ou o exercício dos direitos e das liberdades fundamentais de pessoa obesa ou gorda, incluindo a recusa de adaptações razoáveis e de fornecimento de tecnologias assistivas.

Consequentemente, a gordofobia é tomada como a específica forma de discriminação contra pessoas gordas, por meio de violências verbais, emocionais ou físicas, materializadas por diversas ações ou omissões, a exemplo de agressões, grosserias, zombarias, chacotas, gracejos, desmerecimentos ou reduções da pessoa ao seu peso ou corpulência, com o intento ou o resultado de prejudicar, impedir ou anular reconhecimento ou exercício de direitos fundamentais.

Importante observar que a lei toma o cuidado de caracterizar como gordofobia, ainda, a recusa a adaptações razoáveis, como ocorre também no caso de pessoas com deficiência. Assim, a ausência de preocupação mínima com acessibilidade, ou seja, com a adequação dos espaços, assentos, mobiliários, passagens e equipamentos aos corpos de pessoas gordas, é também uma forma de gordofobia.

Para incentivo e esclarecimento acerca das possibilidades de denúncia e vias de ação cabíveis em caso de gordofobia, a legislação indica diversas instâncias possíveis de acionamento, inclusive em se tratando de discriminação no ambiente de trabalho, dispondo:

> Art. 6º As pessoas gordas ou obesas poderão adotar toda e qualquer providência quando se sentirem discriminadas por conta do seu peso, denunciando:
>
> I – no Ministério Público do Trabalho (...) ou Ministério do Trabalho e Emprego, se o constrangimento se der no ambiente do trabalho, podendo ainda recorrer ao sindicato para obter proteção e representação em caso de futuro processo judicial.
>
> II – no Conselho Regional de Medicina – CRM, para abertura de sindicância para averiguação do fato, se o constrangimento se der na consulta médica;
>
> III – na Delegacia da Polícia Civil ou na Delegacia Especializada em Crimes Cibernéticos, quando se tratar de discriminação direta e ofensiva, assim como o uso indevido de imagem para propagação de conteúdos comparativos em páginas de saúde e de humor ou discurso de ódio realizado na internet; e
>
> IV – no Ministério Público Estadual, nos demais casos.

Orienta a legislação, ainda, sobre os métodos viáveis de prova da discriminação sofrida, indicando que a denúncia poderá ser anônima (art. 6º, § 2º) e reconhecendo serem admissíveis os seguintes meios probatórios, em rol exemplificativo:

> Art. 6º (...) § 1º Todas as provas para comprovação da discriminação sofrida serão admitidas, como *prints* de conversas, gravações, *e-mails*, mensagens, imagens compartilhadas, cartas testemunhais, compilação de documentos das reclamações feitas, ata notarial de fé pública relativa às discriminações sofridas constando todas as informações quando crimes cibernéticos, entre outras que achar necessário.

Além de instituir data estadual de combate à gordofobia, a lei enuncia que "é assegurado a cada indivíduo o direito à autodeterminação, construindo sua própria imagem com autonomia, nos termos da Constituição Federal" (art. 7º), e que "toda pessoa obesa ou gorda tem direito a atendimento prioritário, diferenciado e imediato" (art. 11).

No ano seguinte, a Lei estadual n. 17.781/2022 de Pernambuco surgiu para alterar a Lei n. 13.995/2009, que dispõe sobre a inclusão de medidas de conscientização, prevenção, diagnóstico e combate ao *bullying* escolar no projeto pedagógico elaborado pelas escolas públicas e privadas de educação básica do Estado de Pernambuco, com a finalidade de acrescentar a importância da conscientização sobre os riscos da prática de gordofobia dentro dos estabelecimentos de ensino. Assim, estabelece como objetivo das medidas previstas, em seu art. 1º:

> (...) conscientizar, especificamente, sobre os riscos da prática de gordofobia dentro das escolas, com a finalidade de promover a defesa da vida mediante o fortalecimento da autoestima e a solidificação de valores calcados na Dignidade da Pessoa Humana, que sustentem o desenvolvimento psicossocial de alunos da Rede Estadual de Ensino.

Mais uma vez, privilegia-se o ambiente escolar como ponto estratégico de difusão do discurso de enfrentamento à gordofobia, por ser a esfera educacional também campo de risco potencializado de infiltração e propagação de discursos violentos e discriminatórios contra pessoas gordas.

Em junho de 2023, a Lei estadual n. 8.090/2023 do Piauí surge como uma das mais completas leis de combate à discriminação e garantia de direitos diversos direcionados às pessoas gordas, ao instituir o "Estatuto da Pessoa com Obesidade, de promoção à inclusão, proteção à saúde e a direitos, tratamento adequado, combate ao *bullying*, assistência social e trabalho" (ementa).

Observa-se que a legislação, no entanto, embora verse sobre aspectos fundamentais da vida social, opta pela terminologia da "obesidade" e recurso a conceitos de natureza médica. Considerando-se que o discurso da patologização é um dos principais alvos de deturpação e legitimação de preconceitos no seio social, entende-se que serviria melhor à garantia dos direitos das pessoas gordas sua extirpação da legislação que verse sobre vedação às discriminações e aspectos variados da vida social, relegando a terminologia médica e suas considerações para a área própria. Para garantir direitos a integrantes de um grupo social vulnerável, seria dispensável definir seus integrantes como "pessoas vitimadas pelo acúmulo excessivo de gordura corporal e ganho de peso, associado a problemas de saúde" (art. 1º), bem como declarar que o "dever de todos" de "prevenir a ameaça ou violação aos direitos da pessoa com obesidade" decorreria da circunstância de que "esta é uma doença e não uma questão simplesmente estética" (art. 4º, § 1º). É que as pessoas gordas merecem a titularidade e respeito de seus direitos independentemente de quaisquer considerações relacionadas à sua saúde.

Com tal ressalva, de todo modo, e desconsiderando a terminologia da "obesidade" e diversas previsões relacionadas à patologização, a lei traz previsões inovadoras e capazes de temperar a abordagem dominante das pessoas gordas pelo estreito discurso da área da saúde. Assim, dispõe sobre vedação às discriminações, direito ao trabalho, participação na vida política, esporte e lazer, dentre diversos outros aspectos, declarando, relativamente aos direitos fundamentais da pessoa gorda:

> Art. 2º As pessoas obesas gozam de todos os direitos fundamentais inerentes à pessoa humana, sem prejuízo da proteção integral de que trata esta Lei, sendo-lhe asseguradas, por lei ou por outros meios, todas as oportunidades e facilidades, para preservação de sua saúde física e mental e seu aperfeiçoamento moral, intelectual, espiritual e social, em condições de liberdade e dignidade.

Declara, ainda, ser obrigação da família, da comunidade, da sociedade e do Poder Público "assegurar ao "obeso", "no contexto de suas prioridades, a efetivação do direito à vida, à saúde, à alimentação adequada, à educação, à cultura, ao esporte, ao lazer, ao trabalho, à cidadania, à liberdade, à dignidade, ao respeito e à convivência familiar e comunitária" (art. 3º). Preconiza que "nenhum obeso será objeto de qualquer tipo de negligência, discriminação, preconceito, violência, crueldade ou opressão, e todo atentado aos seus direitos, por ação ou omissão, será punido na forma da lei" (art. 4º).

Especificamente no ambiente de trabalho, dispõe a legislação que "é vedada a prática de qualquer ato discriminatório para efeito de acesso ou manutenção de relação de trabalho por motivo de obesidade" (art. 11, *caput*), bem como que, "salvo os casos em que a natureza do cargo exigir, é vedada a previsão de restrições por motivo de obesidade para a participação de candidato em concurso público" (art. 11, parágrafo único).

Entende-se salutar a previsão de ilegitimidade da fixação de limite de peso para admissão em emprego ou cargo público. Deve-se tomar a ressalva autorizativa por natureza do cargo, entretanto, em se tratando de concurso público, como referente a hipóteses concretamente aferidas de ausência de habilidades de candidato para a função, individualmente. Isso porque é inviável e discriminatória a presunção, em abstrato e *a priori*, da incapacitação da pessoa gorda para qualquer função.

Ainda no que se refere ao trabalho, corroborando tal entendimento, determina a lei que o Poder Público promoverá a "profissionalização especializada para a pessoa obesa, aproveitando seus potenciais e habilidades para atividades regulares e remuneradas", o "estímulo às empresas privadas para admissão de pessoa com obesidade ao trabalho" e "ações educativas e de promoção à saúde no trabalho" (art. 12, I, II e III).

O Estatuto prevê a obrigação do Poder Público e da sociedade de assegurar à "pessoa obesa a liberdade, o respeito e a dignidade como pessoa humana e sujeito de direitos civis, políticos, individuais e sociais, garantidos na legislação" (art. 6º, *caput*). No que tange ao direito à liberdade, especifica como aspectos a "faculdade de ir, vir e estar nos logradouros públicos e espaços comunitários, ressalvadas as restrições legais", "opinião e expressão", "crença e culto religioso", "prática de esportes e de diversões adequadas as suas condições físicas, resguardadas a sua integridade", "participação na vida familiar e comunitária", "participação da vida política, na forma da lei" e "faculdade de buscar refúgio, auxílio e orientação" (art. 6º, § 1º). O direito ao respeito, por sua vez, é definido como "inviolabilidade da integridade física, psíquica e moral, abrangendo a preservação da imagem, da identidade, da autonomia, de valores, ideias e crenças, dos espaços e dos objetos pessoais" (art. 6º, § 2º).

Quanto à saúde, assegura-se às pessoas gordas a atenção integral por meio do Sistema Único de Saúde (SUS), com acesso integral e igualitário, "em conjunto articulado e contínuo das ações e serviços, para a prevenção, promoção, proteção e recuperação da saúde" (art. 7º, *caput*). Estipula-se, ainda, o desenvolvimento de sistemas de agendamento de consultas com hora marcada em consultórios, ambulatórios, hospitais públicos e privados, inclusive com possibilidade de atendimento *online* em casos de problemas de mobilidade (art. 7º, parágrafo único). Educação, cultura, esporte, lazer, diversões, espetáculos, produtos e serviços são também direitos garantidos, devendo-se respeitar a condição peculiar das pessoas gordas (art. 8º).

A lei traz, ainda, diversas previsões de acessibilidade, tradicionais em se tratando de legislação municipal e estadual sobre pessoas gordas. Assim, em "escolas públicas e privadas, casas de *shows*, cinema, teatro, bares e restaurantes, praças de alimentação, faculdades e demais instituições de ensino superior", torna-se obrigatório destinar às pessoas gordas "assentos com dimensão, resistência e conforto compatíveis, em áreas identificadas visualmente como sendo exclusivas" (art. 9º). Por sua vez, nos "transportes coletivos públicos urbanos intermunicipais e semiurbanos, seletivos e especiais, quando prestados paralelamente aos serviços regulares", garante-se às pessoas gordas "acesso exclusivo pela porta localizada em oposição à roleta ou catraca, sem que seja cobrado o valor de mais de uma passagem por passageiro" (art. 10, *caput*). Os assentos devem ser adaptados e especiais (art. 10, § 1º), vedada "a cobrança de duas passagens em qualquer tipo de transporte público que desempenhe a atividade de transporte de passageiros".

Em programas habitacionais subsidiados com recursos públicos, a lei assegura ao "obeso" e "ao obeso mórbido" a "prioridade na aquisição de imóvel em piso térreo para moradia própria", devendo-se reservar 3% das unidades para tanto, implantando-se equipamentos de uso comunitário que atendam às necessidades das mencionadas pessoas e eliminando barreiras arquitetônicas e urbanísticas (art. 16).

A acessibilidade também é priorizada no que tange aos espaços voltados à saúde, possuindo os "hospitais públicos e privados e as unidades médicas de atendimento emergencial" a obrigação de providenciar "os seguintes equipamentos de acessibilidade e inclusão" (art. 18), constantes de rol dos mais extensos existentes nas legislações estaduais e municipais:

> (...) rampa de acesso, avental de tamanho especial, de tecido ou descartável, próprio para obesos, balança especial, cadeiras de rodas especiais reforçadas, com mais de 70 centímetros de largura, macas e cadeiras de rodas reforçadas para transporte de pacientes obesos, com largura mínima de 70 centímetros e altura máxima de 70 centímetros do chão, laringoscópio especial, material de acesso venoso profundo especial para obesos, portas de banheiros de correr, boxes com piso antiderrapante e apoios laterais, cadeiras reforçadas, sem braços, num mínimo de 15% do total de cadeiras do estabelecimento, esfignomanômetro especial para obesos, vaso sanitário com reforço e apoio lateral para os braços.

Versa a lei, ainda, sobre aspectos de assistência social, relacionada a serviços no âmbito da Proteção Social Básica e da Proteção Social Especial, ofertados pelo Sistema Único de Assistência Social (art. 13), e jurídico-social, por meio do "conjunto articulado de ações governamentais e não governamentais no Estado do Piauí" e de "entidades de defesa dos direitos humanos" (art. 15).

Logo em seguida ao detalhado Estatuto piauiense, em julho de 2023, a Lei estadual n. 6.278/2023 do Amazonas tratou sobre "medidas para assegurar a inclusão e a proteção da pessoa gorda" nos estabelecimentos de ensino públicos e privados localizados no Estado (art. 1º). Desde logo, percebe-se uma significativa mudança da terminologia de referência aos sujeitos beneficiários da norma jurídica, relativamente a diplomas estaduais anteriores: não mais se trata da "pessoa obesa", dos "obesos", dos "obesos mórbidos", mas da pessoa gorda. É esperado que a temática da inclusão, da não discriminação, da visão dos corpos gordos preponderantemente em suas relações sociais, ao invés de pelas lentes da patologização, distancie progressivamente a terminologia e a identidade dos sujeitos dos conceitos médicos de "obesidade".

A lei comporta uma parte conceitual que traz definições de "práticas gordofóbicas" e de "acessibilidade", nos seguintes termos:

> Art. 2º Para fins desta Lei, entende-se por:
>
> (...) II – práticas gordofóbicas: atos de preconceito, repulsa ou discriminação social cometidos contra a pessoa gorda;
>
> III – acessibilidade: possibilidade e condição de alcance, percepção e entendimento para utilização, com segurança e autonomia, de espaços e mobiliários.

Verifica-se que as medidas para inclusão e proteção passam, portanto, pela vedação de práticas discriminatórias e pela temática da acessibilidade, esta última tradicional e mais abordada em legislações estaduais mais antigas. Especificamente, a lei elenca as seguintes medidas de inclusão da pessoa gorda:

> Art. 3º As medidas de inclusão e proteção da pessoa gorda compreendem:
>
> I – disponibilização de mobiliário adequado e suficiente para atendimento da demanda, de acordo com as normas estabelecidas pelo Instituto de Pesos e Medidas do Estado do Amazonas – IPEM/AM;
>
> II – garantia de acessibilidade aos espaços e integração a todas as atividades educacionais e de lazer que sua condição pessoal possibilite;
>
> III – promoção de debates sobre a diversidade dos corpos e o respeito às diferenças, garantindo o ensino livre de discriminação ou práticas gordofóbicas; e
>
> IV – capacitação do corpo docente e equipe de apoio para acolher a pessoa com obesidade.

Assim, para inclusão da pessoa gorda nos estabelecimentos de ensino, a legislação preconiza a adequação dos espaços, por meio de adequação de mobiliário, e a garantia de acessibilidade em todas as atividades educacionais e de lazer. Além da adaptação dos espaços físicos aos corpos gordos, no entanto, introduz a necessidade de promoção de debates, de discussões sobre corpos diversos e ensino livre de práticas gordofóbicas, além da capacitação do corpo docente e toda a equipe de apoio para acolhimento da pessoa gorda.

Passando-se à esfera das legislações municipais, a mais antiga identificada a tratar sobre discriminação contra pessoas gordas, então ainda com base em terminologia da "obesidade", anteriormente ao desenvolvimento e consolidação da concepção de "gordofobia", é a Lei municipal n. 10.983/2007 de João Pessoa/PB. Ao instituir o "Estatuto Municipal da Pessoa com Deficiência e do Portador de Necessidades Especiais" (art. 1º), a lei esclarece que "dispõe também sobre (...) pessoas obesas (...) que, ainda que não apresentem deficiência, nos termos da legislação, dependam de política de amparo às necessidades específicas e individuais" (art. 2º, § 1º). Para além de temáticas de acessibilidade e outras previsões relacionadas a pessoas com deficiência, de um modo geral, a lei determina a inclusão de matéria nas escolas sobre inclusão e diminuição de preconceitos:

> Art. 39. As escolas municipais terão matéria sobre a deficiência, o processo de envelhecimento, a obesidade, bem como outras correlatas e que visem à inclusão e diminuição do preconceito, preferencialmente com palestras, participação integrativa de pessoas com e sem deficiência e apresentação de trabalhos ou pesquisas sobre o tema.

Trata-se, mais uma vez, do apelo ao caráter estratégico das escolas na disseminação ou no combate às discriminações, a depender das abordagens infiltradas na formação de crianças e adolescentes. O combate às discriminações, contudo, em se tratando de gordofobia, se faz de forma mais adequada desassociado da abordagem patologizante da "obesidade" — progresso que vem sendo realizado no conjunto normativo, de forma lenta e gradual.

Alguns anos depois, a Lei municipal n. 6.081/2010 de Natal/RN surge para declarar "proibida qualquer forma de discriminação às pessoas portadoras de obesidade mórbida no âmbito do Município do Natal" (art. 1º). Valendo-se de definição médica, a lei considera "obeso mórbido a pessoa portadora de índice de massa corporal — IMC superior a $40kg/m^2$" (art. 2º).

Paradoxalmente, ao versar sobre combate à discriminação contra pessoas gordas, a lei utiliza um dos mais estigmatizantes termos médicos existentes, "obesidade mórbida", que associa a própria figura da pessoa gorda nominalmente à morte em razão de seu corpo. Trata-se de terminologia desenvolvida e consolidada em campo da saúde, permeado por preconceitos culturais, em seguida espraiando-se para diversos setores, inclusive a produção legislativa.

De todo modo, estabelece a lei que o Poder Público fica proibido de "criar restrições de qualquer ordem contra as pessoas portadoras de obesidade mórbida, para ingresso nas carreiras públicas municipais", com exceção de "cargos ou funções cujas atribuições sejam incompatíveis com essa condição" (art. 3º). Como já se disse em relação a previsão similar, entende-se que a incompatibilidade de condições de um candidato gordo com as funções deverá ser aferida de forma concreta e caso a caso, como ocorre com qualquer outra pessoa, sob pena de se presumir incapacidade de pessoas gordas em abstrato e incorrer em discriminação.

Dispõe a legislação, ainda, que o Poder Público deverá cassar o alvará de funcionamento de estabelecimentos sediados no Município "que tenham sido condenados em ação transitada em julgado, por discriminação contra a pessoa portadora de obesidade mórbida" (art. 4º). A cassação de alvará, penalizações financeiras e quaisquer sanções contundentes para autores de práticas gordofóbicas aparenta ser, de fato, medida eficaz de enfrentamento às discriminações.

Em 2013, a Lei municipal n. 5.618/2013 do Rio de Janeiro/RJ, também trazendo previsão destinada à inclusão social de pessoas gordas, inclui "Grupo de Resgate a Autoestima e a Cidadania do Obeso" em lei de consolidação de utilidades públicas.

No ano seguinte, a Lei municipal n. 5.766/2014 do Rio de Janeiro/RJ instituiu o "Estatuto dos Portadores de Obesidade da Cidade do Rio de Janeiro". O texto padrão da legislação municipal, ao que se percebe, é o mesmo da posterior Lei estadual n. 8.090/2023 do Piauí, já examinada, embora a redação originária tenha sofrido vários vetos no Rio de Janeiro — sendo, consequentemente, mais limitada a Lei municipal n. 5.766/2014. A recente legislação estadual do Piauí embasou-se, portanto, em anteriores previsões legislativas em âmbito municipal. Por já terem sido comentadas as previsões específicas, fica a remissão às considerações formuladas em relação à Lei estadual n. 8.090/2023 do Piauí.

A Lei municipal n. 9.635/2015 de Goiânia/GO, da mesma forma, institui o "Estatuto dos Portadores de Obesidade no âmbito do Município de Goiânia", fundando-se no mesmo texto padrão que viria a embasar a Lei estadual n. 8.090/2023 do Piauí, já examinada anteriormente. Em relação à redação geral, assim, faz-se também remissão às considerações realizadas quanto à legislação estadual. Contudo, a Lei municipal n. 9.635/2015 de Goiânia/GO conta com alguns acréscimos ou previsões diversas dignas de nota.

Da mesma forma que a legislação estadual do Piauí, a lei municipal de Goiânia declara ser obrigação da família, da comunidade, da sociedade e do Poder Público "assegurar ao "obeso", "no contexto de suas prioridades, a efetivação do direito à vida, à saúde, à alimentação adequada, à educação, à cultura, ao esporte, ao lazer, ao trabalho, à cidadania, à liberdade, à dignidade, ao respeito e à convivência familiar e comunitária" (art. 3º). Dentre as diversas manifestações de prioridade possíveis, a lei inclui e especifica, no entanto, a "inserção no mercado de trabalho, acesso à cultura e ao lazer de forma coerente e segura" e "coibir as manifestações gerais de *bullying* através de campanhas educativas e de esclarecimentos da população objetivando uma melhor compreensão da obesidade e dos transtornos alimentares" (art. 3º, parágrafo único, III e VII).

Ao vedar as diversas formas de violência contra o "obeso" (art. 4º), dispõe a lei que a discriminação é vedada também "nos planos de saúde, pela cobrança de valores diferenciados em razão de seu peso, sendo passível de cassação de seu alvará de funcionamento" (art. 11, § 3º). Nos ambientes escolares, atividades físicas e esportivas deverão ser "adequadas à criança, ao adolescente e ao jovem obeso, durante as aulas práticas de educação física, preservando o aluno de discriminação, *bullying* e situações vexatórias ou excludentes" (art. 15, § 2º).

Na temática de acessibilidade, de modo a assegurar à pessoa gorda o direito à "educação, cultura, esporte, lazer, diversões, espetáculos, produtos e serviços", deverão os estabelecimentos de ensino, públicos ou privados, "disponibilizar mobiliário adequado, que suporte as especificidades dos alunos acima do peso" (art. 15, *caput* e § 1º). Estabelecimentos voltados para "diversão, cinemas, bares, restaurantes e congêneres" devem também "contar com mobiliário adequado para o atendimento do obeso visando seu conforto, bem estar e segurança" (art. 16). No campo da saúde, devem os serviços de "atendimento de saúde, assistência social, apoio psicológico, nutrição entre outros" contar com "equipamentos e estrutura adaptada para atender as especificidades daquele que se encontra acima do peso, obeso ou em situação de obesidade mórbida" (art. 26, *caput* e inciso II).

Outras previsões, inclusive especificamente relacionadas ao trabalho, encontram-se já abarcadas pelos comentários anteriormente direcionados à Lei estadual n. 8.090/2023 do Piauí.

Também inovando em termos de combate às discriminações, a Lei municipal n. 18.832/2021 do Recife/PE dispõe sobre "medidas para assegurar a inclusão e a proteção da pessoa gorda nos Estabelecimentos de Ensino localizados no município do Recife" (ementa). Assim, penetrando o ambiente educacional, que pode exercer papel privilegiado tanto no incremento quanto no enfrentamento à discriminação, a legislação prevê que "os Estabelecimentos de Ensino Públicos e Privados localizados no município do Recife deverão disponibilizar carteiras escolares adequadas à pessoa gorda e garantir o ensino livre de discriminação ou práticas gordofóbicas" (art. 1º), concebidas como "os atos de preconceito, repulsa ou discriminação social, política e econômica cometidos contra a pessoa gorda" (art. 2º, II). As obrigações alcançam tanto os estabelecimentos de ensino da educação básica quanto da superior (art. 3º), sendo os gestores escolares passíveis de responsabilização administrativa em caso de descumprimento (art. 5º).

Apesar do progresso ao preconizar o ensino livre de práticas discriminatórias, a lei conceitua "pessoa gorda" como "o paciente com excesso de tecido gorduroso corporal, localizado ou difuso" (art. 2º, I). Embora acerte, assim, ao abandonar menções à terminologia médica da "obesidade" e referências a IMC, mantém resquício de patologização desnecessária e equivocada ao se apegar ao termo "paciente". Em se tratando de lei que proíbe discriminações, a pessoa gorda não deveria ser enxergada em sua identidade como doente, tampouco como paciente – considerando que, para titularização de seus direitos, pouco importa sua saúde, ou mesmo se frequenta qualquer médico ou serviço hospitalar.

A Lei municipal n. 19.052/2023 de Recife /PE, portanto na mesma localidade, ao criar o "Sistema de Incentivo à Cultura (SIC), incentivo fiscal destinado ao apoio, incentivo e preservação das mais variadas formas de manifestações artísticas e do patrimônio cultural local" (art. 1º), determina que não poderão ser contemplados com recursos do referido sistema projetos que promovam gordofobia (art. 4º, parágrafo único, IV).

A Lei municipal n. 19.085/2023 de Recife/PE, ao dispor sobre as diretrizes para elaboração e execução da Lei Orçamentária de 2024, ainda, define como uma das prioridades e metas do Poder Legislativo "legislar e promover participação popular para o enfrentamento (...) da gordofobia" (art. 2º, XXVI, *"d"*).

Em sentido similar à legislação de Recife, a Lei n. 13.568/2023 de Porto Alegre/RS proíbe, também, "a utilização de verbas públicas, no âmbito do Município de Porto Alegre (...), em convênios, contratos, produções, espaços ou materiais que promovam, de forma direta ou indireta, (...) o preconceito contra pessoas (...) obesas" (art. 1º). Veda, além disso, "qualquer forma de divulgação privada ou particular que promova, de forma direta ou indireta, (...) o preconceito contra pessoas (...) obesas nos atos ou locais referidos nos incs. I a V do *caput* do art. 2º" (art. 3º), quais sejam:

> I – convênios ou contratos, os editais, as chamadas públicas, os prêmios, as aquisições de bens e serviços vinculados ao setor cultural e outros instrumentos destinados à manutenção de agentes, espaços, iniciativas e cursos, desenvolvimento de atividades de economia criativa e de economia solidária e produções audiovisuais;
>
> II – materiais audiovisuais ou impressos, as obras cinematográficas, as músicas, os áudios, os desenhos, as animações, entre outros, em qualquer formato ou meio de divulgação ou comunicação, ainda que didático, paradidático ou cartilha, ministrados, entregues ou dispostos ao acesso de crianças e adolescentes;
>
> III – produções, os espetáculos, as apresentações e as manifestações culturais, bem como a realização de atividades que possam ser transmitidas por televisão, rádio, *internet* ou disponibilizadas por meio de redes sociais e outras plataformas digitais;
>
> IV – espaços os locais públicos ou artísticos e culturais privados, patrocinados ou mantidos, mesmo que parcialmente, pelo Poder Público Municipal;
>
> V – cedências ou empréstimos de bens, equipamentos, estruturas ou os recursos humanos vinculados ou de propriedade do Município de Porto Alegre;

A recusa de verbas e financiamentos públicos a projetos ou iniciativas que veiculem discursos gordofóbicos ou discriminatórios de forma geral, certamente, é medida apta a mitigar o fortalecimento de discursos violentos em âmbito social.

Percebe-se que, não obstante o hibridismo entre os avanços da terminologia da pessoa gorda e o discurso de enfrentamento à gordofobia, de um lado, e reminiscências de discurso patologizante da "obesidade", de outro, certamente algumas legislações mais recentes, em âmbito estadual e municipal, vêm indicando o começo de uma possível mudança no tratamento da proibição de discriminações, garantia de direitos e reconhecimento de identidade e reivindicações do grupo social das pessoas gordas.

6.2.8.9. Gordofobia no processo legislativo: problematização de tendências da legislação estadual e municipal e considerações sobre leis discriminatórias

A gordofobia é um problema estrutural, enquanto discriminação social historicamente construída, consolidada e naturalizada contra pessoas gordas. Expressa por condutas omissivas ou comissivas diversas, acarreta prejuízo ao pleno exercício de direitos e liberdades fundamentais pelas vítimas, em igualdade de condições com as demais pessoas.

Como demonstram os próprios conceitos de gordofobia que vêm sendo construídos por algumas leis estaduais e municipais vanguardistas, trata-se de uma forma de discriminação estrutural que pode ser configurada por atos geradores de violências verbais, físicas ou emocionais, mas também por omissões (art. 3º da Lei estadual n. 5.239/2021 de Rondônia), tudo a resultar em tratamentos prejudicados, diminuição, repulsa, preconceito e constrangimento a pessoas gordas. São múltiplas, evidentes ou mascaradas, as formas da gordofobia, que é "o preconceito, a repulsa ou a discriminação social, política e econômica praticada contra a pessoa gorda" (art. 1º, § 1º, da Lei estadual n. 12.409/2022 da Paraíba, da Lei municipal n. 18.831/2021 de Recife/PE e da Lei municipal n. 11.267/2022 de Fortaleza/CE).

Assim, é inarredável a conclusão de que a gordofobia marca o próprio processo legislativo brasileiro, na construção histórica da legislação estadual e municipal sobre pessoas gordas, "sobrepeso" e "obesidade". Isso ocorre, de forma insidiosa, na escolha e volume dos temas tratados, das preocupações legislativas mais e menos recorrentes e das terminologias. Ocasionalmente, todavia, acontece até mesmo de forma aberrante e ostensiva, como se pretende aqui exemplificar.

Em sua forma de concretização mascarada, a gordofobia no processo legislativo expressa-se, a título ilustrativo, pela constatação de que 95% da legislação estadual e municipal adota a terminologia da "obesidade", incluindo-se nesse percentual 15% de leis que utilizam a expressão "obesidade mórbida", de caráter nitidamente estigmatizante.

A pessoa gorda, assim, é vista pela ótica da doença, e de uma doença entrelaçada a aspectos culturais que levam a deturpações moralizantes e responsabilizações individuais equivocadas, seja nas práticas do próprio campo da saúde, seja na difusão dos discursos e vocábulos médicos nas mais diversas áreas sociais.

Expressa-se também a discriminação disfarçada no volume de leis sobre pessoas gordas a respeito de temáticas essencialmente centradas na patologização, abrangendo, aproximadamente, metade de toda a legislação estadual e municipal.

Quanto às temáticas associadas à igualdade de oportunidades no seio social, a visibilidade e preocupação centram-se normalmente na questão da acessibilidade, demonstrando que a percepção social da discriminação contra a pessoa gorda é, em regra, apenas a evidenciada, de forma gritante, pelo não cabimento de seu corpo em espaços sociais físicos pensados exclusivamente para pessoas magras. No campo da saúde, tais previsões costumam ser, ainda, visivelmente insuficientes, deixando de abarcar questões básicas como equipamentos para exames médicos dimensionados para pessoas gordas — não obstante sempre utilizado o discurso médico para fins de dramatização da questão da "obesidade", em inúmeras instâncias sociais. Não existe, além disso, atenção considerável e proporcional às discriminações discursivas e introjetadas contra pessoas gordas nas práticas sociais cotidianas e nas diversas instâncias sociais.

De um modo geral, as normas de caráter patologizante da "obesidade" vêm, por muitos anos, abordando a questão de forma a valorizar excessivamente aspectos de divulgação de discursos e campanhas de conscientização sobre nutrição, alimentação e exercícios físicos, reforçando noções de responsabilização individual da pessoa gorda não condizentes com a multifatorialidade atribuída ao problema, até mesmo pelo campo da saúde. Propagam-se incessantemente discursos alarmantes, repetitivos e saturados em todas as esferas sociais, adotando-se terminologias violentas, recorrendo a expressões estigmatizantes como "obesidade mórbida", fazendo associações morais de termos como "leveza" a qualidades positivas, utilizando de forma recorrente a palavra "combate" relacionada aos corpos gordos, dentre outras ocorrências problemáticas naturalizadas em programas e políticas públicas de saúde.

Além disso, tais leis destinam-se à promoção de um combate à "obesidade" sem preocupações correlacionadas e proporcionais no que tange ao preconceito com o qual o discurso médico costuma ser importado pelas esferas sociais diversas, deixando de priorizar as imprescindíveis temáticas de discriminação e outros direitos das pessoas gordas. A situação é ainda mais danosa quando adentra o ambiente escolar, atingindo crianças e adolescentes. Nas redes municipais e estaduais de ensino, existe um elevado número de normas voltadas à propagação do discurso medicalizante, sem quaisquer cuidados voltados à preservação da saúde mental e integridade psicológica de crianças e adolescentes gordos em ambientes escolares.

Para além do foco exclusivo em campanhas sobre alimentação, exercícios físicos e perigos da "obesidade", as leis voltadas ao "combate à obesidade infantil" nas escolas, normalmente, estabelecem procedimentos e exames de avaliações físicas, medição e pesagens de alunos, independentemente de autorização de pais e responsáveis e sem cuidados ou preocupações mínimas de preservação da privacidade e impedimento de situações vexatórias. Eleva-se exponencialmente, assim, o imenso potencial de *bullying*, gordofobia e discriminações diversas contra crianças e adolescentes gordos nas escolas.

Todas as mencionadas tendências legislativas, em um contexto social de intensa valorização da magreza e desvalorização da gordura, coroado por discursos da área da saúde que conferem ilusão de neutralidade às práticas sociais, passam desapercebidas a observadores não versados nas reivindicações do incipiente movimento social das pessoas gordas. São discriminações ocultas ou insidiosas, ditando o curso das agendas políticas, da tematização legislativa, da definição dos objetivos das práticas institucionais.

A naturalização da discriminação contra pessoas gordas é tamanha, no entanto, que permite, até mesmo, a aprovação de leis teratológicas e abertamente discriminatórias.

Assim, por exemplo, versando sobre a temática da acessibilidade, o ordenamento jurídico do Mato Grosso do Sul, que deveria assegurar dignidade, liberdade e igualdade material no tratamento das pessoas gordas, paradoxalmente instaura tratamento discriminatório e inconstitucional em desfavor de tais indivíduos, por meio da Lei estadual n. 4.063/2011.

Tal lei dispõe que "as empresas que realizam o transporte intermunicipal de passageiros ficam obrigadas a reservar, em cada um de seus veículos, 2 (dois) assentos individuais para a acomodação de pessoas obesas" (art. 1º, *caput*), os quais deverão ser "contíguos, na primeira fila, em que os apoios de braço que os separam possam ser suprimidos ou rebatidos" (art. 1º, § 1º). Esclarece que os assentos devem ser reservados pelo interessado com antecedência de, no mínimo, 48 (quarenta e oito) horas (art. 1º, § 2º), ficando, do contrário, liberados para venda normal pela empresa (art. 1º, § 3º). Como beneficiários dos assentos especiais, identificam-se as "pessoas cujas dimensões, na largura, pelas costas, igualem ou extrapolem a largura interna padrão do assento individual no transporte intermunicipal" (art. 1º, § 5º).

Até então fixando uma regra de acessibilidade frequente em transportes, a legislação torna-se discriminatória, no entanto, ao estabelecer que "as empresas poderão cobrar acréscimo sobre o valor da tarifa ou do bilhete da passagem regular de que trata o *caput*, que será regulamentado mediante ato específico" (art. 1º, § 4º, com redação dada pela Lei n. 4.086/2011). Consequentemente, o legislador torna a pretensa "inclusão" custosa para a pessoa gorda, consagrando, ao contrário, legitimação indevida de conduta excludente por parte de empresas de transporte. O dispositivo é, certamente, contrário a princípios constitucionais de igualdade e não discriminação (art. 3º, IV; art. 5º, *caput* e inciso XLI/CR), sendo impressionante, pelo absurdo, sua consagração em legislação estadual.

Também no Mato Grosso do Sul, a Lei estadual n. 3.808/2009, ao instituir requisitos de saúde para o "concurso público para o ingresso no Curso de Formação das Carreiras de Oficiais e Praças da Polícia Militar e do Corpo de Bombeiros Militar do Estado de Mato Grosso do Sul", incorre em discriminação ao dispor que "será incapacitado todo candidato que tiver sido submetido à cirurgia de obesidade há menos de 2 anos da data da inspeção de saúde" (art. 37, § 5º). Embora haja razoabilidade na estipulação de critérios de resistência física e outros necessários ao desempenho das funções militares, é inviável presumir de forma abstrata a incapacidade de um candidato, exclusivamente, por ter se submetido a "cirurgia de obesidade" há menos de dois anos. Na hipótese, priva-se a pessoa de admissão, arbitrariamente, sem possibilidade de demonstração ou avaliação efetiva de capacidade física para exercício das funções, na prática e de forma concreta. Trata-se de mais um exemplo de como a patologização da "obesidade" serve, socialmente, mais à culpabilização e privação de direitos efetivos à pessoa gorda do que a um tratamento misericordioso, reservado a doenças reconhecidas socialmente de forma plena.

Outra legislação aberrante é a Lei estadual n. 8.444/2006 do Mato Grosso, que cria o "dia estadual de prevenção e combate à obesidade, a ser celebrado, anualmente, no dia 11 (onze) de outubro, com o objetivo de conscientizar a população sobre a importância da prevenção e combate à doença" (art. 1º, *caput*). Para além da típica criação de data de viés medicalizante, reiterada na legislação estadual e municipal, a norma reforça de forma inédita a responsabilização individual das pessoas gordas pela patologia que lhes é atribuída. Desvalorizando as pessoas gordas, exaltando a magreza e associando o emagrecimento à força de vontade e ao desprendimento, em reprodução irrefletida do senso comum e dos cotidianos comentários elogiosos a emagrecimento dos indivíduos em círculos sociais, a legislação prevê inacreditáveis homenagens em solenidades oficiais a pessoas "ex-obesas", que mereceriam honrarias pelo emagrecimento:

> Art. 1º (...).
>
> (...)
>
> Parágrafo único. A mencionada data fica consagrada como referência para homenagear, sempre que possível, no mesmo ato ou solenidade, a pessoa ex-obesa, como forma de reconhecimento de sua força de vontade e desprendimento para superar a enfermidade.

De tendências do processo legislativo a normas abertamente discriminatórias, a conclusão é que a gordofobia marca todas as esferas e processos sociais na contemporaneidade, inclusive as propostas, elaborações, discussões, redações e implementação das leis no Brasil. Afinal, a legislação regula as relações humanas atinentes a políticas sociais, espaços públicos e privados, ambientes médico-hospitalares, redes de ensino, ambientes de trabalho e instâncias sociais diversas já conformadas também à discriminação estrutural contra pessoas gordas. Isso não significa, no entanto, que o processo legislativo e as leis municipais sejam infensas às revoluções sociais, como as reivindicações do movimento gordoativista. As mudanças sociais, assim, vêm inspirando progressos recentes, ainda em estágio inicial, por meio de leis inovadoras que surgem para visibilizar e enfrentar a temática da gordofobia e de direitos historicamente negligenciados das pessoas gordas.

Cabe a legisladores, intérpretes do Direito, juízes, desembargadores, procuradores, promotores, advogados, defensores públicos, doutrinadores e atores diversos do mundo jurídico, em tal contexto, assumirem as tarefas de sistematizar e analisar o conjunto normativo sobre pessoas gordas existente no Brasil, aperfeiçoá-lo e interpretá-lo à luz das evoluções sociais, preencher as lacunas, corrigir as incongruências e promover, na concretização e aplicação do Direito, a progressiva eliminação de todas as formas de discriminação, em geral, e de gordofobia, em especial.

6.2.8.10. Aplicabilidade ao Direito do Trabalho: leis estaduais e municipais vanguardistas de combate à gordofobia e aplicação subsidiária à seara trabalhista

Considerando-se que compete privativamente à União legislar sobre Direito do Trabalho (art. 22, I/CR), entende-se que seria essencial, no Brasil, para avanço, difusão, uniformização e consolidação do combate à gordofobia no mercado de trabalho, o surgimento de legislação federal que tratasse, de forma expressa, específica e consciente, sobre discriminação contra as pessoas gordas em âmbito laboral. Tratando-se de forma de discriminação estrutural e intensamente enraizada na sociedade, um posicionamento legislativo firme e de alcance nacional seria, no sistema jurídico de *Civil Law* brasileiro, medida antigordofóbica de inigualável valia.

A maturação da ideia de regulação expressa da proibição à gordofobia no ambiente de trabalho, em âmbito federal, poderia basear-se no exame crítico da legislação estadual e municipal, atualmente farta, múltipla e contraditória no tratamento dispensado às pessoas gordas. De um lado, os equívocos e potenciais estigmatizadores em que já incorreu historicamente o legislador municipal e estadual podem e precisam ser evitados; enquanto, de outro, normatizações mais recentes sobre enfrentamento à gordofobia e inclusão social de pessoas gordas podem inspirar o aprimoramento da legislação federal.

Conforme já exposto quando do exame da legislação federal, é importante destacar que a Lei n. 9.029/1995 já regula no Brasil a proibição da discriminação no ambiente de trabalho – enumerando fatores de discrímen em rol exemplificativo, que não elenca expressamente a questão do peso, mas se aplicando também às discriminações de forma geral e incidindo, conforme a única interpretação que se entende válida, necessariamente em favor das pessoas gordas. A exegese do referido diploma normativo, em consonância e à luz dos princípios e normas consagrados pela Constituição e pelos tratados e convenções internacionais subscritos pelo Brasil, em termos de igualdade, não discriminação, dignidade e liberdade, conduz à obrigatória conclusão da proibição de gordofobia no ambiente de trabalho. Em suma, as regras específicas da Lei n. 9.029/1995, pela interpretação sistemática do ordenamento jurídico nacional e internacional, devem ser aplicadas em sua integralidade à gordofobia.

De todo modo, diante da ausência de previsões específicas acerca da conceituação e formas de expressão concreta da gordofobia em âmbito federal, dentre outros aspectos relevantes, pode-se recorrer àquelas normas estaduais e municipais que, adotando posição de vanguarda comparativamente ao restante do conjunto normativo, enfrentam de forma mais detalhada o fenômeno da discriminação contra pessoas gordas.

Os estados e municípios, nesse sentido, vêm recorrendo, para tratar sobre questões afetas às pessoas gordas, à sua competência concorrente para zelar pela guarda da Constituição e das leis (art. 23, I/CR), cuidar da saúde e assistência pública (art. 23, II/CR), proporcionar os meios de acesso à cultura e à educação (art. 23, V/CR) e combater os fatores de marginalização, promovendo a integração social dos setores desfavorecidos (art. 23, X/CR); à competência concorrente para legislar sobre educação, ensino e cultura (art. 24, IX/CR), proteção e defesa da saúde (art. 24, XII) e proteção à infância e juventude (art. 24, XV/CR); à competência legislativa remanescente dos estados (art. 25, §1º/CR); e à competência exclusiva dos municípios para legislar sobre assuntos de interesse local (art. 30, I/CR) e suplementar a legislação federal e a estadual no que couber (art. 30, II/CR).

Entende-se viável, seja como recurso interpretativo ou por aplicação analógica, o aproveitamento, em âmbito trabalhista e na esfera federal, da definição de gordofobia, seu reconhecimento como modalidade específica de discriminação, descrição de condutas caracterizadoras e medidas recomendadas de enfrentamento. A vedação geral à discriminação no ambiente de trabalho já é legalmente prevista por lei federal, no caso a Lei n. 9.029/1995, de modo que não se trata de usurpação da competência privativa da União para legislar sobre matéria trabalhista. Ademais, a aplicação de normas criadas por estados e municípios, apenas no que tange ao delineamento da temática da gordofobia, procedido no exercício das competências legislativas próprias de tais entes federativos, não adviria de incidência direta das normas municipais ou estaduais — mas do processo de analogia e construção de solução própria pelo Poder Judiciário Trabalhista, mediante provocação de parte processual ou do Ministério Público.

Conforme leciona Norberto Bobbio, consiste a analogia em sentido próprio *(analogia legis)* em procedimento de autointegração do Direito,(495) pelo qual "se atribui a um caso não regulamentado a mesma disciplina que a um caso regulamentado semelhante".(496)

(495) BOBBIO, Norberto. *Teoria do Ordenamento Jurídico*. 6. ed. Brasília: Universidade de Brasília, 1995. p. 150.

(496) *Ibidem*, p. 151.

Trata-se de solução diversa da *analogia iuris*, pela qual se extrai uma nova regra para caso imprevisto não de outra referente a caso similar, mas do sistema jurídico como um todo ou de parte dele; e diversa também da interpretação extensiva, que não tem como efeito a criação de uma nova regra jurídica, como na *analogia legis*, mas estende uma norma para casos não previstos por esta.(497)

Pode-se concluir, em suma, como leciona Fernando Dias Menezes de Almeida, que "a supressão de lacuna do ordenamento jurídico, recorrendo-se à analogia, não significa afirmação da incidência da lei cujos preceitos, analogicamente, são invocados".(498) Assim, a supressão de lacuna por invocação do direito estadual ou municipal, em esfera federal, não violaria a repartição de competência legislativa. A aplicação de nova regra por analogia não ocorreria por decisão do legislador estadual ou municipal, que não teriam competência para tanto, mas por decisão do Poder Judiciário Trabalhista.

No campo laboral, o art. 8º da CLT autoriza que, "na falta de disposições legais ou contratuais", as autoridades administrativas e a Justiça do Trabalho decidam, conforme o caso, "pela jurisprudência, por analogia, por equidade e outros princípios e normas gerais de direito (...)". Não bastasse, dispõe que "o direito comum será fonte subsidiária do direito do trabalho". Assim, seja por aplicação analógica de recentes leis estaduais e municipais que disciplinam a vedação da gordofobia em espaços e atividades sociais variadas, seja pela utilização do direito comum como mero recurso interpretativo para a concretização das normas antidiscriminatórias trabalhistas já consagradas pela Lei n. 9.029/1995, entende-se pela utilidade de algumas previsões de leis estaduais e municipais para a área justrabalhista.

Respaldando a conclusão inarredável de que a Lei n. 9.029/1995 proíbe a gordofobia ao vedar, nos termos de seu art. 1º, a "adoção de qualquer prática discriminatória e limitativa para efeito de acesso à relação de trabalho, ou de sua manutenção", é pertinente invocar, por exemplo, disposições da Lei estadual n. 5.239/2021 de Rondônia. Segundo a referida legislação, "o tratamento abusivo e discriminatório em razão de condição da pessoa gorda ou obesa poderá ser enquadrado na hipótese de discriminação" (art. 5º), assim conceituada:

> Art. 5º (...).
>
> (...)
>
> Parágrafo único. Considera-se discriminação em razão da condição pessoal toda forma de distinção, restrição ou exclusão, por ação ou omissão, que tenha o propósito ou o efeito de prejudicar, impedir ou anular o reconhecimento ou o exercício dos direitos

(497) BOBBIO, Norberto. *Teoria do Ordenamento Jurídico*. 6. ed. Brasília: Universidade de Brasília, 1995. p. 154-155.

(498) ALMEIDA, Fernando Dias Menezes de. Competências legislativas e analogia — breve ensaio a partir de decisões judiciais sobre a aplicação do art. 54 da lei n. 9.784/99. *Revista da Faculdade de Direito da Universidade de São Paulo*, São Paulo, v. 102, jan./dez. 2007, p. 363.

> e das liberdades fundamentais de pessoa (...) gorda, incluindo a recusa de adaptações razoáveis e de fornecimento de tecnologias assistivas.

Relevante é, também, a conceituação similar da Lei n. 10.776/2016 da Paraíba para discriminação, que a concebe como "toda forma de distinção, restrição ou exclusão, por ação ou omissão, que tenha o propósito ou o efeito de prejudicar, impedir ou anular o reconhecimento ou o exercício dos direitos e das liberdades fundamentais" (art. 1º, parágrafo único).

Grande utilidade se atribui, ainda, às conceituações legais de gordofobia que vêm sendo firmadas em âmbito estadual e municipal, a exemplo daquela que a define como "o preconceito, a repulsa ou a discriminação social, política e econômica praticada contra a pessoa gorda" (art. 1º, § 1º, da Lei estadual n. 12.409/2022 da Paraíba, da Lei municipal n. 18.831/2021 de Recife/PE e da Lei municipal n. 11.267/2022 de Fortaleza/CE). A já mencionada Lei estadual n. 5.239/2021 de Rondônia trouxe, também, uma das mais completas conceituações de gordofobia, prevendo no art. 3º:

> Art. 3º Gordofobia é todo ato ou omissão que ofenda de forma verbal, física ou emocional, na forma de chacotas, falas preconceituosas, atos de repulsa ou de discriminação social, piadas, gestos ou outros, que provoquem constrangimentos, alcances cruéis e desumanos, a pessoa gorda ou obesa.

O reconhecimento inequívoco de que a gordofobia pode ocorrer não apenas por ação, mas também por omissão, é de importância ímpar para o enfrentamento da temática. Assim, não são apenas as ações de ofensa verbal, agressão física, gracejos humilhantes, imposição de apelidos vexatórios, dispensa discriminatória e assédio que podem configurar gordofobia no ambiente de trabalho, mas também a ausência de adoção de medidas de acessibilidade, a sonegação de promoções ou progressões na carreira por motivo de peso, o descaso, a cegueira deliberada do empregador diante de chacotas entre colegas, dentre diversas omissões possíveis.

Quanto ao alcance e possíveis formas de concretização de ofensas verbais, emocionais ou físicas configuradoras da gordofobia, especifica a Lei estadual n. 5.239/2021 de Rondônia, em seu art. 4º, também relevante na seara trabalhista:

> Art. 4º Considera-se ofensa verbal, emocional ou física, dentre outras, as seguintes condutas:
>
> I – tratar a pessoa obesa ou gorda de forma agressiva, grosseira, zombeteira, ou de qualquer outra forma que a faça sentir-se mal pelo tratamento recebido;
>
> II – fazer graça ou recriminar a pessoa gorda ou obesa por qualquer característica física relacionada ao seu peso corporal;
>
> III – recusar atendimento médico em decorrência de a pessoa ser gorda ou obesa;

> IV – fazer gestos ou falas específicas na forma de chacota referindo-se à pessoa gorda ou obesa, causando-lhe constrangimento;
>
> V – usar da característica física para identificar a pessoa gorda ou obesa em qualquer ambiente; e
>
> VI – todo ato que se traduza em preconceito, desmerecimento, ou que faça com que a pessoa acima do peso se sinta inferiorizada.
>
> Parágrafo único. O combate à gordofobia tem por objetivo viabilizar todo e qualquer direito, garantia do ir e vir, o combate ao *bullying*, o Acesso em: todos os espaços, garantindo tratamento digno e, sobretudo, sem preconceitos.

O detalhamento de algumas possíveis condutas configuradoras de gordofobia é de grande valia, pois, pela ampla tolerância social da discriminação contra pessoas gordas, condutas como piadas e chacotas humilhantes envolvendo as características físicas de um gordo, ou imposição de apelidos relacionados ao seu corpo, poderiam ser equivocadamente negligenciadas como atos ilícitos que são. O ambiente de trabalho, com interações interpessoais complexas e socialmente obrigatórias, pode ser espaço propício à prática de atos gordofóbicos, sendo imprescindível que condutas socialmente naturalizadas de gordofobia sejam reconhecidas no âmbito jurídico, em geral, e jurídico-trabalhista, em particular.

Destaque especial merecem as condutas relacionadas a gracejos, zombarias, invenção de apelidos ou recriminações relacionadas ao corpo de trabalhadores, muitas vezes mascaradas pelo discurso de preocupação com sua saúde por parte de empregadores e colegas. A conduta de comentar o corpo da pessoa gorda, seja em tom de aconselhamento recriminatório de viés patologizante, seja em tom de "brincadeira", deve ser necessariamente entendida como gordofobia e, consequentemente, discriminação para os fins legais, não obstante a lamentável tolerância social desenvolvida em relação a tais violências.

A Lei estadual n. 6.278/2023 do Amazonas comporta também uma parte conceitual que traz definições de "práticas gordofóbicas" e de "acessibilidade", úteis no campo do trabalho, nos seguintes termos:

> Art. 2º Para fins desta Lei, entende-se por:
>
> (...) II – práticas gordofóbicas: atos de preconceito, repulsa ou discriminação social cometidos contra a pessoa gorda;
>
> III – acessibilidade: possibilidade e condição de alcance, percepção e entendimento para utilização, com segurança e autonomia, de espaços e mobiliários.

Referida legislação, própria da esfera educacional, aborda o campo das soluções ou ações esperadas de responsáveis pela garantia do ambiente livre de discriminações.

Especificamente, podem-se identificar de forma legislada as seguintes formas de inclusão da pessoa gorda:

> Art. 3º As medidas de inclusão e proteção da pessoa gorda compreendem:
>
> I – disponibilização de mobiliário adequado e suficiente para atendimento da demanda (...);
>
> II – garantia de acessibilidade aos espaços e integração a todas as atividades educacionais e de lazer que sua condição pessoal possibilite;
>
> III – promoção de debates sobre a diversidade dos corpos e o respeito às diferenças, garantindo o ensino livre de discriminação ou práticas gordofóbicas; e
>
> IV – capacitação do corpo docente e equipe de apoio para acolher a pessoa com obesidade.

Transpondo-se as previsões para a área trabalhista, espera-se que, no ambiente laboral, haja garantia de acessibilidade à pessoa gorda por parte do empregador, adequando-se mobiliário, equipamentos e estruturas às suas características corporais — de modo a permitir o necessário conforto e desempenho adequado de suas atividades, em igualdade de oportunidades com os colegas. É necessário, ainda, que sejam promovidos debates sobre a diversidade dos corpos, respeito às diferenças, garantia a todos de trabalho digno e livre de discriminações e práticas gordofóbicas. Gerências, supervisões e equipes de trabalho devem ser também capacitadas para não incorrerem em práticas discriminatórias estruturais ou negligenciá-las, voluntária ou involuntariamente.

A importância da conscientização, de palestras, seminários, campanhas e ações similares de visibilização, para o enfrentamento da gordofobia, é expressa em diversas outras leis estaduais e municipais, como as que fixam datas de combate à gordofobia em estados e municípios (Lei estadual n. 17.099/2020 de Pernambuco, Lei estadual n. 1.580/2021 de Roraima, Lei estadual n. 9.587/2022 do Pará, Lei estadual n. 9.695/2022 do Rio de Janeiro, Lei estadual n. 12.409/2022 da Paraíba, Lei municipal n. 9.633/2022 de Salvador/BA e Lei municipal n. 11.026/2023 de Florianópolis/SC, por exemplo). A Lei municipal n. 10.983/2007 de João Pessoa/PB, na esfera educacional, aponta também a importância de matérias sobre a "obesidade" que "visem à inclusão e diminuição do preconceito, preferencialmente com palestras", participando pessoas vitimadas ou não pelo tratamento estigmatizante. Embora verse em geral sobre pessoas com deficiência, a legislação contempla as pessoas gordas, sendo interessante a importância da conscientização promovida com participação direta daqueles que sofrem o preconceito social.

Previsões de leis estaduais e municipais que fazem referência expressa ao ambiente de trabalho, direito à profissionalização e vedação a discriminações em ambiente laboral, por fim, representam meras enunciações de princípios gerais de Direito e direitos fundamentais em relação às pessoas gordas. Não apresentam inovações legislativas ou especificações de necessária consideração, para além das previsões já existentes em lei federal, especificamente na Lei n. 9.029/1995, mesmo porque é privativa da União a competência para legislar sobre Direito do Trabalho, conforme já se observou.

6.2.9. A jurisprudência trabalhista

Ausentes previsões constitucionais e, em âmbito federal, infraconstitucionais expressas quanto ao fator de discrímen peso, ou mesmo estudos jurídico-doutrinários aprofundados no Brasil, a discriminação contra as pessoas gordas no ambiente de trabalho vem sendo pensada e enfrentada juridicamente de forma casuística e heterogênea. É possível, no entanto, esboçar e analisar algumas tendências jurisprudenciais, com as limitações impostas pela natureza do presente trabalho.

Considerando-se o elevado número de casos práticos enfrentados pelo Poder Judiciário, no que se refere à gordofobia no mercado de trabalho, torna-se inviável, no contexto de uma pretendida visão panorâmica, a realização de pesquisa exaustiva e estatística em todos os tribunais trabalhistas do Brasil. Ressalva-se a possibilidade, contudo, de que tal tarefa seja desenvolvida, com maior profundidade, em eventual trabalho futuro que enfatize a temática com exclusividade.

De toda forma, com o fito de averiguar qualitativamente tendências jurisprudenciais brasileiras sobre a gordofobia no trabalho, realizou-se pesquisa de acórdãos junto ao TST, órgão de cúpula do Poder Judiciário Trabalhista, e a dez TRTs,(499) com a utilização de termos usualmente associados a relatos de gordofobia,(500) descartando-se os resultados impertinentes ou alheios ao objeto do estudo.

Em primeiro lugar, as tendências mais sólidas no trato da temática podem ser percebidas na análise da jurisprudência do TST – o que se explica, justamente, por se tratar de órgão de cúpula e que possui, como um de seus principais misteres, a uniformização de jurisprudência em matéria trabalhista no país. Portanto, é conveniente examinar o quadro jurisprudencial do Tribunal Superior trabalhista, antes de apreciar a realidade dos Tribunais Regionais. Mesmo em âmbito interno do TST, contudo, há tendências jurisprudenciais que carregam algumas contradições entre si, conforme se verá.

---

(499) TRT da 1ª Região, TRT da 2ª Região, TRT da 3ª Região, TRT da 8ª Região, TRT da 17ª Região, TRT da 19ª Região, TRT da 21ª Região, TRT da 22ª Região, TRT da 23ª Região, TRT da 24ª Região.

(500) Pesquisa realizada com os termos "gordofobia", "discriminação + gordos", "discriminação + gordo", "discriminação + gordas", "discriminação + gorda", "discriminação + obesos", "discriminação + obeso", "discriminação + obesas", "discriminação + obesa", "discriminação + obesidade", "discriminação + sobrepeso", "assédio moral + gordos", "assédio moral + gordo", "assédio moral + gordas", "assédio moral + gorda", "assédio moral + obesos", "assédio moral + obeso", "assédio moral + obesas", "assédio moral + obesa", "assédio moral + obesidade", "assédio moral + sobrepeso". Abrangência de acórdãos, de um modo geral, com datas de julgamento/publicação até outubro de 2023.

No momento em que emergem os movimentos sociais gordoativistas, é possível identificar, como positiva tendência, o reconhecimento da gordofobia como realidade no mundo do trabalho, com a manutenção de condenações impostas pelos Tribunais Regionais aos empregadores quando praticam violências contra pessoas gordas. Assim, o TST, em julgamento de recursos de revista e agravos de instrumento, reitera posicionamentos no sentido de que decisões condenatórias por gordofobia, notadamente que impõem indenizações por dano moral, não representam violação à lei — amoldando-se, ao contrário, à legislação vigente. É o que se infere, dentre outros, dos julgados seguintes:

> EMENTA: AGRAVO DE INSTRUMENTO. RECURSO DE REVISTA. CARACTERIZAÇÃO DE DANO MORAL. PORTADORA DE OBESIDADE MÓRBIDA. UTILIZAÇÃO DE PROCEDIMENTO VEXATÓRIO E HUMILHANTE. DESRESPEITO AOS PRINCÍPIOS FUNDAMENTAIS DA DIGNIDADE DA PESSOA HUMANA, DO VALOR SOCIAL DO TRABALHO E DA ISONOMIA DE TRATAMENTO. (ARTS. 1º, III E IV, E 5º, *CAPUT*, DA CF). Demonstrado no agravo de instrumento que o recurso de revista preenchia os requisitos do art. 896 da CLT, dá-se provimento ao agravo de instrumento, para melhor análise da alegada violação dos arts. 1º, III, e 5º, X, da CF. Agravo de instrumento provido. RECURSO DE REVISTA. CARACTERIZAÇÃO DE DANO MORAL. PORTADORA DE OBESIDADE MÓRBIDA. UTILIZAÇÃO DE PROCEDIMENTO VEXATÓRIO E HUMILHANTE. DESRESPEITO AOS PRINCÍPIOS FUNDAMENTAIS DA DIGNIDADE DA PESSOA HUMANA, DO VALOR SOCIAL DO TRABALHO E DA ISONOMIA DE TRATAMENTO. (ARTS. 1º, III E IV, E 5º, *CAPUT*, DA CF). Discriminação é a conduta pela qual se nega à pessoa, em face de critério injustamente desqualificante, tratamento compatível com o padrão jurídico assentado para a situação concreta por ela vivenciada. O princípio da não discriminação é princípio de proteção, de resistência, denegatório de conduta que se considera gravemente censurável. Portanto, labora sobre um piso de civilidade que se considera mínimo para a convivência entre as pessoas. A conquista e afirmação da dignidade da pessoa humana não mais podem se restringir à sua liberdade e intangibilidade física e psíquica, envolvendo, naturalmente, também a conquista e afirmação de sua individualidade no meio econômico e social, com repercussões positivas conexas no plano cultural — o que se faz, de maneira geral, considerado o conjunto mais amplo e diversificado das pessoas, mediante o trabalho e, particularmente, o emprego. As proteções jurídicas contra discriminações na relação de emprego são distintas. A par das proteções que envolvem discriminações com direta e principal repercussão na temática salarial, há as proteções jurídicas contra discriminações em geral, que envolvem tipos diversos e variados de empregados ou tipos de situações contratuais. Embora grande parte desses casos acabem por ter, também, repercussões salariais, o que os distingue é a circunstância de serem discriminações de dimensão e face diversificadas, não se concentrando apenas (ou fundamentalmente) no aspecto salarial. No caso concreto, vale enfatizar as premissas fáticas consignadas pelo Tribunal Regional no julgamento do recurso ordinário, quais sejam: a) a Autora é portadora de obesidade mórbida; b) o superior hierárquico promovia, de forma contumaz, piadas e chacotas em relação ao excesso de peso da Autora, inclusive na presença de clientes e outros empregados da Empresa. Nesse contexto, a prática da Reclamada contrapõe-se aos princípios basilares da nova ordem constitucional, mormente àqueles que dizem respeito à proteção da dignidade humana e da valorização do trabalho humano (art. 1º, III e IV, da CR/88) e à isonomia de

tratamento (art. 5º, *caput*, da CR/88), sendo forçoso restabelecer a sentença, mediante a qual a Reclamada foi condenada ao pagamento de indenização por dano moral (...). Recurso de revista conhecido e provido.(501)

EMENTA: (...) DANO MORAL. TRATAMENTO DISCRIMINATÓRIO. CONFIGURAÇÃO. Trata-se de pedido de indenização por dano moral decorrente de tratamento discriminatório e vexatório sofrido pelo reclamante no ambiente de trabalho. Na hipótese, o Regional manteve a sentença em que se condenou a reclamada ao pagamento de indenização por dano moral, no importe de R$ 1.500,00 (um mil e quinhentos reais), em razão da situação vexatória e humilhante vivida pelo obreiro em razão do seu sobrepeso. O Regional, analisando a prova testemunhal produzida nos autos, expressamente, concluiu que "o reclamante foi alvo de brincadeiras pejorativas por parte de seu superior hierárquico, decorrentes de seu sobrepeso. Não se cogita de utilização de alcunha carinhosa ou amistosa ("gordinho"), o que seria inteiramente inadequado para o tratamento dispendido pelo prefeito do Campus para com o empregado no ambiente laborai. Os relatos evidenciam que o trabalhador recebia críticas irônicas em decorrência de sua aparência física, inclusive discriminando-o em sua capacidade profissional por conta do sobrepeso". Diante disso, manteve a condenação imposta na sentença, ressaltando que, "ainda que se considerasse a ocorrência de fato isolado, o que não está adequado ao depoimento da Sra. Erenita, tal circunstância, por si só, enseja o reconhecimento do dano moral, uma vez que o demanandante teve sua honra e imagem atingidas no episódio". Nesse contexto, estão evidenciado a prática de ato ilícito da reclamada, o nexo causal entre a conduta patronal e o dano alegado pelo reclamante e a lesão à sua esfera moral subjetiva, cuja constatação decorre de uma presunção natural (presunção *hominis*), já que são prováveis e razoavelmente deduzidos o sofrimento íntimo, o constrangimento e a situação degradante e vexatória a que fora submetido o empregado. Assim, evidenciado o nexo de causalidade entre o ato ilícito da ré e o dano causado ao reclamante, deve a empregadora responder com a indenização compensatória respectiva. Agravo de instrumento desprovido.(502)

DANO MORAL. FASE PRÉ-ADMISSIONAL. OBESIDADE. DISCRIMINAÇÃO. A empresa não é obrigada a admitir candidato que se apresenta para submeter-se a teste seletivo. Entretanto, excluí-lo do procedimento pré-admissional fundado na sua condição física (obesidade) pratica ato discriminatório que justifica a sua condenação ao pagamento de indenização por danos morais. Recurso de Revista de que não se conhece.(503)

As condenações impostas pelos TRTs em matéria de gordofobia costumam ser mantidas pelo TST, em suma, por inexistência de violação literal de disposição de lei federal ou afronta direta e literal à Constituição Federal, por ausência de divergência jurisprudencial ou por rejeição da pretensão do empregador de revisão de fatos e provas,

(501) TST. Processo: RR-185900-87.2008.5.02.0004; Data: 05.10.2012; Órgão Julgador: 3ª Turma; relator: Mauricio Godinho Delgado. Destaques acrescidos.

(502) TST. Processo: AIRR-1296-55.2013.5.04.0102; Data: 23.06.2017; Órgão Julgador: 2ª Turma; relator: José Roberto Freire Pimenta. Destaques acrescidos.

(503) TST. Processo: RR-410300-79.2008.5.09.0654; Data: 24.06.2011; Órgão Julgador: 5ª Turma; relator: Ministro João Batista Brito Pereira. Destaques acrescidos.

medida vedada em sede de recurso de revista, na forma da Súmula n. 126/TST. Ao analisar especificamente alegações recursais de supostas ilegalidades ou inconstitucionalidades, a despeito da adoção de nomenclatura medicalizante (como costuma ocorrer por parte das instituições públicas, de um modo geral), o TST consolida gradualmente a posição de que o reconhecimento de dano moral por gordofobia, com a consequente fixação de indenização, está de acordo com a legislação trabalhista e com a Constituição. Esse entendimento do órgão máximo da Justiça do Trabalho reforça um movimento de reconhecimento das pessoas gordas como sujeitos de direito e de dignidade.

No entanto, em contraposição à tendência de reconhecer a ilegalidade e a inconstitucionalidade da discriminação contra pessoas gordas no ambiente de trabalho, indicadora da estigmatização desse grupo social, o TST vem encampando um posicionamento dominante de retrocesso ao tratar do ônus da prova em matéria de dispensa discriminatória por gordofobia. Trata-se da interpretação que vem se firmando no sentido da inaplicabilidade da Súmula n. 443/TST (presunção de discriminação na despedida de empregado portador do vírus HIV ou de outra doença grave que suscite estigma ou preconceito). Mais problemático do que negar à pessoa "obesa" a presunção do caráter discriminatório de sua dispensa, oferecida a outras "doenças graves", é o fundamento adotado pelo Tribunal Superior, sociologicamente muito equivocado, no sentido de que a "obesidade" não suscitaria estigma ou preconceito.

Para compreender a questão, impõe-se abordar brevemente o complexo problema do ônus da prova em matéria de discriminação. No Brasil, ausente uma efetiva proteção generalizada ao emprego, o empregador contemporâneo sequer possui a obrigação legal de motivar a dispensa de seus empregados, embora seja vedada a dispensa por motivos discriminatórios (Lei n. 9.029/1995). Consequentemente, se minimamente perspicaz, alguém que pretenda encerrar um contrato de trabalho por motivos legalmente vetados poderá, simplesmente, fazê-lo em silêncio, sem motivação expressa. A prova da discriminação, especialmente para o empregado, em natural situação de hipossuficiência perante seu empregador, torna-se, então, extremamente dificultosa.

Pela clássica concepção estática do ônus da prova, caberia àquele que alega ter sido discriminado a prova direta da discriminação, de modo a confirmar seu direito. No entanto, tal exigência, conforme observa Ricardo José das Mercês Carneiro, pode conduzir a um completo vazio de condenações na temática, configurando "uma negativa de acesso a uma ordem jurídica justa, sem que se estabeleçam garantias que viabilizem uma tutela adequada".(504) Surge, então, a necessidade de discussão e adoção de uma

---

(504) CARNEIRO, Ricardo José das Mercês. A Produção de Prova Extrajudicial e Judicial sobre a Discriminação nas Relações de Trabalho. O Papel do Inquérito Civil e a Distribuição Dinâmica do Ônus da Prova. In: MIESSA, Élisson; CORREIA, Henrique (Coords.). *Estudos Aprofundados MPT*. v. 2. Salvador: JusPodivm, 2015. p. 617.

perspectiva dinâmica do ônus da prova, a qual avaliará "quem tem mais possibilidades de se desvencilhar do ônus".(505)

Pela letra fria da CLT, o ônus da prova incumbe "ao reclamante, quanto ao fato constitutivo de seu direito", e "ao reclamado, quanto à existência de fato impeditivo, modificativo ou extintivo do direito do reclamante" (art. 818, I e II/CLT). Da mesma forma, como regra geral, o Código de Processo Civil (CPC) define que o ônus probatório cabe "ao autor, quanto ao fato constitutivo de seu direito", e "ao réu, quanto à existência de fato impeditivo, modificativo ou extintivo do direito do autor" (art. 373, I e II/CPC).

A teoria da distribuição dinâmica do ônus da prova, no entanto, rompe com as regras rígidas e estáticas da distribuição do encargo probatório, tornando-as mais flexíveis e dinâmicas. No código processual civilista, nesse sentido, há previsão que tempera os rigores da distribuição estanque do ônus da prova: na forma do §1º do art. 373, subsidiariamente aplicável ao processo trabalhista (art. 769/CLT), "poderá o juiz atribuir o ônus da prova de modo diverso, desde que o faça por decisão fundamentada, caso em que deverá dar à parte a oportunidade de se desincumbir do ônus que lhe foi atribuído", quando se tratar de "casos previstos em lei ou diante de peculiaridades da causa relacionadas à impossibilidade ou à excessiva dificuldade de cumprir o encargo nos termos do *caput* ou à maior facilidade de obtenção da prova do fato contrário".

Na mesma linha, o art. 6º, VIII, o Código de Defesa do Consumidor Lei n. 8.078/1990) consagra o princípio da aptidão da prova, que pode ser aplicado subsidiariamente às relações de trabalho, ao prever ser direito do consumidor a facilitação da defesa de seus direitos, inclusive mediante "a inversão do ônus da prova, a seu favor, no processo civil, quando, a critério do juiz, for verossímil a alegação ou quando for ele hipossuficiente, segundo as regras ordinárias de experiências".

Vale mencionar, ainda, no Direito Comparado, a Diretiva n. 54/2006 do Conselho da União Europeia, sobre a aplicação do princípio da igualdade de oportunidades e igualdade de tratamento entre homens e mulheres em domínios ligados ao emprego e à atividade profissional, que prevê a inversão do ônus probatório em matéria de discriminação, reconhecendo as naturais dificuldades de produção de provas pelas vítimas, nos seguintes termos:

> Os Estados-Membros tomarão as medidas necessárias, em conformidade com os respectivos sistemas jurídicos, para assegurar que quando uma pessoa que se considere lesada pela não aplicação, no que lhe diz respeito, do princípio da igualdade de tratamento apresentar, perante um tribunal ou outra instância competente, elementos de facto constitutivos da presunção de discriminação directa ou indirecta, incumba à parte demandada provar que não houve violação do princípio da igualdade de tratamento (art. 19, 1, da Diretiva n. 54/2006 do Conselho da União Europeia).

---

(505) CARNEIRO, Ricardo José das Mercês. A Produção de Prova Extrajudicial e Judicial sobre a Discriminação nas Relações de Trabalho. O Papel do Inquérito Civil e a Distribuição Dinâmica do Ônus da Prova. In: MIESSA, Élisson; CORREIA, Henrique (Coords.). *Estudos Aprofundados MPT*. v. 2. Salvador: JusPodivm, 2015. p. 620.

A Súmula n. 443 do TST dialoga, justamente, com a questão da distribuição dinâmica do ônus da prova, especificamente em matéria de discriminação por motivo de doença. Nos termos do posicionamento consolidado do Tribunal:

> Súmula n. 443 do TST
>
> DISPENSA DISCRIMINATÓRIA. PRESUNÇÃO. EMPREGADO PORTADOR DE DOENÇA GRAVE. ESTIGMA OU PRECONCEITO. DIREITO À REINTEGRAÇÃO – Res. 185/2012, DEJT divulgado em 25, 26 e 27.09.2012
>
> Presume-se discriminatória a despedida de empregado portador do vírus HIV ou de outra doença grave que suscite estigma ou preconceito. Inválido o ato, o empregado tem direito à reintegração no emprego.

Estabelece-se, no caso, que o fato de o empregado ser portador do vírus HIV, ou de "outra doença grave que suscite estigma ou preconceito", seria indício a autorizar a inversão do ônus da prova atinente aos motivos da dispensa. Assim, adoentado o trabalhador, nos moldes preconizados, e dispensado em tal condição, cria-se uma presunção de dispensa discriminatória, transferindo-se ao empregador o ônus de provar que o término contratual ocorreu por motivações lícitas.

Como ocorre com frequência em relação às pessoas gordas e à doença que lhes é atribuída pela Medicina contemporânea (a "obesidade"), não há previsão expressa de sua contemplação para que se beneficiem da presunção criada pela jurisprudência. Surge, então, mais um dilema: seria a "obesidade", ou a "obesidade nível 3" (chamada comumente de "obesidade mórbida", termo estigmatizante por si), doença grave que suscite estigma ou preconceito?

A jurisprudência dos TRTs, conforme se verá, diverge a esse respeito, mas o próprio TST, que consolida o entendimento da Súmula n. 443, adota preponderantemente o entendimento de que a "obesidade" não preencheria os requisitos necessários para beneficiar seus portadores da benesse processual da inversão do ônus da prova. Em sentido contrário, já reconheceu como graves e estigmatizantes doenças como hepatite C,(506) alcoolismo,(507) neoplasia maligna (câncer),(508) transtorno afetivo bipolar,(509) lúpus,(510) transtorno de ansiedade e de humor,(511) dentre diversas outras patologias.

---

(506) TST. Processo: Ag-AIRR – 2048-38.2013.5.01.0481; Data: 22.11.2023; Órgão Julgador: 1ª Turma; relator: Amaury Rodrigues Pinto Junior.

(507) TST. Processo: Ag-AIRR – 10288-19.2021.5.03.0145; Data: 22.11.2023; Órgão Julgador: 5ª Turma; relatora: Morgana de Almeida Richa.

(508) TST. Processo: RR – 25-87.2020.5.10.0008; Data: 10.10.2023; Órgão Julgador: 7ª Turma; relator: Cláudio Mascarenhas Brandão.

(509) TST. Processo: ARR – 184-88.2014.5.09.0001; Data: 27.09.2023; Órgão Julgador: 7ª Turma; relator: Alexandre de Souza Agra Belmonte.

(510) TST. Processo: Ag-E-ED-ED-RR – 806-40.2014.5.15.0054; Data: 05.10.2023; Órgão Julgador: Subseção I Especializada em Dissídios Individuais; relator: Luiz José Dezena da Silva.

(511) TST. Processo: Ag-AIRR – 426-07.2020.5.10.0002; Data: 20.09.2023; Órgão Julgador: 6ª Turma; relator: Augusto Cesar Leite de Carvalho.

É comum o questionamento, em gordoativismo, acerca da existência de quaisquer consequências positivas que a patologização da "obesidade" pudesse acarretar para população reputada "obesa". Trata-se, no caso da Súmula n. 443/TST, de claro exemplo de como a "obesidade" patologizada lança uma forte pecha estigmatizante sobre seus portadores, porém com pouca contrapartida em termos de proteção social. Trata-se, como já estudado, de condição em que a medicalização é utilizada para responsabilizar e constranger socialmente aquele considerado "obeso", porém que dificilmente é tomada como uma "verdadeira" doença no que diz respeito à compaixão social e a benefícios assistenciais — ou mesmo para garantia mínima de acessibilidade, inclusive nos estabelecimentos de saúde, e para fins de desenvolvimento de tratamentos eficazes, em escala populacional.

Ignorando a realidade histórica e as diversas estatísticas trazidas ao longo do presente trabalho, bem como os próprios casos de assédio moral gordofóbico que permeiam cotidianamente seus julgados, o TST vem rechaçando a aplicação da Súmula n. 443 à "obesidade" por entender, em grande equívoco do ponto de vista sociológico, que tal condição não suscitaria estigma ou preconceito. Dentre os julgados sobre a questão, destacam-se:

> EMENTA: (...) DISPENSA DISCRIMINATÓRIA. OBESIDADE. DOENÇA GRAVE QUE CAUSA ESTIGMA OU PRECONCEITO. INDENIZAÇÃO POR DANOS MORAIS. Diante de possível contrariedade à Súmula n. 443 do TST, impõe-se prover o agravo de instrumento para determinar o prosseguimento do recurso de revista. Agravo de instrumento conhecido e provido. B) RECURSO DE REVISTA. DISPENSA DISCRIMINATÓRIA. OBESIDADE. DOENÇA GRAVE QUE CAUSA ESTIGMA OU PRECONCEITO. INDENIZAÇÃO POR DANOS MORAIS. Extrai-se da Súmula n. 443 do TST que não é apenas o fato de o trabalhador possuir doença grave que atrai a presunção acerca do viés discriminatório de sua dispensa. O quadro clínico, além de grave, deve suscitar preconceito ou estigma nas demais pessoas, de modo a se presumir a discriminação em razão do próprio senso comum que permeia o tratamento social dado a determinadas doenças. Embora grave, não é possível dizer que a obesidade, por si só, é uma doença que provoque estigma ou preconceito no seio social, sobretudo porque não é contagiosa e não gera necessariamente sinais de repulsa nos seus portadores. Constata-se, portanto, o flagrante descompasso da decisão recorrida com o aludido verbete, porquanto não constatada a doença grave apta a causar estigma ou preconceito. Recurso de revista conhecido e provido.[512]

> EMENTA: (...) RECURSO DE REVISTA. (...) DISPENSA DE EMPREGADO COM OBESIDADE MÓRBIDA. REINTEGRAÇÃO. CONDUTA DISCRIMINATÓRIA. REQUISITOS. PROVIMENTO. I. Nos termos do art. 4º, *caput*, da Lei n. 9.029/1995, a reintegração prevista no seu inciso I exige que a extinção do contrato de trabalho tenha ocorrido por motivo de prática discriminatória por parte do empregador. II. Por outro lado, a Súmula n. 443 do TST dispõe que o direito à reintegração no emprego por presunção de despedida discriminatória abrange o empregado portador de "doença grave que suscite estigma ou preconceito". III. Assim, apenas a existência de doença grave por parte do empregado (obesidade mórbida) não atrai automaticamente a presunção de ato discriminatório da Reclamada ao

(512) TST. Processo: ARR-1000162-39.2015.5.02.0432; Data: 27.04.2018; Órgão Julgador: 8ª Turma; relatora: Dora Maria da Costa. Destaques acrescidos.

> dispensar o Reclamante, devendo-se comprovar com critérios objetivos que a enfermidade tenha causado estigma ou preconceito no ambiente de trabalho. Precedente desta Corte Superior. IV. Na hipótese dos autos, conforme registrado pela Corte Regional, "não restou demonstrada cabalmente a discriminação da empresa em relação à obesidade mórbida do reclamante, tanto que já o admitiu obeso". Da mesma forma, não é possível se concluir do acórdão regional que o fato de "que o autor seria submetido à cirurgia bariátrica" tenha sido motivo crucial para a sua dispensa. V. Logo, na espécie, não se vislumbra que a obesidade mórbida ou a iminência de realização de cirurgia bariátrica tenham necessariamente causado estigma, preconceito ou discriminação a ponto de culminar na rescisão do contrato de trabalho do Reclamante, ainda que de forma presumida. VI. Recurso de revista de que se conhece, por divergência jurisprudencial, e a que se dá provimento.[513]

> EMENTA: (...) DISPENSA DISCRIMINATÓRIA. OBESIDADE. ESTIGMA E PRECONCEITO. NÃO CONFIGURAÇÃO. AUSÊNCIA DE TRANSCENDÊNCIA. A Corte local, a partir do exame do conjunto de provas dos autos, consignou não restar evidenciada a intenção da reclamada em rescindir o contrato do autor em razão da alegada doença (obesidade).
>
> (...) Nesse contexto, o acolhimento da tese recursal esbarra no óbice da Súmula 126 do TST. Ressalte-se, ainda, que a decisão regional está em consonância com a jurisprudência desta Corte Superior, no sentido de que a obesidade, por si só, não se caracteriza como doença causadora de estigma ou preconceito apta a atrair a presunção de dispensa discriminatória da Súmula n. 443 desta Casa. Precedentes. A existência de obstáculo processual apto a inviabilizar o exame da matéria de fundo veiculada, como no caso, acaba por evidenciar, em última análise, a própria ausência de transcendência do recurso de revista, em qualquer das suas modalidades. Precedentes. Agravo não provido (...).[514]

Caso o verbete se direcionasse a doenças contagiosas ou adjetivo similar, a exclusão da "obesidade" não causaria espécie. Em sendo o critério suscitar estigma ou preconceito, todavia, é imperioso reconhecer que o corpo gordo, especialmente o corpo de uma pessoa gorda maior, desponta como um dos mais expressivos fatores de estigmatização contemporânea. Mais do que negar às pessoas gordas um benefício processual em matéria probatória, assim, a interpretação que vem se delineando no TST acerca da "obesidade" diminui a importância do potencial estigmatizante da gordura ou corpulência na sociedade contemporânea, em prejuízos nítidos ao grupo social das pessoas gordas. Entende-se possível e razoável que se questione, do ponto de vista social, a conveniência da própria patologização do corpo gordo, mas negar o estigma que o acompanha no mundo atual afigura-se em descompasso com a realidade fática e com um conhecimento mais aprofundado sobre a questão.

---

(513) TST. Processo: RR-20900-24.2013.5.17.0010, Data: 05.10.2018; Órgão Julgador: 4ª Turma; relator: Alexandre Luiz Ramos. Destaques acrescidos.

(514) TST. Processo: Ag-AIRR-649-86.2019.5.13.0009; Data: 07.05.2021; Órgão Julgador: 5ª Turma; relator: Breno Medeiros. Destaques acrescidos.

É preciso mencionar, no entanto, que a 2ª Turma do TST, em dezembro de 2023, posteriormente ao fechamento da pesquisa jurisprudencial deste trabalho, proferiu decisão paradigmática que, tendo sido amplamente divulgada, instaura divergência interna no âmbito da Corte Superior Trabalhista. Manifestando-se favoravelmente à aplicação da Súmula n. 443 aos casos de "obesidade mórbida", por entender adequada a presunção de dispensa discriminatória em face do estigma ou preconceito vivenciado pelas pessoas gordas, assim entendeu:

> EMENTA: (...) DISPENSA DISCRIMINATÓRIA. EMPREGADO PORTADOR DE DOENÇA GRAVE. OBESIDADE MÓRBIDA. ESTIGMA E PRECONCEITO. ÔNUS DA PROVA. SÚMULA N. 443 DO TST. Hipótese em que se discute a configuração ou não da dispensa discriminatória de empregado portador de obesidade mórbida. Incontroverso dos autos que o reclamante, por ocasião da perícia médica, possuía o IMC de 41,8 Kg/m^2, classificado como obesidade de grau III ou obesidade mórbida. Consta do acórdão regional também "a condição do autor de portador de hipertensão arterial, diabetes e insuficiência cardíaca", bem como seu afastamento previdenciário, no final do ano de 2015, em razão de tais doenças. Assim, partindo da premissa de que o reclamante, no ato da dispensa, era obeso mórbido com insuficiência cardíaca e que retornava, há menos de um ano, de licença médica, parece verossímil a alegada dispensa discriminatória. Senão vejamos: Acerca da obesidade mórbida, desde 2013, a American Medical Association, uma das organizações médicas mais respeitadas e influentes do mundo da ciência, decidiu classificar a obesidade como doença. Já obesidade grau III é o grau mais agressivo da doença que serve de gatilho para o aparecimento de outras tantas enfermidades, tais como: hipertensão arterial, diabetes, insuficiência cardíaca, transtornos alimentares e mentais. Mas, além das doenças associadas à obesidade, no caso do autor a insuficiência cardíaca e o transtorno alimentar, as pessoas obesas enfrentam ainda um grave estigma social. O estereótipo que se criou em torno da doença é de que indivíduos com obesidade são preguiçosos, portanto, menos produtivos, indisciplinados e incapazes. Não por outra razão, a gordofobia (aversão a pessoas obesas) vem sendo pauta de inúmeros estudos e discussões. O combate ao estigma associado à obesidade tem sido objeto de grande preocupação por parte da Organização Mundial da Saúde (OMS) e da Sociedade Brasileira de Cirurgia Bariátrica e Metabólica (SBCBM). Sobre tal aspecto, a SBCBM disponibilizou em seu site um artigo publicado pela revista científica Nature Medicine que constatou que "o preconceito contra a obesidade compromete a saúde, dificulta o acesso de pessoas acima do peso ao mercado de trabalho e a tratamentos adequados, afeta suas relações sociais e a saúde mental". Dados do artigo apontam que cerca de 19% a 42% das pessoas obesas sofrem com a discriminação. O próprio Ministério da Saúde, por meio do *site* oficial do governo, ao tratar sobre o impacto da obesidade, fixou que o excesso de peso pode não apenas afetar a saúde física, mas compromete a motivação e produtividade do empregado. Assim, por mais que se tenha fixado nesta Corte Superior que a obesidade, por si só, não atrai automaticamente a presunção de ato discriminatório, não parece a realidade constatada pela OMS e Ministério da Saúde. Sobre a tratativa jurídica, a Constituição Federal, além de ter erigido como fundamentos da República a dignidade da pessoa humana e os valores sociais do trabalho (art. 1º, III e IV), repudia todo tipo de discriminação (art. 3.º, IV) e reconhece como direito do trabalhador a proteção da relação de emprego contra despedida arbitrária (art. 7º, I). Acresça-se que integra compromisso internacional do Brasil (Convenção n. 111 da OIT) o repúdio a toda forma de discriminação no âmbito laboral. Conclui-se, portanto, que, tanto no cenário internacional quanto no nacional,

> tem-se levado muito a sério a questão dos estigmas gerados pela obesidade, circunstância que indiscutivelmente pode atrair a presunção da despedida discriminatória contida na Súmula n. 443 desta Corte. No caso, verifica-se que inexistiu qualquer registro no acórdão regional de que a dispensa do reclamante ocorreu por motivo diverso do ato discriminatório. Claro que não se ignora que, além da viabilidade da dispensa por justa causa, é possível também que a rescisão sem justa causa do contrato de trabalho seja considerada legal e que não se repute discriminatório o ato de dispensa. Todavia, esse não é o caso dos autos, em que sobram indícios de discriminação: Em primeiro lugar, o adoecimento ocorreu no curso dos 12 anos do contrato de trabalho, situação que se agrava pelo fato de a dispensa ter ocorrido após o retorno do reclamante de licença médica (6 meses de afastamento) levada a efeito em decorrência das enfermidades ocasionadas pela obesidade. Acrescente-se ainda que além da insuficiência cardíaca desenvolvida pelo autor, existiu nos autos a indicação de cirurgia bariátrica. Assim, a dispensa deu-se com ampla ciência da empresa a respeito do adoecimento, cujos primeiros sinais ocorreram com o afastamento previdenciário no final de 2015, resultando na dispensa no início do ano de 2017. Portanto, evidencia-se dos elementos fáticos delineados pela Corte Regional que o empregador detinha pleno conhecimento sobre o quadro de saúde do reclamante, bem como sobre a probabilidade de novos afastamentos em razão da obesidade, em especial quanto à possível cirurgia indicada. Acrescenta-se ainda que o Tribunal Regional manteve a sentença para reconhecer que a dispensa do autor não foi discriminatória, sob os fundamentos de que o reclamante não "logrou comprovar a alegada dispensa discriminatória em razão das doenças". Ocorre que, de acordo com o princípio da aptidão para a prova, atribui-se o ônus da prova à parte que tem maiores condições de produzi-la. Assim, sendo incontroverso que a dispensa se deu em período que envolve o retorno de afastamento previdenciário, o ônus da prova da dispensa não discriminatória caberia ao empregador. Precedentes. Nestes termos, cabível a reforma do decidido para afastar a tese acerca do ônus probatório. Desse modo, ante o ordenamento jurídico vigente e o quadro fático posto, constata-se que a dispensa do reclamante configurou-se discriminatória, ultrapassou os limites de atuação do poder diretivo do empregador e alcançou a dignidade do empregado, razão pela qual deve ser reconhecida a nulidade da despedida discriminatória , uma vez que o Tribunal Regional, ao entender que não houve discriminação na dispensa do reclamante, decidiu em dissonância com o entendimento consubstanciado na Súmula n. 443 do TST. Recurso de revista conhecido e provido.[515]

Por fim, outra tendência a se apontar no âmbito do TST é a de flexibilização da recusa ao reexame de fatos e provas em sede de recurso de revista, quando se trata dos valores de indenizações por danos morais em matéria de gordofobia. Assim, embora não haja, em regra, revisão probatória pela instância superior trabalhista, na forma da Súmula n. 126/TST, admite-se, de forma excepcional, a majoração ou minoração de quantias indenizatórias quando reputadas irrisórias ou exorbitantes, à luz do art. 944 do Código Civil e dos princípios da razoabilidade e da proporcionalidade. Entre muitos acórdãos, ilustram tal inclinação os seguintes:

---

(515) TST. Processo: RRAg-1000647-66.2017.5.02.0077; Data: 19.12.2023; Órgão Julgador: 2ª Turma; relatora: Maria Helena Mallmann. Destaques acrescidos.

EMENTA: (...) INDENIZAÇÃO POR DANO MORAL. VALOR ARBITRADO. No caso dos autos, constata-se que o valor arbitrado em R$ 15.000,00 a título de indenização por danos morais não observou o princípio da proporcionalidade. Além da gravidade dos infortúnios e da extensão dos danos, importa ponderar a culpa da reclamada que, ao contrário do que diz o TRT, não foi mediana, mas gravíssima. A empresa não zelou pelo ambiente de trabalho de maneira mínima, com o fim de impedir que sua preposta tratasse a reclamante de maneira reiteradamente abusiva, gerando, nas palavras da própria Corte Regional, indescritível constrangimento, vergonha e humilhação. A autora sofreu persistente assédio moral por parte da preposta durante todo o contrato de trabalho. No cotidiano do ambiente laboral a autora era insultada, menosprezada, sofria com pressões psicológicas desproporcionais, era perseguida em virtude de estar acima do peso e pelas limitações geradas em decorrência das doenças sofridas. À reclamante eram constantemente atribuídos adjetivos constrangedores, de maneira agressiva, aos gritos, na frente dos demais funcionários. Em tese seria possível enquadrar a conduta da preposta até mesmo na hipótese de discriminação (tratamento abusivo em razão de condição pessoal da reclamante — gordofobia). Dada a gravidade dos fatos, a reiteração ostensiva durante todo o contrato de trabalho, e o grau de culpa gravíssimo da empresa, deve ser majorado o valor arbitrado a título de indenização por danos morais para R$ 30.000,00 (trinta mil reais). Recurso de revista a que se dá provimento.[516]

EMENTA: (...) DANO MORAL. VALOR DA COMPENSAÇÃO. PROPORCIONALIDADE. RAZOABILIDADE. VIOLAÇÃO DO ART. 944 DO CÓDIGO CIVIL. PROVIMENTO. A conduta da preposta da reclamada, ao ofender e maltratar a reclamante diante de outros colegas de trabalho, expondo-a a situações humilhantes e vexatórias, é reprovável, tendo aptidão para causar abalo emocional na empregada e gerar reparação pecuniária por dano moral. Na espécie, embora a reclamada detenha capacidade econômica reconhecidamente avantajada, a fixação do *quantum* compensatório em R$20.000 (vinte mil reais) ultrapassa os limites da razoabilidade e da proporcionalidade, em desrespeito ao mandamento constante no art. 944 do Código Civil. Assim, diante da existência de evidente desproporção entre o evento danoso e o valor da reparação, necessária a redução do *quantum* compensatório para o valor de R$5.000,00 (cinco mil reais), tal como fixado em sentença, levando-se em conta os parâmetros desta Corte Superior, conforme recentes julgados. Recurso de revista de que se conhece e a que se dá provimento (...).

INTEIRO TEOR: (...) 1.2.2. DANO MORAL. VALOR DA COMPENSAÇÃO

Quanto ao tema em epígrafe, assim decidiu o egrégio Tribunal Regional:

"(...) Delineados esses contornos e volvendo-se à hipótese dos autos, relatou a testemunha da autora, com meridiana clareza, 'que presenciou a Sra. Vanessa, gerente de plantão, falando que a reclamante estava muito gorda, chamando-a de elefante, falando que ela rolar no balcão e que não precisava 'brecar' intervalo/pois já estava muito gorda e os botões da blusa iam estourar (...).'' (fls. 122-verso).

---

(516) TST. Processo: ARR-1036-93.2014.5.09.0072; Data: 14.09.2018; Órgão Julgador: 6ª Turma; relatora: Katia Magalhães Arruda. Destaques acrescidos.

> Pelo quadrante fático-probatório delineado restou evidenciado o tratamento abusivo dispensado à autora e aos demais empregados, por preposto da ré, o qual não pode agir ofensivamente, tratando o empregado com menosprezo e arrogância.[517]

> EMENTA: (...) ASSÉDIO MORAL. DISCRIMINAÇÃO. DANO MORAL. COMPENSAÇÃO. *QUANTUM*. DESPROPORCIONALIDADE DO VALOR. PROVIMENTO. Demonstrada possível violação do art. 944 do CC, o provimento do agravo de instrumento para o destrancamento do recurso de revista é medida que se impõe. Agravo de instrumento a que se dá provimento. RECURSO DE REVISTA DA RECLAMADA INTERPOSTO CONTRA DECISÃO PUBLICADA ANTES DA VIGÊNCIA DA LEI N. 13.015/2014, QUE ALTEROU A SISTEMÁTICA PROCEDIMENTAL NA CLT. ASSÉDIO MORAL. DISCRIMINAÇÃO. DANO MORAL. COMPENSAÇÃO. *QUANTUM*. DESPROPORCIONALIDADE DO VALOR. PROVIMENTO. A compensação decorrente de dano moral tem a finalidade precípua de compensar a vítima dos abalos sofridos e, assim, minorar seu sofrimento, e elidir a conduta ilícita perpetrada pelo autor do dano, devendo existir equilíbrio entre o dano e o ressarcimento, o que não se vislumbra na espécie. Embora não se possa de modo objetivo quantificar o dano sofrido pela reclamante, a qual era submetida a tratamento humilhante e à prática de atos constrangedores, vexatórios e discriminatórios por parte de seus superiores hierárquicos, tenho que se afigura excessiva a quantia de R$ 100.000,00 (cem mil reais), devendo o valor ser reduzido para o de valor de R$ 50.000,00 (cinquenta mil reais), valor este que se apresenta, a um só tempo, apto a punir e ressarcir a vítima de seus danos, não causando enriquecimento sem causa. Recurso de revista conhecido e provido (...)

> INTEIRO TEOR: (...) que, para terceiros, o Sr. Leandro referia-se à reclamante chamando-a de gorda.[518]

Em síntese, como tendências, o TST vem reconhecendo a legalidade e constitucionalidade de condenações proferidas pelos TRTs em casos de gordofobia, incluindo assédio moral gordofóbico, situações de dano moral indenizável e dispensas discriminatórias; em oposição, rejeitando preponderantemente a aplicação do entendimento consubstanciado na Súmula n. 443/TST para a "obesidade", por entendê-la como doença que não suscitaria estigma ou preconceito, embora recentemente se tenha instaurado divergência quanto ao ponto; e flexibilizando a restrição de reexame de fatos e provas para analisar, à luz do art. 944 do Código Civil e dos princípios da proporcionalidade e da razoabilidade, se os valores fixados a título de indenização por dano moral, nos casos de gordofobia, são irrisórios ou exorbitantes, alterando-os, se for o caso.

No âmbito dos TRTs, que julgam, em segunda instância e com apreciação direta de fatos e provas, as causas sobre gordofobia que chegam ao Poder Judiciário Trabalhista, as decisões se mostram mais casuístas, e as tendências mais heterogêneas. Quanto à natureza dos próprios fatos subjacentes aos julgamentos, as diversas modalidades de gordofobia

(517) TST. Processo: RR-2294-03.2011.5.02.0311; Data: 18.03.2016; Órgão Julgador: 5ª Turma, relator: Guilherme Augusto Caputo Bastos. Destaques acrescidos.

(518) TST. Processo: RR-1780-49.2012.5.02.0203; Data: 31.03.2015; Órgão Julgador: 5ª Turma, relator: Guilherme Augusto Caputo Bastos. Destaques acrescidos.

no trabalho já foram ilustradas por meio de julgados dos TRTs brasileiros no Capítulo 4. Os Tribunais Regionais enfrentam, cotidianamente, situações de gordofobia em todos os momentos da pessoa gorda no mundo do trabalho, abrangendo a fase pré-admissional, a fase contratual (por meio de assédio moral, prejuízos remuneratórios, restrições ao exercício de funções, óbices à ascensão profissional e ausência de acessibilidade) e o momento da dispensa, maculada também por discriminação.

Quanto à fundamentação dos julgados, de forma predominante, apreciam casos de assédio moral ou de condutas discriminatórias pontuais, no curso do contrato de trabalho, à luz de normas gerais e princípios de Direito Antidiscriminatório, de dispositivos da Constituição (especialmente art. 5º, V e X/CR, relativamente ao dano moral, mas ocasionalmente também princípios constitucionais trabalhistas do art. 7º/CR e outros relevantes) e artigos do Código Civil sobre responsabilidade civil (especialmente arts. 186, 187 e 927/CC). Assim, adotam-se, no contexto da relação de trabalho e da conduta discriminatória, fundamentos mais generalistas relacionados à temática da reparação civil pelos danos morais infligidos por um sujeito a outro. A condenação, usualmente, corresponde ao pagamento de indenização por dano moral, em patamares variáveis conforme o contexto de cada caso concreto. São exemplos, dentre muitos outros,(519) os casos seguintes:

> INTEIRO TEOR: (...) ASSÉDIO MORAL
>
> (...) A reparação dos danos morais encontra previsão legal específica na Constituição da República, em seus arts. 5º, X, e 7º, XXVIII, e, também, nos arts. 186 e 927 do Código Civil.
>
> Assim dispõe o art. 186 do CCB: "Aquele que, por ação ou omissão voluntária, negligência ou imprudência, violar direito, ou causar dano a outrem, ainda que exclusivamente moral, comete ato ilícito".
>
> Insta salientar, ainda que, nos termos do art. 7º, XXII, da CF, é obrigação do empregador a manutenção de um ambiente de trabalho seguro e sadio, inclusive psicologicamente.
>
> O meio ambiente de trabalho possui proteção constitucional, conforme art. 200, VIII da CR/88. No mesmo sentido, o art. 225 da Carta Magna estabelece que todos têm direito ao meio ambiente (de trabalho) equilibrado.
>
> Tendo em vista o estado de subordinação em que se encontra o trabalhador, não raras vezes ele é submetido a situações humilhantes e constrangedoras, ofensivas à sua dignidade, sofrendo violência de ordem moral ou física. Exemplo disso é a ocorrência de assédio moral, além de outros danos que venha a sofrer em razão de condutas abusivas do empregador.
>
> (...) a reclamante desincumbiu-se satisfatoriamente em demonstrar o alegado tratamento humilhante deduzido na inicial.

(519) Outros exemplos: processo 0010129-51.2015.5.01.0013, TRT da 1ª Região, data: 29.03.2016; processo 1000328-39.2020.5.02.0386, TRT da 2ª Região, data: 07.07.2022; processo 0001095-81.2011.5.03.0063 RO, TRT da 3ª Região, data 23.01.2012; processo 0000998-67.2017.5.17.0003, TRT da 17ª Região, data: 26.11.2018; processo 0001482-12.2014.5.19.0010, TRT da 19ª Região, data: 03.03.2017; processo: 0000790-97.2017.5.23.0009, TRT da 23ª Região, data: 17.10.2019.

Quanto ao assunto, a testemunha arrolada pela reclamante (...) declarou "(...) que já presenciou o referido gerente chamar a reclamante de gorda e dizer a outros funcionários que tinham que esperar até a reclamante conseguir subir, devido ao seu peso; (...) que já aconteceu inclusive de cliente presenciar situações e pedir o telefone da ouvidoria para reclamar; (...) que a supervisão da reclamada tinha conhecimento desses fatos porque havia reclamações contra esse gerente, não havendo nenhuma mudança de atitude.

(...) Demonstrado o alegado dano moral, procede o pedido de reparação civil. A fixação do valor deve levar em conta diversos aspectos, tais como a extensão do dano, sua natureza, gravidade, a conduta do ofensor, as condições econômicas e sociais da vítima e do ofensor, bem como o caráter pedagógico da parcela.

Logo, dou provimento parcial ao apelo para deferir a importância de R$2.000,00, eis que compatível com a lesão sofrida e a finalidade pedagógica da condenação.[520]

INTEIRO TEOR: (...) Não há dúvida de que a ordem jurídica tutela não apenas bens materiais ou aqueles patrimoniais, mas também aqueles bens de índole moral (...).

Constituição Federal

Art. 5º Todos são iguais perante a lei, sem distinção de qualquer natureza, garantindo-se aos brasileiros e aos estrangeiros residentes no País a inviolabilidade do direito à vida, à liberdade, à igualdade, à segurança e à propriedade, nos termos seguintes: (...)

V – é assegurado o direito de resposta, proporcional ao agravo, além da indenização por dano material, moral ou à imagem; (...)

X – são invioláveis a intimidade, a vida privada, a honra e a imagem das pessoas, assegurado o direito a indenização pelo dano material ou moral decorrente de sua violação;

Como se sabe, os elementos da responsabilidade civil (da obrigação de indenizar), da qual o dano moral é mera espécie, são: a) a prática de um ato ilícito; b) o dano causado por este ato ilícito e c) o nexo de causa e efeito entre o ato e o dano.

Paralelamente, constitui assédio moral no trabalho toda e qualquer conduta abusiva, manifestando-se, sobretudo, por comportamentos, palavras, atos, gestos, escritos que possam trazer dano à personalidade, à dignidade ou à integridade física ou psíquica de uma pessoa, pôr em perigo seu emprego ou degradar o ambiente de trabalho.

(...) Diante dos fatos narrados pelo autor em sua peça de ingresso, impende analisar a prova oral produzida nos autos.

A testemunha arrolada pela reclamante (...), questionada, respondeu:

"... que já presenciou a gerente geral Daniele tratando a autora de forma desrespeitosa; que inclusive a sra Daniele ofendeu a reclamante; que a depoente já ouviu a gerente Daniele chamando a depoente de "gorda", "se vestia desleixada", "parecia um personagem gordo, cujo nome não se recorda", "que era comilona" (...).

(...) Portanto, com base no conjunto probatório produzido nos autos, em especial o depoimento prestado (...), concluo fazer jus a autora à indenização por dano moral. Ao

(520) TRT da 3ª Região. Processo: 0001733-06.2012.5.03.0023; Data: 26.08.2013; Órgão Julgador: 6ª Turma; relatora: Rosemary de O. Pires. Destaques acrescidos.

que parece, não se trata de um único ato isolado praticado pela gerente DANIELE. Pelo que se observa das declarações prestadas pela testemunha, os fatos ocorriam cotidianamente. E mesmo que fosse um único fato isolado, dependendo da gravidade, isso é capaz de gerar o ato ilícito e, por conseguinte, a justa compensação pela indenização por danos morais, dados os termos do disposto no art. 186 c/c 927 do CC/02.

(...) A indenização por dano moral deve ser fixada em atenção ao princípio da razoabilidade, consubstanciado no tripé formado pela capacidade financeira do ofensor, na necessidade de impor condenação pedagógica e no grau de ofensividade da conduta.

(...) A autora contava com um pouco mais de cinco anos de serviço na época da dispensa, com última remuneração por volta de R$ 2.757,35 (...), conforme TRCT (...). Assim, entendo por razoável e consentâneo com a extensão do dano, o valor da indenização por dano moral de R$ 10.000,00 (dez mil reais), equivalente a um pouco mais de 5 (cinco) remunerações da autora, o que, ao menos no que toca à parte financeira, compensa satisfatoriamente a dor íntima por ele experimentada (...).

Pelo exposto, NEGO PROVIMENTO aos recursos ordinários das partes, no tópico.(521)

INTEIRO TEOR: (...) À vista do previsto no art. 5.º, incs. V e X, da C.R./88, todo aquele que por culpa ou dolo infringir os direitos da personalidade de outrem, fica compelido a indenizar-lhe o prejuízo, porquanto a honra, a imagem, a integridade física e a intimidade de qualquer pessoa são bens jurídicos protegidos constitucionalmente.

Ademais, o direito à indenização por dano moral exsurge a partir da constatação da presença simultânea do dano, do nexo causal e da culpa ou dolo do agente, nos termos do art. 186 do Código Civil Brasileiro.

Assim, na esteira dos dispositivos supramencionados, a reparação por dano moral decorrente do contrato de trabalho pressupõe um ato ilícito ou um erro de conduta do empregador, um dano suportado pelo trabalhador e um nexo de causalidade entre o comportamento antijurídico do primeiro e o prejuízo suportado pelo segundo.

(...) Colhida a prova oral, foram prestadas as seguintes declarações (...):

(...) que a relação da referida supervisora com os vendedores não era boa; que ela chamava os vendedores de gordos (...); que a referida supervisora já perguntou à depoente "se a gordura era de família", pois a prima da depoente, que era gordinha, já trabalhou na empresa; que a supervisora Sheila fazia piadas, chamando a reclamante de gorda na frente de vendedores ou clientes; (...) que já presenciou a Sheila tratando a reclamante mal mais de uma vez, dizendo que a reclamante era gorda, favelada, comia demais, chamava o marido da reclamante de "Barriga de Torresmo"; que presenciou isso várias vezes; que a Sheila falava na sala dos vendedores; que a Sra. Sheila não foi punida por tratar mal as pessoas; (...) que a reclamante ficava bastante chateada, chorava, estava ficando muito triste com o tratamento dado a ela pela supervisora Sheila; que a reclamante pesava mais do que pesava hoje; que a reclamante não era referência de beleza na empresa; que a reclamante não se sobressaía quanto às demais devido ao porte físico (...); que acredita que a reclamante já tenha reclamado com a gerência sobre isso, mas acha que com a diretoria não (...).

(521) TRT da 1ª Região; Processo: 0100305-67.2017.5.01.0058; Data: 19.022019; Órgão Julgador: 5ª Turma; relator: Marcelo Augusto Souto de Oliveira. Destaques acrescidos.

> Diante dos depoimentos acima transcritos não há dúvida de que a obreira foi ofendida pela ré, sendo comprovado que os comentários pejorativos eram constantes (...).
>
> (...) A conduta negligente da Reclamada constitui verdadeira afronta aos direitos da personalidade, dentre os quais se incluem o direito à honra, imagem e dignidade da Reclamante, não havendo dúvidas acerca da humilhação e do constrangimento sofridos, consubstanciado na violação de suas garantias individuais.
>
> (...) Logo, é indubitável que a omissão da Reclamada (consistente na injustificável tolerância com a forma como a autora era tratada) ofendeu a honra e a dignidade da Reclamante, sendo devida a indenização pelo assédio moral sofrido, com fulcro nos arts.186 e 927, do Código Civil.
>
> (...) No tocante ao *quantum* indenizatório, à míngua de parâmetros legais expressos que embasem a fixação do valor da indenização por dano moral, devem ser adotados critérios orientadores consubstanciados na verificação das circunstâncias dos fatos, a natureza e gravidade do ato ofensivo, o sofrimento do ofendido, o grau de culpa do ofensor e as condições financeiras das partes.
>
> (...) Considerando todos os aspectos acima elencados, bem como a gravidade da conduta perpetrada pela Reclamada e o tempo de duração do contrato de trabalho (...), reputo excessiva afixação da indenização por danos morais no montante arbitrado na origem (R$ 50.000,00), de modo que dou provimento ao apelo da ré para reduzir a indenização ao importe de R$ 20.000,00, valor que entendo como razoável e suficiente para compensação do dano moral sofrido, atendendo, ainda, ao caráter punitivo e pedagógico da sanção, observando, ademais, os limites do pedido.(522)

Quanto à indenização por danos morais, a Reforma Trabalhista (Lei n. 13.467/2017), ao introduzir na CLT os arts. 223-A e 223-G, §1º, incisos I, II, III e IV, §§ 2º e 3º, buscou promover uma tarifação da indenização por dano moral, utilizando como parâmetro o último salário contratual do empregado e classificando as ofensas conforme gravidade do dano causado (leve, média, grave ou gravíssima). Diante da duvidosa constitucionalidade, no entanto, a começar pela gradação estrita do valor de violências e fixação de custos mais baixos para danos a diversos bens jurídicos ou à própria vida de trabalhadores mais pobres, as inovações resultaram na proposta de ações diretas de inconstitucionalidade perante o STF.

Em sessões realizadas entre 16/06/2023 e 23/6/2023, o STF, por maioria, conheceu das ADIs 6.050, 6.069 e 6.082 e julgou parcialmente procedentes os pedidos formulados, para conferir aos dispositivos questionados interpretação conforme a Constituição, nos seguintes termos:

> Ações diretas de inconstitucionalidade. 2. Reforma Trabalhista. Arts. 223-A e 223-G, §§ 1º e 2º, da CLT, na redação dada pela Lei n. 13.467/2017. Parâmetros para a fixação

(522) TRT da 3ª Região. Processo: 0010281-02.2016.5.03.0113; Data: 30.10.2017; Órgão Julgador: 4ª Turma; relator: Antônio Carlos R. Filho. Destaques acrescidos.

> do *quantum* indenizatório dos danos extrapatrimoniais. 3. Ações conhecidas e julgadas parcialmente procedentes para conferir interpretação conforme a Constituição, de modo a estabelecer que: 3.1. As redações conferidas aos art. 223-A e 223-B, da CLT, não excluem o direito à reparação por dano moral indireto ou dano em ricochete no âmbito das relações de trabalho, a ser apreciado nos termos da legislação civil; 3.2. Os critérios de quantificação de reparação por dano extrapatrimonial previstos no art. 223-G, *caput* e §1º, da CLT deverão ser observados pelo julgador como critérios orientativos de fundamentação da decisão judicial. É constitucional, porém, o arbitramento judicial do dano em valores superior aos limites máximos dispostos nos incisos I a IV do § 1º do art. 223-G, quando consideradas as circunstâncias do caso concreto e os princípios da razoabilidade, da proporcionalidade e da igualdade.(523)

Se a Reforma Trabalhista produziu na jurisprudência dos TRTs posicionamentos dissonantes quanto aos arts. 223-A e 223-G, §1º, incisos I, II, III e IV, §§ 2º e 3º, da CLT, portanto, no tratamento do *quantum* indenizatório em processos envolvendo condenações de dano moral, a questão foi pacificada com o julgamento das ADIs 6.050, 6.069 e 6.082 pelo STF. A indenização por dano moral trabalhista em casos de gordofobia, como em todos os demais casos, é fixada jurisprudencialmente à luz das circunstâncias do caso concreto, levando em consideração fatores como a gravidade, intensidade e duração da conduta, o porte econômico da empresa, o grau de culpa, o nível de sofrimento e circunstâncias pessoais da vítima, dentre outros elementos relevantes.

A subjetividade ínsita à valoração do dano, todavia, se evita desejavelmente o engessamento e injustiças da tarifação, ocasiona também bastante heterogeneidade na avaliação das importâncias compensatórias em casos de gordofobia. Torna-se necessário, cada vez mais, o incentivo constante à conscientização, inclusive por parte dos membros do Poder Judiciário e das demais instituições públicas, acerca da relevância e gravidade da violência gordofóbica no trabalho e de seus impactos na vida da pessoa gorda trabalhadora. Assim, pode-se prevenir o indesejável risco de que a própria valoração dos danos sofridos pelas pessoas gordas, institucionalmente, seja prejudicada em vista de preconceitos estruturais.

De forma perceptivelmente menos numerosa do que os princípios constitucionais e dispositivos civilistas sobre indenização por danos morais, e quase sempre em conjunto com estes, são também consideravelmente invocados, nos julgados dos TRTs, dispositivos e interpretações da Lei n. 9.029/1995, que versa especificamente sobre discriminação no ambiente de trabalho.

Os Tribunais Regionais, mesmo ao tratar de gordofobia na fase contratual, chegam a utilizar em suas fundamentações, esporadicamente, a referida lei. A incorporação da Lei n. 9.029/1995 à fundamentação decisória, no entanto, é mais presente ao se tratar de dispensa discriminatória do que de assédio moral ou conduta discriminatória no curso

(523) STF. Processo: ADI 6050; Data: 26.06.2023; Órgão Julgador: Tribunal Pleno; relator: Gilmar Mendes.

do contrato. Possivelmente, a razão encontra-se na existência de obrigações e compensações próprias introduzidas pela legislação específica para a hipótese de dispensa discriminatória.

Assim, é relevante, em casos de dispensa ilegal por gordofobia, a imposição ao empregador da obrigação de reintegrar o trabalhador ao emprego, com ressarcimento integral de todo o período de afastamento (mediante pagamento das remunerações devidas, corrigidas monetariamente e acrescidas de juros legais), ou de lhe pagar, em dobro, a remuneração do período de afastamento (corrigida monetariamente e acrescida dos juros legais), tudo conforme art. 4º, I e II, da Lei n. 9.029/1995. Colacionam-se, a título exemplificativo, dentre outros,(524) os seguintes julgados:

> INTEIRO TEOR: (...) INDENIZAÇÃO POR DANO MORAL – DISPENSA DISCRIMINATÓRIA. (...) Na inicial, a autora relatou que, em fevereiro de 2020, obteve recomendação médica para realização de cirurgia bariátrica, por ser portadora de obesidade mórbida. Todavia, foi dispensada poucos dias após informar à empresa sobre a necessidade do procedimento cirúrgico. Postulou indenização por danos morais sob a alegação de que a dispensa teve caráter discriminatório. (...) entendo que a obreira se desvencilhou a contento do encargo que lhe competia. A autora trouxe aos autos laudo médico confirmando o diagnóstico de obesidade mórbida e a indicação de cirurgia bariátrica (...). Esse documento está datado de 12.02.2020 e a dispensa sem justa causa ocorreu em 26.02.2020 (...). Os documentos (...) confirmam que a reclamante já estava realizando os exames e procedimentos necessários à realização da cirurgia. Assim, além de ser verossímil a alegação de que a empresa possuía conhecimento do procedimento cirúrgico, esse fato foi corroborado pela prova testemunhal. A primeira testemunha da autora (Gesiane), que trabalhou na mesma função da obreira (operadora de caixa), declarou: "que a reclamante estava com problema de saúde e ia passar por cirurgia; que ficou sabendo pela própria reclamante; que os superiores da reclamante sabiam da cirurgia; que a reclamante ia fazer cirurgia relacionada ao estômago; (...) que todos no local sabiam que a reclamante iria passar por cirurgia" (...). Não há como acolher a informação prestada pela testemunha da ré no sentido de que "a reclamante não chegou a avisar que iria passar por cirurgia, sendo que apenas afirmava que tinha intenção de fazê-la". (...). E as demais testemunhas ouvidas atestaram a ciência da empresa, inclusive por intermédio da superiora hierárquica da reclamante. (...) Ainda que seja direito potestativo do empregador efetuar a rescisão imotivada do contrato de trabalho, ele não pode valer-se dessa prerrogativa para praticar ato discriminatório, sob pena de nulidade do ato jurídico. Afirmar que o empregador estaria dispensado de apontar as causas do despedimento em quaisquer hipóteses importaria permissão à afronta de princípios constitucionais fundamentais, especialmente as garantias do direito à vida e ao trabalho, além da dignidade da pessoa humana. Cabe recordar que um dos objetivos fundamentais da república é o combate a todas as formas de discriminação, consoante art. 3º, IV, da Constituição, diretriz que também está contida no art. 5º, XLI, da Carta, segundo o qual "a lei punirá qualquer discriminação atentatória dos direitos e liberdades fundamentais". Acresça-se que a Lei n. 9.029/95 veda o rompimento do contrato de trabalho por ato discriminatório. O acervo probatório afasta a

(524) Outros exemplos: processo 0159300-03.2007.5.01.0033, TRT da 1ª Região, data: 13.12.2016; processo 0000410-21.2021.5.17.0003, TRT da 17ª Região, data: 26.03.2023; processo 00-3089-01 RO, TRT da 21ª Região, data: 04.07.2002.

tese defensiva de que a dispensa foi motivada pelas faltas disciplinares em ID. 1410432. Dessarte, entendo que a conduta da ré importou grave violação moral, visto que a discriminação traduz ofensa à honra subjetiva e à dignidade do trabalhador. Impende realçar que o dano moral prescinde de prova, pois envolve sentimentos ligados à subjetividade, cuja manifestação e intensidade variam de indivíduo para indivíduo. Em outras palavras, o dano moral decorre do próprio fato tido como ofensivo (in re ipsa). A indenização é medida, precipuamente, pela extensão do dano (art. 944 do CC/02). A doutrina acrescenta que a reparação civil deve ser fixada de acordo com a condição econômica das partes, o grau de culpa do empregador e a gravidade dos efeitos da conduta, tudo em observância ao princípio da razoabilidade, de forma a não cair nos extremos do alcance de valores irrisórios ou montantes que importem no enriquecimento da vítima ou na ruína do empregador. É assim que tenho por razoável o valor de R$10.000,00 (dez mil reais) a título de indenização por danos morais, a ser atualizada na forma da Súmula n. 439 do TST. Sobre a indenização em epígrafe não incide contribuição previdenciária ou fiscal, na forma da lei. Provejo, nesses termos.[525]

INTEIRO TEOR: INDENIZAÇÃO POR DISPENSA DISCIMINATÓRIA E DANOS MORAIS (...)

(...) Primeiramente, há de se frisar que o pedido inicial não é de reintegração decorrente de doença profissional, mas sim de indenização por dispensa discriminatória, tendo em vista a doença da reclamante — obesidade mórbida.

Nos termos do art. 4º da Lei n. 9.029/1995, a demissão do empregado, no momento em que está acometido por alguma doença, ainda que não ocupacional, pode gerar direito à readmissão ou à percepção em dobro da remuneração do período de afastamento, desde que configurada hipótese de demissão discriminatória.

(...) A reclamante afirma que no dia da dispensa (05.06.2018) comunicou à empresa que se submeteria a uma cirurgia bariátrica em 12.06.2018.

Com efeito, na presente hipótese não restou demonstrada cabalmente a discriminação da empresa em relação à obesidade mórbida da reclamante, porém, essa constatação, por si só, não afasta o caráter discriminatório da dispensa, na medida em que a demissão ocorreu logo após a empresa ter tomado ciência de que a autora seria submetida à cirurgia bariátrica, conforme comprovam os documentos acostados aos autos (...).

(...) mesmo após a autora comunicar à reclamada que faria cirurgia bariátrica a empresa rompeu o contrato, já que implicaria o seu afastamento médico, estando evidente a sua dispensa discriminatória.

Considero, portanto, que a conduta da ré excedeu os limites de seu direito potestativo, ferindo frontalmente os princípios constitucionais da dignidade da pessoa humana do trabalhador e da função social da empresa (art. 1º III e 170, III, CF). Devida a indenização equivalente ao dobro do período do afastamento, nos termos do art. 4º da Lei n. 9.029/95.

(...) ainda que não haja no ordenamento jurídico um critério específico que determine a forma de arbitramento da indenização por danos morais, entende este Relator que o valor fixado pelo MM. Juízo *"a quo"* (R$ 10.000,00) atende ao caráter reparatório da sua

(525) TRT da 3ª Região. Processo: 0010587-52.2020.5.03.0073; Data: 15102021; Órgão Julgador: 7ª Turma; relatora: Cristiana M. Valadares Fenelon. Destaques acrescidos.

estipulação, à finalidade punitiva e pedagógica da medida, como também ao objetivo de prevenir a repetição, pelo empregador, de atos lesivos à dignidade e/ou à saúde dos seus empregados.

Mantenho, pois, irretocável a r. decisão de piso, no tocante à questão.(526)

Na temática da dispensa discriminatória, os julgados dos TRTs costumam também adentrar a discussão pertinente à Súmula n. 443/TST, relativa ao ônus da prova — a qual, conforme exposto, vem sendo interpretada pelo órgão de cúpula trabalhista, preponderantemente, como não aplicável à "obesidade" ou "obesidade mórbida". No âmbito dos TRTs, é possível vislumbrar a formação de correntes distintas no que tange à Súmula n. 443/TST e a "obesidade", embora predomine, nos tribunais analisados, o entendimento pela inaplicabilidade do verbete, havendo julgados em sentidos opostos. Confira-se:

> INTEIRO TEOR: O que se verifica pelos elementos de prova carreados aos autos é que de fato a autora possui quadro de obesidade mórbida, que atrai estigma e preconceito, e estava com os preparativos para realização da cirurgia avançados, valendo esclarecer desde já que o procedimento cirúrgico se daria mediante plano de saúde fornecido pelos réus. Incotroverso, também, que os demandados tinham ciência acerca dos procedimentos preparativos realizados pela ré.
>
> A respeito da matéria discutida nos autos, a Súmula n. 443 do TST estabelece que:
>
> "DISPENSA DISCRIMINATÓRIA. PRESUNÇÃO. EMPREGADO PORTADOR DE DOENÇA GRAVE. ESTIGMA OU PRECONCEITO. DIREITO À REINTEGRAÇÃO – Presume-se discriminatória a despedida de empregado portador do vírus HIV ou de outra doença grave que suscite estigma ou preconceito. Inválido o ato, o empregado tem direito à reintegração no emprego".
>
> No que diz respeito à obesidade mórbida como doença capaz de trazer estigma e preconceito, trago à colação a seguinte decisão proferida no âmbito do TRT da 17ª Região, *in verbis*:
>
> DISPENSA DE EMPREGADO EM PREPARO PARA REALIZAÇÃO DE CIRURGIA BARIÁTRICA. PRÁTICA DISCRIMINATÓRIA. Constatada a natureza discriminatória da dispensa do trabalhador portador de obesidade mórbida, repudia-se a ideia de que a extinção do vínculo empregatício, ainda assim, constitui direito potestativo, não podendo o empregador manter-se alheio a sua função social e ao dever constitucional de promoção à saúde no meio ambiente de trabalho (art. 6º c/c art. 7º, XXII, da CF/88). Hipótese que autoriza a reintegração, com base no art. 4º da Lei n. 9.029/1995. (TRT 17ª R., RO 0020900-24.2013.5.17.0010, relª. Desembargadora Wanda Lúcia Costa Leite França Decuzzi, *DEJT* 22.05.2014).
>
> Como é de conhecimento amplo, a cirurgia bariátrica é um procedimento complexo e de alto risco, que pode trazer sérias complicações pós-operatórias. Deste modo, tenho para mim que a atitude precipitada da 1ª ré reveste-se de caráter discriminatório, na medida em que revela a intenção da empresa em se ver livre da autora antes que viesse a apresentar algum problema de ordem financeira e estrutural.

(526) TRT da 2ª Região. Processo: 1000847-32.2019.5.02.0262; Data: 04.09.2023; Órgão Julgador: 11ª Turma; relator: Sérgio Roberto Rodrigues. Destaques acrescidos.

Nesse aspecto, a decisão se mostra ainda mais grave quando se leva em consideração a função social da empresa e o dever constitucional de promover a saúde no meio ambiente de trabalho (art. 6º c/c art. 7º, XXII, da CF/88).

Importante ressaltar, outrossim, que o art. 1º da mencionada Lei n. 9.029/95 trata da discriminação por motivo de sexo, origem, raça, cor, estado civil, situação familiar ou idade, por meio de rol exemplificativo, cabendo ao Julgador adequá-lo aos princípios constitucionais que servem de norte ao Direito do Trabalho.

Não é demais ressaltar que o fato de a empregada se encontrar em condição de obesidade mórbida já afeta a sua autoestima, tornando-a mais frágil e sensível, e a empregadora, mesmo ciente dos problemas de saúde da autora e dos reflexos negativos, optou em dispensá-la sem justa causa.

Evidenciada, portanto, a atitude discriminatória narrada na inicial e a ofensa à dignidade do ser humano.

(...) Nessa linha de raciocínio, tem-se, pela prova dos autos, que a ré não logrou demonstrar qualquer motivo justo para dispensa da autora. E nesse caso, o termo "justo" não deve ser visto sob a ótica ordinária da justa causa, mas sim, da justa motivação. Em outras palavras, a dispensa do empregado que se encontra acometido por doença grave deve vir acompanhada dos motivos que a determinaram, ainda que o obreiro não tenha dado causa à rescisão. Ausente tal motivação, como é a hipótese dos autos, presume-se discriminatória a dispensa, nos termos do verbete sumular acima transcrito.[527]

INTEIRO TEOR: (...) Certo é que a doença aqui noticiada pela reclamante (obesidade mórbida — grau III), embora possua gravidade reconhecida pela medicina, não está entre aquelas que suscitam estigma e preconceito (Súmula n. 443 do TST, o que implica dizer que a dispensa do empregado nessas condições não se presume discriminatória — apenas isso. Nada impede, pelas circunstâncias do caso concreto, que esse tipo de discriminação fique evidenciado pelos elementos de prova constantes dos autos.[528]

INTEIRO TEOR: (...) Ainda que a obesidade seja uma doença que causa estigma e preconceito, enquadrada, portanto, na Súmula n. 443 do TST, o reclamado se desincumbiu do ônus de comprovar que a dispensa da autora não se deu de forma discriminatória (...).[529]

EMENTA: DISPENSA DISCRIMINATÓRIA. OBESIDADE. Súmula n. 443 DO C. TST. Nos termos do entendimento da Corte Superior Trabalhista "não é apenas o fato de o trabalhador possuir doença grave que atrai a presunção acerca do viés discriminatório de sua dispensa. O quadro clínico, além de grave, deve suscitar preconceito ou estigma nas demais pessoas, de modo a se presumir a discriminação em razão do próprio senso comum que permeia o tratamento social dado a determinadas doenças. Embora grave, não é possível dizer que a obesidade, por si só, é uma doença que provoque estigma ou preconceito

(527) TRT da 3ª Região. Processo: 0010387-54.2016.5.03.0180; Data: 13.12.2016; Órgão Julgador: 4ª Turma; relatora: Paula Oliveira Cantelli. Destaques acrescidos.

(528) TRT da 2ª Região. Processo: 1000913-34.2021.5.02.0717; Data: 06.04.2022; Órgão Julgador: 1ª Turma; relator: Gerti Baldomera de Catalina Perez Greco. Destaques acrescidos.

(529) TRT da 3ª Região. Processo: 0010860-87.2021.5.03.0140; Data: 18.07.2023; Órgão Julgador: 10ª Turma; relatora: Ana Maria Amorim Rebouças. Destaques acrescidos.

no seio social, sobretudo porque não é contagiosa e não gera necessariamente sinais de repulsa nos seus portadores" (ARR – 1000162-39.2015.5.02.0432, relatora Ministra: Dora Maria da Costa, 8ª Turma, Data de Publicação: DEJT 27/04/2018).[530]

Ainda no que tange à fundamentação das decisões dos TRTs, para além de dispositivos constitucionais, de normas do Código Civil sobre indenização por danos morais e da Lei n. 9.029/1995, alguns acórdãos sobre gordofobia, relativamente raros, abordam também convenções e tratados internacionais, com destaque para a Convenção n. 111 da OIT. Ilustrativamente, citam-se:

> INTEIRO TEOR: (...) A dispensa por motivo discriminatório é vedada pelo ordenamento jurídico. Várias são as normas internacionais que versam sobre tal aspecto, como, por exemplo, a Declaração Universal dos Direitos Humanos de 1948 e o Pacto Internacional sobre os Direitos Econômicos, Sociais e Culturais de 1969. Ainda nesse sentido, ressalta-se o teor da Convenção 111 da Organização Internacional do Trabalho (OIT), que afasta do ambiente laboral qualquer ato que vise distinguir ou excluir um determinado empregado, destruindo ou alterando a igualdade de oportunidade e tratamento por motivo injustamente desqualificante.
>
> (...) Consta no laudo pericial produzido no presente feito que o obreiro possui peso: 136 kg e altura: 1,75 m (ID. 956abc3 – Pág. 6), tendo o perito registrado na resposta ao quesito 8 que o autor possui (IMC: 44,4. Obesidade grau 3, ou seja, último grau de obesidade) e com quadro degenerativo-inflamatório (laudo ID. 956abc3 – Pág. 9). Ressaltou que a obesidade é classificada até grau 3, portanto, grau máximo.
>
> (...) A teor da prova testemunhal, deparamo-nos com uma dispensa discriminatória, contrária a princípios fundamentais da Constituição Federal, como o da igualdade, da dignidade da pessoa humana, da liberdade de trabalho, dentre outros. O obreiro foi dispensado de forma abusiva e arbitrária, sendo necessária a pronta intervenção desta Especializada para sanar a ilicitude de que foi vítima (...).[531]

> INTEIRO TEOR: (...) Restou confirmado pela sentença de primeiro grau que a ré deixou de contratar o reclamante para o cargo de encanador, em virtude de sua condição física (obesidade). Tal conduta fere a dignidade da pessoa humana e configura ato discriminatório, em total afronta ao art. 7º, inciso XXX da CRFB. Atitude que também é repudiada pela Convenção n. 111 da OIT (art. 1º), ratificada pelo Brasil e deve ser reprimida e desestimulada, sendo justa a condenação ao pagamento de indenização por danos morais, que deve ser fixada em valor condizente com a extensão do dano, com a finalidade pedagógico-punitiva da medida e com as condições financeiras da empresa. Assim, entendo que o valor fixado em primeiro grau (R$ 3.110,00 – cinco salários mínimos), deve ser mantido, razão pela qual, nego provimento ao recurso.[532]

(530) TRT da 17ª Região. Processo: 0000968-91.2020.5.17.0014; Data: 15.09.2022; Órgão Julgador: 2ª Turma; relatora: Wanda Lucia Costa Leite Franca Decuzzi. Destaques acrescidos.

(531) TRT da 17ª Região. Processo: 0000410-21.2021.5.17.0003; Data: 26.03.2023; Órgão Julgador: 1ª Turma. Relator: Cláudio Armando Couce de Menezes. Destaques acrescidos.

(532) TRT da 1ª Região. Processo: 0000410-21.2021.5.17.0003; Data: 29.11.2012; Órgão Julgador: 1ª Turma. Relator: Mário Sérgio Medeiros Pinheiro. Destaques acrescidos.

As normas estaduais e municipais mais precisas que versam sobre gordofobia, analisadas nos subtópicos 6.2.8.7, 6.2.8.8 e 6.2.8.10, não são mencionadas nos julgados trabalhistas, de modo geral, seja para fins aplicação analógica, seja para aclaramentos conceituais próprios à temática.

De maneira expressiva, portanto, em geral com base na Constituição, em normas civilistas sobre indenização por danos morais, na Lei n. 9.020/1995, em dispositivos esparsos da legislação federal e, eventualmente, em normas de Direito Internacional, o Poder Judiciário trabalhista vem reconhecendo a ilegalidade e caráter indenizável de comprovados atos de gordofobia no mercado de trabalho. Ressalva-se, no entanto, parcela importante de condenações concretamente inviabilizadas pelas dificuldades probatórias das vítimas de gordofobia, notadamente em vista do entendimento preponderante, embora não exclusivo, de inaplicabilidade da Súmula n. 443/TST à "obesidade".

Ponderada a querela do ônus da prova, de todo modo, é importante reconhecer que o Judiciário Trabalhista chegou, até mesmo, a consolidar o acertado entendimento de que a dispensa de uma pessoa em razão de seu corpo gordo é discriminatória, mesmo em se tratando de empresa de tendência ideologicamente associada à cultura do emagrecimento. Em acórdão marcante, assim, o TRT da 1ª Região reputou ilegal a dispensa, pela organização "Vigilantes do Peso", de trabalhadora que, tendo emagrecido muito e se tornado instrutora da empresa, sofreu novo ganho de peso e foi por isso descartada pelo empregador:

> INTEIRO TEOR: (...) 1 -) Sobre a "indenização por assédio moral"
>
> Merece provimento, em parte, o recurso.
>
> Diz a reclamante, na petição inicial, que "... após período como associada da reclamada foi admitida como empregada da ré em 09.04.2003 na função de orientadora (...) sendo certo que cumulativamente prestou diversos serviços de vendedora e "garota propaganda" sem receber adicionais por estes dois últimos serviços" "o exercício como "garota propaganda" da reclamada era requisitado frequentemente pela reclamante (*sic*), pois ... esta teve grande redução de peso, chegando a caber inteira em apenas uma das pernas de suas antigas calças"
>
> "com isso chamou muita atenção, era requisitada pela empresa para diversas entrevistas nos meios de telecomunicação escritos e televisionados"
>
> (...)
>
> "a atividade da autora consistia em promover cursos e orientações a pessoas associadas ao Vigilantes do Peso, dando palestras e orientações em diversos bairros da cidade do Rio de Janeiro (...).
>
> (...) "o trabalho a ser exercido na empresa era em ambiente muito competitivo e de muita pressão por metas de vendas e por metas de manutenção e redução de peso, de acordo com um rígido e absurdo Regulamento Para Função de Orientadora e Demais Regras Internas"

"a autor lidou bem com esse ambiente por muitos anos, até que começou a ganhar peso"

"o ganho de peso se justificou pela grande ansiedade da autora que, diversas vezes advertida pela empresa ré, ficava mais nervosa e ansiosa e ganhava mais peso"

"existia a cobrança da perda de peso diariamente"

"em reuniões mensais a autora era obrigada a se pesar na frente de outros colegas e associados e a cada quilo fora de seu ideal tinha que pagar determinado valor, em média de R$ 25,00 ..."

"o ganho de peso da autora se iniciou em 2007, quando recebeu a primeira advertência"

"com tamanha cobrança e pressão por redução de peso, a autora desenvolveu bulimia"

"foi assim que sobreviveu no trabalho por quatro anos, com altos e baixos, passando por uma "efeito sanfona", de acordo com a ordem das datas de advertência, ao menos uma a cada ano de 2007 e com a suspensão em 2010"

"com essa situação, a reclamante também desenvolveu forte depressão, chegando a se afastar do trabalho algumas vezes por alguns dias e por fim sendo afastada pelo INSS para se tratar em auxílio doença em setembro de 2010 ..."

"quando a autora retornou às atividades em abril de 2011 foi demitida sem justa causa pela empresa ré, que alegou que naquelas condições, ou seja, acima do peso, não poderia mais trabalhar para a reclamada"

"a reclamante tentou argumentar, sem sucesso"

"o representante que a demitiu alegou que por a autora ter feito tanto bem e trazido tanto sucesso para o Vigilantes do Peso, não iria demiti-la por justa causa como faz com a grande maioria dos funcionários que demite regularmente pela mesma razão"

"... a autora passou diversas humilhações por anos na empresa ré"

"acreditava no seu trabalho, gostava do que fazia, tinha muito sucesso e tinha dedicação exclusiva a esse trabalho"

"foi vencedora diversas vezes dos concursos anuais de "associada do ano", sendo até premiada"

(...) "porém, quando precisou de auxílio dessa empresa à qual tanto se dedicou e chegou a "trabalhar de graça" em desvios de função foi absurdamente demitida e excluída como uma "peça" que simplesmente não funciona mais"

"é certo que toda a depressão e bulimia adquiridas pela autora foram causadas pela empresa ré por suas absurdas cobranças e exigências totalmente inconstitucionais e desumanas, sem qualquer apoio ou auxílio para incentivar a reclamante"

"seus "auxílios" eram mais cobranças e humilhações"

"até a presente data a reclamante encontra-se desempregada em razão de sua depressão causada pela reclamada (...)

"a autora sofreu toda a sorte de prejuízos com as humilhações sofridas e com as sequelas de sua depressão em razão da dor que sofrendo, por anos a fio, mantendo-se no trabalho com uma bulimia, prejudicando a sua saúde física e mental"

(...) Por isso a reclamante pleiteava "indenização por danos morais a ser fixado (*sic*) em R$ 100.000,00 (...)".

O d. Juízo de origem condena a reclamada ao "pagamento de indenização por danos morais no valor de R$ 60.000,00", destacando, na r. sentença proferida em 14.12.2010 (...).

(...) Penso que a decisão desafia reparos apenas (...) quanto ao valor da "indenização por danos morais" a ser paga pela reclamada.

(...) Revel a reclamada, caberia a ela aplicar a "confissão quanto à matéria de fato", autorizando presumir verdadeiras as alegações da reclamante.

E as alegações da reclamante permitem concluir pelo assédio moral/dano moral de que ela foi vítima, nos últimos anos do contrato de trabalho, em razão do tratamento que lhe era reservado pela reclamada.

A reclamada sobrecarregava a reclamante com tarefas, sem prestar-lhe apoio, impondo-lhe metas que excederiam o limite do razoável, e a ela aplicando penalidades disciplinares por "ganho de peso".

"Em reuniões mensais a autora era obrigada a se pesar na frente de outros colegas e associados e a cada quilo fora de seu ideal tinha de pagar determinado valor...", o que, sem dúvida, representaria outra forma de constrangimento.

Que a reclamada fizesse controle do peso da reclamante, seria razoável – na medida em que a reclamante exercia a função de "orientadora" (...), sendo a reclamada uma "sociedade empresária" cujo objeto social corresponderia à "promoção e operacionalização, no território nacional, do programa e da tecnologia desenvolvidos pela sócia Weight Watchers International Inc., a qual, operando e orientando as denominadas "Weight Watchers Classes" (Aulas de Vigilantes do Peso), objetiva a redução do excesso de peso das pessoas, bem como a manutenção de seu peso normal ou reduzido, segundo escalas e padrões de melhor aceitação internacional" (v. fls. 110, vº).

(...) Ao obrigar a reclamante "a se pesar na frente de outros colegas e associados", a reclamada incorria em excesso.

As sucessivas "advertências" — e, ainda, uma "suspensão" — aplicadas à reclamante em nada contribuiriam para o seu equilíbrio profissional (...), sugerindo, isto sim, que a reclamada se não a "perseguia", pelo menos contribuía para que fosse criado um ambiente de trabalho extremamente desfavorável.

Ter a reclamante desenvolvido "depressão" e "bulimia", além das "diversas humilhações" sofridas "por anos na empresa", confirmam o ambiente de trabalho hostil, situação típica de "assédio moral".

(...) Sem dúvida que a reclamante "... deixa claro nos autos que sempre teve problema de obesidade, o que, inclusive, a fez procurar a reclamada".

No entanto, aqueles "problemas de obesidade" foram resolvidos com tamanho sucesso, pela condição da reclamante de "associada da reclamada", que esta veio a admiti-la "em 09.04.2003 na função de orientadora".

Aqueles "problemas de obesidade" retornaram, a partir de 2007, pelo ambiente de trabalho que a reclamada proporcionava à reclamante, sobrecarregando-a de tarefas, recusando-lhe apoio, cobrando metas excessivas.

> Esse "cenário" autoriza reconhecer o assédio moral/dano moral.
>
> Se a reclamante, como "associada" "sempre esteve sujeita às mencionadas pesagens", isso não significa que, na condição de empregada da reclamada, ela ainda deveria submeter-se ao procedimento, ainda mais na frente de estranhos.
>
> (...) Excessivo, porém, o valor fixado pelo MM. Juízo *a quo* para a "indenização por danos morais".
>
> Qualquer indenização por danos morais — ou por assédio moral — se destina, não só a reparar, no que possível, o prejuízo sofrido pelo ofendido, mas, também, a evitar que o ofensor reincida na conduta de que resultara a lesão ao direito do ofendido (mesmo que envolvendo outras pessoas).
>
> (...) Dou provimento ao recurso ordinário interposto pela reclamada, portanto, para reduzir a R$ 6.000,00 o valor da indenização por danos morais devida à reclamante — valor que considero adequado ao caso.[533]

As empresas ou organizações de tendência, conforme conceitua Gabriela Curi Ramos Gaspar, são empregadores ideológicos, que "se caracterizam por uma plena identificação entre as convicções, crenças, opiniões, pensamentos (...), de modo que a ideologia é o fundamento e a razão de ser das atividades do empregador".[534] Em tais empresas ou organizações, discute-se acerca de um pretenso dever de alinhamento de empregados ao posicionamento ideológico da empresa, mesmo fora do local e do horário de trabalho, a depender da gradação do caráter ideológico das tarefas que desempenham, enquanto "portadores de tendência".[535]

Assim, por exemplo, um trabalhador admitido em função associada a uma liderança religiosa não poderia declaradamente professar uma fé alheia à da organização que o emprega. Um comentarista de programa ou fã-clube de um específico time de futebol não deveria alardear torcer para o time adversário. Entretanto, no que se refere às pessoas gordas, entende-se que o corpo de um ser humano não poderia, jamais, se equiparar a uma simples opção ideológica.

No caso da orientadora do Vigilantes do Peso, denota-se do caso que foi fiel seguidora da organização, tendo perdido grande quantidade de peso e tido sua imagem explorada como caso de sucesso. Admitida como empregada, por circunstâncias diversas, engordou novamente de forma gradual, porém não reportou, em nenhum momento, mudança de seu alinhamento ideológico. Embora sua variação corporal denuncie a realidade da impossibilidade de pleno controle do peso, o que demonstra a falha em premissas da

(533) TRT da 1ª Região; Processo: 0000943-79.2012.5.01.0022; Data: 23.01.2014; Órgão Julgador: 8ª Turma; relator: Roque Lucarelli Dattoli. Destaques acrescidos.

(534) GASPAR, Gabriela Curi Ramos. *Colisão de Direitos Fundamentais nas Relações de Emprego em Organizações de Tendência*. Dissertação de Mestrado em Direito. Salvador: Programa de Pós-Graduação em Direito da Universidade Federal da Bahia, 2015.

(535) *Idem*.

organização que representa, não se trata de pessoa que passou a acreditar na ineficácia e caráter prejudicial de dietas alimentares restritivas, apesar dos malefícios que claramente lhe ocasionaram. Entendeu corretamente o Poder Judiciário, portanto, mesmo em tal caso mais complexo, que o corpo de alguém não é uma livre e desembaraçada escolha individual. Ressalta-se, no entanto, ser passível de críticas o reduzido valor indenizatório estabelecido, considerando-se o porte da empresa, bem como a extensão e a gravidade não apenas do assédio e discriminação sofridos, mas também dos transtornos alimentar e psiquiátrico decorrentes dessas violências e evidenciados nos autos.

Finalmente, não obstante o Poder Judiciário trabalhista venha colaborando para o efetivo combate à gordofobia no trabalho, em diversos julgados que impõem indenizações por danos morais sofridos por pessoas gordas, reintegração de trabalhadores dispensados de forma discriminatória e pagamento de verbas concernentes ao período de afastamento, não se pode ignorar também uma série de decisões que, em contraponto, corporificam de forma nítida os reflexos da gordofobia social em processos judiciais.

Embora mais antiga, datada de 2003, uma decisão proferida pelo TRT da 2ª Região merece ser lembrada como expoente da naturalização social da violência imposta às pessoas gordas, em geral e no mercado de trabalho. Na ocasião, entenderam os julgadores que a conduta de companhia área de impor a empregado aeroviário um programa de perda de peso, apelidado por colegas de *"Free Willy"*, era justificável por promover "melhores condições de saúde", alinhar-se ao "combate à obesidade", atender a "padrões internacionais de atendimento aos usuários" e estar de acordo com "modelos de conduta e de apresentação", não sendo cabível indenização por danos morais:

> EMENTA: Dano moral: Inserção do empregado aeroviário em programa de reeducação alimentar para perda de peso que recebeu dos trabalhadores a jocosa alcunha de Free Willy. Descabimento de indenização em face da ausência de discriminação ou de situação vexatória ao trabalhador. O fato da empresa de transporte aéreo auxiliar seus empregados no combate da obesidade nada tem de ilícito ou discriminatório. Ao contrário, é benéfico duplamente. Atende aos interesses empresariais, mantendo o mesmo quadro de aeroviários, sem dispensar aqueles que ficam acima do peso e contra os padrões internacionais de atendimento aos usuários, que exigem rigorosos modelos de conduta e de apresentação. Igualmente, atende também aos interesses dos empregados em geral que, sem desembolso de qualquer montante e sem terem prejuízo de forma alguma, ficam com melhores condições de saúde quando participam dos programas de emagrecimento, inclusive em retiros alimentares programados.[536]

A decisão compila diversos pilares da gordofobia em uma única formulação: a naturalização e admissibilidade da imposição do padrão de magreza como regra de conduta social; a diminuição da importância da gordofobia enquanto violência contra o

(536) TRT da 2ª Região. Processo: 00036200390202000; Data: 30.09.2003; Órgão Julgador: 5ª Turma; relator: Ricardo Verta Luduvice. Destaques acrescidos.

indivíduo; a justificativa da agressão com base no clássico discurso de saúde; e a aceitação de restrição de atividades, direitos ou mesmo a justificação de dispensas com base em incapacidades preconceituosamente presumidas em relação às pessoas gordas.

Embora emblemática, não se trata de decisão isolada, sendo possível identificar diversos outros julgamentos mais recentes e assentados nas mesmas premissas. Assim, por exemplo, colhe-se julgado de 2020 em que o TRT, ao entender improcedente determinado pedido formulado por empregado gordo, por ausentes provas que o embasassem, chancela conclusão adotada pelo juiz de primeira instância, bastante alinhada aos preconceitos sociais, de que a "obesidade" seria fruto de "desleixo com exercícios físicos":

> INTEIRO TEOR: No mais, entendo que o d. juízo recorrido realizou, de forma brilhante, uma análise minuciosa das provas colhidas nos autos, cuja fundamentação passo a transcrever, por comungar integralmente com as conclusões adotadas, que passam a integra a presente decisão (Id 7d7ca2c):
>
> "(...) Ao que parece, o autor pretende imputar à reclamada consequências de atitudes tomadas por si, como o desleixo com exercícios físicos e o excessivo ganho de peso. Assim, é improcedente o pedido indenizatório por dano moral e a indenização pela suposta dispensa discriminatória".[537]

Em acórdão de 2011, observa-se que um Tribunal Regional já entendeu justificável e não discriminatória a retirada de uma moto como instrumento de trabalho de um homem gordo, por entender, aparentemente sem qualquer pronunciamento de autoridades de trânsito a esse respeito, nem invalidade da carteira nacional de habilitação do trabalhador, pois tal não consta do acórdão, que o corpo gordo "desaconselharia o deslocamento por veículos de duas rodas":

> INTEIRO TEOR: Em depoimento pessoal, o reclamante esclarece que "foi contratado para ser vendedor com motocicleta e era o melhor motociclista da ré, mas a empresa tomou arbitrariamente a moto do reclamante, sob a alegação que devido à obesidade do depoente, o mesmo não deveria pilotar moto" (v. fls. 455).
>
> Penso que o procedimento adotado pelo empregador não desafiaria críticas.
>
> Sim, porque ao que se conclui, o reclamante era pessoa obesa, em um "nível" tal que isso provocaria dificuldades específicas, no exercício de suas funções.
>
> Inclusive, a testemunha (...) (segunda testemunha do autor) diz, expressamente, que "a ré não fornecia uniforme ao autor", acreditando (a testemunha) que "isto era devido pelo tamanho do autor" (v. fls. 460).
>
> Ou seja, o reclamante padecia, sim, de "problemas de peso", a desaconselhar o deslocamento por veículos de duas rodas ("motocicletas").

---

(537) TRT da 8ª Região; Processo: 0000683-33.2018.5.08.0010; Data: 29.01.2020; Órgão Julgador: 3ª Turma; relator: Walter Roberto Paro. Destaques acrescidos.

> Faltando prova de ter a reclamada praticado algum ato que viesse a provocar constrangimento ou incômodo ao reclamante, não seria possível acolher o pedido à indenização por danos morais.[538]

Certa feita, em 2015, um TRT manteve também decisão em que o julgador de primeiro grau, ao apreciar depoimento no sentido de que uma empregada seria chamada de gorda e instada a emagrecer pela empregadora para se tornar mais ágil, entendeu que estes seriam apenas "comentários bastante comuns, principalmente entre mulheres", não implicando dano moral:

> Inteiro teor: (...) INDENIZAÇÃO POR ASSÉDIO MORAL
>
> Sustenta a reclamante na petição à inicial (Id 5618629) que Insta salientar, que a Reclamante por várias vezes sofreu constrangimentos dentro do local de trabalho. Para melhor esclarecer ao Douto Juízo, a dona da Reclamada, Sra. Ana Cláudia, chamava a Reclamante de gorda na frente dos funcionários, chegando até mesmo uma vez dizer a Reclamante: "que iria dar o cargo de supervisora para a Reclamante, mas ela só entraria no cargo se fosse ao médico para emagrecer!". (Grifei).
>
> Pretende o pagamento de indenização por assédio moral.
>
> O pleito foi julgado improcedente pela i. sentenciante (Id 77be4d0), ao seguinte fundamento:
>
> Não há dúvidas que empregador pode e deve cobrar a qualidade do atendimento e diante do contexto probatório, pode-se verificar a inexistência de assédio moral, pois este caracteriza-se pela perseguição, ou atitudes furtivas, cobranças desmesuradas e outras práticas similares, improvadas. A reclamante, de fato, possui importante sobrepeso e não há dúvidas que este pode até mesmo afetar não apenas a qualidade de vida, como também o desempenho profissional. Do contexto probatório conclui-se que a conduta patronal não teve conteúdo discriminatório ou vexatório, resumindo-se a comentários bastante comuns, principalmente entre mulheres, a respeito de peso e qualidade de vida. Ante exposto, indefere-se o pedido de indenização por danos morais (item E). (...).
>
> De tal decisão recorre a reclamante.
>
> (...) *Ab initio*, destaco que a reclamante muito embora tenha indicado o fator de discriminação a orientar a conduta de seu superior hierárquico, não logrou comprová-lo.
>
> (...) É o que se extrai dos depoimentos (Id 9dd18b8) das testemunhas indicadas pela reclamante e pela ré:
>
> DEPOIMENTO DA TESTEMUNHA DA AUTORA: (...) Certo dia apenas a depoente e a autora foram chamadas, tendo Ana Cláudia reiterado para a depoente ser mais rápida e que era bom a autora emagrecer um pouco que tudo caminharia melhor. Nesse dia participaram apenas as 3 da conversa, em uma mesa do lado de fora, usada pelos clientes. Certo dia

(538) TRT da 1ª Região; Processo: 0000557-68.2011.5.01.0027; Data: 21.01.2015; Órgão Julgador: 8ª Turma; relator: Roque Lucarelli Dattoli. Destaques acrescidos.

> a autora estava chorando pois Ana Claudia a tinha chamada de gorda. (...) Na interpretação da depoente, Ana Claudia comentou sobre a conveniência de a autora emagrecer pois desta forma seria mais ágil no atendimento. Não sabe dizer se tal comentário tinha conteúdo discriminatório, mas sim que Ana Cláudia prezava o rápido atendimento. Não sabe dizer se a dispensa da autora foi discriminatória (...).
>
> (...) Do ponto de vista do empregado, a promoção constitui mera expectativa de direito, de modo que nem mesmo a indicação por três vezes para assumir o novo cargo, assim como o conjunto probatório não demonstra, de forma inconteste, que a reclamante tnha sido submetida às situações narradas na inicial, e que tenha sofrido assédio moral em função de sobrepeso. O fato da dona da loja ter determinado um atendimento mais ágil e a sugestão para o emagrecimento, não configuram por si só assédio moral, mas aconselhamento destinado a melhorar suas aptidões.
>
> *Data venia*, o comportamento da chefia não discrepa do que ordinariamente acontece no ambiente profissional; não é razoável considerar que a mera cobrança de um atendimento mais célere ocasione lesão a direitos da personalidade. O que não se admite é que aos empregados sejam dirigidas ofensas, depreciações e intimidações, estas sim aptas a provocar sentimentos de dor e reprovação judicial.(539)

Muitas situações provadas de preconceitos e violências no ambiente do trabalho, em face de pessoas gordas e com relação aos seus corpos, são consideradas padrões normais de trato social pelo Poder Judiciário. São agressões gordofóbicas tão incrustadas no seio social, que, insertos também os julgadores na cultura contemporânea, ocasionalmente não são consideradas assim tão graves. Atribui-se a sensação de humilhação da pessoa gorda a uma pretensa sensibilidade exacerbada. Entende-se que é impossível ao empregador garantir um ambiente de trabalho livre de comentários e hostilidades de colegas contra o empregado gordo, pois naturais ao convívio social. Afirma-se que a pessoa gorda teria sido chamada de "porca", obrigada a se pesar em público ou ouvido que deveria emagrecer para caber no uniforme da empresa, mas "apenas" uma vez. Diz-se que o autor de "brincadeiras" ou "observações" sobre peso ou emagrecimento não teve a "intenção" de ofender ou humilhar o empregado gordo. Em falsa simetria, equipara-se o apelido jocoso associado à característica altamente estigmatizada do corpo gordo a um apelido qualquer, ou mesmo a um estímulo para que a pessoa emagreça e seja mais saudável.

Em suma, a gordofobia, pela intensa tolerância social de que goza, tem sua importância diminuída em relação a outras formas de discriminação. Desconsiderando os impactos psicológicos e existenciais de violências diversas contra pessoas gordas, eis alguns exemplos:

> EMENTA: INDENIZAÇÃO POR DANOS MORAIS. PARTICIPAÇÃO EM PROGRAMA DE CONTROLE DE OBESIDADE. AUSÊNCIA DE PROVA DO DANO. Não comprovado pelo autor que o fato de ter participado do programa de controle de obesidade instituído pelo empregador tenha lhe causado danos morais, nos termos alegados na petição inicial, não

(539) TRT da 1ª Região. Processo: 0010049-98.2014.5.01.0247; Data: 20.08.2015; Órgão Julgador: 5ª Turma; relatora: Marcia Leite Nery. Destaques acrescidos.

há impor condenação ao reclamado de pagamento de indenização por danos morais. Recurso não provido, no particular, por unanimidade.

INTEIRO TEOR: (...) Verifica-se por esses depoimentos que o programa de controle de obesidade implantado pelo reclamado era destinado a todos os funcionários que estivessem com o índice de massa corporal acima do ideal e que laboravam na área de risco, visando à prevenção de acidentes de trabalho, o que afasta a alegada discriminação, como também reconheceu a sentença, porquanto o que se objetiva é a segurança e a saúde do trabalhador em razão do risco da atividade desempenhada, justificando o afastamento do trabalhador no período que se encontra fora dos parâmetros de segurança para realizar aquele trabalho de risco, não havendo com isso nenhuma discriminação.

De se ressaltar que o reclamante atingiu o peso ideal e retornou às suas atividades normais e não se comprovou pela prova trazida aos autos nenhuma discriminação e nem o alegado assédio moral. O simples fato de haver comunicação eletrônica como aquelas que o recorrente transcreve às f. 333/334, não impõe o reconhecimento de assédio porquanto apenas está sendo cobrada a participação no programa para conseguir o IMC determinado, não importando ameaças e nem advertência em relação ao emprego do reclamante, a ponto de justificar a indenização pleiteada.

(...) Registro que é impossível obstar eventuais tratamentos ao reclamante pelos colegas sobre o fato de ele estar acima do peso ideal, quer sejam revestidos de solidariedade quer de maldade, já que decorrência normal e inevitável do convívio social, ainda mais nesse caso que não se comprovou nenhum tratamento que desse suporte ao alegado dano moral.[540]

INTEIRO TEOR: Danos Morais por assédio

Assegura a recorrente que sofreu assédio moral em decorrência da humilhação contida no comentário feito pelo diretor da reclamada de que "o problema não era a cadeira, e sim, a recorrente que estava muito gorda e tinha que emagrecer".

A preposta da reclama noticia que:

"(...) o Dr. Jeferson falou para a Sra. Miziara que poderia colocar a reclamante em um programa de saúde do trabalhador que tem na empresa, porque na época a reclamante estava um pouco acima do peso e havia indicação médica de perda de peso por conta do problema na coluna; não sabe se o Dr. Jeferson teria afirmado que a reclamante "estaria gorda" e que precisaria emagrecer e que a cadeira especial não resolveria seu problema; o que a depoente sabe é que ele sugeriu a inclusão da reclamante no programa acima mencionado(...).

Nos depoimentos de oitiva das testemunhas, a primeira testemunha do reclamante (...) afirma que:

(...) ao receber esta recomendação o depoente, como chefe do setor, diligenciou junto ao SESMT e confirmou a necessidade de uso dessa cadeira (com braços e também com assento maior, necessário em razão do excesso de peso da reclamante); que, diante disso, levou o requerimento de aquisição da cadeira para o diretor do hospital, Dr. Jéferson,

(540) TRT da 24ª Região. Processo: 0000455-54.2011.5.24.0076; Data: 19.06.2012; Órgão Julgador: 2ª Turma; relator: João de Deus Gomes de Souza. Destaques acrescidos.

que respondeu ao depoente que o problema não da autora não era a cadeira, mas o seu excesso de peso (...)".

E a Primeira testemunha da reclamada (...) salienta que:

"(...) que levou o caso ao médico do trabalho e este confirmou a necessidade da cadeira; que levou o requerimento ao diretor, Dr. Jéferson, e ele autorizou a manutenção da cadeira e sugeriu que a reclamante fosse encaminhada para o programa de saúde do trabalhador da empresa, para auxiliá-la no tratamento do seu sobrepeso (...)".

Confrontando-se os trechos extraídos dos depoimentos, entende-se que o médico diretor da reclamada não teve a intenção de humilhar a parte obreira e sim trazer à observação para o problema clínico de sobrepeso evidenciado nos autos.

Logo, não demonstrado ato atentatório a dignidade da obreira, nega-se provimento.(541)

INTEIRO TEOR: (...) Dessa forma, diante das provas produzidas constatou-se a ocorrência de um acontecimento isolado, cosubstanciado na afirmação da empresa de que deveria emagrecer para poder vestir o uniforme fornecido pela reclamada, fato que, por si só, não enseja o pagamento de indenização por assédio moral, vez que a prática não foi reiterada e a própria testemunha do reclamante que narrou o fato, Sra. Rosangela Rodrigues, ter dito que "não sentiu tom de crítica na hora do ocorrido, com as palavras da Sra. Sara" (...).

Diante da ausência de provas sobre a ocorrência de assédio moral, quer testemunhal, quer documental, não há como prover o recurso.

Apelo improvido.(542)

INTEIRO TEOR: (...) O fato da medição de peso ocorrer na sala da chefia, e não em consulta médica, não resulta violação da imagem ou da honra do empregado, já que o próprio desempenho da função de eletricista impunha a aferição do peso e o enquadramento do trabalhador dentro da faixa de segurança de IMC.

Nesse aspecto, destaco que a testemunha arrolada pelo próprio autor informou que a pesagem ocorria de forma individual, relatando uma única oportunidade em que a equipe do RH teria realizado a pesagem dos trabalhadores no mesmo ambiente, circunstância que, dada a eventualidade, não se revela suficiente para justificar a reparação moral pretendida.(543)

INTEIRO TEOR: (...) A testemunha fala apenas da reunião em que a reclamante foi chamada de "porca gorda" pelo gerente. Ora, somente esse fato isolado não é motivo para caracterizar o assédio moral, até porque não foi uma ofensa dirigida diretamente à autora e ocorreu somente uma vez, ou seja, não se tratou de uma situação corriqueira, o que, aí

(541) TRT da 22ª Região. Processo: 00082510-42.2014.5.22.0002; Data: 16.04.2018; Órgão Julgador: 1ª Turma; relatora: Thania Maria Bastos Lima Ferro. Destaques acrescidos.

(542) TRT da 8ª Região; Processo: 0000298-06.2014.5.08.0114 RO; Data: 17.11.2016; Órgão Julgador: 1ª Turma; relatora: Suzy Elizabeth Cavalcante Koury. Destaques acrescidos.

(543) TRT da 24ª Região; Processo: 0024592-72.2016.5.24.0061; Data: 22.10.2020; Órgão Julgador: 1ª Turma; relator: Márcio Vasques Thibau de Almeida. Destaques acrescidos.

sim, poderia dar ensejo a uma indenização por danos morais. Além disso, a própria testemunha disse que, fora esse episódio, nunca presenciou o gerente dispensar qualquer tratamento indevido à recorrente. Conclui-se que se tratou de fato envolvendo apenas esse gerente, que foi o primeiro, pois com o segundo não houve desavenças, conforme afirmou a própria postulante em seu depoimento.(544)

INTEIRO TEOR: (...) Afinal, em relação às supostas ofensas sofridas durante a gestação, a testemunha da reclamante confirmou que só presenciou um episódio em que a preposta da ré chamou a autora de gorda na frente de outras pessoas. E, a afirmação de que outros funcionários já haviam relatado outras ocorrências no mesmo sentido, revela-se significativamente genérica, o que não se mostra útil à comprovação de que a ocorrência de algum constrangimento se dava de forma direcionada, corriqueira e repetitiva.

(...) E nem se argumente com o depoimento da preposta, quando reconheceu chamar a autora por apelido, pois ela também disse que todos se chamavam por apelidos, inclusive a reclamante, não se depreendendo do depoimento fossem utilizados apelidos com o objetivo de constranger e/ou ofender.(545)

INTEIRO TEOR: (...) O Juízo *a quo* deferiu ao reclamante uma indenização no valor de R$70.000,00, pelos seguintes fundamentos:

"(...) No caso, os depoimentos das testemunhas indicadas pelo autor (...) comprovam as atitudes narradas na inicial no que se refere ao comportamento abusivo e inadequado do gerente, Sr. Luiz Carlos, empregado do réu, conforme se depreende de suas declarações que seguem transcritas: "que conheceu o sr. Luiz Carlos, gerente titular, informando que nunca teve nenhum problema com ele, mas já escutou o sr. Luiz fazer brincadeiras, chamando ele de 'gordo', mandando pegar as chaves do carro para ele fazer exercício" e "que conhece o sr. Luiz Carlos informando que nunca teve desentendimento com ele, mas já presenciou o gerente fazer brincadeiras com o autor, chamando-o de 'rolha de poço' por causa do seu peso, tendo o autor expressado o seu constrangimento e a ofensa pela 'brincadeira', feita pelo gerente, ficando abatido".

(...) Dos referidos depoimentos, já transcritos na sentença, não se extrai (...) a conclusão de que, com habitualidade, o reclamante era tratado de forma abusiva por seu superior hierárquico. Percebe-se, por outro lado, que o gerente Luiz Carlos, como não é de todo incomum em ambientes de trabalho, fazia comentários de caráter jocoso, sem maior poder ofensivo, não sendo suscetível, portanto, de acarretar maiores sofrimentos no autor, por mais sensível que fosse.

É possível concluir, assim, que o reclamante, devido a fatores próprios de sua personalidade, atribuía caráter ofensivo a fatos corriqueiros no dia a dia das relações interpessoais no ambiente de trabalho, de modo que não há que se falar em dever de indenizar considerada a tese do autor, contida em sua causa de pedir, e as provas produzidas.

---

(544) TRT da 21ª Região; Processo: 122300-36.2009.5.21.0002; Data: 19.10.2010; Órgão Julgador: 1ª Turma; relator: Joaquim Sílvio Caldas. Destaques acrescidos.

(545) TRT da 17ª Região; Processo: 0000064-41.2019.5.17.0003; Data: 04.03.2020; Órgão Julgador: 2ª Turma; relatora: Claudia Cardoso de Souza. Destaques acrescidos.

(...) Dou provimento para julgar improcedente o pedido de indenização por danos morais.(546)

INTEIRO TEOR: (...) a testemunha trazida pela parte autora afirmou que se tratavam apenas de conselhos, sem qualquer cunho pejorativo ou que implicasse na segregação da reclamante ("(...) que já presenciou o sr. Rudy falando com a reclamante e com outros empregados que deveriam emagrecer para melhor apresentação; que nunca presenciou o sr. Rudy debochando da reclamante; que o sr. Rudy apenas aconselhava a reclamante a emagrecer porque gostava de ver todos com boa apresentação, bem arrumados").

Desta forma, não se vislumbra, nos autos, prova de qualquer conduta capaz de impor sentimento de humilhação, vergonha, angústia, impotência e submissão à trabalhador, de modo a caracterizar dano que afete a personalidade humana.(547)

INTEIRO TEOR: (...) Quanto aos apelidos a ele dirigidos ("gordinho"/"gordo"), o autor não produziu qualquer prova no sentido de que tenha procurado a empresa no intuito de relatar o seu desconforto ou mesmo cobrado providências para coibir tal prática. Assim, na espécie, não há configuração de dano moral, talvez mero desconforto ou aborrecimento, o qual pode ser perfeitamente tolerado por qualquer pessoa, não ferindo seu íntimo, de modo a causar-lhe ruptura do equilíbrio emocional.(548)

INTEIRO TEOR: (...) O Reclamante, como visto, pesava 170 Kg e, naturalmente, atraía a atenção de todos, relatando a testemunha Sérgio Marcos que o mesmo teve o uniforme "confeccionado sob medida e o calçado adquirido com as qualificações necessárias" para que pudesse desenvolver o seu trabalho, "com o cano mais alto". Nesse panorama, compreensível que tenha sido apelidado de "gordo", sem que se tenha aí atitude que possa ser tida por zombeteira ou desdenhosa. Tanto assim que o próprio trabalhador, em depoimento pessoal, afirmou que, "...no início admitiu ser chamado de gordo em tom de brincadeira pelos colegas..." (f. 221).

Notável, aliás, o que informou a testemunha Sérgio Marcos Aparecido Teixeira, no sentido de o Reclamante, quando de sua admissão, apresentou-se "...como Cristiano, mas que poderia ser chamado de jiboia, pois todos assim o chamavam..." (f. 223).

A verdade é que, como ocorre em todo e qualquer ambiente, mesmo familiar, a utilização de apelidos, muitas vezes mais de um, era usual entre os funcionários da primeira Reclamada, prática esta que, antes de tratamento desrespeitoso ou depreciativo, traduz forma peculiar e afetuosa de aproximação das pessoas.

Eis o que afirmou a testemunha Geraldo Teodoro Silva:

"... que muitas pessoas chamavam o Reclamante por apelido jiboia ou gordo...; que é muito comum os empregados da produção se tratarem por apelidos, citando, como exemplo, cruzeirense, atleticano, diminutivo do nome, marimbondo, tatu, Zé do caximbo, piaba..." (f. 222).

---

(546) TRT da 1ª Região; Processo: 0000997-89.2011.5.01.0245; Data: 29.09.2014; Órgão Julgador: 9ª Turma; relator: Ivan da Costa Alemão Ferreira. Destaques acrescidos.

(547) TRT da 1ª Região; Processo: 0011040-71.2014.5.01.0054; Data: 27.02.2018; Órgão Julgador: 1ª Turma; relator: Eduardo Henrique Raymundo Von Adamovich. Destaques acrescidos.

(548) TRT da 3ª Região; Processo: 0010140-16.2022.5.03.0034; Data: 23.03.2023; Órgão Julgador: 2ª Turma; relator: Lucas Vanucci Lins. Destaques acrescidos.

E, ao reverso do alegado no recurso, qualificativos como os relatados, especialmente "maribondo, tatu, Zé do caximbo, piaba", revelam-se tão ou mais espirituosos que "gordo" ou "jiboia", não cabendo estabelecer distinção no tocante.

Sérgio Marcos Aparecido Teixeira, testemunha que também possui apelido, confirmou:

"... que era comum o tratamento de apelido entre os colegas, sendo o próprio depoente tratado por alemão e pode citar outros: pé de ferro, canarinho, marimbondo, piaba, diminutivo e aumentativo de nomes..." (...).

Enfim, também não se tem aí configuração de ato violador de direito, ou seja, antijuridicidade (...).

(...) Não há, então, supedâneo legal ao acolhimento da pretensão indenizatória formulada, à luz da prova produzida, pois ausente dano efetivo ao patrimônio íntimo do Autor. Isto somente ocorreu sob a ótica de sua estrita percepção subjetiva, maculada por notória insatisfação pessoal, como, de resto, já indicava a própria petição inicial: "Como se não bastasse ter que enfrentar os preconceitos da sociedade, por não se enquadrar no estereotipo padrão exigido..." (f. 13).

Saliente-se, entretanto, que, para o fim da reparação civil, prepondera a objetividade na avaliação da ilicitude da conduta, e não o senso particular do afetado, que, não raramente, se sente extremamente desconfortável diante de situações que objetivamente não possuem gravidade capaz de justificar esse estado de alma. Nessas situações, o abalo psíquico está mais vinculado com a própria personalidade da vítima do que com a hostilidade no local de trabalho.

É, pois, o caso destes autos, como bem captou o juízo suscitante:

"O que se viu, ao contrário, foi um respeito à figura do Reclamante, como pessoa, como zeloso profissional, mas, infelizmente, carente de atenção do serviço de saúde pública, em resolver o seu problema de obesidade, estando na fila para uma cirurgia de redução de estômago, conforme relatado em audiência" (f. 238).

Nego provimento ao apelo.[549]

INTEIRO TEOR: (...) Ademais, não obstante o entendimento do MM. Juízo de origem, entendo que o depoimento da sócia da reclamada não traz conotação negativa direcionada a reclamante, ao dizer que (...) "...fez brincadeiras sobre dieta e gordura, pois trabalham em clínica de saúde e todas permaneciam de regime; essas brincadeiras eram feitas com todos, não apenas com a reclamante...". De mais a mais, sendo a reclamada uma clínica de saúde, por óbvio que condenar os prazeres do paladar, doces e açúcar, e as consequências que os maus hábitos causam no organismo, se constituem práticas aceitas no meio.

Com efeito, tal declaração da sócia, por si só, não tem o condão de chancelar a tese da reclamante, de que teria sofrido humilhações e ofensas relacionadas à gordofobia.

Urge consignar que esta relatoria repudia qualquer forma de ofensas discriminatórias ou vexatórias, mas não se verifica nos autos nada que evidencie o tratamento humilhante sustentado pela reclamante.

---

(549) TRT da 3ª Região; Processo: 0035100-17.2009.5.03.0026 RO; Data de Publicação: 16.09.2009; Órgão Julgador: 9ª Turma; relatora: Emilia Facchini. Destaques acrescidos.

> Dessarte, reformo o julgado para excluir da condenação a indenização por danos morais.[550]
>
> INTEIRO TEOR: (...) O depoimento pessoal da autora revela que não teve problema com o Sr. Alcir, como ela própria diz. O mero comentário de que "precisava emagrecer e fazer academia", não constitui assédio mas sim que ele procurava incentivá-la a entrar em boa forma. Tanto é que quando isso aconteceu "tirou foto da reclamante, mandou para todos da empresa e os demais empregados lhe deram parabéns por Skype", fl. 321. O intuito foi o de elogiar o esforço da empregada que resultou em bons resultados. Não vejo porque punir o empregador.
>
> (...) A situação delineada nos autos não constitui assédio moral. A seguir por esta trilha não será mais possível qualquer comentário, ainda que bem intencionado, nas relações de trabalho.
>
> Não houve exposição ou humilhação da autora a ponto de lhe causar abalo psíquico e fazê-la se sentir desvalorizada perante si mesma ou diante de seu núcleo de trabalho, social ou familiar, ou experimentar sofrimento insuportável a ponto de merecer receber indenização por dano moral.
>
> Ao contrário foi parabenizada pelo seu esforço pessoal, por ter emagrecido, por ter alcançado a forma feminina que a sociedade não para de cultuar.
>
> Ainda que pessoalmente entenda que as pessoas devam ser aceitas como são, no caso dos autos, não vislumbro discriminação, tratamento ofensivo, assédio. Verifico sim que parte da cultura contemporânea, o Sr. Alcir apenas procurou incentivar a autora e comemorou o êxito que a empregada obteve. Por certo, esta queria sim emagrecer, pois se tal não fosse a nova forma estética não teria sido alcançada. E, quando tal ocorreu apenas pretendeu partilhar a conquista, enaltecendo o esforço da empregada.
>
> Desse modo, não deve prevalecer a sentença recorrida, ficando excluída da condenação a indenização por danos morais.
>
> Reformo.[551]

A jurisprudência trabalhista, em conclusão, caminha oscilante entre grandes avanços e grandes retrocessos no que se refere ao fenômeno da gordofobia no mercado de trabalho. Ao passo em que importantes julgados reconhecem situações de discriminação e estigmatização de pessoas gordas, fundamentando a condenação de empregadores ao pagamento de indenizações e à reintegração de empregados em princípios constitucionais antidiscriminatórios, na legislação federal e em normas internacionais, há também decisões que corporificam os mais básicos preconceitos estruturais contra pessoas gordas. Enquanto a dispensa discriminatória por motivo de peso é rechaçada, com grande acerto,

---

(550) TRT da 2ª Região. Processo: 1000860-58.2022.5.02.0025; Data: 07.03.2023; Órgão Julgador: 14ª Turma; relator: Fernando Álvaro Pinheiro. Destaques acrescidos.

(551) TRT da 2ª Região. Processo: 1000581-24.2017.5.02.0033; Data: 14.12.2017; Órgão Julgador: Tribunal Pleno; relatora: Maria José Bighetti Ordono. Destaques acrescidos.

mesmo em organização de tendência mundialmente associada à cultura do emagrecimento, discute-se e ainda predomina entendimento, por outro lado, de que "obesidade" não representaria estigma para fins de aplicação de verbete sumular que institui benefício em termos de prova de discriminação.

Entende-se que a ausência de normas específicas na legislação federal sobre gordofobia no trabalho, de critérios mais precisos e de difusão de teorias bem estruturadas em termos de direito antidiscriminatório, além da própria gordofobia estrutural que reina na sociedade contemporânea, ocasionam disparidades consideráveis nas fundamentações e conclusões dos julgados. A força de princípios constitucionais e legais antidiscriminatórios, porém, ainda assim impele ao reconhecimento e tutela aos direitos e à dignidade das pessoas gordas, de forma preponderante, na esfera laboral.

6.2.10. A atuação do Ministério Público do Trabalho

O Ministério Público é instituição que ostenta particular relevo nas modernas democracias ocidentais, assumindo atribuições variadas conforme a tradição de diversos países e sistemas jurídicos. Nos países do *Common Law*, por exemplo, abrangido o sistema jurídico norte-americano, o Ministério Público possui atuação praticamente exclusiva em matéria criminal.(552) No Brasil, no entanto, o Ministério Público adentra diversos campos normativos, inclusive o âmbito trabalhista, e possui uma pluralidade de atribuições.

A Constituição da República de 1988 conceitua o Ministério Público como "instituição permanente, essencial à função jurisdicional do Estado, incumbindo-lhe a defesa da ordem jurídica, do regime democrático e dos interesses sociais e individuais indisponíveis" (art. 127/CR). Trata-se, portanto, de instituição permanente, autônoma e independente, de ordem constitucional e não vinculada a nenhum dos Poderes do Estado, embora essencial à Justiça, voltada à defesa da própria democracia, dos interesses públicos, dos direitos coletivos ou dos direitos individuais que sejam, tamanha a sua importância, indisponíveis. Conforme leciona Celso Ribeiro Bastos:

> O Ministério Público tem a sua razão de ser na necessidade de ativar o Poder Judiciário, em pontos em que este remanesceria inerte porque o interesse agredido não diz respeito a pessoas determinadas, mas a toda coletividade. Mesmo com relação aos indivíduos, é notório o fato de que a ordem jurídica por vezes lhes confere direitos sobre os quais não podem dispor. Surge daí a clara necessidade de um órgão que zele tanto pelos interesses da coletividade quanto pelos dos indivíduos, estes apenas quando indisponíveis.

(552) BEZERRA LEITE, Carlos Henrique. *Ministério Público do Trabalho:* doutrina, jurisprudência e prática. 5. ed. São Paulo: LTr, 2011. p. 29.

> Trata-se, portanto, de instituição voltada ao patrocínio desinteressado de interesses públicos, assim como de privados, quando merecerem um especial tratamento do ordenamento jurídico.[553]

Considerando-se o papel destacado do Ministério Público na tutela dos interesses coletivos e mais caros à sociedade, sua atuação em questões importantes para grupos sociais em condição de desvantagem relativa, especialmente em matéria de igualdade de oportunidades e combate às discriminações, possui potencial de impacto significativo na realidade social. A atuação institucional direcionada à tutela de interesses transindividuais de um determinado grupo social, afinal, implica o reconhecimento de seus integrantes como sujeitos de direito também na esfera coletiva.

Ao agir no combate às discriminações e em prol da igualdade de oportunidades, com vistas à inclusão social de toda uma coletividade, o Ministério Público pode endereçar situações que, muitas vezes, um indivíduo não teria condições ou enfrentaria pesados custos para solucionar de forma isolada, ainda que recorrendo ao Poder Judiciário. A visibilidade adquirida por uma atuação coletiva, ademais, pode reforçar o senso de identidade grupal das pessoas beneficiadas, contribuindo para a conscientização e reivindicação de seus direitos. O impacto social de condenações judiciais ou ajustes administrativos que sejam abrangentes e de natureza coletiva, é também preciso registrar, extrapola em muito os efeitos de soluções individualizadas e pontuais.

Portanto, o desenvolvimento de uma cultura jurídica e a promoção de transformações sociais para proteção aos interesses e combate às discriminações contra pessoas gordas, certamente, podem decorrer da atuação do Ministério Público em questões de relevo para esse grupo social vulnerável. Em se tratando de matéria trabalhista e de gordofobia no ambiente de trabalho, especificamente, é de importância fulcral a atuação do MPT.

Dispõe o art. 128 da Constituição que o Ministério Público abrange como ramos os Ministérios Públicos dos Estados (MPEs) e o Ministério Público da União (MPU), este compreendendo o Ministério Público Federal (MPF), o MPT, o Ministério Público Militar (MPM) e o Ministério Público do Distrito Federal e Territórios (MPDFT).

O MPT, portanto, é um ramo especializado do MPU ao qual incumbe a defesa da ordem jurídica, do regime democrático e dos interesses sociais e individuais indisponíveis no âmbito das relações de trabalho. Processualmente, acrescenta-se, "funciona (...) nas causas de competência da Justiça do Trabalho".[554]

---

(553) BASTOS, Celso Ribeiro. *Curso de Direito Constitucional*. 18. ed. São Paulo: Saraiva, 1997. p. 412.

(554) BEZERRA LEITE, Carlos Henrique. *Ministério Público do Trabalho:* doutrina, jurisprudência e prática. 5. ed. São Paulo: LTr, 2011. p. 54.

Para exame da atuação do MPT em matéria de gordofobia nas relações de trabalho, objeto do presente estudo, é necessário compreender as principais formas de atuação ministerial. Em primeiro lugar, assim, podem-se classificar as atuações, em geral, como judicial e extrajudicial. A atuação judicial corresponde à atuação do MPT nos processos judiciais, podendo ocorrer na condição de órgão agente, quando figura como parte (autor ou réu), ou de fiscal da ordem jurídica (*custos iuris*), quando intervém no processo judicial sem constar como parte, mas de modo a garantir o respeito ao ordenamento jurídico. A atuação extrajudicial, por sua vez, consiste na atuação ministerial na esfera administrativa.

Diversas formas de atuação judicial do MPT são elencadas, embora não exaustivamente, no art. 83 da Lei Complementar n. 75/1993 (Lei Orgânica do MPU):

> Art. 83. Compete ao Ministério Público do Trabalho o exercício das seguintes atribuições junto aos órgãos da Justiça do Trabalho:
>
> I – promover as ações que lhe sejam atribuídas pela Constituição Federal e pelas leis trabalhistas;
>
> II – manifestar-se em qualquer fase do processo trabalhista, acolhendo solicitação do juiz ou por sua iniciativa, quando entender existente interesse público que justifique a intervenção;
>
> III – promover a ação civil pública no âmbito da Justiça do Trabalho, para defesa de interesses coletivos, quando desrespeitados os direitos sociais constitucionalmente garantidos;
>
> IV – propor as ações cabíveis para declaração de nulidade de cláusula de contrato, acordo coletivo ou convenção coletiva que viole as liberdades individuais ou coletivas ou os direitos individuais indisponíveis dos trabalhadores;
>
> V – propor as ações necessárias à defesa dos direitos e interesses dos menores, incapazes e índios, decorrentes das relações de trabalho;
>
> VI – recorrer das decisões da Justiça do Trabalho, quando entender necessário, tanto nos processos em que for parte, como naqueles em que oficiar como fiscal da lei, bem como pedir revisão dos Enunciados da Súmula de Jurisprudência do Tribunal Superior do Trabalho;
>
> VII – funcionar nas sessões dos Tribunais Trabalhistas, manifestando-se verbalmente sobre a matéria em debate, sempre que entender necessário, sendo-lhe assegurado o direito de vista dos processos em julgamento, podendo solicitar as requisições e diligências que julgar convenientes;
>
> VIII – instaurar instância em caso de greve, quando a defesa da ordem jurídica ou o interesse público assim o exigir;
>
> IX – promover ou participar da instrução e conciliação em dissídios decorrentes da paralisação de serviços de qualquer natureza, oficiando obrigatoriamente nos processos, manifestando sua concordância ou discordância, em eventuais acordos firmados antes da homologação, resguardado o direito de recorrer em caso de violação à lei e à Constituição Federal;

X – promover mandado de injunção, quando a competência for da Justiça do Trabalho;

XI – atuar como árbitro, se assim for solicitado pelas partes, nos dissídios de competência da Justiça do Trabalho;

XII – requerer as diligências que julgar convenientes para o correto andamento dos processos e para a melhor solução das lides trabalhistas;

XIII – intervir obrigatoriamente em todos os feitos nos segundo e terceiro graus de jurisdição da Justiça do Trabalho, quando a parte for pessoa jurídica de Direito Público, Estado estrangeiro ou organismo internacional.

Na condição de órgão agente, a ação civil pública (ACP) é a via por excelência de atuação judicial do MPT, destinando-se à tutela dos direitos metaindividuais, transindividuais ou coletivos em sentido amplo(555) — compreendidos como aqueles que extrapolam o ser humano singularmente considerado, para atingir a coletividade ou o gênero humano —, assim como dos direitos individuais indisponíveis.(556)

Direitos metaindividuais, transindividuais ou coletivos em sentido amplo consistem em gênero do qual são espécies os direitos difusos, os direitos coletivos em sentido estrito e os direitos individuais homogêneos.(557) Conforme conceituação constante da Lei n. 8.078/1990, interesses ou direitos difusos são os "os transindividuais, de natureza indivisível, de que sejam titulares pessoas indeterminadas e ligadas por circunstâncias de fato" (art. 81, parágrafo único, I); interesses ou direitos coletivos em sentido estrito são "os transindividuais, de natureza indivisível de que seja titular grupo, categoria ou classe de pessoas ligadas entre si ou com a parte contrária por uma relação jurídica base" (art. 81, parágrafo único, II); e interesses ou direitos individuais homogêneos são divisíveis, porém "decorrentes de origem comum" (art. 81, parágrafo único, III).

Além da ACP (Lei n. 7.347/1985, Lei n. 8.078/1990 e art. 83, III, da Lei Complementar n. 75/1993),(558) destacam-se como ações utilizadas pelo MPT, na qualidade

(555) No tocante à terminologia utilizada para designar a ação proposta na tutela de direitos metaindividuais, há corrente doutrinária que sustenta a designação de "ação civil pública" para a tutela de todas as modalidades (direitos difusos, coletivos em sentido estrito e individuais homogêneos), ao passo que outra corrente sustenta que a "ação civil pública" se destinaria à tutela de direitos difusos e coletivos em sentido estrito, apenas, regulando-se pela Lei n. 7.347/1985, enquanto "ação civil coletiva" seria o termo adequado para designar a ação referente a direitos individuais homogêneos, regulando-se pela Lei n. 8.078/1990. Opta-se, neste trabalho, pela terminologia abrangente "ação civil pública" para designar toda ação ajuizada para tutela de direitos metadindividuais, notadamente em vista do intercâmbio normativo entre a Lei n. 7.347/1985 e a Lei n. 8.078/1990, ambas integrantes do microssistema brasileiro de processo coletivo. Para análise dessa e de outras correntes diversas sobre o tema, *vide*: CAVALCANTI, Marcos Araújo. A Questão Terminológica: "Ação Civil Pública" ou "Ação Coletiva"? *Revista Dialética de Direito Processual*, São Paulo, v. 132, p. 76-87, mar. 2014.

(556) BEZERRA LEITE, Carlos Henrique. *Ministério Público do Trabalho:* doutrina, jurisprudência e prática. 5. ed. São Paulo: LTr, 2011. p. 175.

(557) *Idem.*

(558) Abrangendo-se também a ação civil coletiva, conforme preferência terminológica, conforme esclarecimentos constantes da nota n. 555.

de autor, a ação anulatória de cláusulas de acordos ou convenções coletivas de trabalho (art. 83, IV, da Lei Complementar n. 75/1993), a ação rescisória (art. 966/CPC) e o dissídio coletivo de greve em atividades essenciais (art. 114, § 2º/CR), dentre outras. Também se enquadram na atuação de órgão agente a interposição de recursos perante a Justiça do Trabalho, relativamente às decisões em processos nos quais figurou o MPT como autor ou réu, e a atuação em favor de pessoa com menos de 18 anos na hipótese do art. 793 da CLT.[(559)] Como réu, o MPT pode ser acionado nas ações anulatórias propostas em face de seus termos de ajuste de conduta, por exemplo.

Na condição de órgão interveniente, por sua vez, o MPT, destacadamente, pode oferecer manifestação em qualquer fase do processo trabalho, em caso de solicitação do juiz ou por sua iniciativa, nas hipóteses em que entender existente interesse público ou social (art. 83, II, da Lei Complementar n. 75/1993 e art. 178, I, do CPC); deve agir como fiscal da ordem jurídica em causas que envolvam interesse de incapaz (art. 178, II, do CPC); intervém em ações civis públicas/coletivas movidas por outros legitimados (arts. 5º, § 1º, da Lei n. 7.347/1985 e art. 92 da Lei n. 8.078/1990); funciona em sessões dos tribunais trabalhistas, manifestando-se verbalmente sempre que entender necessário (art. 83, VII, da Lei Complementar n. 75/1993); dentre outras atribuições.

Na esfera extrajudicial, é relevante o disposto no art. 84 da Lei Complementar n. 75/1993, não obstante o rol de atribuições administrativas dele constantes não seja também taxativo:

> Art. 84. Incumbe ao Ministério Público do Trabalho, no âmbito das suas atribuições, exercer as funções institucionais previstas nos Capítulos I, II, III e IV do Título I, especialmente:
>
> I – integrar os órgãos colegiados previstos no § 1º do art. 6º, que lhes sejam pertinentes;
>
> II – instaurar inquérito civil e outros procedimentos administrativos, sempre que cabíveis, para assegurar a observância dos direitos sociais dos trabalhadores;
>
> III – requisitar à autoridade administrativa federal competente, dos órgãos de proteção ao trabalho, a instauração de procedimentos administrativos, podendo acompanhá-los e produzir provas;
>
> (...) V – exercer outras atribuições que lhe forem conferidas por lei, desde que compatíveis com sua finalidade.

Extrajudicialmente ou administrativamente, dentre outras atribuições, o MPT pode instaurar procedimentos investigatórios, notadamente o inquérito civil e o procedimento preparatório, firmar termos de ajuste de conduta, instaurar procedimentos administrativos diversos, expedir requisições de documentos e recomendações.

---

(559) BEZERRA LEITE, Carlos Henrique. *Ministério Público do Trabalho:* doutrina, jurisprudência e prática. 5. ed. São Paulo: LTr, 2011. p. 109.

Na esfera administrativa, é oportuno destacar que o inquérito civil, principal procedimento investigatório a cargo do MPT, destina-se, conforme esclarece Xisto Tiago de Medeiros Neto, à "coleta, direta e exclusiva, de elementos de convicção e provas que possam embasar as iniciativas próprias à atuação institucional, especialmente a promoção da ação civil pública (...)".(560) Trata-se, portanto, de procedimento administrativo facultativo, de caráter inquisitivo, instaurado para investigação e formação de convicção do MPT sobre possível irregularidade em apuração.

O termo de ajuste de conduta (TAC), por sua vez, é instrumento com força de título executivo extrajudicial, que pode ser firmado administrativamente pela parte investigada perante o MPT, na forma dos arts. 876 da CLT e 5º, § 6º, da Lei n. 7.347/1985, podendo ter como objetivos adequar a conduta do investigado ao ordenamento jurídico, fazer cessar ameaça de dano, reparar um dano verificado ou compensar danos insuscetíveis de reparação.(561)

Para além dessas atribuições básicas, essencialmente de cunho investigativo, desponta também uma atuação do MPT promocional, como articulador social, congregando órgãos e instituições parceiras, realizando audiências públicas, palestras e adotando medidas proativas para a concretização de interesses públicos, em consonância com o ordenamento jurídico.

Alguns temas específicos podem ser identificados como metas de atuação prioritária do MPT, tendo justificado a criação de oito coordenadorias temáticas nacionais no âmbito da instituição, a saber: (i) Coordinfância — Coordenadoria Nacional de Combate à Exploração do Trabalho da Criança e do Adolescente; (ii) Conaete — Coordenadoria Nacional de Erradicação do Trabalho Escravo; (iii) Coordigualdade — Coordenadoria Nacional de Promoção de Igualdade de Oportunidades e Eliminação da Discriminação no Trabalho; (iv) Conafret — Coordenadoria Nacional de Combate às Fraudes nas Relações de Trabalho; (v) Conap — Coordenadoria Nacional de Combate às Irregularidades Trabalhistas na Administração Pública; (vi) Codemat — Coordenadoria Nacional de Defesa do Meio Ambiente do Trabalho; (vii) Conatpa — Coordenadoria Nacional do Trabalho Portuário e Aquaviário; e (viii) Conalis — Coordenadoria Nacional de Promoção da Liberdade Sindical e do Diálogo Social.

Especialmente em matéria de discriminação nas relações de trabalho, objeto do presente estudo, a Coordenadoria do MPT de maior relevância é a Coordigualdade — Coordenadoria Nacional de Promoção de Igualdade de Oportunidades e Eliminação da Discriminação no Trabalho. Embora haja diversos projetos estratégicos, grupos de estudo e iniciativas em matéria de discriminação no ambiente laboral, sob múltiplos

---

(560) MEDEIROS NETO, Xisto Tiago de. A atuação extrajudicial do Ministério Público do Trabalho. *Revista do Ministério Público do Rio Grande do Norte*, Natal, n. 9, p. 48-67, ago. 2009.

(561) *Idem*.

É o que ilustra o trecho abaixo, correspondente a rol de pedidos representativo do padrão da maioria dos casos de assédio moral, incluindo práticas gordofóbicas:

> VIII – DOS PEDIDOS E REQUERIMENTOS.
>
> *Ex positis*, requer o MINISTÉRIO PÚBLICO DO TRABALHO:
>
> (1) que, no mérito, a Ré, seja condenada a:
>
> a) abster-se de praticar assédio moral (e permitir que o façam) contra seus empregados e prestadores de serviços, afetando sua honra, moral, dignidade e saúde, em violação ao disposto nos arts. 1º, inciso III e 5º *caput* e inciso X, da Constituição Federal, assim entendida toda e qualquer conduta que caracterize comportamento abusivo, frequente e intencional, através de atitudes, gestos, palavras, gritos ou escritos, que possam ferir a integridade física ou psíquica de uma pessoa, vindo a por em risco o seu emprego ou degradando o seu ambiente de trabalho, tais como: 1) dar instruções confusas e imprecisas ao trabalhador; 2) bloquear o andamento do trabalho alheio; 3) atribuir erros imaginários ao trabalhador; 4) pedir, sem necessidade, trabalhos urgentes ou sobrecarregar o trabalhador com tarefas; 5) ignorar a presença do trabalhador na frente dos outros ou não cumprimentá-lo ou não lhe dirigir a palavra; 6) fazer críticas ao trabalhador em público de forma a humilhá-lo ou fazer brincadeiras de mau gosto; 7) impor, ao trabalhador, horários injustificados; 8) fazer circular boatos maldosos e calúnias sobre o trabalhador ou insinuar que ele tem problemas mentais ou familiares; 9) proibir os colegas de trabalho de falar/almoçar com o trabalhador, forçar sua demissão ou transferi-lo do setor para isolá-lo; 10) pedir ao trabalhador a execução de tarefas sem relevância para o desenvolvimento da atividade empresarial ou não lhe atribuir tarefas; 11) retirar os instrumentos de trabalho do empregado, de modo a inviabilizar a execução das tarefas a ele dedicadas (telefone, fax, computador, mesa, entre outros) etc.
>
> b) não impingir, permitir, ou tolerar, em seu ambiente de trabalho, tratamento indigno, humilhante, vexatório ou discriminatório aos empregados, especialmente as de submetê-los a constrangimento físico e moral, ou atentatório à honra e à dignidade da pessoa humana.
>
> c) promover o acompanhamento da conduta de seus empregados e diretores que, comprovadamente, tenham praticado atos de assédio, de modo a impedir que novos casos venham a ocorrer, documentando o procedimento empresarial e aplicando as sanções disciplinares pertinentes aos assediantes.
>
> d) implementar canal de comunicação que permita aos trabalhadores, diretos e terceirizados, denunciar ou noticiar condutas que tipifiquem o assédio moral, assegurando-lhes o recebimento de número de protocolo e resposta no prazo máximo de 05 (cinco) dias, inclusive possibilitando-se ao trabalhador o encaminhamento de denúncias anônimas.
>
> e) abster-se de adotar represálias e de perseguir a vítima de assédio moral ou trabalhadores que tenham denunciado o assédio moral, pelo fato de a vítima ou trabalhadores terem solicitado providências ao empregador ou a órgãos públicos.
>
> f) garantir que todos os empregados, inclusive terceirizados, participem, pelo menos uma vez ao ano, de palestra ministrada por profissional habilitado sobre o tema assédio moral no trabalho, bem como que aqueles os quais exerçam cargos de chefia, direção e assessoramento, inclusive sócios, sejam também submetidos a palestra específica, com

a finalidade de orientá-los para identificar e resolver eventuais conflitos que venham ou possam vir a caracterizar assédio moral praticado por superiores hierárquicos e/ou colegas de trabalho. Essas palestras deverão abordar, também, esclarecimentos médicos a respeito dos malefícios que essa prática pode causar à saúde e à própria vida da vítima, com a finalidade de manter-se um convívio natural e pacífico entre todos os empregados e superiores hierárquicos, bem como informar acerca das obrigações fixadas na decisão final deste processo.

g) promover, através de profissional da área de psicologia organizacional, diagnóstico do meio ambiente psicossocial do trabalho, tendo como o objetivo a identificação de qualquer forma de assédio moral ou psíquico aos trabalhadores, adotando as estratégias eficientes de intervenção precoce, indicadas pelo profissional, visando à preservação da higidez do meio ambiente do trabalho e do clima de recíproco respeito na empresa.

h) implementar normas de conduta que visem à construção de um ambiente de trabalho saudável e de respeito à honra, à reputação, à liberdade e à dignidade de seus empregados.

i) promover, com a presença de pelo menos um profissional habilitado sobre o tema assédio moral no trabalho, reunião ou reuniões, em que se dará ciência a seus gerentes e prepostos quanto ao teor da presente ação civil pública, esclarecendo-os quanto à necessidade de respeito à dignidade humana nas relações de trabalho e, se for o caso, demovê-los dos procedimentos contrários à decisão fixada nos autos deste processo.

j) suspensão dos gerentes (...) dos respectivos cargos de confiança, pelo prazo mínimo de 06 (seis) meses, ministrando-lhes curso sobre assédio moral e respeito entre subordinado e gerente e vice-versa, condicionando-se o retorno à função à realização e participação no curso.

Ainda quanto a este item (1), as obrigações, a fim de que se logre efetividade, deverão ser impostas sob o ônus de a Ré, em não cumprindo o comando judicial, vir a pagar multa de R$50.000,00 (cinquenta mil reais), por obrigação descumprida, cumulada com R$20.000,00 (vinte mil reais), por trabalhador atingido pela violação do preceito.

(2) a pagar, em dinheiro (tutela compensatória), a título de dano moral coletivo, em montante não inferior a R$ 1.000.000,00 (um milhão de reais);

(3) custear o planejamento, a criação e a veiculação de campanhas educativas que construam conhecimento, alertas, estimulem o debate social, bem como combatam o assédio moral no trabalho, abordando-se o tema, com revisão constante de conteúdo, e enfoque sobre diversos planos, tal como da medicina, sociais, familiares, legais, com veiculações por prazo mínimo de 12 (doze) meses, e fundamentadas justificativas técnicas sobre o meio de divulgação eleito e a eficácia, ante o público a ser atingido, ademais de audiência quanto aos horários propostos, devendo, para tanto, garantir o valor mínimo de R$ 250.000,00 (duzentos e cinquenta mil reais), a ser aplicado, na referida campanha reversa ao ilícito, bem como submeter os planos de mídia, e justificativas, previamente, à aprovação do Juízo, ouvido o Ministério Público do Trabalho.

(4) publicar, integralmente, com o fim de dissuadir condutas delitivas congêneres, a sentença, por 05 (cinco) dias, sendo em duas oportunidades em domingos diferentes, em jornal de maior circulação no Estado de Minas Gerais e no Município de Governador Valadares, sob pena de multa de R$ 100.000,00 (cem mil reais).

(5) os valores acima referenciados, item (1), quanto às obrigações impostas (tutela inibitória), ademais dos itens (3) e (4), esses em caso de inadimplemento, e aquele referido no item (2), relativo ao dano moral coletivo (tutela compensatória), deverão ser depositados em juízo, a fim de que sejam destinados, em sede de execução, a entidades ou projetos previamente analisados e aprovados pelo Ministério Público do Trabalho, com o fim de atender, substancialmente, o disposto no art. 13, da Lei de n.7.347/85 ou, na ausência, a fundos próprios, tais como o FAT (Fundo de Amparado ao Trabalhador), colimando-se, em todo caso, compensar a sociedade em razão dos danos coletivos perpetrados.

REQUER, ainda, o *Parquet*, a declaração dos efeitos da decisão de procedência para todo o território nacional.(568)

Com algumas exceções, os pedidos formulados não costumam fazer menção à gordofobia, critério de discriminação por peso corporal ou exemplificação de atos gordofóbicos, ao requerer medidas de saneamento da situação de assédio moral. A abordagem da gordofobia, como regra, ocorre na parte do relato dos fatos, sendo tanto a fundamentação jurídica quanto os pedidos direcionados à temática mais ampla do assédio moral. Considerando-se que, habitualmente, a ação endereça diversas modalidades e fundamentos de assédio, é compreensível que assim seja.

Decerto, as obrigações que vedam o assédio moral, como um todo, são suficientes e abrangem a vedação do assédio moral gordofóbico. Seria, porém, benéfico ao combate à gordofobia que fundamentos mais aprofundados e esclarecedores sobre a temática específica fossem inseridos nas fundamentações das peças processuais, bem como que a vedação explícita às práticas gordofóbicas constasse expressamente dos pedidos, sempre que possível. Conveniente, ainda, que a nomeação da violência ocorra como gordofobia, discriminação contra pessoas gordas, e não apenas como discriminação por "padrão estético" ou "aparência física", termos também ocasionalmente utilizados.

Sem deixar de considerar e enaltecer as soluções concretas e pioneiras já apresentadas e fornecidas à sociedade, é defensável uma evolução e intensificação da tutela social dos direitos das pessoas gordas, também pelo Ministério Público, com o endereçamento cada vez mais claro, explícito e específico da proibição à gordofobia no ambiente de trabalho. Como também ocorre na legislação e na jurisprudência, esse enfrentamento de evidência é especialmente relevante, na temática da gordofobia, em razão da cotidiana diminuição da gravidade do problema pela sociedade.

Embora mais raros do que as ações envolvendo assédio moral, observa-se que há também exemplos de ACPs em que são abordadas situações de gordofobia na fase pré-admissional e no momento da ruptura do contrato de trabalho (dispensa discriminatória). Em tais casos, há também a contemplação, pelo MPT, de pedidos próprios às demais fases contratuais:

---

(568) Petição inicial do processo n. 0010957-78.2017.5.03.0059, PAJ 000323.2017.03.006/3, PRT da 3ª Região – Minas Gerais.

No caso sob exame, além da prática constante de assédio moral cometido pela ré, esta tem por hábito limitar o acesso de trabalhadores ao de seu quadro de pessoal, caso entenda que o pretenso empregado esteja obeso, seja negro, homossexual ou que tenha filhos pequenos.

A ex-empregada (...) que ocupava o cargo de auxiliar administrativo na empresa ré, e tinha poderes de admitir e dispensar trabalhadores, em relação às práticas discriminatórias, assim afirmou em depoimento prestando nos autos do Inquérito Civil n. 000109.2013.12.003-7:

"(...) que nas contratações comandadas pela depoente era orientada pela proprietária a não contratar pessoas obesas, negras, homossexuais, que tivesse filhos pequenos; que as obesas eram em razão da proprietária achar que não se movimentavam de forma adequada no trabalho; que as com filhos pequenos em razão das ausências; que não dava motivos em razão das pessoas negras; (...)."

(...) IV. DOS PEDIDOS

Ante o exposto, nos termos da fundamentação, o Ministério Público do Trabalho requer, em antecipação dos efeitos da tutela, *inaudita altera pars*, na forma do art. 84 do CDC e do art. 12 da Lei n. 7.347/1985, a imposição imediata à empresa ré, nela compreendido todos os seus estabelecimentos — além do qualificado no início desta peça — e filiais, assim como as franqueadas que componham o mesmo grupo econômico ou estejam sob intervenção direta da franqueadora, em todo o território nacional, nas obrigações de:

(...) 4.16. Não adotar qualquer prática discriminatória no momento da admissão de empregados, sem preconceitos de origem, raça, sexo, cor, idade e quaisquer outras formas de discriminação (art. 3º, inc. IV, da CRFB e art. 1º da Lei n. 9.029/95);

(...) Em caráter definitivo, o Ministério Público do Trabalho postula:

5. a confirmação da tutela antecipada e a procedência integral dos pedidos 4.1. a 4.18 supra, com a fixação de multa (astreintes) no caso de descumprimento das obrigações, sugerindo-se o valor de R$ 10.000,00 (dez mil reais), por cláusula descumprida, ainda que parcialmente, a cada constatação de descumprimento, que deverá ser atualizada a partir da data de publicação da sentença, conforme a tabela de atualização dos débitos trabalhistas judiciais e deverá ser revertido ao FAT e/ou instituições sociais de filantrópicas e de caridade/assistência a trabalhador e/ou instituições públicas comprometidas com a proteção de direitos sociais, a critério do Ministério Público do Trabalho, em comum acordo com o D Juízo.[(569)]

(...) "Minha demissão foi marcada por incerteza e falta de clareza dos motivos reais, no último dia possível para que terminasse meu contrato de experiência, fui chamado por um dos gerentes, que foi aplicar minha avaliação me disse que eu estava abaixo do restante dos outros funcionários, quando questionei que eu não tinha os dados dos outros funcionários o gerente me informou que eu não possuía competência suficiente. Na finalização da avaliação a informação que me foi passada, foi que eu estava sendo demitido por não possuir o perfil da empresa, "que não era por eu ser gordinho..." (...)

---

(569) Petição inicial do processo n. 0000908-16.2016.5.12.0009, PAJ 000178.2016.12.003/0, PRT da 12ª Região – Santa Catarina.

Num primeiro momento, valendo-se de uma suposta permissão legal para dispensar sem qualquer motivo, e noutro, dispensando-se trabalhadores que em sua visão eram "descartáveis" ou "que não se enquadrariam no perfil da empresa" (como em razão de idade, de aparência e de atitudes e personalidades (em razão de faltas justificadas ao trabalho, introversão, idade, peso, dentre outros), critérios esses que o MPT considera totalmente aviltantes à dignidade humana (art. 1º, III, da CF/88), princípio esse do qual gira todo o ordenamento jurídico.

(...) VI. DOS PEDIDOS

Diante de todo o exposto, o MPT requer:

VI.1. Dos pedidos em caráter liminar, a concessão de medida antecipatória dos efeitos da tutela de mérito, "inaudita altera parte", para condenar as Requeridas, de forma solidária, nas seguintes obrigações:

(...) d) Que a 1ª Requerida reintegre imediatamente todos os trabalhadores que foram imotivadamente dispensados entre os anos de 2013 até a presente data, com as consequências jurídicas advindas do início do vínculo laboral (assinatura de CTPS, formalização do contrato, pagamento de salários, etc.), sob pena de multa diária de R$ 1.000,00 por descumprimento;

e) Abster-se a 1ª Requerida de proceder à dispensa de seus empregados fundada em motivos de idade, cor, aparência, estado gravídico, atitudes e personalidades (como falta justificada ao trabalho, introversão, dentre outros), sob pena de multa de R$ 50.000,00 (cinquenta mil reais) por trabalhador prejudicado;

f) Abster-se a 1ª Requerida de recusar emprego ou promoção de seus empregados fundada em motivos de idade, cor, aparência, estado gravídico, atitudes e personalidades (como falta justificada ao trabalho, introversão, dentre outros), sob pena de multa de R$ 50.000,00 (cinquenta mil reais) por trabalhador prejudicado; e

g) Abster-se a 1ª Requerida de proceder à dispensa de seus empregados sem motivação técnica, facultando-lhes, antes da rescisão, o oferecimento de ampla defesa e contraditório, sob pena de multa de R$ 50.000,00 (cinquenta mil reais) por trabalhador prejudicado.

Ressalte-se que tais valores deverão ser atualizáveis monetariamente e igualmente reversíveis ao FAT ou outra entidade ou fundo a ser oportunamente indicado pelo MPT por obrigação descumprida pleiteada anteriormente.

VI.2. Dos pedidos em caráter definitivo:

a) a confirmação dos efeitos da tutela de mérito antecipada Requeridas e, caso daqueles pedidos não concedidos antecipadamente, ficam desde já reiterados em sede de "pedidos em caráter definitivo" (...).[570]

Na fundamentação das petições iniciais, percebe-se uma invocação de normas internacionais com frequência consideravelmente acentuada, relativamente ao que ocorre nos acórdãos dos tribunais trabalhistas. Destacadamente, invoca-se a Convenção n. 111 da

(570) Petição inicial do processo n. 0011122-81.2014.5.18.0005, PAJ 001256.2014.18.000/3, PRT da 18ª Região – Goiás.

OIT, sobre a discriminação em matéria de emprego ou profissão (1958), além de princípios de potencial antidiscriminatório extraídos da Declaração Universal dos Direitos Humanos de 1948, da Convenção Americana de Direitos Humanos (Pacto de São José da Costa Rica) e de outras convenções da OIT e instrumentos internacionais.

Fundamentações que rechaçam a discriminação no ambiente de trabalho, ademais, são extraídas de normas e princípios da Constituição de 1988, da Lei n. 9.029/1995, da CLT e do Código Civil, em seus dispositivos atinentes à responsabilidade civil. Os principais artigos constitucionais e infraconstitucionais utilizados em cada instrumento coincidem, em geral, com aqueles abordados neste trabalho nos títulos 6.2.1, 6.2.2 e 6.2.3 – os quais versam sobre a Constituição, a CLT e a Lei n. 9.029/1995, respectivamente.

Quanto aos TACs, contemplam também obrigações de fazer e não fazer atinentes a assédio moral e, em casos menos numerosos, obrigações relacionadas à vedação de discriminação na fase pré-contratual e no momento da dispensa. Todavia, por não contarem com os extensos relatos fáticos de contextualização, como as petições iniciais de ACPs, e costumarem ser igualmente menos específicos ao tratar da gordofobia em cláusulas impositivas de condutas, os TACs sobre a temática são de identificação mais difícil por meio de buscas por palavras no sistema interno do MPT.

Averiguando-se os resultados de investigações a partir de denúncias sobre gordofobia, depoimentos e documentos, no entanto, foi possível a identificação de 34 (trinta e quatro) TACs associados a situações de gordofobia.(571) As obrigações de fazer e não fazer impostas aos empregadores, sob pena de multa, também em âmbito administrativo, são essencialmente as mesmas constantes dos pedidos em petições iniciais de ações civis públicas, conforme ilustram os seguintes trechos de TACs:

> DAS OBRIGAÇÕES
>
> CLÁUSULA 1ª: ABSTER-SE de, por qualquer de seus proprietários, representantes, administradores, prepostos, gerentes, coordenadores, supervisores, chefes ou quaisquer pessoas que possuam poder hierárquico, de utilizar práticas vexatórias ou humilhantes contra seus empregados diretos ou terceirizados, na admissão ou no curso da relação de trabalho, especialmente as que consistam em pressão psicológica, coação, intimidação, discriminação, perseguição, autoridade excessiva, condutas abusivas e constrangedoras e assédio moral, por intermédio de palavras agressivas, apelidos, ameaças ou de qualquer outro comportamento que os submeta a constrangimento físico ou moral ou que atente contra a honra e a dignidade da pessoa;

---

(571) TACs especificados em apêndice constante da dissertação de mestrado da autora na Universidade Federal de Minas Gerais (Apêndice D). Selecionados trechos de peças às quais não foi atribuído sigilo no sistema institucional. *Vide*: GOMES, Isabella Filgueiras. *Peso, Trabalho e Direito:* Gordofobia e Direito Antidiscriminatório Trabalhista. Dissertação de Mestrado em Direito. Belo Horizonte: Programa de Pós-Graduação em Direito da Universidade Federal de Minas Gerais, 2024.

> CLÁUSULA 2ª: CAPACITAR todos os seus empregados diretos e terceirizados, proprietários, representantes, administradores, prepostos, gerentes, coordenadores, supervisores, chefes ou quaisquer pessoas que possuam poder hierárquico sobre assédio moral nas relações de trabalho, incluindo no conteúdo programático temas como assédio moral vertical, assédio moral horizontal, assédio moral individual, assédio moral organizacional, assédio moral por competência, assédio moral crescente, assédio moral decrescente, discriminação positiva, discriminação negativa, liderança, gestão de pessoas e gestão por competência (art. 23, inciso IV, da Lei n. 14.457/2022).(572)

Embora a quase totalidade dos TACs enfatize a fase contratual e vedação de discriminações no curso do contrato de trabalho, existem casos isolados de instrumentos firmados, também, para coibir discriminação na fase pré-contratual e vedar e reparar dispensas discriminatórias, inclusive com possibilidade de indenizações individuais aos trabalhadores, como exemplificado a seguir:

> (...) 2. Abster-se de cometer, por qualquer de seus representantes (proprietários, administradores, diretores, gerentes, supervisores, coordenadores, etc.), práticas discriminatórias, contra qualquer trabalhador ou candidato a emprego, seja por distinção, exclusão ou preferência, no ambiente de trabalho, fundada na raça, cor, aparência, orientação sexual, origem, situação econômica, local de residência própria ou das pessoas com quem se relaciona, ou em razão de qualquer outro motivo.(573)
>
> II. DAS OBRIGAÇÕES
>
> II.1. Proibição de Dispensa Discriminatória: Abster-se de promover dispensas discriminatórias, sobretudo de trabalhadores considerados integrantes do grupo de risco da doença causada pelo novo coronavírus (Covid-19), de acordo com os parâmetros da Organização Mundial da Saúde e do Ministério da Saúde, incluindo idosos, pessoas consideradas obesas e hipertensos.
>
> Parágrafo único: Será considerada dispensa discriminatória qualquer dispensa de trabalhador integrante do grupo de risco da doença causada pelo novo coronavírus (Covid-19), quando tal fator houver sido considerado de forma isolada ou mesmo em concorrência com outras variáveis para a decisão de dispensar, como a superveniente vedação de realização de determinadas atividades, manejo de equipamentos específicos ou de ingresso em determinada área por integrantes do grupo de risco, por determinação da própria empregadora, de empresa contratante ou de terceiros.
>
> II.2. Reintegração ou Remuneração em Dobro de Trabalhadores Discriminados (Lei n. 9.029/1995): Reintegrar os trabalhadores que o Ministério Público do Trabalho entende comprovadamente dispensados de forma discriminatória por integrarem o grupo de risco do novo coronavírus (Covid-19), com ressarcimento integral de todo o período de afastamento, mediante pagamento das remunerações devidas, corrigidas monetariamente e acrescidas de juros legais; ou pagar, em dobro, a remuneração do período de afastamento, atualizada na forma da planilha doc. n. 025901.2021, na forma do art. 4º da Lei n. 9.029/1995;

---

(572) TAC n. 269/2023, Inquérito Civil n. 000815.2023.15.000/8, PRT da 15ª Região – Campinas.

(573) TAC n. 25/2021, Inquérito Civil n. 002997.2018.01.000-5, PRT da 1ª Região – Rio de Janeiro.

§ 1º: Serão considerados, para fins de enquadramento na cláusula II.2, os seguintes trabalhadores dispensados, cujos desligamentos levaram em conta sua inclusão em grupo de risco para o novo coronavírus (Covid-19), conforme atas de audiência de oitiva de testemunhas do MPT: (...).

§ 2º: Em caso de surgimento e comprovação de novos casos de discriminação, não abrangidos pelo presente Termo de Ajuste de Conduta, as partes poderão negociar o aditamento deste instrumento ou o Ministério Público do Trabalho poderá adotar medidas cabíveis em âmbito extrajudicial e judicial.

§ 3º. A opção entre a reintegração ou a remuneração em dobro do período de afastamento caberá ao trabalhador prejudicado.

§ 4º. A adesão do trabalhador aos termos da cláusula II.2, integralmente a seu critério, será realizada por manifestação individual, a ser apresentada por meio de documento que será digitalizado e incluso nos autos do Inquérito Civil n. 000238.2020.03.007/0, a partir de notificação a ser realizada pelo Ministério Público do Trabalho.

§ 5º. A reintegração ou o pagamento do período de afastamento deverão ser realizados em três parcelas, sendo a primeira no prazo de 20 (vinte) dias contados da notificação do MPT informando a adesão do trabalhador e as subsequentes no mesmo dia dos dois meses seguintes.

§ 6º. A adesão do trabalhador aos termos da cláusula II.2 impedirá futuras medidas judiciais sobre o mesmo fato objeto deste Termo de Ajuste de Conduta, inclusive dano moral individual.

II.3. Proibição de Retaliação a Trabalhadores: Abster-se de praticar qualquer tipo de retaliação que venha a configurar conduta discriminatória em face dos trabalhadores reintegrados ou compensados por conduta discriminatória nos termos do presente instrumento.

II.4. Divulgação do Termo de Ajuste de Conduta: Divulgar o conteúdo deste Termo de Ajuste de Conduta em mural ou quadro de avisos, em local de pleno acesso a todos os empregados, em todas as suas unidades e obras, enquanto perdurar a situação de pandemia pelo novo coronavírus.[574]

Interessante observar que a atuação em face de dispensas discriminatórias por gordofobia parece ocorrer, com maior prevalência, por intervenções do MPT como *custos iuris*. Assim, ao receber do Poder Judiciário um processo judicial do qual não é parte, o MPT analisa a existência de interesse público e, se assim entender, emite parecer circunstanciado. Ocasionalmente, juízes ou desembargadores remetem autos ao Ministério Público por vislumbrarem interesses públicos tuteláveis. Discriminação, em geral, e discriminação contra pessoas gordas, em especial, é certamente um dos possíveis casos de relevância para emissão de manifestação e, até mesmo, para instauração de procedimento administrativo investigatório e deflagração de atuação do MPT como órgão agente. Ilustrativamente, colaciona-se trecho de parecer do MPT, em matéria de gordofobia no trabalho:

(574) TAC n. 10/2021, Inquérito Civil n. 000238.2020.03.007/0, PRT3 – Minas Gerais.

> *Data venia*, o MM. Juízo de piso não ponderou as nuances do caso, considerando que a autora foi desligada logo após ser submetida a cirurgia de grande porte, que lhe exigira o afastamento do trabalho e, sabidamente, dependeria de acompanhamento médico regular e permanente, especialmente no pós operatório, inclusive com a utilização do plano de saúde por um longo período.
>
> Saliente-se que, ao revés do defendido pela recorrida e acatado pelo MM. Juízo *a quo*, a cirurgia a qual foi submetida não se mostrou eletiva, mas sim necessária, considerando ter restado caracterizado por documento médico que a empregada possuía o grau II de obesidade, COM COMORBIDADES, doença crônica, associada a "intolerância a glicose, resistência insulinica, hipertensão arterial sistemica, dislipidemia, apneia obstrutiva do sono e esteatose hepática moderada" – págs 1/2 ID 8fd81eb.
>
> A empregadora não agiu de modo a respeitar a dignidade da obreira, que lhe prestou serviços desde 26/02/1996, ou seja, mais de 23 anos, tendo a desligado tão logo tenha retornado de licença previdenciária, após ter se submetido à referida cirurgia, em 28.06+2019, não dando o menor valor ao trabalho despendido pela autora durante estes longos anos.
>
> (...) Resulta da análise dos documentos médicos acostados aos autos a gravidade da doença da autora e, consequentemente, da cirurgia a que se submeteu. <u>Ademais, é inegável o estigma decorrente da obesidade, em uma sociedade tão permeada pela gordofobia em todas as esferas de convívio, especialmente no trabalho</u>.
>
> Em outras palavras, considerando-se que a demissão imotivada da trabalhadora permite a presunção de que a mesma foi motivada em caráter discriminatório e arbitrário, compete ao empregador o ônus de provar que houve outros motivos lícitos para a prática do ato — o que não ocorreu no caso em análise.
>
> Assim, resta forçoso concluir que a demissão da parte autora caracterizou ato que atenta contra a dignidade da pessoa humana e o princípio da não discriminação, descritos nos arts. 1º, III e 3º, IV da CRFB/1988, a ser declarado nulo, com o consequente provimento da pretensão autoral.
>
> Assim, por todo exposto, merece reforma a sentença para deferir a indenização por danos morais e, declarada a nulidade da dispensa, seja a ação julgada procedente.[575]

Em síntese, a atuação do MPT na seara da gordofobia, embora incipiente, é relevante, especialmente em se tratando de vedação ao assédio moral de natureza gordofóbica. A matéria é enfrentada de forma considerável pelo MPT como órgão agente, judicial ou extrajudicialmente, por meio de ACPs e TACs, que alçam as pessoas gordas à posição de sujeitos de direitos também no plano coletivo. Enquanto o trabalhador isolado, muitas vezes, apenas se permite acionar o Poder Judiciário após deixar a empresa, normalmente buscando indenizações reparatórias e questões patrimoniais, o MPT pode agir de modo coletivo e impor, também, a reparação do meio ambiente de trabalho, poupando o empregado do receio de dispensa e retaliações.

---

(575) Parecer do Ministério Público do Trabalho em Recurso Ordinário no processo n. 0100211-04.2020.5.01.0030 – TRT da 5ª Região. Destaques acrescidos.

Na fase pré-admissional e nas dispensas discriminatórias, a abordagem por meio de ACPs e TACs é mais reduzida, destacando-se, especialmente quanto às dispensas, a atuação judicial do MPT como órgão interveniente. Assim, são emitidos pareceres sobre a temática da discriminação contra pessoas gordas, nas hipóteses em que casos concretos e individuais chegam ao conhecimento ministerial, a partir de intimações judiciais ou pedidos de vista de processos, na tutela do interesse público. Entende-se, dessa forma, que seria interessante a solicitação ao Poder Judiciário da intimação do MPT em todos os processos versando sobre gordofobia, para emissão de pareceres circunstanciados.

Finalmente, ainda pendem de desenvolvimento estratégias específicas do MPT no desempenho de sua missão de articulador social, para o combate à gordofobia. O desenvolvimento e aprofundamento da temática, em coordenação com a sociedade e órgãos parceiros, se beneficiaria também da reformulação de sistemas internos de cadastramento de procedimentos e buscas, com a inclusão de rubrica específica de gordofobia entre as formas de discriminação. Um mapeamento adequado do problema viabiliza a capacitação interna e externa. Trabalhos de conscientização e divulgação sobre as formas de identificação, prevenção e combate à gordofobia podem, em última instância, desenvolver em toda a rede de instituições parceiras, que atuem no campo trabalhista, um adequado nível de conhecimento e atuação eficaz na tutela dos direitos das pessoas gordas.

Capítulo 7

Considerações Finais

Estudar a gordofobia no mundo do trabalho é, essencialmente, compreender e problematizar uma evolução histórica e um labiríntico contexto contemporâneo que, silenciosamente, vêm pautando toda a trajetória social das pessoas gordas — incluindo diversas questões que permeiam sua proteção jurídica, inclusão, permanência ou exclusão do mercado de trabalho. Trata-se de trajetória evolutiva que culmina, na atualidade, em complexa relação entre o discurso tradicional do campo da saúde e a construção de uma identidade social própria pelo grupo das pessoas gordas.

Constatou-se, no presente trabalho, que o modo de perceber a pessoa gorda sofreu profundas transformações ao longo dos séculos, transitando, conforme o espaço e a época, entre significados de riqueza, prestígio e opulência, de um lado, e doença, repulsa e sofrimento, de outro. A história das pessoas gordas relaciona-se ao desenvolvimento da avaliação das formas corporais, dos indicadores de medidas e critérios numéricos. Associa-se fortemente, ainda, à questão do sexo ou gênero, sendo para as mulheres intensamente mais acentuada a vigilância e constrição social sobre o corpo. É possível, ademais, identificar historicamente atravessamentos raciais e outras situações de sobreposição de marcadores sociais relevantes.

A partir do final do século XIX e no contexto do século XXI, contudo, apontou-se que a condição das pessoas gordas e sua estigmatização passaram a se relacionar, especialmente, com a medicalização e a patologização da gordura. Movimentos sociais e forças de resistência contra uma realidade opressora em relação às pessoas gordas, por outro lado, associam-se a uma incipiente e poderosa reivindicação de suas identidades individuais e coletivas atreladas ao corpo, por meio do gordoativismo.

Observou-se, pelo estudo, que o discurso predominante acerca da gordura, ao final do século XX e no século XXI, a partir de um processo intenso de medicalização, é nitidamente o da saúde. Estatísticas dão conta de que a prevalência da condição médica categorizada como "obesidade" quase triplicou mundialmente, entre 1975 e 2016, tendo sido a "obesidade" integrada à CID, como doença, em 1990. Tomada a patologia instituída como "epidemia" global, reforça-se por toda parte *a noção da gordura como um problema social.*

Contudo, *é* inevitável reconhecer a permeabilidade e suscetibilidade de uso da própria ciência conforme os valores de sua época, podendo-se identificar, a partir da abordagem das pessoas gordas na área da saúde, controvérsias científicas importantes e negligenciadas na propagação social dos conhecimentos médicos sobre a "obesidade". O discurso médico, além disso, passa a ser apropriado socialmente e deturpado para reforço e validação da estigmatização e discriminação das pessoas gordas, em diversos âmbitos.

Assim, em contraponto ao ortodoxo posicionamento do campo da saúde, o trabalho desenvolvido reportou e analisou a construção, na perspectiva de uma nova relação entre corpo e identidade, de um ativismo gordo, que endereça socialmente insurgências contra tratamentos reputados injustos e demandas relacionadas às vivências das pessoas gordas. Observou-se como o movimento *fat pride* surgiu em meados da década de 1960 nos Estados Unidos, com manifestações públicas contra a discriminação e pela aceitação social das pessoas gordas. No Brasil, reportou-se que o gordoativismo é mais recente, datando as primeiras manifestações da década de 1990 e apresentando, em seus momentos iniciais, um perfil mais midiático e associado à moda e a movimentos comerciais. Nas últimas décadas, contudo, reconheceu-se que o movimento gordo vem crescendo por meio de manifestações virtuais, no universo da cibercultura, principalmente a partir de vozes de mulheres gordas. Tais manifestações associam-se às vivências individuais e coletivas concretas, que passam a incorporar elementos de resistência a opressões.

Concluiu-se, portanto, que o despertar de um movimento social gordoativista é uma realidade social cada vez mais palpável, com o progressivo reconhecimento pelas pessoas gordas da identidade atrelada ao seu corpo, a identificação de injustiças sociais calcadas em uma opressão estrutural (gordofobia) e a formulação de reivindicações sociais, que caminham irrefreavelmente para o campo do Direito.

Do ponto de vista jurídico, não obstante a relevância de apresentação e problematização de conceitos médicos, entendeu-se que a pessoa gorda deve ser definida a partir de sua percepção e tratamento social, não com base na "obesidade" ou em qualquer doença. Para o Direito, assim, a pessoa gorda será aquela que, em razão de seu nível de corpulência ou gordura corporal, é socialmente percebida como dissidente em relação a um padrão físico magro e socialmente valorizado, o que lhe acarreta tratamento diferenciado e estigmatizante por parte da sociedade e possível enfrentamento de barreiras dificultadoras de participação social plena, efetiva e em igualdade de condições com os demais.

Do ponto de vista conceitual, adotou-se para estigma a definição de Erving Goffman, que o concebe como atributo intensamente depreciativo, que faz com que a pessoa que o ostenta deixe de ser considerada pelos demais como um sujeito comum e total, passando a ser entendida como um ser diminuído.(576) Discriminação, tomada em sentido negativo,

(576) GOFFMAN, Erving. *Estigma: Notas sobre a Manipulação da Identidade Deteriorada*. 4. ed. Rio de Janeiro: LTC, 2021. p. 12-13.

para fins de análise do Direito própria à temática antidiscriminatória, foi entendida como criação, favorecimento ou perpetuação de situação injusta, arbitrária e prejudicial a indivíduo ou grupo, em razão de determinadas características. Por fim, a gordofobia foi identificada como a discriminação contra pessoas gordas, fundada no peso ou na corpulência. Mais precisamente, o presente estudo conceituou a gordofobia como toda distinção, exclusão ou preferência fundada no peso ou na corpulência, em desfavor de pessoa gorda, que tenha por efeito destruir ou prejudicar a igualdade de oportunidades ou de tratamento em sua trajetória social, nos mais diversos setores e aspectos da vida em sociedade.

Na prática, demonstrou-se que instituições e profissionais da saúde, família, relações interpessoais, educação e seus atores, mídia, moda, estabelecimentos comerciais e diversos outros segmentos sociais e espaços, abstratos e concretos, convergem para a consolidação e concretização, na sociedade contemporânea, da gordofobia. Todos esses múltiplos campos se interrelacionam, alimentam-se reciprocamente e fazem perpetuar uma das mais naturalizadas discriminações da contemporaneidade.

Evidenciou-se que o mercado de trabalho, foco principal do estudo, também absorve, reproduz e reforça a gordofobia em âmbito profissional. Empresários, administradores, supervisores, chefias ou colegas de trabalho podem, assim, estar envolvidos em práticas discriminatórias contra pessoas gordas, explícitas ou implícitas. Cada vez mais, diversos estudos apontam uma série de discriminações experimentadas por pessoas gordas no mercado de trabalho, no momento da admissão, durante o contrato de trabalho ou no momento da dispensa. Impactos negativos diferenciados e mais intensos são palpáveis, especialmente, no que tange às mulheres gordas, embora a gordofobia atinja indivíduos de ambos os sexos.

De modo a possibilitar a identificação e caracterização das práticas de gordofobia próprias ao mercado de trabalho brasileiro, extraíram-se de pesquisa jurisprudencial, no âmbito de diversos TRTs, relatos fáticos de acórdãos referentes a violências diversas contra pessoas gordas trabalhadoras, nas etapas pré-contratual, contratual e no momento da dispensa.

Na etapa pré-admissional, os julgados dos TRTs revelaram que a gordofobia, em primeiro lugar, expressa-se em casos de rejeição declarada à contratação de pessoa gorda no setor privado, comumente embasada em avaliações médicas indicadoras de IMC configurador de "obesidade". Verificam-se, ainda, eliminações de pessoas consideradas "obesas" por previsões discriminatórias em editais de processos seletivos públicos, ou por avaliações médicas também arbitrárias e discriminatórias utilizadas para negar posse a candidatos gordos aprovados em concurso. Tanto nos recrutamentos no setor privado quanto nos processos seletivos públicos, destacam-se situações em que o trabalhador gordo, com utilização do pretexto de saúde pelo empregador, é rejeitado para contratação pela empresa ou órgão de forma direta, porém lhe presta os mesmos serviços por meio de empresa terceirizada, contrato administrativo temporário ou qualquer forma de fraude trabalhista e trabalho precarizado. Finalmente, no contexto da pandemia da Covid-19, desponta ainda uma nova hipótese de discriminação contra pessoas gordas na fase admissional, a partir de sua qualificação como integrantes de "grupo de risco".

Na fase contratual, o estudo identificou também diversas formas de concretização da gordofobia. Em termos de remuneração, registrou-se que estudos norte-americanos e brasileiros indicam que a gordofobia atinge a mulher de forma mais intensa e ampla, inclusive no campo do trabalho. Assim, uma penalização remuneratória da gordura feminina é, de forma mais unívoca, identificada e reconhecida entre os pesquisadores.

O exame das causas trabalhistas apreciadas pelos TRTs, na temática remuneratória, apontou como primeira forma de discriminação salarial o simples pagamento de remuneração inferior à pessoa gorda, em relação a colegas magros que desempenham as mesmas tarefas, sem apresentação de qualquer motivação lícita para o tratamento desigual. Outra hipótese identificada de discriminação salarial, ademais, foi a de supressão ou suspensão de tarefas atribuídas à pessoa gorda, em razão de discriminação fundada em seu peso, acarretando redução ou perda remuneratória indireta.

No que se refere às funções pretendidas ou efetivamente desempenhadas por pessoas gordas, constatou-se que o peso pode ser também um fator de discriminação. Enquanto, na fase pré-contratual, preconceitos podem evitar a própria admissão de uma pessoa gorda, no curso do contrato é possível que passe a existir uma resistência do empregador em manter a pessoa gorda desempenhando sua função originária, especialmente se há um ganho de peso posterior à contratação ou alguma situação em que o empregado passa a representar um problema. Há funções e ambientes, ainda, em que se manifesta de forma mais pronunciada uma cultura intensamente gordofóbica — normalmente nos campos médicos, nutricionais, estéticos e esportivos.

No âmbito dos TRTs, vislumbrou-se como primeira forma de concretização da discriminação funcional o afastamento abusivo do trabalhador de suas funções originárias, no contrato de trabalho, por programas de emagrecimento ou discursos médicos desvirtuados ou sem fundamentação. Outra hipótese é a de alteração da função por parte do empregador como medida punitiva, em retaliação a protestos contra violências de colegas, acionamento do Poder Judiciário, afastamento por motivo de saúde ou qualquer conduta considerada inoportuna. Merece destaque, ainda, o impedimento de exercício de funções, a submissão a humilhações ou o assédio voltado ao emagrecimento de profissionais cuja aparência é entendida inadequada pelo empregador, especificamente, em razão da função que exercem — normalmente, em trabalhos relacionados à área da medicina, nutrição, esportes, estética e áreas afins. Relevantes, por fim, são também os casos de pessoas gordas preteridas em funções de atendimento ao público, para as quais o empregador pode tomar a aparência da pessoa contratada, mais frequentemente uma mulher, como fator almejado de corporificação de uma "imagem" (magra) da empresa.

Quanto à ascensão profissional de pessoas gordas, apurou-se que a gordofobia pela recusa de promoções e aumentos salariais costuma se associar à responsabilização de pessoas consideradas "obesas" por sua própria condição. Assim, a jurisprudência dos TRTs ilustra situações em que empresários, gestores e colegas associam a gordura corporal à incompetência, desleixo, preguiça e diversas características morais negativas, consideradas incompatíveis com premiações ou melhorias da condição profissional. Condicionam-se promoções e melhorias de carreira ao emagrecimento, em uma concepção meritocrática da magreza.

No que tange ao dano moral e ao assédio moral no trabalho, concluiu-se que representam, na etapa contratual, a maior parte dos acórdãos sobre gordofobia identificados em pesquisa jurisprudencial junto aos TRTs. A pesquisa jurisprudencial revelou, em síntese, os seguintes atos de gordofobia enquanto assédio ou dano moral no trabalho, a depender da reiteração ou intensidade: (i) utilização da palavra "gordo" ou "gorda" como xingamento ou críticas ao corpo da vítima; (ii) associação do corpo gordo a características morais negativas; (iii) apelidos jocosos animalescos; (iv) apelidos jocosos baseados na mídia; (v) apelidos jocosos diversos associados à forma física; (vi) fiscalização do peso e do ato de comer; (vii) imposição de padrões magros de beleza feminina no ambiente laboral; (viii) ofensas relacionadas à gordura em contexto de assédio sexual; (ix) ofensas relacionadas ao corpo gordo em contexto de gestação; (x) ofensas relacionadas ao corpo gordo associadas a violência racial; (xi) ofensas relacionadas ao corpo gordo associadas à homofobia; e (xii) violências contra a pessoa gorda fundamentadas diretamente em autoridade médica ou de saúde.

A acessibilidade foi concebida como adequação dos espaços físicos, estruturas, mobiliários, assentos, veículos, vestuários e equipamentos às condições de indivíduos e grupos sociais variados, em diversas esferas, promovendo a inclusão social. Uma primeira e mais marcante violência identificada na jurisprudência, a esse respeito, foi a ausência de fornecimento de uniformes para a pessoa gorda, de forma absoluta ou em tamanhos compatíveis com seu corpo e em igualdade de condições com seus colegas de trabalho. São muitos, ademais, os casos em que o trabalhador sofre humilhações ou precisa se submeter a condições de trabalho deterioradas por não ter seu peso, suposta ou efetivamente, suportado por equipamentos, cadeiras, mobílias, elevadores ou quaisquer instrumentos no contexto do trabalho.

No momento da ruptura do contrato de trabalho, verificou-se, com base nos julgados dos TRTs, que a gordofobia se manifesta por meio da dispensa discriminatória de trabalhadores e trabalhadoras gordas em razão de seu peso. As justificativas apresentadas pelos empregadores para a dispensa da pessoa gorda, na generalidade dos casos abordados pelo Poder Judiciário e nos quais se entendeu comprovada a discriminação, envolvia justificativas de cunho médico e de saúde, invocando a "obesidade" como patologia.

Identificou-se como uma primeira modalidade de dispensa discriminatória, nesse contexto, aquela em que há um entendimento pelo empregador de que a pessoa gorda, em razão de ser portadora de "obesidade", estaria incapacitada para permanecer trabalhando na empresa ou nas funções para as quais foi contratada, ainda que inexistente prova de incompatibilidade ou mesmo conexão lógica entre o peso e as atividades desenvolvidas. Uma segunda hipótese é aquela em que, de fato, a pessoa gorda possui problemas de saúde que a incapacitam para o trabalho, ocorrendo uma dispensa abusiva justamente quando o trabalhador se encontra em afastamento previdenciário, ou assim que retorna do referido afastamento. A terceira categoria é a de ruptura contratual em razão da ciência pelo empregador do agendamento ou planejamento, ou logo após a realização, de cirurgia bariátrica. Uma quarta categoria de dispensa discriminatória, por fim, surge no contexto da pandemia da Covid-19, a partir da associação da "obesidade" à ideia de comorbidades.

Traçado o panorama concreto da gordofobia no trabalho, a partir das narrativas fáticas dos acórdãos proferidos pelos TRTs, tornou-se possível a análise do posicionamento da própria gordofobia, do empregado pessoa gorda e do empregador no contexto do Direito Antidiscriminatório. Registrou-se que, embora ainda muito incipientes os estudos e pesquisas, a estigmatização das pessoas gordas indica a urgência de estudos em termos de Direito Antidiscriminatório, notadamente no campo do trabalho, o qual deve ser compreendido não apenas como palco de injustiças, mas também como ponto de partida estratégico para o combate à discriminação.

Como fundamentos jurídicos das normas de Direito Antidiscriminatório, foram apontadas e trabalhadas as noções de igualdade, liberdade e dignidade. Do ponto de vista político, ademais, argumentou-se que o fundamento das normas antidiscriminatórias se encontra na noção de democracia.

Para exame e compreensão da estrutura das normas do Direito Antidiscriminatório, em sentido estrito, importou-se a teorização de Tarunabh Khaitan, em sua obra intitulada *"A Theory of Discrimination Law"*. Consignou-se, então, que as condições necessárias e suficientes para a caracterização das normas jurídicas impositivas de deveres como normas antidiscriminatórias, ou de Direito Antidiscriminatório em sentido estrito, seriam as seguintes: (i) a condição dos fatores pessoais de discrímen, segundo a qual a norma impositiva de deveres deve exigir alguma conexão entre o ato ou omissão proibida ou exigida pela norma, por um lado, e certos atributos ou características que as pessoas têm, chamados de "fatores de discrímen", por outro; (ii) a condição dos grupos cognatos, segundo a qual um fator de discrímen protegido deve ser capaz de classificar as pessoas em mais de uma categoria, sendo tais classes abstratamente chamadas de "grupos"; (iii) a condição da desvantagem relativa, segundo a qual, de todos os grupos definidos por um determinado fator universal de discrímen, os membros de pelo menos um grupo devem ser significativamente mais propensos a sofrer desvantagem permanente, generalizada e substancial do que os membros de pelo menos um outro grupo cognato; e (iv) a condição de distribuição excêntrica, segundo a qual a norma impositiva de deveres deve ser projetada de modo que seja provável que distribua os benefícios tangíveis não remotos em questão para alguns, mas não todos, os membros do grupo beneficiário pretendido.(577)

Com base na referida teorização, concluiu-se ser adequada a sujeição do empregador a obrigações de Direito Antidiscriminatório, em suma, por gozar de um poder institucional único e automático nas sociedades industriais contemporâneas. Quanto às pessoas gordas, examinando-se também, por todos os ângulos, os requisitos teóricos para a titularização de direitos, concluiu-se que merecem proteção firme e expressa do Direito Antidiscriminatório. Trata-se, afinal, de grupo social prejudicado por nítida desvantagem política, sociocultural e material em relação ao grupo das pessoas magras.

Adentrando, finalmente, a abordagem jurídico-trabalhista propriamente dita, constatou-se que, particularmente na esfera do Direito do Trabalho, um arcabouço de normas internacionais e internas, enfocando-se especificamente o Brasil, contempla a vedação a práticas discriminatórias no mercado de trabalho de maneira geral. Todavia, não se verifica uma expressa abordagem, em tratados e convenções internacionais em matéria trabalhista, na Constituição ou na legislação federal, da proteção de pessoas gordas contra discriminação no meio ambiente de trabalho.

No plano internacional, pontuou-se que cláusulas referentes aos princípios da liberdade, da dignidade e da igualdade, intimamente relacionadas ao Direito Antidiscriminatório, permeiam todos os níveis normativos. Na esfera das normativas internacionais trabalhistas, porém, a vedação à discriminação no trabalho é abordada, mais especificamente, por Convenções da OIT, inspiradas em princípios, notadamente de igualdade, liberdade e dignidade, consagrados na Declaração da Filadélfia. Desse modo, analisaram-se os conteúdos da Convenção n. 100 da OIT, sobre a igualdade de remuneração entre homens e mulheres por trabalho de igual valor (1951), da Convenção n. 111 da OIT, sobre a discriminação em matéria de emprego ou profissão (1958), e da Convenção n. 117 da OIT, sobre Objetivos e Normas Básicas da Política Social (1962).

Dentre diversas e detalhadas considerações sobre cada instrumento, destacou-se que a Convenção n. 100 da OIT, voltada especificamente à discriminação salarial contra mulheres, é relevante também em se tratando de pessoas gordas, pois a penalização remuneratória em razão do peso corporal é, de forma mais precisa e hegemônica, atualmente identificada e reconhecida entre os pesquisadores apenas para as mulheres. Entendeu-se que a referida convenção representa grande avanço ao garantir igual remuneração para homens e mulheres para um trabalho de "igual valor" — portanto, independentemente da exigência, consagrada pelo Direito interno de muitos países, de um "mesmo trabalho"

(577) KHAITAN, Tarunabh. *A Theory of Discrimination Law*. Oxford: Oxford University Press, 2015. p. 42.

ou um "trabalho similar". Contudo, a repercussão continua mais forte nas hipóteses de flagrante discriminação, não solucionando, muitas vezes, as discriminações indiretas ou ocultas.

No exame da Convenção n. 111 da OIT, que impõe aos países políticas nacionais de promoção à igualdade de oportunidade e de tratamento em matéria de emprego e profissão, destaca-se, especialmente, no que diz respeito à temática estudada, a importância da previsão relativa ao processo legislativo nacional. Deverão os Estados promulgar leis voltadas ao combate à discriminação em matéria de emprego e profissão, bem como revogar ou adaptar legislações para conformá-las às normas antidiscriminatórias constantes da Convenção n. 111 da OIT. Assim, cumpre instar o Estado brasileiro à garantia de efetiva implementação de suas normas antidiscriminatórias nacionais vigentes, no tocante à discriminação de pessoas gordas no ambiente de trabalho, e promover eventuais modificações legislativas convenientes e necessárias a tal desiderato.

No que se refere à Convenção n. 117 da OIT, por fim, foi reputada relevante por qualificar a supressão da discriminação entre trabalhadores como um dos fins da política social dos Estados. Além disso, registrou-se que o diploma enumera veículos de discriminação a serem combatidos, mencionando a necessidade de adequação antidiscriminatória de legislações e convenções de trabalho, formas de admissão em empregos nos setores público e privado, condições de recrutamento e promoção, oportunidades de formação profissional, medidas de higiene e segurança, disciplina, participação em processo de negociação coletiva e níveis salariais.

No plano nacional, destacou-se, em matéria de Direito Antidiscriminatório, em primeiro lugar, a Constituição de 1988, entendida como marco no combate às discriminações no Brasil e balizamento para a construção e interpretação da legislação infraconstitucional.

Na legislação federal, entenderam-se relevantes para a temática antidiscriminatória trabalhista a CLT, notadamente em vista de proteções contra diferenciações injustificadas de salário, de maneira geral; a Lei n. 9.029/1995, que veda especificamente a proibição de discriminação no ambiente de trabalho; e a Lei n. 14.611/2023, que dispõe sobre a igualdade salarial e de critérios remuneratórios entre mulheres e homens.

No que tange ao texto celetista, observou-se que traz algumas proteções antidiscriminatórias por critérios específicos e, especialmente, regulamenta situações tradicionais de discriminações com repercussão fundamentalmente salarial, com destaque para o instituto da equiparação salarial.

A Lei n. 9.029/1995 foi analisada na condição de legislação mais específica, em âmbito federal, para o enfrentamento da discriminação no trabalho. Nesse sentido, veda "a adoção de qualquer prática discriminatória e limitativa para efeito de acesso à relação de trabalho, ou de sua manutenção", em virtude de motivos de "sexo, origem, raça, cor, estado civil, situação familiar, deficiência, reabilitação profissional, idade, entre outros" (art. 1º). Examinaram-se, de forma detida, o rol e caráter aberto dos fatores de discrímen protegidos, as fases contratuais contempladas pelas medidas antidiscriminatórias e as consequências previstas para hipóteses de discriminação laboral — ocorrida antes, durante ou no momento da ruptura do contrato de trabalho.

A Lei n. 14.611/2023, por sua vez, foi mencionada por dispor sobre a igualdade salarial e de critérios remuneratórios entre mulheres e homens para a realização de trabalho de igual valor ou no exercício da mesma função (art. 1º). Considerou-se tratar de um progresso legislativo nacional que vai ao encontro da Convenção n. 100 da OIT. A pertinência à temática da discriminação contra pessoas gordas justifica-se pela interrelação existente entre gordofobia e discriminação por motivo de sexo/gênero.

De modo a ilustrar em que contextos são abordadas expressamente as pessoas gordas no processo legislativo federal, analisaram-se brevemente, ainda, três leis federais identificadas por fazerem menção a pessoas "obesas": a Lei n. 10.048/2000, a Lei n. 10.098/2000 e a Lei n. 11.721/2008. Destacaram-se, sinteticamente, duas situações: o "combate à obesidade", em perspectiva patologizante, e, quanto à igualdade de oportunidades, exclusivamente a garantia de acessibilidade e atendimento prioritário, tendo em vista a visível incompatibilidade dos espaços físicos, ambientes e estruturas padronizadas na sociedade para o trânsito e acomodação dos corpos gordos.

Reputaram-se convenientes, por algumas aproximações e distanciamentos entre os contextos vivenciados por pessoas gordas e pessoas com deficiência, digressões sobre eventual aplicabilidade do Estatuto da Pessoa com Deficiência, Lei n. 13.146/2015, às pessoas gordas. A esse respeito, concluiu-se que são extremamente variadas as condições de pessoas gordas e que, como grupo, estas possuem um lugar social muito próprio e marcado por um estigma específico. Assim, o ideal é que seja incentivada e promovida abordagem jurídica específica, preferencialmente expressa, direta e própria, às questões relacionadas às pessoas gordas. Nas hipóteses em que a regra legal não é expressa para as pessoas gordas, no entanto, viabilizam-se os recursos de interpretações extensivas, conformes à Constituição ou da analogia, como procedimento de autointegração do Direito.

Medidas protetivas e normativas aplicáveis aos integrantes de grupos de risco da Covid-19, por abarcarem pessoas consideradas "obesas", mereceram também algumas observações. Considerou-se, no particular, que políticas e medidas voltadas à proteção da saúde de grupos sociais reputados mais vulneráveis ao novo coronavírus, causador de pandemia declarada pela OMS, a exemplo de afastamentos/ausências ao trabalho, antecipação de férias, flexibilidade de jornada, adaptação de prestação de serviços, obediência à quarentena e às demais orientações dos serviços de saúde, dentre outras, observado o princípio da irredutibilidade salarial, não podem ser consideradas, à luz do arcabouço jurídico nacional e internacional, como razão válida para sanção disciplinar ou término de uma relação de trabalho, podendo configurar ato discriminatório.

Nas esferas estadual e municipal, observou-se que a legislação no Brasil expressa sobre pessoas gordas é farta, complexa, múltipla e contraditória. Exprime as mesmas abordagens prioritárias da legislação federal, como tendência que reflete o discurso dominante da área da saúde, mas apresenta também caminhos legislativos variados concomitantes, que vão desde previsões abertamente discriminatórias até inovadoras normas de combate à gordofobia. O exame da legislação estadual e municipal permitiu vislumbrar, essencialmente, como os preconceitos e movimentos sociais se imiscuem no processo legislativo, ilustrando a disputa discursiva contemporânea sobre a questão das pessoas gordas.

Apresentou-se e analisou-se um conjunto amplo de leis pertinentes a pessoas gordas, em total de 499 (quatrocentos e noventa e nove), provenientes dos 26 estados brasileiros, de suas capitais e do Distrito Federal, abrangendo os seguintes temas, especialmente: (i) área da saúde (medicina, nutrição e patologização); (ii) acessibilidade, prioridades e preferências na área da saúde; (iii) acessibilidade, prioridades e preferências em áreas diversas; (iv) instituição de datas com viés medicalizante; (v) instituição de datas de conscientização e combate à gordofobia; (vi) vedação de violência obstétrica; e (vii) proibição de discriminação/gordofobia, inclusão e direitos diversos.

A análise da legislação estadual e municipal revelou que a gordofobia no processo legislativo expressa-se, de forma mascarada, pelas próprias tendências observadas no processo legislativo. Assim, por exemplo, constatou-se que 95% da legislação estadual e municipal adota a terminologia da "obesidade", incluindo-se nesse percentual 15% de leis que utilizam a expressão "obesidade mórbida", de caráter nitidamente estigmatizante. A pessoa gorda é vista pela ótica da doença, e de uma doença entrelaçada a aspectos culturais que levam a deturpações moralizantes e responsabilizações individuais equivocadas das pessoas gordas, seja nas práticas do próprio campo da saúde, seja na difusão dos discursos e vocábulos médicos nas mais diversas áreas sociais.

De um modo geral, observou-se que as normas de caráter patologizante da "obesidade" vêm, por muitos anos, abordando a questão de forma a valorizar excessivamente aspectos de divulgação de discursos e campanhas de conscientização sobre nutrição, alimentação e exercícios físicos, reforçando noções de responsabilização individual da pessoa gorda não condizentes com a multifatorialidade atribuída ao problema, até mesmo pelo campo da saúde. Propagam-se, incessantemente, discursos alarmantes, repetitivos e saturados em todas as esferas sociais, adotando-se terminologias violentas, recorrendo a expressões estigmatizantes como "obesidade mórbida", fazendo associações morais de termos como "leveza" a qualidades positivas, utilizando de forma recorrente a palavra "combate" relacionada aos corpos gordos, dentre outras ocorrências problemáticas naturalizadas em programas e políticas públicas de saúde. Além disso, tais leis destinam-se à promoção de um combate à "obesidade" sem preocupações correlacionadas e proporcionais no que tange ao preconceito com o qual o discurso médico costuma ser importado pelas esferas sociais diversas, deixando de priorizar as imprescindíveis temáticas de discriminação e outros direitos das pessoas gordas.

Verificou-se que algumas leis estaduais e municipais, não bastasse, sequer dissimulam discriminações, mostrando-se abertamente preconceituosas. Assim, ilustrativamente, identificaram-se legislações autorizando cobrança de tarifas de transporte público mais caras para pessoas gordas, instituindo homenagens públicas a "ex-obesos" e estabelecendo a desclassificação de pessoas gordas em concursos ou processos seletivos.

Concluiu-se que a gordofobia marca as propostas, elaborações, discussões, redações e implementação das leis. Afinal, a legislação regula as relações humanas atinentes a políticas sociais, espaços públicos e privados, ambientes médico-hospitalares, redes de ensino, ambientes de trabalho e instâncias sociais diversas, já conformadas também à discriminação estrutural contra pessoas gordas. Isso não significa, no entanto, que o processo legislativo e as leis municipais sejam infensos às revoluções sociais. As reivindicações do movimento gordoativista, assim, vêm inspirando progressos recentes, ainda em estágio inicial, por meio de algumas outras leis inovadoras, que surgem para visibilizar e enfrentar a temática da gordofobia e de direitos das pessoas gordas historicamente negligenciados.

Nessa toada, observou-se o surgimento recente de legislações instituidoras de datas de combate à gordofobia nos Estados e Municípios. E, especialmente, averiguou-se ainda que, desde meados dos anos 2000, com intensificação nas décadas de 2010 e 2020, houve o surgimento de um conjunto de leis estaduais e municipais importante sobre pessoas gordas, embora reduzido, que aborda de forma significativa a vedação de discriminação ou gordofobia, variando a terminologia ao longo do tempo, e/ou a inclusão e direitos diversos, para além das tradicionais temáticas relacionadas à saúde e à acessibilidade.

Entendeu-se ser teoricamente viável, seja como recurso interpretativo ou por aplicação analógica, o aproveitamento, em âmbito trabalhista e na esfera federal, de alguns aspectos das leis de caráter vanguardista identificadas nas esferas estadual e municipal. Esclareceu-se, nesse sentido, que a vedação geral à discriminação no ambiente de trabalho já é legalmente prevista por lei federal, no caso a Lei n. 9.029/1995, de modo que não se trataria de usurpação da competência privativa da União para legislar sobre matéria trabalhista. Exemplificativamente, os julgados trabalhistas poderiam aproveitar a definição legislativa de gordofobia, seu reconhecimento como modalidade específica de discriminação, a descrição de condutas caracterizadoras e as medidas recomendadas de enfrentamento constantes da legislação estadual e municipal.

Na análise da jurisprudência trabalhista, com o fito de averiguar qualitativamente tendências jurisprudenciais brasileiras sobre a gordofobia no trabalho, realizou-se pesquisa de acórdãos do TST e de dez TRTs. Em síntese, indicou-se que o TST vem reconhecendo como tendência, primeiramente, a legalidade e constitucionalidade de condenações proferidas pelos TRTs em casos de gordofobia, incluindo assédio moral gordofóbico, situações de dano moral indenizável e dispensas discriminatórias. Em oposição, porém, rejeita preponderantemente aplicação às pessoas gordas do entendimento consubstanciado na Súmula n. 443/TST, sobre presunção de dispensa discriminatória, por entender que a "obesidade" não seria doença que suscita estigma ou preconceito, embora recentemente se tenha instaurado divergência no particular. Finalmente, vem flexibilizando restrição de reexame de fatos e provas em sede de recurso de revista para analisar, à luz do art. 944 do Código Civil e dos princípios da proporcionalidade e da razoabilidade, se os valores fixados a título de indenização por dano moral, nos casos de gordofobia, são irrisórios ou exorbitantes, modificando-os, se for o caso.

No âmbito dos TRTs, registrou-se que as decisões envolvendo gordofobia se mostram mais casuístas, e as tendências mais heterogêneas. Quanto à fundamentação dos julgados, percebeu-se que, de forma predominante, apreciam casos de gordofobia à luz de normas gerais e princípios de direito antidiscriminatório, de dispositivos da Constituição (especialmente art. 5º, V e X/CR, concernentes ao dano moral, mas ocasionalmente também princípios constitucionais trabalhistas do art. 7º/CR e outros relevantes) e artigos do Código Civil sobre dano e responsabilidade civil (especialmente arts. 186, 187 e 927/CC). Embora com menor frequência, os julgados também invocam dispositivos e interpretações da Lei n. 9.029/1995. Há, ainda, um número reduzido de decisões que mencionam normas de Direito Internacional, como a Convenção n. 111 da OIT. Divergem os julgados, por fim, quanto à aplicabilidade da Súmula n. 443/TST, não obstante, predominantemente, os TRTs encampem a posição que vem sendo externada pelo TST.

Pela análise jurisprudencial, sustentou-se que o Poder Judiciário trabalhista vem colaborando para o efetivo combate à gordofobia no trabalho, em diversos julgados que impõem indenizações por danos morais sofridos por pessoas gordas, reintegração de trabalhadores dispensados de forma discriminatória e pagamento de verbas concernentes a período de afastamento. Pontou-se que a Justiça do Trabalho chegou a consolidar o acertado entendimento de que a dispensa de uma pessoa em razão de seu corpo gordo é discriminatória, mesmo em se tratando de empresa de tendência ideologicamente associada à cultura do emagrecimento — os Vigilantes do Peso. Registrou-se, por outro lado, que não se pode ignorar também uma série de outras decisões que, em contraponto, corporificam de forma nítida reflexos da gordofobia social em processos judiciais.

Em conclusão, entendeu-se que a jurisprudência trabalhista caminha, oscilante, entre grandes avanços e grandes retrocessos, no que se refere ao fenômeno da gordofobia no mercado de trabalho. Ao passo que importantes julgados reconhecem situações de discriminação e estigmatização, fundamentando a condenação de empregadores, há também decisões que exprimem os mais básicos preconceitos estruturais contra pessoas gordas.

Ressaltou-se que a ausência de normas específicas na legislação federal sobre gordofobia no trabalho, de critérios mais precisos e de difusão de teorias bem estruturadas em termos de Direito Antidiscriminatório, além da própria gordofobia estrutural que reina na sociedade contemporânea, ocasionam disparidades consideráveis nas fundamentações e conclusões dos julgados. A força de princípios constitucionais e legais antidiscriminatórios, porém, ainda assim impele o Judiciário ao reconhecimento e tutela dos direitos e da dignidade das pessoas gordas na esfera laboral.

Quanto ao MPT, após esclarecimentos sobre seu regime e instrumentos de atuação, analisou-se como tem enfrentado a temática da gordofobia. De modo a mapear a atuação institucional nessa matéria, foi realizada pesquisa em sistema interno do órgão (MPT Busca), com foco na identificação de ACPs ou TACs tratando sobre discriminação contra trabalhadores gordos.

Em síntese, verificou-se que a atuação do MPT na seara da gordofobia, embora incipiente, é relevante, especialmente em se tratando de vedação ao assédio moral de natureza gordofóbica. A matéria é enfrentada de forma considerável pelo MPT como órgão agente, judicial ou extrajudicialmente, por meio de ACPs e TACs, que alçam as pessoas gordas à posição de sujeitos de direitos também no plano coletivo. No campo da fase pré-admissional e das dispensas discriminatórias, a abordagem por meio de ACPs e TACs é mais reduzida, destacando-se, especialmente quanto às dispensas, a atuação judicial do MPT como órgão interveniente, mediante a emissão de pareceres em processos judiciais reputados de interesse público.

Pendem ainda de desenvolvimento estratégias específicas do MPT, no desempenho de sua missão de articulador social, para o combate à gordofobia. Entende-se que o desenvolvimento e o aprofundamento da temática, em coordenação com a sociedade civil e órgãos parceiros, seriam beneficiados com a reformulação de sistemas internos de cadastramento de procedimentos e buscas, a partir da inclusão de rubrica específica de gordofobia entre as formas de discriminação. Um mapeamento adequado do problema viabilizaria a capacitação interna e externa. Trabalhos de conscientização e divulgação sobre as formas de identificação, prevenção e combate à gordofobia, empreendidos junto à sociedade civil e aos movimentos sociais gordoativistas, poderiam desenvolver, na rede de instituições parceiras, um adequado nível de conhecimento e atuação eficaz na tutela dos direitos das pessoas gordas.

Ante o exposto, observou-se que parlamentares, advogados, juízes, desembargadores, promotores e procuradores não estão imunes, como quaisquer pessoas, aos impactos e reflexos de uma opressão estrutural e ainda pouco estudada na esfera jurídica. Preconceitos enraizados facilitam que o Direito, seja na produção legislativa ou em sua aplicação, deixe de combater de forma suficiente, ou mesmo reproduza, manifestações sociais de gordofobia no trabalho.

A estigmatização das pessoas gordas, marcada de forma peculiar pela culpabilização social de tais sujeitos pelo atributo estigmatizante da gordura ou corpulência, normalmente a partir de uma invocação moralizante do discurso da área da saúde, da medicalização do corpo gordo e da patologização da "obesidade", acarreta uma tolerância social pronunciada a situações de discriminação por motivo de peso. Do ponto de vista jurídico-trabalhista, por sua vez, a realidade social repercute e se traduz na ausência de abordagem específica e expressa do fator de discrímen peso na legislação antidiscriminatória federal; no caráter contraditório e complexo da legislação estadual e municipal sobre a matéria; no maior casuísmo e heterogeneidade na atuação do Ministério Público do Trabalho e do Poder Judiciário, em se tratando de situações de discriminação contra pessoas gordas no trabalho; e na necessidade de recurso a normas gerais e analogias para abordagem e solução jurídica de casos de discriminação contra pessoas gordas no mercado laboral.

A solução do problema, do ponto de vista sociológico, parece clamar por uma reformulação da concepção social construída em relação às pessoas gordas, notadamente mediante esforços direcionados à visibilidade e conscientização das discriminações por elas enfrentadas, bem como pela desassociação entre abordagens médicas e discursos de culpabilização individual e justificação de tratamento prejudicial aos sujeitos gordos.

Do ponto de vista jurídico, um enfrentamento eficaz do panorama discriminatório poderia emergir, exemplificativamente: da previsão expressa e adequada do fator de discrímen peso na legislação antidiscriminatória federal, em âmbito trabalhista; de abordagens doutrinárias específicas, para amadurecimento da temática e mapeamento do cenário de discriminação gordofóbica no trabalho; de manifestações fundamentadas sobre o tema realizadas pelo MPT, seja em atuações repressivas, seja preventivamente, no exercício do papel de articulador social; de abordagens fundamentadas e enfrentamento de situações concretas pelo Poder Judiciário, a partir da construção ou aplicação jurisprudencial de teorias sólidas referentes à estrutura e finalidade de normas de Direito Antidiscriminatório, estendendo proteções legislativas, enquanto não sobrevier legislação expressa, a grupos sociais discriminados e sem amparo explícito em estatutos legais.

Em termos de legislação, a detalhada análise empreendida neste trabalho demonstra a existência de muitos pontos para incremento normativo da tutela antidiscriminatória em favor das pessoas gordas. Urge uma adequada, precisa e bem-informada produção legislativa federal em termos de gordofobia no trabalho, embora uma tutela implícita às pessoas gordas já se considere existente por meio da Lei n. 9.029/1995. Se acertada, uma regulamentação específica preencherá lacunas e reduzirá campos de interpretação pelos quais se poderiam infiltrar leituras equivocadas calcadas em preconceitos sociais.

A compreensão e adequada construção de uma legislação federal pertinente, no caso, poderia se inspirar nos acertos e erros da vasta produção legislativa estadual e municipal sobre a matéria. Especialmente, lições valiosas podem ser colhidas de algumas poucas leis vanguardistas que, em âmbito local, introduzem conceituações e preocupações próprias à temática da gordofobia, alinhadas a um movimento gordoativista em ascensão.

Cabe ao Estado brasileiro, afinal, empreender seus máximos esforços para a proteção aos grupos sociais vulneráveis, em consonância com as obrigações legislativas antidiscriminatórias impostas pela Convenção n. 111 da OIT.

O Poder Judiciário trabalhista e o MPT, finalmente, revelam-se instituições progressistas e responsáveis por inegáveis avanços na proteção dos direitos sociais no trabalho, inclusive em favor das pessoas gordas, conforme demonstrado ao longo do estudo e observado no cotidiano jurídico. Podem também, no entanto, aperfeiçoar seus métodos de atuação e enfrentamento à gordofobia, a partir de um necessário trabalho de conscientização interna e externa sobre o assunto. O MPT, especialmente, possui o poder de pavimentar a construção de um futuro jurídico de enfrentamento coletivo à gordofobia, certamente, a partir do desejável diálogo com os movimentos sociais.

Referências

ALMEIDA, Fernando Dias Menezes de. Competências legislativas e analogia — breve ensaio a partir de decisões judiciais sobre a aplicação do art. 54 da lei n. 9.784/99. *Revista da Faculdade de Direito da Universidade de São Paulo*, São Paulo, v. 102, jan./dez. 2007.

ALTENHOFEN, Aline Maria. *Gordofobia Obstétrica e Corporalidades:* experiências de gestantes gordas diante dos entendimentos de obesidade. Dissertação de Mestrado em Antropologia Social. Porto Alegre: Programa de Pós-Graduação em Antropologia Social do Instituto de Filosofia e Ciências Humanas da Universidade Federal do Rio Grande do Sul, 2023.

ARAÚJO, Adriane Reis de. Assédio moral organizacional. *Revista do Tribunal Superior do Trabalho*, Brasília, v. 73, n. 2, p. 203-214, abr/jun. 2007.

ARRUDA, Adriano. *A contratação, a demissão e a carreira dos executivos brasileiros*. São Paulo: Catho Online, 2009. Disponível em: https://img.catho.com.br/ site/pesquisas/pdf/pesquisa-dos-executivos-2009.pdf. Acesso em: 10 out. 2023.

ARRUDA, Agnes de Sousa. *O Peso e a Mídia:* uma Autoetnografia da Gordofobia sob o Olhar da Complexidade. Tese de Doutorado em Comunicação. São Paulo: Universidade Paulista — UNIP, 2019.

ASSOCIAÇÃO BRASILEIRA PARA O ESTUDO DA OBESIDADE E DA SÍNDROME METABÓLICA (ABESO); SOCIEDADE BRASILEIRA DE ENDOCRINOLOGIA E METABOLOGIA (SBEM). *Obesidade e a Gordofobia* — Percepções 2022. Disponível em: https://campanhaobesidade.abeso.org.br/ebook_gordofobia.pdf. Acesso em: 30 jun. 2023.

ASSOCIAÇÃO BRASILEIRA PARA O ESTUDO DA OBESIDADE E SÍNDROME METABÓLICA — ABESO. *Calculadora de IMC*. Disponível em: https://abeso.org.br/obesidade-e-sindrome-metabolica/calculadora-imc/. Acesso em: 12 jun. 2023.

ASSOCIAÇÃO BRASILEIRA PARA O ESTUDO DA OBESIDADE E SÍNDROME METABÓLICA — ABESO. *Obesidade mórbida:* todo cuidado ainda é pouco. Disponível em: https://abeso.org.br/obesidade-morbida-todo-cuidado-ainda-e-pouco/. Acesso em: 12 jun. 2023.

ASSOCIAÇÃO BRASILEIRA PARA O ESTUDO DA OBESIDADE E SÍNDROME METABÓLICA — ABESO. *Sobre a Abeso*. Disponível em: https://abeso.org.br/sobre-a-abeso/. Acesso em: 15 jun. 2023.

ASSOCIAÇÃO BRASILEIRA PARA O ESTUDO DA OBESIDADE E SÍNDROME METABÓLICA — ABESO. *Mapa da Obesidade*. Disponível em: https://abeso.org.br/obesidade-e-sindrome-metabolica/mapa-da-obesidade. Acesso em: 17 jun. 2023.

ASSOCIAÇÃO BRASILEIRA PARA O ESTUDO DA OBESIDADE E SÍNDROME METABÓLICA — ABESO. *Covid-19 e obesidade:* conhecendo o risco. Disponível em: https://abeso.org.br/Covid-19-conhecendo-o-risco/. Acesso em: 30 jun. 2023.

BAER, Susanne. Equality. In: ROSENFELD, Michel; SAJÓ, András. *The Oxford Handbook of Comparative Constitutional Law*. Oxford: Oxford University Press, 2012. p. 982-1001.

BALBINO, Jéssica. *Gasolina & Fósforo:* Meu Corpo em Chamas. Selo DoBurro, 2022.

BALBINO, Jéssica. *Quem paga a conta de quem nunca é convidada para jantar?* Belo Horizonte: Estado de Minas, 2022. Disponível em: https://www.em.com.br/app/colunistas/jessica-balbino/2022/07/29/noticia-jessica-balbino,1383433/quem-paga-a-conta-de-quem-nunca-e-convidada-para-jantar.shtml. Acesso em: 03 jul. 2023.

BALL, Kylie *et. al.* Longitudinal Relationships Among Overweight, Life Satisfaction, and Aspirations in Young Women. *Obesity Research*, Rockville, v. 12, n. 6, p. 1.019-1.030, jun. 2004.

BARBOSA, Rui. *Oração aos Moços*. Brasília: Senado Federal, Conselho Editorial, 2019.

BARRETO, Margarida Maria Silveira. *Uma jornada de humilhações*. Dissertação de Mestrado em Psicologia Social. São Paulo: Pontifícia Universidade Católica de São Paulo, 2000.

BARROS, Alice Monteiro de. *A Mulher e o Direito do Trabalho*. São Paulo: LTr, 1995.

BASTOS, Celso Ribeiro. *Curso de Direito Constitucional*. 18. ed. São Paulo: Saraiva, 1997.

BBC BRASIL. *Ricos na Nigéria pagam 'spa' para ficar obesos*. Disponível em: https://www.bbc.com/portuguese/reporterbbc/story/2007/07/070721_nigeriaengorda_pu. Acesso em: 03 mar. 2024.

BEZERRA LEITE, Carlos Henrique. *Ministério Público do Trabalho:* doutrina, jurisprudência e prática. 5. ed. São Paulo: LTr, 2011.

BOBBIO, Norberto. *Estado, Governo, Sociedade:* para uma Teoria Geral da Política. 14. ed. Rio de Janeiro: Paz & Terra, 1987.

BOBBIO, Norberto. *Teoria do Ordenamento Jurídico*. 6. ed. Brasília: Universidade de Brasília, 1995.

BOBBIO, Norberto. *Teoria Geral da Política:* a Filosofia Política e as Lições dos Clássicos. 14. ed. Rio de Janeiro: Elsevier, 2000.

BORDIERI, James *et al. Apud.* PUHL, Rebecca M.; BROWNELL, Kelly D. Bias, Discrimination, and Obesity. *Obesity Research*, Rockville, v. 9, n. 12, p. 788-805, dez. 2001.

CANGUILHEM, Georges. *O Normal e o Patológico*. 7. ed. Rio de Janeiro: Forense Universitária, 2011.

CARNEIRO, Dayana Cristina Barboza Carneiro. Pesquisa Gordofobia e Mercado de Trabalho no Contexto Brasileiro: Resultados Preliminares. *Anais do I Congresso Pesquisa Gorda:* Ativismo, Estudo e Arte, set. 2022. Disponível em: https://even3.blob.core.windows.net/processos/208a8c-49910c44d69d31.pdf. Acesso em: 04 mar. 2024.

CARNEIRO, Ricardo José das Mercês. A Produção de Prova Extrajudicial e Judicial sobre a Discriminação nas Relações de Trabalho. O Papel do Inquérito Civil e a Distribuição Dinâmica do Ônus da Prova. *In:* MIESSA, Élisson; CORREIA, Henrique (Coords.). *Estudos Aprofundados MPT*. v. 2. Salvador: JusPodivm, 2015.

CAVALCANTI, Marcos Araújo. A Questão Terminológica: "Ação Civil Pública" ou "Ação Coletiva"? *Revista Dialética de Direito Processual*, São Paulo, v. 132, p. 76-87, mar. 2014.

CAWLEY, John. The Impact of Obesity on Wages. *The Journal of Human Resources*, v. 39, n. 2, 2004, p. 451-474. JSTOR. Disponível em: https://doi.org/10.2307/3559022. Acesso em: 10 set. 2023.

CENTERS FOR DISEASE CONTROL AND PREVENTION. *Adult Obesity Facts*. Disponível em: https://www.cdc.gov/obesity/data/adult.html. Acesso em: 17 jun. 2023.

CHAUÍ, Marilena. A Universidade Pública sob Nova Perspectiva. *Revista Brasileira de Educação*, Rio de Janeiro, n. 24, p. 5-15, dez. 2003.

CHEN, Eunice Y; Brown, Molly. Obesity Stigma in Sexual Relationships. *Obesity Research*, Rockville, v. 3, n. 8, p. 1.301-1.484, ago. 2005.

CONRAD, Peter. *The Medicalization of Society:* On the Transformation of Human Conditions into Treatable Disorders. Baltimore: Johns Hopkins University Press, 2007.

COOPER, Charlotte. *What's Fat Activism?* Working Paper WP2008-02, Department of Sociology Working Paper Series. Limerick: University of Limerick, set. 2018.

CORBIN, Alain; COURTINE, Jean-Jacques; VIGARELLO, Georges (Coords.). História do Corpo: *da Renascença às Luzes*. 5. ed. Petrópolis: Vozes, 2012.

CORBIN, Alain; COURTINE, Jean-Jacques; VIGARELLO, Georges (Coords.). *História do Corpo:* da Revolução à Grande Guerra. 4. ed. Petrópolis: Vozes, 2012.

CORBIN, Alain; COURTINE, Jean-Jacques; VIGARELLO, Georges (Coords.). *História do Corpo:* as Mutações do Olhar — o Século XX. Petrópolis: Vozes, 2008.

CORDÁS, Táki Athanássios. Participação do Psiquiatra e do Psicólogo na Fase Perioperatória A — Participação do Psiquiatra. In: GARRIDO, Arthur B. *et. al.* (Coords.). *Cirurgia da Obesidade*. São Paulo: Atheneu, 2002. p. 71-74.

DELGADO, Mauricio Godinho. *Curso de Direito do Trabalho*. 17. ed. São Paulo: LTr, 2018.

DELGADO, Mauricio Godinho. Proteções Contra Discriminação na Relação de Emprego. In: CANTELLI, Paula Oliveira; RENAULT, Luiz Otávio Linhares; VIANA, Márcio Túlio (Coords.). *Discriminação*. 2. ed. São Paulo: LTr, 2010.

DELGADO, Mauricio Godinho; DELGADO, Gabriela Neves. *A Reforma Trabalhista no Brasil com os Comentários à Lei n. 13.467/2017*. São Paulo: LTr, 2017.

DIAS, Maria Tereza Fonseca; GUSTIN, Miracy Barbosa de Sousa. *(Re)pensando a Pesquisa Jurídica: Teoria e Prática*. 3. ed. Belo Horizonte: Del Rey, 2010.

DURIGUETTO, Maria Lúcia. A questão dos intelectuais em Gramsci. *Serv. Soc. Soc.*, São Paulo, n. 118, p. 265-293, 2014.

DUTRA, Adriano Teixeira. *Maior o Peso, Menor o Salário?* O impacto da obesidade no mercado de trabalho. Dissertação de Mestrado em Economia. São Paulo: Programa de Pós-Graduação em Economia do Departamento de Economia da Faculdade de Economia, Administração e Contabilidade da Universidade de São Paulo, 2021.

FEDERACIÓN LATINOAMERICANA DE SOCIEDADES DE OBESIDAD (FLASO). *Quienes Somos*. Disponível em: https://flaso.org/quienes-somos/. Acesso em: 15 jun. 2023.

FERREIRA, Aurélio Buarque de Holanda. *Novo Dicionário da Língua Portuguesa*. 2. ed. Rio de Janeiro: Nova Fronteira, 1986.

FIGUEIREDO, Isabela. *A Gorda*. Lisboa: Editorial Caminho, 2016.

FOUCAULT, Michel. *Vigiar e Punir:* Nascimento da Prisão. Portugal: Almedina, 2014.

FREDMAN, Sandra. Igualdade Substantiva Revisitada. *Revista Direito e Práxis*, Rio de Janeiro, v. 14, p. 2.080-2.122, n. 3, set./2023. Disponível em: https://www.e-publicacoes.uerj.br/revistaceaju/article/view/78316. Acesso em: 1º nov. 2023.

FREESPIRIT, Judy e Aldebaran. *Fat Liberation Manifesto.* Off Our Backs, v. 9, n. 4, 1979, p. 18-18. JSTOR. Disponível em: http://www.jstor.org/stable/25773035. Acesso em: 20 jun. 2023.

G1. *Gordofobia: o que fazer após ser vítima*. Disponível em: https://g1.globo.com/sp/sao-paulo/noticia/2021/10/07/gordofobia-o-que-fazer-apos-ser-vitima.ghtml. Acesso em: 03 mar. 2024.

G1. *Jovem de 25 anos morre na porta de hospital estadual de SP após ter atendimento negado por falta de maca para pessoas obesas*. Disponível em: https://g1.globo.com/sp/sao-paulo/noticia/2023/01/06/jovem-de-25-anos-morre-na-porta-de-hospital-estadual-de-sp-apos-ter-atendimento-negado-por-falta-de-maca-para-pessoas-obesas.ghtml. Acesso em: 25 jun. 2023.

GARRIDO, Arthur B. *et. al.* (Coords.). *Cirurgia da Obesidade*. São Paulo: Atheneu, 2002.

GASPAR, Gabriela Curi Ramos. *Colisão de Direitos Fundamentais nas Relações de Emprego em Organizações de Tendência.* Dissertação de Mestrado em Direito. Salvador: Programa de Pós-Graduação em Direito da Universidade Federal da Bahia, 2015.

GAY, Roxane. *Fome:* uma autobiografia do (meu) corpo. São Paulo: Globo, 2017.

GOFFMAN, Erving. *Estigma:* Notas sobre a Manipulação da Identidade Deteriorada. 4. ed. Rio de Janeiro: LTC, 2021.

GOMES, Isabella Filgueiras. *Discriminação Salarial e Funcional contra a Mulher nas Relações de Trabalho:* aspectos histórico-sociais, abordagens jurídicas e propostas antidiscriminatórias. Belo Horizonte: RTM, 2012.

GOMES, Isabella Filgueiras. *Peso, Trabalho e Direito:* Gordofobia e Direito Antidiscriminatório Trabalhista. Dissertação de Mestrado em Direito. Belo Horizonte: Programa de Pós-Graduação em Direito da Universidade Federal de Minas Gerais, 2024.

HARAWAY, Donna. Saberes localizados: a questão da ciência para o feminismo e o privilégio da perspectiva patriarcal. *Cadernos Pagu*, Campinas, n. 5, p. 7-41, 1995.

HIRIGOYEN, Marie-France. *Mal-estar no trabalho:* redefinindo o assédio moral. Rio de Janeiro: Bertrand Brasil, 2002.

JIMENEZ, Malu. *Lute como uma Gorda*. São Paulo: Jandaíra, 2022.

JIMENEZ, Malu; REIS, Cláudia; GOMES, Rosane. *Lute como uma gordinha*. Belo Horizonte: Agência de Iniciativas Cidadãs, 2022.

JIMENEZ, Maria Luisa *et. al.* Gordofobia, Fascismo e Saúde em Tempos Pandêmicos. *Metaxy — Revista Brasileira de Cultura e Políticas em Direitos Humanos*, Rio de Janeiro, v. 4, n. 1, p. 27-45, 2023.

KHAITAN, Tarunabh. *A Theory of Discrimination Law*. Oxford: Oxford University Press, 2015.

KUNDERA, Milan. *A Insustentável Leveza do Ser*. São Paulo: Companhia das Letras, 2017.

LIMA, Firmino Alves. *Teoria da Discriminação nas Relações de Trabalho*. Rio de Janeiro: Elsevier, 2011.

LISPECTOR, Clarice. Boa Notícia para uma Criança. In: LISPECTOR, Clarice. *Para Não Esquecer*. Rio de Janeiro, Rocco, 1999.

LÖWY, Michael. *As aventuras de Karl Marx e o Barão de Münchhausen:* marxismo e positivismo na sociologia do conhecimento. 2. ed. São Paulo: Busca Vida, 1988.

LUCIO, Cristina do Carmo; PASCHOARELLI, Luis Carlos. Usabilidade e Acessibilidade de Equipamentos Médico-Hospitalares: um Estudo de Caso com Pacientes Obesos. In: PASCHOARELLI, Luis Carlos; MENEZES, Marizilda dos Santos (Coords.). *Design e Ergonomia:* Aspectos Tecnológicos. São Paulo: Unesp, Cultura Acadêmica, 2009.

MACHADO, Carmen Maria. *O corpo dela e outras farras*. São Paulo: Planeta Minotauro, 2018.

MANCINI, Marcio C. Obstáculos diagnósticos e desafios terapêuticos no paciente obeso. *Arquivos Brasileiros de Endocrinologia & Metabologia*, São Paulo, v. 45, n. 6, p. 584-608, 2001.

MARTINS, Jaqueline. *Tudo, menos ser gorda:* a literatura infanto-juvenil e o dispositivo da magreza. Dissertação de Mestrado em Educação. Porto Alegre: Universidade Federal do Rio Grande do Sul, 2006.

MEDEIROS NETO, Xisto Tiago de. A atuação extrajudicial do Ministério Público do Trabalho. *Revista do Ministério Público do Rio Grande do Norte*, Natal, n. 9, p. 48-67, ago. 2009.

MELO, Maria Thereza Chehab de Carvalho. "Gordocídio": uma Análise da Política Sistêmica de Morte de Pessoas Gordas no Brasil. In: NUNES, César Augusto R. *et. al.* (Coords.) *Anais de Artigos Completos do VII CIDH Coimbra 2022*. v. 6. Jundiaí: Brasílica/Edições Brasil, 2023.

MENDONÇA, André Luís de Oliveira; NEVES, Alden dos Santos. Alterações na Identidade Social do Obeso: do Estigma ao Fat Pride. *Demetra: Alimentação, Nutrição & Saúde*, Rio de Janeiro, v. 9, n. 3, p. 619-631, 2014.

MINISTÉRIO PÚBLICO DO TRABALHO. *Assédio Moral no Trabalho: Perguntas e Respostas.* Disponível em: https://mpt.mp.br/pgt/publicacoes/cartilhas/assedio-moral-no-trabalho-perguntas-e-respostas/@@display-file/arquivo_pdf. Acesso em: 15/09/2023.

MIRAGLIA, Lívia Mendes Moreira. O Direito do Trabalho como Instrumento de Efetivação da Dignidade Social da Pessoa Humana no Capitalismo. *Revista do Tribunal Regional do Trabalho da 3ª Região*, Belo Horizonte, v. 49, n. 79, p. 160-161, jan./jun. 2009.

MIRAGLIA, Lívia Mendes Moreira. O Direito do Trabalho e a Dignidade da Pessoa Humana — pela Necessidade de Afirmação do Trabalho Digno como Direito Fundamental. In: XIX Encontro Nacional do CONPEDI, 2010, Fortaleza. *Anais do XIX Encontro Nacional do CONPEDI*, Florianópolis: Boiteux, 2010, p. 9043-9045.

MOREIRA, Adilson José. *Tratado de Direito Antidiscriminatório*. São Paulo: Contracorrente, 2020.

MOURA, Bruna Salles Braconi de. *Para além do osso:* o corpo gordo no Brasil contemporâneo. Dissertação de Mestrado em História. São Paulo: Programa de Pós-Graduação em História da Pontifícia Universidade Católica de São Paulo, 2021.

MURADAS, Daniela. *O Princípio da Vedação do Retrocesso no Direito do Trabalho*. São Paulo: LTr, 2010.

NATIONAL ASSOCIATION TO ADVANCE OF FAT ACCEPTANCE — NAAFA. *History*. Disponível em: https://naafa.org/history. Acesso em: 20 jun. 2023.

NATIONAL INSTITUTES OF HEALTH (NIH). *Health Implications of Obesity*. Bethesda: Nation Institutes of Health, 1985.

NISSEN, Leonardo Paese *et. al. Revista Brasileira de Medicina de Família e Comunidade*, Florianópolis, v. 7, n. 24, p.184-190, jul./set. 2012.

OLIVEIRA, José Lourenço de. Disquisição sobre o vocábulo "critério". In: OLIVEIRA, José Lourenço de. *Da vida à vivência: Conceitos de Lingüística Fabular*. Belo Horizonte: PUC Minas, 2002.

ORBACH, Susie. *Gordura é uma questão feminista*. Rio de Janeiro: Record, 1978.

ORGANIZAÇÃO INTERNACIONAL DO TRABALHO — OIT. *Igualdade no Trabalho:* Enfrentar os Desafios. Relatório Global de Acompanhamento da Declaração da OIT relativa aos Direitos e Princípios Fundamentais do Trabalho. Genebra: Bureau Internacional do Trabalho, 2007.

ORGANIZAÇÃO INTERNACIONAL DO TRABALHO — OIT. *Ratifications of C100* — Equal Remuneration Convention, 1951 (No. 100). Disponível em: https://www.ilo.org/dyn/normlex/en/f?p=1000:11300:0::NO:11300:P11300_INSTRUMENT_ID:312245. Acesso em: 17 set. 2023.

ORGANIZAÇÃO INTERNACIONAL DO TRABALHO — OIT. *Ratifications of C111* — Discrimination (Employment and Occupation) Convention, 1958 (No. 111). Disponível em: https://www.ilo.org/dyn/normlex/en/f?p=1000:11300:0::NO:11300:P11300_INSTRUMENT_ID:312256. Acesso em: 17 set. 2023.

ORGANIZAÇÃO MUNDIAL DE SAÚDE — OMS. *Obesity and Overweight*. Disponível em: https://www.who.int/news-room/fact-sheets/detail/obesity-and-overweight. Acesso em: 12 jun. 2023.

ORGANIZAÇÃO MUNDIAL DE SAÚDE — OMS. *Obesity:* Preventing and Managing the Global Epidemic. Report of a WHO Consultation on Obesity. Genebra: WHO/NUT/NCD, 1998.

PAIM, Marina Bastos. *Gordofobia faz mal à saúde:* relatos de gordofobia nos serviços de saúde e precarização do cuidado em saúde das pessoas gordas. Tese de Doutorado em Saúde Coletiva. Florianópolis: Universidade Federal de Santa Catarina — UFSC, 2022.

PANZA, G. A. *et al.* Weight bias among exercise and nutrition professionals: a systematic review. *Obesity Reviews*, Londres, v. 19, n. 11, p. 1.492-1.503, nov. 2018.

PESQUISA GORDA. *Nossa História*. Disponível em: https://pesquisagordegp. wixsite.com/gordes/nossa-hist%C3%B3ria. Acesso em: 02 mar. 2024.

PESQUISA GORDA. *I Congresso Pesquisa Gorda acontece de 8 a 10 de setembro de 2022*. Disponível em: https://pesquisagordegp.wixsite.com/gordes/congresso. Acesso em: 02 mar. 2024.

PHILIPS, Barbara. *Não me Chame de Gorducha*. 10. ed. São Paulo: Ática, 2006.

PIMENTA, Raquel Betty de Castro; VIANA, Márcio Túlio. A Proteção Trabalhista contra os Atos Discriminatórios (Análise da Lei n. 9.029/95). In: CANTELLI, Paula Oliveira; RENAULT, Luiz Otávio Linhares; VIANA, Márcio Túlio (Coords.). *Discriminação*. 2. ed. São Paulo: LTr, 2010.

PINGITORE, Regina *et. al.* Bias against overweight job applicants in a simulated employment interview. *Journal of Applied Psychology*, Washington, v. 79, n. 6, p. 909-917, abr. 1994.

PLOTZ, Barbara. *Fat on Film:* Gender, Race and Body Size in Contemporary Hollywood Cinema. Londres: Bloomsbury Academic, 2020.

POULAIN, Jean-Pierre. *Sociologia da Obesidade*. São Paulo: Senac São Paulo, 2013.

PRADO, Adélia. Ensinamento. In: PRADO, Adélia. *Bagagem*. Rio de Janeiro: Record, 2021.

PUHL, Rebecca M. *et. al.* Obesity Bias in Training: Attitudes, Beliefs, and Observations Among Advanced Trainees in Professional Health Disciplines. *Obesity*, Rockville, v. 22, n. 4, p. 1.008-1.015, abr. 2014.

PUHL, Rebecca M.; BROWNELL, Kelly D. Bias, Discrimination, and Obesity. *Obesity Research*, Rockville, v. 9, n. 12, p. 788-805, dez. 2001.

PUHL, Rebecca M.; BROWNELL, Kelly D. Confronting and Coping with Weight Stigma: an Investigation of Overweight and Obese Adults. *Obesity*, Rockville, v. 14, n. 10, p. 1.802-1.815, out. 2006.

PUHL, Rebecca M.; BROWNELL, Kelly D.; HEUER, Chelsea A. The stigma of obesity: a review and update. *Obesity*, Rockville, v. 17, n. 5, p. 940-964, jan. 2009.

RANGEL, Natália Fonseca de Abreu. *O ativismo gordo em campo:* política, identidade e construção de significados. Dissertação de Mestrado em Sociologia Política. Florianópolis: Universidade Federal de Santa Catarina, 2018.

REGISTER, Charles A.; WILLIAMS, Donald R. Wage Effects of Obesity among Workers. *Social Science Quarterly*, Austin, v. 71, n. 1, p. 130-141, mar. 1990.

REZENDE, Thamiris. Pesquisa Mapeamento da Gordofobia no Brasil. In: Jornal *ESTADO DE MINAS. 97,8% das pessoas gordas já sofreram gordofobia no Brasil.* Disponível em: https://www.em.com.br/app/noticia/saude-e-bem-viver/2022/ 09/07/interna_bem_viver,1391930/97-8-das-pessoas-gordas-ja-sofreram-gordofobia-no-brasil.shtml. Acesso em: 15 set. 2023.

ROOTH, Dan-Olof. Obesity, Attractiveness, and Differential Treatment in Hiring: A Field Experiment. *The Journal of Human Resources*, v. 44, n. 3, 2009, p. 710-735. JSTOR. Disponível em: http://www.jstor.org/stable/20648914. Acesso em: 10 set. 2023.

SABIN, Janice A.; MARINI, Maddalena; NOSEK, Brian A. Implicit and explicit anti-fat bias among a large sample of medical doctors by BMI, race/ethnicity and gender. *PloS one*, v. 7, n. 11, 2012.

SANT'ANNA, Denise Bernuzzi de. *Corpos de Passagem:* Ensaios sobre a Subjetividade Contemporânea. São Paulo: Estação Liberdade, 2001.

SANT'ANNA, Denise Bernuzzi de. *Gordos, Magros e Obesos:* uma História do Peso no Brasil. São Paulo: Estação Liberdade, 2016.

SANTOLIN, Cezar Barbosa; RIGO, Luiz Carlos. O Nascimento do Discurso Patologizante da Obesidade. *Movimento — Revista da Escola de Educação Física da UFRGS*, Porto Alegre, v. 21, p. 81-94, jan./mar. 2015.

SANTOS, Ronaldo Lima dos. *Sindicatos e Ações Coletivas:* Acesso à Justiça, Jurisdição Coletiva e Tutela dos Interesses Difusos, Coletivos e Individuais Homogêneos. 3. ed. São Paulo: LTr, 2012.

SARLET, Ingo Wolfgang. *A Eficácia dos Direitos Fundamentais:* uma Teoria Geral dos Direitos Fundamentais na Perspectiva Constitucional. 11. ed. Porto Alegre: Livraria do Advogado Editora, 2012.

SARLET, Ingo Wolfgang. As Dimensões da Dignidade da Pessoa Humana: Construindo uma Compreensão Jurídico-Constitucional Necessária e Possível. *Revista Brasileira de Direito Constitucional*, São Paulo, n. 09, p. 361-388, jan./jun. 2007.

SEGAL, Adriano. In: GARRIDO, Arthur B. Garrido *et. al.* (Coords.). *Cirurgia da Obesidade.* São Paulo: Atheneu, 2002, p. 287-291.

SILVA, Antônio Álvares da. Competência da Justiça do Trabalho para a Aplicação de Multas Administrativas. *Revista do Tribunal Regional do Trabalho da 3ª Região*, Belo Horizonte, v. 42, n. 72, p. 45-63, jul./dez. 2005.

SOARES, Manuella de Oliveira; SANTOS, Raphael Prieto dos. Gordofobia e a inclusão da pessoa obesa no mercado de trabalho. *Revista de Direito do Trabalho e Seguridade Social*, São Paulo, v. 214, ano 46, p. 293-294, nov./dez./2020.

SOBAL, Jeffery. The Medicalization and Demedicalization of Obesity. In: MAURER, Donna; SOBAL, Jeffery (Coords.). *Eating Agendas:* Food And Nutrition as Social Problems. Nova York: Aldine de Gruyter, 1995.

STRINGS, Sabrina. *Fearing the Black Body:* The Racial Origins of Fat Phobia. Nova Iorque: NYU Press, 2019.

TOVAR, Virgie. *Meu Corpo, Minhas Medidas.* São Paulo: Primavera Editorial, 2018.

TOVAR, Virgie. *You have the right to remain fat: a Manifesto.* Londres: Melville House UK, 2018.

VASCONCELOS, Jonnas. Apontamentos sobre Neutralidade e Objetividade na Pesquisa Jurídica. In: OLIVEIRA, Murilo Carvalho Sampaio; OLIVEIRA, Isabela Fadul de; FREITAS, Carlos Eduardo Soares de (Coords.) *Pandemia, Trabalho e Educação: Ensaios Jurídicos Críticos.* Salvador: Faculdade de Direito da Universidade Federal da Bahia, 2021.

VIANA, Márcio Túlio. Os Dois Modos de Discriminar: Velhos e Novos Enfoques. In: CANTELLI, Paula Oliveira; RENAULT, Luiz Otávio Linhares; VIANA, Márcio Túlio (Coords.). *Discriminação.* 2. ed. São Paulo: LTr, 2010.

VIANA, Márcio Túlio. Remuneração e Salário. In: CORREIA, Marcus Orione Gonçalves; SOUTO MAIOR, Jorge Luiz (Coords.). *Curso de Direito do Trabalho.* v. II. São Paulo: LTr, 2008.

VIGARELLO, Georges. As Metamorfoses do Gordo: *História da Obesidade.* Petrópolis, RJ: Vozes, 2012.

VIGARELLO, Georges. *O Sentimento de Si:* História da Percepção do Corpo. Petrópolis: Vozes, 2016.

WEAR, Delese *et. al.* Making Fun of Patients: Medical Students' Perceptions and Use of Derogatory and Cynical Humor in Clinical Settings. *Academic Medicine*, Washington, v. 81, n. 5, p. 454-462, mai. 2006.

WORLD OBESITY FEDERATION. *History*. Disponível em: https://www.worldobesity.org/about/about-us/history. Acesso em: 15 jun. 2023.

YALOM, Irvin D. *O carrasco do amor e outras histórias de psicoterapia*. 2. ed. Rio de Janeiro: HarperCollins Brasil, 2016.